Joint Committee on Standards for Educational Evaluation/
James R. Sanders (Hrsg.)

Handbuch der Evaluationsstandards

Joint Committee on Standards
for Educational Evaluation/
James R. Sanders (Hrsg.)

Handbuch der Evaluationsstandards

Die Standards des „Joint Committee on Standards for Educational Evaluation“

3., erweiterte und aktualisierte Auflage

Übersetzt und für die deutsche Ausgabe
erweitert von
Wolfgang Beywl und Thomas Widmer

VS VERLAG FÜR SOZIALWISSENSCHAFTEN

Bibliografische Information Der Deutschen Bibliothek
Die Deutsche Bibliothek verzeichnet diese Publikation in der Deutschen Nationalbibliografie; detaillierte bibliografische Daten sind im Internet über <http://dnb.ddb.de> abrufbar.

1. Auflage 1999
2. Auflage 2000
3., erweiterte und aktualisierte Auflage Februar 2006

Lektorat: Stefanie Laux

Der VS Verlag für Sozialwissenschaften ist ein Unternehmen von Springer Science+Business Media.
www.vs-verlag.de

Umschlaggestaltung: KünkelLopka Medienentwicklung, Heidelberg
Druck und buchbinderische Verarbeitung: MercedesDruck, Berlin
Gedruckt auf säurefreiem und chlorfrei gebleichtem Papier
Printed in Germany

ISBN 3-531-14672-6

Inhalt

TEIL B – Ergänzungen zur deutschsprachigen Ausgabe

Vorwort zur 1. deutschsprachigen Ausgabe (1999)

Mit diesem Buch halten Sie die Übersetzung eines, wenn nicht des amerikanischen Standardwerkes zur Evaluation in Händen. Seit 1981 (in der hier überarbeiteten Fassung seit 1994) kodifizieren *The Program Evaluation Standards* des *Joint Committee on Standards for Educational Evaluation* in den USA und darüber hinaus auch für andere englischsprachige Evaluationsgemeinden den Grundkonsens der Disziplin. Für den fortschreitenden Professionalisierungsprozeß der Evaluation geben die Standards und ihr fortwährender institutionalisierter Revisionsprozeß[1] wichtige Impulse.

Mit der in den letzten Jahren auch in Deutschland, in Österreich und in der Schweiz zu beobachtenden, zunehmenden Verbreitung der Evaluation in verschiedenen Bereichen öffentlichen und privaten Handelns sahen wir den Zeitpunkt gekommen, die Standards auch in deutscher Sprache zugänglich zu machen. Damit möchten wir auch für die beginnende Diskussion über Leitlinien und Standards der Evaluation Bezugsmaterialien für eine breite Lesergruppe verfügbar machen Als Ort dafür sehen wir insbesondere die Deutsche Gesellschaft für Evaluation (DeGEval) und die Schweizerische Evaluationsgesellschaft (SEVAL), wünschen uns darüber hinaus aber auch eine Rezeption in anderen fachpolitischen und berufsverbandlichen Zusammenschlüssen, deren Mitglieder mit Evaluationen befaßt sind.

Die vorliegende Publikation ist in zwei Teile aufgeteilt. Der Teil A) dieser Publikation enthält die weitgehend wortgetreue Übersetzung des amerikanischen Originals, bestehend aus Texten zu insgesamt dreissig einzelnen Standards, die vier übergreifenden Qualitätsthemen für Evaluationen zugeordnet sind. Für deren Bezeichnung werden folgende deutsche Begriffe und Kennbuchstaben verwendet:

Englisch		Deutsch	
U	Utility Standards	N	Nützlichkeitsstandards
F	Feasibility Standards	D	Durchführbarkeitsstandards
P	Propriety Standards	K	Korrektheitsstandards
A	Accuracy Standards	G	Genauigkeitsstandards

Jeder der dreissig Standards formuliert eine thematisch spezifische, normative Aussage dazu, wie eine Evaluation auszugestalten ist, daß sie eine hohe Qualität erreicht. Dabei werden nicht etwa buchstabengetreu einzuhaltende Regeln (z.B. im

1 Vgl. den Beitrag von James R. Sanders im Teil B dieses Buches.

Sinne von Mindeststandards) formuliert, sondern vielmehr konkrete Empfehlungen dazu, wie in einer, dem zeitgemäßen Stand der Praxis entsprechenden Evaluation verfahren werden sollte. Die mit den Standards gestellten Anforderungen sind oft sehr anspruchsvoll und konkurrieren miteinander. Eine unter realen Bedingungen stattfindende Evaluation vermag demzufolge kaum alle Standards gleichzeitig in vollem Umfang zu erfüllen. Die Funktion der Standards besteht insbesondere darin, Evaluationen in dem Bemühen um ‚best practice' zu orientieren sowie systematische Beurteilungen von Evaluationen (sog. Meta-Evaluation) anzuleiten. Sie richten sich dabei nicht nur an Evaluatorinnen[2], sondern ebenso an alle weiteren Personen, die dazu einen Beitrag leisten können.

Die Standards wollen,

- die Evaluatorinnen und alle weiteren, an Evaluationen beteiligte Personen dabei unterstützen, qualitativ hochstehende Evaluationsprojekte zu realisieren;
- den Auftraggebern und weiteren Adressaten einer Evaluation dabei behilflich sein, deren Qualität einzuschätzen;
- den mit der Aus- und Weiterbildung in Evaluation befaßten Personen ein didaktisch aufbereitetes Material zur Verfügung stellen.

Die Standards sollten jedoch nicht schematisch angewendet werden. Bei konkreten Evaluationen ist darauf zu achten, daß einzelne Standards aufgrund spezifischer Rahmenbedingungen nicht oder nur in angepaßter Form angemessen sein könnten. Anpassungen dieser Art sollten nicht willkürlich, sondern in begründeter und transparenter Weise erfolgen.

Im Teil A) sind dem aus den dreißig Standards bestehenden Kerntext einleitende und erläuternde Abschnitte vorangestellt, welche die Entstehung und Bedeutung der Standards klären und Hinweise zu ihrer Anwendung geben.

Teil B) besteht vor allem aus drei Textbeiträgen, die speziell zur Ergänzung der deutschen Übersetzung verfaßt wurden. James Sanders, der bis 1998 amtierende Vorsitzende des Joint Committee on Standards for Educational Evaluation, setzt sich in seinem Beitrag aus aktueller Sicht mit der Verbreitung und der Anwendung der Standards in den USA auseinander. Im nachfolgenden Kapitel befassen wir uns mit der Frage, ob und wie die aus dem amerikanischen Bildungs- und Erziehungssektor stammenden Standards auch auf Evaluationen im deutschsprachigen Raum und auf Evaluationen zu anderen Themengebieten anwendbar sind. Unser zweiter Beitrag stellt ca. 25 deutsch- und auch fremdsprachige Normenwerke vor, die Ähn-

---

2 Um der Gleichstellung der Geschlechter auch sprachlich zu ihrem Recht zu verhelfen, sind wir im Text – soweit dies die Lesbarkeit und Nachvollziehbarkeit (besonders der Fallbeispiele) nicht wesentlich einschränkt – folgender Regelung gefolgt: In der Übersetzung und in allen ergänzenden redaktionellen Teilen wird ausschließlich die weibliche Form zur Bezeichnung der evaluierenden Personen genutzt; die anderen Akteure erscheinen in der Regel in der männlichen Form. Damit folgen wir dem in der Originalausgabe der Standards durchgängigen Bemühen, durch die pointierte Verwendung der weiblichen wie der männlichen grammatikalischen Form präsent zu halten, daß sowohl Männer wie auch Frauen in der Evaluation aktiv sind, und meiden den die Lesbarkeit oft erschwerenden Doppelgebrauch beider Genera.

lichkeiten oder Parallelen mit den Standards, aber auch wesentliche Differenzen zu diesen aufweisen.

Die vorliegende Publikation enthält verschiedene Hilfsmittel, um die Arbeit mit den Standards zu erleichtern: Neben dem gewohnten Inhaltsverzeichnis findet sich auch eine funktionale Inhaltsübersicht, welche die in den verschiedenen Phasen des Evaluationsprozeßes vorrangig zu nutzenden Standards erschließt. Am Ende des Teils A steht sodann ein ausführliches zweisprachiges Glossar, welches das Verständnis und die Rückverfolgbarkeit der verwendeten Begriffe in der englischsprachigen Literatur erleichtern soll. Eine Bibliographie enthält die Hinweise auf die zitierte Literatur. Am Schluß des Buches findet sich zudem ein Index, welcher dem Leser beim Auffinden interessierender Themen behilflich sein soll.

Bei der Erarbeitung der vorliegenden Publikation haben uns folgende Personen freundlicherweise unterstützt: Monika Köller (Kairo), die wesentliche Teile der Übersetzung in einer ersten Fassung erstellt hat; Helga Ott (Köln), die in umsichtiger Weise das Sekretariat besorgte und auch nach dutzenden Überarbeitungsversionen stets die Übersicht behielt; Dipl. Psych. Volkmar Dieper und Dr. med. Michael Langenbach (beide Universität zu Köln), deren Fachkenntnisse uns bei der Übersetzung psychologischer und medizinischer Fachtermini sehr hilfreich waren; Dr. Erwin Rüegg (Universität Zürich), der den Text vollständig durchsah und ihn von vielen Mängeln und Unschönheiten befreite; Schahrzad Farrokhzad, die wertvolle Bibliotheksarbeiten und die Umsetzung des Index besorgte. Weiter konnten wir von Beiträgen in der deutschsprachigen elektronischen Diskussionsliste forum-evaluation[3] profitieren, besonders von den Hinweisen, die Kirsten Nazarkiewicz und Felix Friedrich zur Übersetzung von ‚object of an evaluation‘ (Evaluationsgegenstand) und ‚stakeholders‘ (Beteiligte & Betroffene) machten. Dem langjährigen Vorsitzenden des Joint Committee on Standards for Educational Evaluation, James R. Sanders sowie dem Verleger der amerikanischen Originalausgabe, Sage Publications, verdanken wir die Bereitschaft, eine Lizenzausgabe in deutscher Sprache zu erlauben. Der Verlag Leske + Budrich wiederum unterstützte uns nicht nur bei den Arbeiten am Buch und besorgte das Layout dieser Publikation, sondern sorgte auch für einen erfolgreichen Abschluß der Lizenzverhandlungen mit den amerikanischen Partnern.

Ohne ein entsprechendes soziales Umfeld hätten wir die mit der vorliegenden Publikation verbundenen Arbeiten nicht bewältigen können. Besonders dankbar sind wir jenen Personen, die in verständnisvoller Weise das Entstehen dieser Publikation überhaupt erst zuließen: Hanne Bestvater und Henning sowie Isa Reinhard und Nadja.

Wolfgang Beywl und *Thomas Widmer*
Köln und Zürich, im März 1999

---

3 Hinweise dazu auf www.univation.org

Vorwort zur 3. Auflage

Das Handbuch der Evaluationsstandards, 1999 erstmals und 2000 in bereinigter 2. Auflage erschienen, liegt nun in 3. Auflage vor. Seit Ersterscheinen hat sich in der deutschsprachigen Evaluation vieles geändert. Vorbei die Zeiten, als zum Wort stets eine Begriffsklärung mitzuliefern und die Sinnfrage zu debattieren war. Die Fachvereinigungen – Gesellschaft für Evaluation (DeGEval) für Deutschland und Österreich sowie die Schweizerische Evaluationsgesellschaft (SEVAL) – sind konsolidiert und repräsentieren eine zunehmend etablierte Profession. Das meint nicht, dass die Evaluation in Deutschland, Österreich und der Schweiz alle Herausforderungen bewältigt hätte, doch stellen sich diese auf höherem Niveau als vor fünf Jahren.

Auch Evaluationsstandards finden zunehmende Aufmerksamkeit. Sie sind bei Auftraggebern und Evaluationsfachleuten anerkannt. Evaluationstätigkeit in Unkenntnis der Evaluationsstandards stößt kaum mehr auf Akzeptanz. Mit ihrer Verbreitung in der Aus- und Weiterbildung, in der Evaluationspraxis und in der Beurteilung von Evaluationstätigkeiten gehören Kenntnis und Anwendung der Evaluationsstandards zum Kern evaluationsspezifischer Kompetenzen.

Diese Entwicklung – und der Umstand, dass die 2. Auflage vergriffen ist – hat uns zu dieser 3. Auflage des Handbuchs der Evaluationsstandards bewogen. Bei der dynamischen Entwicklung im deutschsprachigen Raum erschien uns eine unveränderte Neuauflage nicht angemessen. Wir haben das Handbuch daher um neue Teile ergänzt. Dies sind namentlich die beiden Kurzfassungen der Evaluationsstandards der SEVAL und der DeGEval, die sich auf die im Teil A dieses Handbuchs dokumentierten ‚Program Evaluation Standards' des Joint Committee on Standards for Educational Evaluation' abstützen. Neu ist auch die Vergleichstabelle zu den drei genannten Standardssets, die den Überblick erleichtert und auf Gemeinsamkeiten wie Differenzen hinweist.

Das Handbuch wird um zwei Beiträge ergänzt: Thomas Widmer analysiert Gemeinsamkeiten und Differenzen aktueller europäischer Standards, Leitlinien etc. zur Evaluation und vergleicht sie mit den Standards des Joint Committee. Wolfgang Beywl diskutiert die Rolle der Evaluationsstandards als Grundlage für der Aus- und Weiterbildung in Evaluation anhand unterschiedlicher Kompetenzprofile.

Im Verlaufe der letzten Jahre haben sich im deutschsprachigen Raum zahlreiche Personen für die Verbreitung und Nutzung von Evaluationsstandards eingesetzt. Wir möchten diesen für ihr Engagement im Dienste der Evaluation (und ihrer Qualität) danken. Besonders erwähnen möchten wir jene Fachpersonen, welche in den Gremien der DeGEval und der SEVAL an den jeweiligen Standards gearbeitet haben, und auch die Auftraggeber von Evaluationsstudien, welche die Evaluationsstandards einsetzen, sowie jene Personen, welche in der Aus- und Weiterbildung mit Evaluationsstandards arbeiten. Weiter sind wir dem Joint Committee on Standards for Educational Evaluation und dem Sage Verlag dankbar für die Erlaubnis, die deutschsprachige Fassung zu betreuen, ebenso der SEVAL und der DeGEval für ihre Zustimmung zum Abdruck der jeweiligen Standards. Danken möchten wir Frau Stefanie Laux vom VS Verlag für Sozialwissenschaft, welche die vorliegende Publikation betreut hat.

Wir hoffen, mit der ergänzten Neuauflage zu einer weiterhin erfolgreichen Entwicklung der Evaluation im deutschsprachigen Raum beizutragen. Dazu sind wir, sehr geehrte Leserin, sehr geehrter Leser, auf Ihre Mitwirkung angewiesen. Dafür danken wir Ihnen bereits im Voraus!

Thomas Widmer und *Wolfgang Beywl*
Zürich und Bern/Köln, im September 2005

Teil A

Übersetzung von *The Program Evaluation Standards*

Funktionales Inhaltsverzeichnis

Die Standards sind in diesem Kapitel gruppiert nach den Hauptaufgaben einer Programmevaluation dargestellt. Diese Art der Darstellung soll dem Nutzer zeigen, daß die Standards im ganzen Evaluationsprozeß angewendet werden können, angefangen bei der Planung über die Durchführung bis hin zur Berichterstattung. Die funktionale Übersicht veranschaulicht zudem, daß einige Standards in der Regel für bestimmte Evaluationsaufgaben besser anwendbar sind als andere. Es wäre jedoch ein Fehler, lediglich die hier bezeichneten Standards für eine bestimmte Aufgabe beizuziehen, ohne daß geprüft worden wäre, ob auch andere relevant sein könnten. Grundsätzlich sollten alle Standards in Betracht gezogen werden, wenn es darum geht, ihre jeweilige Bedeutung für eine spezifische Evaluationsaufgabe einzuschätzen.

Entscheidung über die Durchführung einer Evaluation

Wichtigste Standards:

Definition des Evaluationsproblems

Wichtigste Standards:

Planung der Evaluation

Wichtigste Standards:

Informationsgewinnung

Wichtigste Standards:

Informationsauswertung

Wichtigste Standards:

Berichterstattung zur Evaluation

Wichtigste Standards:

Budgetierung der Evaluation

Wichtigste Standards:

Abschluß des Evaluationsvertrages

Wichtigste Standards:

Leiten der Evaluation/Evaluationsmanagement

Wichtigste Standards:

Personelle Ausstattung der Evaluation

Wichtigste Standards:

Einladung an die Nutzer

Die *Program Evaluation Standards* sind das Ergebnis eines Pionierprojektes, das im Jahr 1975 begonnen wurde. Das Ziel war es, Standards zu entwickeln, die dazu beitragen, nützliche, durchführbare, ethische und fundierte Evaluationen von Programmen, Projekten und Materialien in den Bereichen Bildung und Erziehung zu ermöglichen. Diese Standards müssen angewendet, überprüft und verbessert werden und zwar in vielen Feldern, als Teil eines fortwährenden Bemühens zahlreicher Personen, die sich dafür einsetzen, die Praxis der Evaluation voranzubringen. Wir ermutigen diejenigen, welche die *Standards* in vielfältigen Feldern oder Situationen einsetzen, ihre Erfahrungen bei der Nutzung der *Standards* mit dem Joint Committee zu teilen. Um diesen Prozeß zu unterstützen, hat das Joint Committee ein Informationspaket zusammengestellt, das einen Dankesbrief, Informationen über den Überprüfungs- und Aktualisierungsprozeß und auch Feedback-Formulare mit Hinweisen für deren Einsatz enthält. Dieses Paket kann vom Joint Committee angefordert werden. Auf den Formularen aus diesem Paket werden die Nutzer gebeten,

a) Rollen und Verantwortlichkeiten zu beschreiben – beispielsweise diejenigen der Evaluatorin, des Auftraggebers und anderer Adressaten – die während der Evaluation, über die berichtet werden soll, bestanden;
b) eine Zusammenfassung der Evaluation mitzusenden, einschließlich einer Anwendung der Standards;
c) Exemplare der Evaluationsberichte zur Verfügung zu stellen;
d) Probleme zu beschreiben, die bei Anwendung der einzelnen Standards entstanden sind;
e) Konflikte zu beschreiben, die sie zwischen den *Standards* wahrgenommen haben und wie diese gelöst wurden;
f) Schwachstellen zu beschreiben, die sie in den *Standards* gefunden haben und Verbesserungen oder Verfeinerungen vorzuschlagen; und
g) wichtige Bereiche zu identifizieren, die durch die Standards noch nicht abgedeckt werden, aber abgedeckt sein sollten.

Das Joint Committee hat auch eine Art Zitier-Formular[4] zur Verfügung gestellt, welches in der Einleitung abgedruckt ist. Nutzer der Standards möchten es bitte ausfüllen, Materialien, auf welche die *Standards* angewendet wurden, wie Evaluations-

4 Vgl. die Checkliste im Kapitel „Anwendung der Standards“, S. 46 (Anm. d. Ü.)

ausschreibungen, Evaluationspläne, Verträge, Berichte usw. beifügen und dies dem Joint Committee zusenden.

Alle Anfragen (in englischer Sprache) sind zu richten an:

The Joint Committee on Standards for Educational Evaluation
The Evaluation Center c/o Western Michigan University
Kalamazoo, Michigan 49008-5237 USA

Kopien solcher Anfragen (oder deutschsprachige Texte) werden an eine oder beide der nachstehenden Adressen erbeten:

DeGEval
Gesellschaft für Evaluation
AG Evaluationsstandards
c/o Univation
Hohenstaufenring 63
D-50674 Köln
standards@degeval.de

Schweizerische Evaluationsgesellschaft
AG Evaluationsstandards
c/o Institut für Politikwissenschaft
Universität Zürich
Seilergraben 53
CH-8001 Zürich
standards@seval.ch

Vorwort

Im Jahr 1974 schloß ein Komitee die Revision der 1966 durch die American Psychological Association veröffentlichten *Standards for Educational and Psychological Tests and Manuals* ab. Dieses Komitee war durch die American Educational Research Association, die American Psychological Association und den National Council on Measurement in Education berufen worden. Ein bedeutsames Thema dieser Zeit war die Nutzung von Tests bei der Evaluation von Programmen in Bildung und Erziehung. Nach eingehender Diskussion entschied das Komitee, daß es außerhalb des Rahmens seiner Revisionsaufgabe lag, einen Abschnitt über Evaluation in diese *Test Standards* einzufügen. Es empfahl, ein neues Komitee zu schaffen, um diese Aufgabe zu übernehmen. Die drei Organisationen akzeptierten diese Empfehlung und stellten ein neues Komitee zusammen, dem drei Mitglieder jeder dieser Organisationen angehörten. Das Komitee traf sich das erste Mal im Frühjahr 1975 und empfahl den entsendenden Organisationen, daß diese ein Projekt zur Entwicklung von Standards beginnen sollten, nicht nur für den Einsatz von Tests in der Evaluation sondern allgemein für die Evaluation in Bildung und Erziehung. Die drei Organisationen akzeptierten diese Empfehlung. Außerdem sprach sich das neue Komitee dafür aus, seine Mitgliedschaft auszuweiten und andere Organisationen, die sich mit der Qualität von Evaluation im Bereich Bildung und Erziehung beschäftigten, einzubeziehen. Schließlich benannten zwölf Organisationen Mitglieder für dieses neue Joint Committee on Standards for Educational Evaluation. Das Joint Committee nahm seine Arbeiten im Herbst 1975 auf.

Es war nicht von vornherein klar, daß die Bemühungen zur Entwicklung von Standards für Evaluation im Bereich Bildung und Erziehung erfolgreich sein würden. Bei den zwölf unterstützenden Organisationen bestand bis dahin keine Tradition der Zusammenarbeit und es gab ernsthafte und grundlegende Unterschiede in den Positionen der Komitee-Mitglieder. So plädierte beispielsweise ein Mitglied dafür, den Einsatz von Tests auszuschließen, während sich andere für deren Nutzung einsetzten. Es gab also ernsthafte Nicht-Übereinstimmungen in Bezug auf die Themen, die in den neuen Standards behandelt werden sollten. So wurde z.B. darüber diskutiert, ob Standards für Institutionen- oder Personalevaluation eingeschlossen werden sollten oder nicht.

Das Joint Committee nahm die Arbeiten auf, um diese bestehenden thematischen Konflikte zu lösen und es beschloß, seine Bemühungen zunächst auf Evaluationen von pädagogischen Programmen, Projekten und Materialien zu beschränken. Hieraus resultierte die Publikation der *Standards for Evaluations of Educational Programs, Projects, and Materials* (McGraw-Hill, 1981). Die Evaluation von Institutionen war nicht eingeschlossen, mit Blick auf die Arbeit von Akkreditierungsagenturen. Das Thema Personalevaluation wurde vertagt, um sich nicht zu viel vorzunehmen und weil Bedenken hinsichtlich der potentiellen politischen Konsequenzen bestanden, wenn sich ein sehr junges Komitee mit dieser emotional aufgeladenen Thematik beschäftigen würde. Später veröffentlichte das Joint Committee die *Personnel Evaluation Standards* (Sage, 1988)

Das Joint Committee entwickelte einen systematischen öffentlichen Prozeß, um die neuen Standards zu entwickeln und zu überprüfen, bevor es deren Nutzung empfahl. Dieser Prozeß wird beschrieben in den *Operating Procedures of the Joint Committee on Standards for Educational Evaluation*, welche beim Evaluation Center an der Western Michigan University bezogen werden kann (vgl. den Beitrag von James Sanders im Teil B dieses Buches S. 237ff; Anm. d. Ü.). Der Prozeß bezieht viele Evaluationsexperten, Evaluationsnutzer und andere, die sich mit der Qualität von Evaluation in Bildung und Erziehung auseinandersetzen, mit ein. Diese Personen sind in einen öffentlichen Prozeß des Setzens von Standards eingebunden und zwar als Mitwirkende in Schreibgruppen, Rezensionsgruppen, Feld-Überprüfungsgruppen, öffentlichen Anhörungen, Validierungsgruppen, im Joint Committee selbst und schließlich als interessierte Kritiker. Einige Hundert Pädagogen, Sozialwissenschaftler und Bürger wurden in die Entwicklung der ersten Standards für Programmevaluationen einbezogen, ebenso für die Entwicklung der Standards für Personalevaluationen.

Im Jahr 1981 wurde das Joint Committee als permanente Non-Profit-Organisation zur Entwicklung von Evaluationsstandards, zu deren periodischer Überprüfung und Revision, zur Förderung und Unterstützung der Nutzung der Standards wie auch der Forschung und Entwicklung im Zusammenhang mit den Standards institutionalisiert. Im Jahr 1989 wurde der Prozeß des Joint Committee für die Entwicklung von Standards durch das American National Standards Institute (ANSI) akkreditiert. Standards, die durch das ANSI anerkannt sind, werden nationale amerikanische Standards und sind als solche auf der ganzen Welt erhältlich.

Im Jahr 1989 kam das Joint Committee zu der Einschätzung, daß die Zeit reif sei, die *Standards for Evaluations of Educational Programs, Projects and Materials* einer Überprüfung zu unterziehen. Diese Entscheidung basierte auf einem wachsenden Interesse von Evaluatorinnen in Feldern außerhalb von Schulen, welche die Standards auf Programmevaluationen in ihren je eigenen Feldern anwenden wollten. Außerdem schlossen die 1981er *Standards* neue Entwicklungen in der Evaluation nicht ein, die, seitdem die Standards das erste Mal veröffentlicht worden waren, eingeführt wurden.

Man entschied sich dazu, daß die Prinzipien aus dem Jahre 1981 auf das neue, breiter angelegte Vorhaben angewendet werden sollen. Die neuen *Program Evaluation Standards* sind das Ergebnis eines äußerst breit angelegten Überprüfungsprozesses. Ursprüngliche Standards sind kombiniert worden, andere sind hinzugefügt worden. Außerdem – und dies ist besonders wichtig – sind neue Anwendungsbeispiele hinzugefügt worden, welche die Anwendung der Standards in Erziehungs-, Ausbildungs- und Trainingsbemühungen darstellen, die sowohl Schulen, Universitäten, Recht, Medizin, Pflege, Militär, Unternehmen, Regierung und soziale Dienstleistungsagenturen berücksichtigen. Eine Validierungsgruppe, deren Zusammensetzung diese ausgeweiteten Publika repräsentierte, wurde eingerichtet, um die Entwicklung dieses Dokumentes zu überwachen.

Als Ganzes genommen stellen die dreißig Standards eine Arbeitsphilosophie für Evaluation zur Verfügung. Sie definieren die Konzeption der Prinzipien durch das Joint Committee, die Programm-Evaluationen anleiten und steuern sollten und sie bieten sehr praktische Hinweise dafür, wie diese Prinzipien beachtet werden können.

Das Joint Committee fordert all diejenigen, die in Programmevaluationen einbezogen sind, dazu auf, die Standards anzuwenden, und zwar umfassend und sorgfältig. Die Anwender werden außerdem ermutigt, an der Verbesserung dieser Standards mitzuwirken, indem sie deren Angemessenheit einschätzen und darüber berichten, wenn diese in ihren eigenen Programmevaluationen oder in der Evaluatorinnenausbildung angewandt werden.

Die Standards bemühen sich darum, Leitlinien für effektive Evaluationen zur Verfügung zu stellen. Die Standards allein können die Qualität von bestimmten Evaluationen nicht garantieren oder sicherstellen. Gute Evaluationen erfordern geübte professionelle Beurteilung, um die Standards angemessen auf bestimmte Evaluationssituationen anzuwenden. Die Standards beabsichtigen, die beste Praxis zur Zeit ihrer Formulierung wiederzugeben. Das Joint Committee anerkennt, daß, wenn sich die professionelle Praxis und die professionelle Wissensbasis über Evaluation mit der Zeit verändert, die Standards selbst revidiert werden müssen, um diesen neuen Entwicklungen zu entsprechen. Dennoch ist das Joint Committee zuversichtlich, daß die Standards weiterhin zu nützlichen, durchführbaren, ethischen und genauen Programmevaluationen anleiten werden und daß diese Evaluationen schließlich einen erkennbaren Beitrag zur Verbesserung von Bildung und Erziehung in verschiedensten Situationen zu leisten vermögen.

Einführung

Programme in Feldern von Erziehung, Bildung, Aus- und Weiterbildung werden evaluiert, um ihre Qualität festzustellen und um Hinweise für ihre Verbesserung zu erhalten. Da nirgendwo klar definiert war, was eine gute Evaluation von pädagogischen Programmen ausmacht, hat das Joint Committee Kenntnisse über Programmevaluationen zusammengetragen. Diese stammen aus der Fachliteratur und aus den jahrelangen Erfahrungen von Pädagogen und Evaluationsexperten. Das gesammelte Wissen wurde für dieses Buch aufbereitet und wird in Form von Standards für die Durchführung von Evaluationen pädagogischer Programme präsentiert.

Die Standards stellen eine Anleitung für Evaluationen von pädagogischen Programmen, Projekten und Materialien in verschiedensten Bereichen dar. Zielgruppen sind sowohl die Nutzer von Evaluationen als auch die Evaluatorinnen selbst. Die Standards sind hilfreich für Personen, die Evaluationen in Auftrag geben oder durchführen, bzw. die Evaluationsergebnisse verwenden, um eine bessere Erziehung und/oder Aus- und Weiterbildung in Bereichen wie Schule, Hochschule, Medizin, Krankenpflege, Militär, Wirtschaft, Industrie, Politik oder Recht zu erreichen. Die Standards wurden entwickelt, um von Lehrern, Verwaltungspersonal, Mitgliedern der Schulbehörden, Ausbildern, Trainern, Evaluatorinnen, Curriculumexperten, Gesetzgebern, Personalentwicklern, Beratern, Kommunalpolitikern sowie von wirtschaftlichen und pädagogischen Verbänden, Eltern und weiteren Personen verwendet zu werden. Die Standards sind eine Hilfe bei der Planung, beim Einsatz und bei der Bewertung von Evaluationen pädagogischer Programme, Projekte und Materialien. Die Erfahrung hat gezeigt, daß andere Gruppen zusätzliche Verwendungen für die Standards finden können. Das Joint Committee befürwortet innovative Anwendungen der Standards, wie zum Beispiel bei der Aus- und Weiterbildung in Evaluation und wäre für seine fortlaufende Arbeit dankbar, wenn ihm solche Anwendungen mitgeteilt würden.[5]

Es werden in diesem Buch zwar einige Fachausdrücke verwendet, doch es wurde versucht, sie auf ein Minimum zu begrenzen. Die Ausdrücke, die für das Verständnis der Standards am wichtigsten sind, werden in dieser Einführung und im Text definiert. Außerdem wurde ein Glossar erstellt.

---

5 Siehe dazu ausführlich den Beitrag von James R. Sanders in Teil B dieses Buches.

Ein Standard ist ein Prinzip, auf das sich die in einem Fachgebiet tätigen Praktiker geeinigt haben, und dessen Beachtung dazu beiträgt, daß die Qualität und die Fairneß der jeweiligen beruflichen Tätigkeit – z.B. Evaluation – verbessert werden.

Dieses Buch enthält eine Reihe von Standards, die auf eine verantwortungsbewußte Durchführung und Nutzung von Evaluationen pädagogischer Programme, Projekte und Materialien abzielen. Diese Standards beziehen sich *nicht* auf die Evaluation von Fachpersonal oder einzelnen Fachleuten. Hinsichtlich weiterführender Informationen zu Personalevaluationen sei auf das Buch *The Personnel Evaluation Standards* (1988) hingewiesen. Es handelt sich bei der vorliegenden Publikation nicht um detaillierte Standards zu einzelnen Fachgebieten, so daß die Lehrbücher für spezielle Bereiche wie qualitative oder quantitative Forschungspläne und -analysen, Meßverfahren und Datenerhebung, Datenverarbeitung sowie Berichterstattung nicht ersetzt werden. So legt zum Beispiel der auf die Validität von Schlußfolgerungen in einer Evaluation bezogene Standard als Prinzip fest, daß die verwendeten Instrumente und Verfahren valide Interpretationen ermöglichen sollen, und er nennt allgemeine Richtlinien, wonach die Validität der Schlußfolgerungen festgestellt wird. Er stellt jedoch keine Validierungsverfahren im Detail vor. Insgesamt gesehen bieten die Standards ein Grundgerüst für die Planung und die Bewertung von Evaluationen. Dieses Buch dient somit als Ergänzung zu Lehrbüchern, Anleitungen und Handbüchern, die sich mit Evaluationsinstrumenten und -methoden beschäftigen.

Die 30 Standards sind in vier Kategorien eingeteilt. Diese Kategorien entsprechen den vier Attributen einer sorgfältigen und fairen Programmevaluation – Nützlichkeit, Durchführbarkeit, Korrektheit und Genauigkeit. Die 30 Standards sind auf einer diesem Buch beigelegten Karte abgedruckt. Im nachfolgenden Text finden sich zu jedem Standard eine Übersicht über den Sinn und Zweck des jeweiligen Standards, Richtlinien für seine Anwendung, eine Auflistung häufiger Fehler und ein oder mehrere Anschauungsbeispiele für die Anwendung der Standards. Wie bereits erwähnt, stammen diese Beispiele aus einer Vielzahl von pädagogischen Tätigkeitsfeldern.

Dieses Buch enthält am Anfang zwei Inhaltsverzeichnisse. Im ersten sind die Standards den vier oben genannten Kategorien zugeordnet. Im zweiten Verzeichnis, einer funktionalen Übersicht, sind die Standards danach geordnet, wie sie zu den Hauptaufgaben einer Programmevaluation beitragen: Entscheidung über die Durchführung einer Evaluation, Definition des Evaluationsproblems, Planung der Evaluation, Informationsgewinnung, Informationsauswertung, Berichterstattung zur Evaluation, Budgetierung, Abschluß des Evaluationsvertrages, Leiten der Evaluation/Evaluationsmanagement und personelle Ausstattung der Evaluation.

Das Joint Committee ist sich bewußt, daß nicht alle Standards in allen Evaluationen gleichermaßen anwendbar sind. Es muß fachkundig entschieden werden, welche Standards für die jeweilige Situation anwendbar sind. Die Nutzer der Standards sollten die Sachdienlichkeit jedes Standards für einen bestimmten Kontext sorgfältig prüfen und daraufhin entscheiden, welchen Standards die größte Bedeutung beigemessen werden soll. Diese Entscheidungen sollten schriftlich festgehalten werden, damit später darauf Bezug genommen werden kann.

Der Rest dieser Einführung behandelt verschiedene Themen, die wichtig sind, um den Inhalt und die Anwendung der Standards zu verstehen:

A. Definitionen
B. Wirkungsfeld der Standards
C. Vorgesehene Adressaten der Standards
D. Organisation und Inhalt der Standards
E. Form der Standard-Präsentation

Definitionen

Als Bezugspunkt für die Entwicklung der Standards legte das Joint Committee den Inhalt einiger Schlüsselkonzepte fest. Wegen ihrer Relevanz sind diese Definitionen im folgenden Textrahmen hervorgehoben:

Evaluation: Die systematische Untersuchung der Verwendbarkeit oder Güte eines Gegenstandes. Zum Zweck einer knappen und präzisen Darstellung wird in diesem Buch der Ausdruck *Programm* für Evaluationsgegenstände aller Art verwendet. Zu den Evaluationsgegenständen, die von den Standards abgedeckt werden, gehören Programme, Projekte und Materialien aus dem Bereich Erziehung sowie Aus- und Weiterbildung. Eine Meta-Evaluation ist die Evaluation einer Evaluation.

Programm: Pädagogische Tätigkeiten, die kontinuierlich stattfinden. Dazu gehören beispielsweise ein Programm für den Leseunterricht in einem Schuldistrikt, ein militärisches, industrielles oder medizinisches Ausbildungsprogramm sowie ein Programm zur beruflichen Weiterbildung.

Projekt: Pädagogische Tätigkeiten, die auf einen bestimmten Zeitraum begrenzt sind. Dazu gehören beispielsweise ein dreitägiger Workshop über Unterrichtsmethoden, eine auf zwei Jahre angelegte Testentwicklung oder ein dreijähriges Demonstrationsprojekt im Bereich der Personalentwicklung. Wenn Projekte zu einer dauerhaften Einrichtung werden, entstehen aus ihnen Programme.

Materialien: Inhaltsbezogene Materialien im pädagogischen Bereich, wie Bücher, Programmanleitungen, Software, Hardware, Filme, Tonbänder und andere konkrete Gegenstände für Unterricht und Ausbildung.

Evaluationsstandard: Ein Prinzip, auf das sich die in der Evaluation professionell tätigen Praktiker, geeinigt haben, und dessen Beachtung dafür sorgt, daß die Qualität und die Fairneß einer Evaluation verbessert werden.

Evaluatorinnen[6]: In diesem Buch ein weitgefaßter Begriff, der jede Person bezeichnet, die eine Evaluation durchführt.

Informationen: Zahlenmäßige und andere Darstellungen – darunter Fakten, Schilderungen, Graphiken, Bilder, Karten, Auslagen, Statistiken und mündliche Berichte –, die dazu beitragen, Probleme zu klären, Fragen zu beantworten und ein besseres Wissen und Verständnis bezüglich eines Programms oder eines anderen Evaluationsgegenstands zu erzielen.

6 Zur Verwendung männlicher und weiblicher Genus-Bezeichnungen vgl. die Fußnote 2) im „Vorwort zur deutschsprachigen Ausgabe" auf S. 10 dieses Buches.

Auftraggeber: Die Person, Gruppe oder Organisation, welche eine Evaluatorin oder mehrere Evaluatorinnen mit der Durchführung der Evaluation beauftragt, also der Vertragspartner der Evaluatorinnen.

Beteiligte & Betroffene: Einzelpersonen oder Gruppen, die an der Programmevaluation beteiligt oder von ihr betroffen sein können.

Wirkungsfeld der Standards

Die Standards in diesem Buch sollen dabei helfen, Evaluationen von pädagogischen Programmen, Projekten und Materialien zu planen, anzuwenden und kritisch zu überprüfen. Die Standards enthalten Ratschläge dazu, wie die Angemessenheit von Evaluationstätigkeiten beurteilt werden kann; sie stellen jedoch keine speziellen Kriterien bereit, anhand derer solche Beurteilungen vorgenommen werden sollen. Durch die Standards soll ein orientierter Dialog zwischen Auftraggebern, Evaluatorinnen und anderen Beteiligten & Betroffenen angeregt und erleichtert werden, ebenso wie – bei Evaluationen, die von einem Evaluationsteam durchgeführt werden – die Reflexion innerhalb des Teams. Ganz allgemein wird Evaluatorinnen nahegelegt, Informationen zu sammeln, die (a) in Hinblick auf die Fragen der Auftraggeber und anderer Adressaten relevant sind und (b) ausreichen, um die Effektivität, die Kosten, die Responsivität gegenüber gesellschaftlichen Bedürfnissen, die Durchführbarkeit und den Wert des evaluierten Programms zu beurteilen.

Außerdem regen die Standards die Verwendung von vielfältigen Evaluationsmethoden an. Zu diesen Methoden gehören unter anderen Umfragen bei verschiedenen Bezugsgruppen, Dokumentenanalysen, Beobachtung der praktischen Tätigkeit in Erziehung, Aus- und Weiterbildung, Organisationsprofile, Fallstudien, anwaltschaftliche Teams zur Erstellung und Bewertung von miteinander konkurrierenden Plänen, gegnerschaftliche und anwaltschaftliche Teams zur Herausarbeitung der Stärken und Schwächen eines Projekts, Bewertungsprogramme, Simulationsstudien, Zeitreihenstudien, Checklisten, Delphi-Technik, Fokusgruppen-Interviews, zielfreie Evaluation, Sekundärdatenanalysen sowie experimentelle und quasi-experimentelle Untersuchungsdesigns.

Die Standards helfen den Evaluatorinnen auch dabei, die politische Wirklichkeit einzuschätzen und sich damit auseinanderzusetzen. Politik und Geld sind Machtquellen, die Evaluationen in jedem Bereich beeinträchtigen können. Die Beachtung der Standards trägt dazu bei, das Risiko des Machtmißbrauchs durch Evaluatorinnen oder ihre Auftraggeber zu minimieren.

Vorgesehene Adressaten der Standards

Wie bereits erwähnt, richten sich die Standards an Personen, die Evaluationen in Auftrag geben, durchführen und/oder die Evaluationsergebnisse nutzen. Das Joint Committee ist der Ansicht, daß eine gute Evaluation die Beteiligung vieler Personen mit unterschiedlichen Sichtweisen erfordert. Es ist davon überzeugt, daß eine bestimmte Evaluationsaufgabe einer Person nicht automatisch oder für immer übertragen werden sollte, nur weil diese Person eine besondere Stellung in einer Organisation oder in der Gesellschaft einnimmt. Weiterhin vertritt das Joint Committee die Meinung, daß im Verlauf einer Evaluation bestimmte Personen von Zeit zu Zeit mit speziellen Aufgaben betraut werden sollten und daß sich diese Übertragung von Aufgaben je nach Ort und Umständen unterscheiden. Jede der betreffenden Personen sollte selbstverständlich über die Ausbildung und Erfahrung verfügen, die für die Erfüllung der übertragenen Aufgaben erforderlich ist.

Die Standards sollen dabei helfen, Pläne für Evaluationen zu beurteilen und zu kommentieren, über die Durchführung einer Evaluation zu entscheiden, die Angebote externer Anbieter zur Evaluation bestimmter Programme zu beurteilen, über die Annahme von Ergebnissen und Empfehlungen aus den Evaluationsberichten zu befinden, eigene Evaluationen zu entwerfen und durchzuführen. Sie haben zudem unterstützende Funktionen im Evaluationsprozeß.

Die Standards sollen Gesetzgeber und Geldgeber dabei unterstützen, die Evaluation von Gesetzgebungsprogrammen zu planen, Evaluationsvorschläge einzuholen, unterschiedliche Evaluationspläne zu beurteilen und Evaluationsberichte zu bewerten. Sie sollen Testleitern, Forschern und Evaluatorinnen in verschiedenen Bereichen helfen, die Angemessenheit ihrer Evaluationspläne und Berichte zu beurteilen und wohlinformiert darüber zu entscheiden, welche Verbesserungen in der Evaluationsmethodik erforderlich sind. Des weiteren sollen sie Evaluatorinnen, Universitätsprofessoren und Personalentwicklern eine Hilfe dabei sein, in den Bereichen Planung, Durchführung und Bewertung von Evaluationen auszubilden. Diese Beispiele sind nicht erschöpfend; sie werden aufgeführt, um zu zeigen, für welche Bandbreite von Personen die Standards von Nutzen sind.

Organisation und Inhalt der Standards

Die Standards gruppieren sich um die vier wichtigen Eigenschaften einer Evaluation: *Nützlichkeit*, *Durchführbarkeit*, *Korrektheit* und *Genauigkeit*. Das Joint Committee hält diese vier Attribute für notwendig und hinreichend für eine sachgerechte und korrekte Evaluation.

Jeder Standard trägt dazu bei, eines der vier Attribute zu definieren. Die Erfahrung hat jedoch gezeigt, daß ein Standard für mehr als ein Attribut von Bedeutung sein kann. Für den Aufbau dieses Buches wurde jeder Standard in die Gruppe eingeteilt, in der sein Schwerpunkt liegt.

Nützlichkeitsstandards

Nützlichkeitsstandards leiten dazu an, daß Evaluationen informativ, zeitgerecht und wirksam sind. Sie verlangen, daß die Evaluatorinnen sich mit ihren Adressaten vertraut machen, daß sie diese genau festlegen, ihre Informationsbedürfnisse ermitteln, auf diese Bedürfnisse zugeschnittene Evaluationen planen und daß sie die bedeutsamen Informationen in klarer Weise und rechtzeitig mitteilen.

Die Standards dieser Kategorie lauten wie folgt: Ermittlung der Beteiligten & Betroffenen, Glaubwürdigkeit der Evaluatorinnen, Umfang und Auswahl der Informationen, Feststellung von Werten, Klarheit des Berichts, Rechtzeitigkeit und Verbreitung des Berichts und Wirkung der Evaluation. Insgesamt gesehen legen die Nützlichkeitsstandards fest, ob eine Evaluation den tatsächlichen Informationsbedürfnissen der jeweiligen Adressaten gerecht wird.

Durchführbarkeitsstandards

Die Durchführbarkeitsstandards berücksichtigen, daß Evaluationen gewöhnlich nicht in einem Labor, sondern in einem natürlichen Umfeld durchgeführt werden, und daß sie wertvolle Ressourcen verbrauchen. Daher müssen Evaluationspläne in der Praxis durchführbar sein, und die Evaluationen dürfen nur soviel Ressourcen, Material, Personal und Zeit in Anspruch nehmen, wie für die Behandlung der Evaluationsfragestellungen erforderlich sind.

Die drei Standards dieser Kategorie sind: Praktische Verfahren, Politische Tragfähigkeit und Kostenwirksamkeit. Zusammengefaßt verlangen die Durchführbarkeitsstandards, daß Evaluationen realistisch, gut durchdacht, diplomatisch und wirtschaftlich sein sollen.

Korrektheitsstandards

Die Korrektheitsstandards spiegeln die Tatsache wider, daß Evaluationen viele Leute in vielfältiger Weise betreffen. Diese Standards sollen den Schutz der Rechte von Einzelpersonen erleichtern, die von der Evaluation betroffen sind. Sie haben eine Hinweis-und Warnfunktion hinsichtlich ungesetzlicher, skrupelloser, unethischer und unangebrachter Handlungen seitens derjenigen, die Evaluationen durchführen.

Diese Standards verlangen, daß Personen, die Evaluationen durchführen, sich mit den gesetzlichen Regelungen zur Privatsphäre, zur freien Zugänglichkeit von Informationen oder zum Schutz der Persönlichkeit vertraut machen und sie einhalten. Sie verpflichten jene, die Evaluationen durchführen, die Rechte der anderen zu respektieren.

Die acht Standards dieser Kategorie sind: Unterstützung der Dienstleistungsorientierung, Formale Vereinbarungen, Schutz individueller Menschenrechte, Human gestaltete Interaktionen, Vollständige und faire Einschätzung, Offenlegung der Ergebnisse, Deklaration von Interessenkonflikten und Finanzielle Verantwortlichkeit.

Genauigkeitsstandards

Die Genauigkeitsstandards legen fest, ob eine Evaluation angemessene Informationen hervorgebracht hat. Die Evaluation eines Programms muß umfassend sein, d.h. die Evaluatorinnen sollten so viele erkennbare Programmbestandteile wie möglich berücksichtigen und Daten besonders zu den Bestandteilen erheben, die als wichtig erachtet werden, um Verwendbarkeit und Güte des Programms zu bewerten. Außerdem müssen die Informationen technisch angemessen sein und die abgegebenen Urteile müssen in einem logischen Zusammenhang zu den Daten stehen.

Die zwölf Genauigkeitsstandards sind: Programmdokumentation, Kontextanalyse, Beschreibung von Zielen und Vorgehen, Verläßliche Informationsquellen, Valide Informationen, Reliable Informationen, Systematische Informationsüberprüfung, Analyse quantitativer Informationen, Analyse qualitativer Informationen, Begründete Schlußfolgerungen, Unparteiische Berichterstattung, Meta-Evaluation. Diese Standards sollen sicherstellen, daß eine Evaluation präzise Informationen über die Verwendbarkeit und/oder die Güte eines Programms offenlegt und vermittelt.

Form der Standard-Präsentation

Die Standards werden in einer einheitlichen Form präsentiert, um das Lesen zu erleichtern und die Verknüpfung der Standards untereinander zu verdeutlichen. Die folgende Form wird für jeden Standard verwendet:

Benennung: der beschreibende Titel des Standards, z.B. Kontextanalyse.

Standard: Vorstellung des Standards in Form einer „Soll"-Aussage. Der Standard Kontextanalyse (G2) lautet z.B. wie folgt: „Der Kontext, in dem das Programm angesiedelt ist, sollte ausreichend detailliert untersucht werden, damit mögliche Beeinflussungen des Programms identifiziert werden können."

Überblick: eine Begriffsklärung/Einführung, bei der Schlüsselbegriffe des Standards definiert und eine allgemeine Anweisung für seine Verwendung gegeben werden.

Richtlinien: eine Reihe von Vorschlägen zum Vorgehen, die den Evaluatorinnen und Beteiligten & Betroffenen helfen sollen, den Erfordernissen des Standards zu entsprechen. Diese Richtlinien stellen eine Strategie zur Fehlervermeidung bei der Anwendung des Standards dar. Die Richtlinien sind nicht als erschöpfend anzusehen; ebensowenig sind sie zwingend zu beachten. Es handelt sich vielmehr um Vorgehensweisen, die in Betracht gezogen und befolgt werden sollten, wenn die Evaluatorin sie für möglicherweise hilfreich und durchführbar hält.

Häufige Fehler: eine Liste von Schwierigkeiten, die mit dem Standard zusammenhängen. Zu diesen Schwierigkeiten gehören Fehler, die oft von Evaluatorinnen begangen werden, die unerfahren sind oder denen die Bedeutung und der Sinn eines Standards nicht bewußt ist, und außerdem solche Fehler, zu denen es wegen übereifriger Anwendung des Standards kommen kann.

Anschauungsbeispiel: ein oder zwei Beispiele dazu, wie der Standard angewendet werden kann. Beschrieben werden das jeweilige Umfeld, eine Situation, bei welcher der Standard (nicht) beachtet wird und es erfolgt gegebenenfalls eine Diskussion von Korrekturmaßnahmen, die zur Einhaltung des Standards führen sollen. Die genannten Korrekturvorschläge dienen der Veranschaulichung und umfassen nicht alle möglichen Korrekturmöglichkeiten. Die meisten Anschauungsbeispiele beruhen auf Evaluationen aus der Praxis.

Anwendung der Standards

Die Standards sind Leitprinzipien, keine mechanischen Regeln. Sie enthalten Hinweise und Warnungen zur Vermeidung leicht auftretender Fehler. Sie bezeichnen, welche Vorgehensweisen allgemein für akzeptabel bzw. inakzeptabel gehalten werden. Sie stellen Richtlinien vor, welche die zur Zeit beste Praxis zum Ausdruck bringen.

Ungeachtet der Art der durchzuführenden Evaluation sollten sich die Personen, die mit Evaluationen zu tun haben, eingehend mit den Standards befassen und überlegen, wie sie auf bestimmte Situationen, insbesondere auf die folgenden Kernaufgaben der Evaluationstätigkeit, anzuwenden sind:

A. Entscheidung über die Durchführung einer Evaluation
B. Definition des Evaluationsproblems
C. Planung der Evaluation
D. Informationsgewinnung
E. Informationsauswertung
F. Berichterstattung zur Evaluation
G. Budgetierung der Evaluation
H. Abschluß des Evaluationsvertrages
I. Leiten der Evaluation/Evaluationsmanagement
J. Personaleinsatz und -auswahl für die Evaluation
K. Entwicklung einer Evaluationspolitik

Außerdem können die Standards verwendet werden, um ein Programm zur Aus- und Weiterbildung von Evaluatorinnen zu entwerfen. Der Katalog der Standards erleichtert die Diskussion folgender Fragen:

A. Was ist der Zweck der Evaluation?
B. Existiert eine geeignete schriftliche Vereinbarung für die Evaluation?
C. Ist das zu evaluierende Programm genau identifiziert?
D. Wie soll bei der Planung der Programmevaluation vorgegangen werden?
E. Sind die Kriterien zur Beurteilung der Verwendbarkeit und Güte des Programms klar definiert?
F. Ist die Programmevaluation gut konzipiert?
G. Wird für die Programmevaluation geeignetes Personal eingesetzt?

H. Wie kann die Planung oder der Verlauf der Programmevaluation verbessert werden?
I. Inwieweit sind die Ergebnisse der Programmevaluation vollständig und vertretbar?
J. Worin bestehen die Stärken und Schwächen des Schlußberichts der Programmevaluation?
K. Hat die Evaluatorin die Beteiligten & Betroffenen bei der Nutzung der Ergebnisse ausreichend unterstützt?
L. Was hat die Programmevaluation bewirkt?

Die Anwendbarkeit und/oder Bedeutung eines Standards ist für jede der elf Kernaufgaben unterschiedlich – je nach Art der Evaluation. So findet der Standard K2, Formale Vereinbarungen, eher auf groß angelegte, formale und summative Evaluationen Anwendung als auf interne, formative Evaluationen kleineren Zuschnitts. In ersteren ist häufig ein formaler Vertrag erforderlich, während in letzteren normalerweise eine Einigungsnote ausreicht. Dennoch sollte dieser Standard ebenso wie alle anderen bis zu einem gewissen Grade in jeder Situation berücksichtigt werden.

Die relative Bedeutung einzelner Standards unterscheidet sich von einer Situation zur anderen. Oft führen intensivere Bemühungen zur Beachtung eines Standards dazu, daß andere Standards zurückgestellt werden. Wenn zum Beispiel intensiv an der Erzielung valider und reliabler Ergebnisse gearbeitet wird, kann es schwierig werden, rechtzeitig Berichte fertigzustellen, um damit wichtige Entscheidungen zu beeinflussen. Ebenso kann der Versuch, den Kostenrahmen einer Evaluation einzuhalten, mit der Beachtung anderer Standards wie N3, Umfang und Auswahl der Informationen, und N6, Rechtzeitigkeit und Verbreitung des Berichts, direkt konkurrieren. Die Evaluatorinnen sollten beachten, daß manchmal Kompromisse gemacht werden müssen, wobei sie so sorgfältig wie möglich vorgehen sollten. Das Joint Committee ist jedoch davon überzeugt, daß den Korrektheitsstandards unter allen Umständen entsprochen werden sollte.

Im übrigen ist es eine Frage der Einschätzung, ob ein Standard in einer bestimmten Situation hinreichend beachtet wurde. Genaue Entscheidungsregeln bezüglich der Einhaltung eines Standards können nicht festgelegt werden. Solche Regeln wären zufällig und nicht generell anwendbar. Sie könnten täuschen und irreführen. Trotzdem sollten Evaluatorinnen, welche die Standards zitieren, genau beschreiben, wie sie diese angewendet haben, welche Beurteilung sie bei der Anwendung der Standards vorgenommen haben und auf welche Tatsachen sich diese Beurteilungen stützen.

Wenn eine Evaluation irgendeinen, in einer gegebenen Situation als wichtig angesehenen Standard verletzt, sollten die Evaluatorinnen die nicht beachteten Standards ausweisen und dies begründen. Die Unmöglichkeit, einen Standard ausreichend zu beachten, muß nicht unbedingt dazu führen, eine Evaluation abzubrechen. Wenn es jedoch für wahrscheinlich erachtet wird, daß die Verletzungen die Evaluation in Hinblick auf eines der vier Attribute Nützlichkeit, Durchführbarkeit, Korrektheit und Genauigkeit beeinträchtigen, sollten die Evaluatorinnen erwägen, notwendige Änderungen vorzunehmen oder die Evaluation abzubrechen.

Möglicherweise erfordert die beste Methode zur Berücksichtigung eines Standards in manchen Fällen einen erhöhten Zeit- und Ressourcenaufwand. In anderen Fällen mag die wirkungsvollste Vorgehensweise weniger aufwendig sein. Das Joint Committee schätzt es so ein, daß die Entscheidung, ausschließlich Qualitätsevaluationen durchzuführen, auf lange Sicht von allen an der Evaluation Beteiligten als kostengünstig angesehen werden wird, selbst wenn manchmal mehr Ressourcen verbraucht werden.

Schließlich dürfen die Standards die Kreativität der Evaluatorinnen nicht einschränken oder die Entwicklung neuer Evaluationsansätze behindern. Die Standards sollten als Richtschnur zur Bewertung von Evaluationsplänen und -berichten behandelt werden und nicht als ein restriktives Regelwerk. Sie sollten dazu verwendet werden, Informationen über die Qualität einer Evaluation zwischen Evaluatorinnen, ihren Auftraggebern und anderen Beteiligten & Betroffenen auszutauschen. Des weiteren sollte die Anwendung der Standards darüber Aufschluß geben, welche Verbesserungen in der Evaluationsmethodik erforderlich sind.

Die Rolle der Evaluation verändert sich mit der Fortentwicklung des jeweiligen Programms. In den frühen Phasen der Programmentwicklung und über weite Strecken des Entwicklungsprozesses ist die Evaluation interaktiv und verbesserungsorientiert, also formativ. Am Ende der Entwicklung wird oft eine summative Evaluation – und zwar von Außenstehenden – durchgeführt und es werden Empfehlungen zur Frage abgegeben, ob das Programm ausgeweitet, abgeändert oder beendet werden sollte.

Bei der Anwendung der Standards liegt es nahe, eine Reihe allgemeiner Schritte einzuhalten. Diese Schritte sehen wie folgt aus:

1. Schritt: Kennenlernen der Standards für Programmevaluationen
2. Schritt: Klarstellung des Zwecks der Programmevaluation
3. Schritt: Klärung des Kontextes der Programmevaluation
4. Schritt: Anwendung jedes Standards im Lichte der Zwecke und des Kontextes (z.B. Was sollte getan werden? Was wurde getan? Worin bestehen die Stärken und Schwächen der Programmevaluation?)
5. Schritt: Entscheidung über die Verwendung der Ergebnisse

Was die Umsetzung dieser Schritte beinhaltet, wird im folgenden erläutert:

1. Kennenlernen der Standards für Programmevaluationen

Die Standards werden in einer auch für Laien verständlichen Sprache vorgestellt, in einem einheitlichen, benutzerfreundlichen Format. Zur Verdeutlichung enthalten sie Beispiele, die Anwendungsmöglichkeiten aufzeigen. Wichtig ist, alle Standards zu lesen und anschließend, wenn möglich, mit anderen in einem Workshop oder in einer kleinen Gruppe zu diskutieren. Mit etwas Übung wird man bald in der Lage sein, die *Standards für Programmevaluationen* regelmäßig als ein Handbuch zur Planung, Verbesserung und Bewertung von Programmevaluationen heranzuziehen.

2. *Klarstellung des Zweckes der Programmevaluation*
   Es gibt viele Entscheidungen, mit denen sich eine Programmevaluation beschäftigen kann. Was sind die vorrangigen Bedürfnisse der vorgesehenen Programmteilnehmenden? Welche Ansätze sind am besten geeignet, um auf die Bedürfnisse der Teilnehmenden einzugehen? Welche Bestandteile des Programms sollten beibehalten oder abgewandelt werden? Sollten alle Teilnehmenden am gleichen Programm teilnehmen? Welche Anschlußmaßnahmen sollten nach Abschluß des Programms stattfinden – wenn überhaupt? Sollte das Programm weiterverbreitet werden?
   Es ist wichtig, die Gründe für die Evaluation eines Programms zu kennen, damit die Zwecke erfüllt werden können. Wenn kein triftiger Grund für die Evaluation besteht, sollte der Prozeß beendet werden, bevor zuviel Aufwendungen damit verschwendet werden.

3. *Klärung des Kontextes der Programmevaluation*
   Bei der *Planung* einer Programmevaluation sollten die folgenden Fragen bedacht werden:
   – Wer will die Evaluation? Aus welchen Gründen? Wie sollen die Ergebnisse verwendet werden? Wann werden die Ergebnisse benötigt? Welches Budget ist für die Evaluation vorgesehen?
   – Was ist das zu evaluierende Programm?
   – Welche anderen Ressourcen stehen neben dem Budget zur Verfügung?
   – Was sind die möglichen politisch brisanten Fragen?

4. *Anwendung jedes Standards auf dem Hintergrund des Zwecks und des Kontextes*
   Die Standards können einer nach dem anderen für die Planung der Programmevaluation herangezogen werden. Eine andere Möglichkeit besteht darin, mit Hilfe des funktionalen Inhaltsverzeichnisses diejenigen Standards auszuwählen, die für die Planung eines bestimmten Bestandteils oder einer Tätigkeit einer Programmevaluation am wichtigsten sind.
   Bei der laufenden *Umsetzung* einer Programmevaluation sind die oben aufgelisteten Fragen ebenfalls von Bedeutung, doch es werden durch das Evaluationsdesign zusätzliche Fragen aufgeworfen:

– Hält die Evaluation den Zeitplan/das Budget ein?
– Welche Mängel weist der Evaluationsplan auf?
– Sollte der Plan überdacht werden?
– Gibt es Zwischenergebnisse, über die berichtet werden sollte?

Wiederum können die Standards in der vorgegebenen Reihenfolge angewendet werden oder aber das funktionale Inhaltsverzeichnis wird verwendet, um die Umsetzung der Evaluation zu evaluieren. Verläuft sie zufriedenstellend? Sind zur Zeit Korrekturen erforderlich?

Wenn die *Evaluation abgeschlossen* wurde und ein Bericht vorliegt, wird die Evaluatorin wissen wollen, aus welchen Tätigkeiten die Evaluation bestand, was dabei herauskam und welche Wirkung die Evaluation hatte. Meistens sind über den Evaluationsbericht hinaus weitere Informationen erforderlich, um die

gesamte Programmevaluation zu bewerten. So können zum Beispiel Interviews mit Teilnehmenden und Adressaten der Evaluation als Ergänzung zum Evaluationsbericht nötig sein. Dann können die Standards eingesetzt werden, um die Programmevaluation zu bewerten. Ist sie glaubwürdig? Kann sie in der vorliegenden Form genutzt werden? Sind mehr Informationen nötig, bevor die Evaluation richtig bewertet werden kann?
Ein Formular, das die Anwendung der Standards auf eine Programmevaluation erleichtert, ist weiter hinten in diesem Abschnitt abgedruckt. Bei einer Anwendung der Standards kann dieses Formular verwendet werden, um Entscheidungen darüber festzuhalten, wie wirkungsvoll die Standards vom Evaluationsplan, von einer laufenden oder von einer abgeschlossenen Programmevaluation berücksichtigt werden, indem die entsprechenden Felder abgehakt werden.
Wenn das Formular ausgefüllt ist, können die Stärken und Schwächen einer Programmevaluation aufgelistet werden. Wenn mehr als eine Person die Standards anwendet, kann über Übereinstimmungen und Unterschiede in ihren Ergebnissen diskutiert werden, bis für jeden Standard eine Einigung erzielt wird. Dann können die Konsensbewertungen zur Programmevaluation zusammengefaßt werden.

5. *Entscheidung über die Verwendung der Ergebnisse*
Schließlich wird man die Ergebnisse mit dem Programmpersonal, der Programmevaluatorin oder anderen besprechen wollen. Es können kritische Punkte erkannt, Empfehlungen für eine Verbesserung der Evaluation ausgesprochen, Pläne zur Sammlung weiterer Informationen formuliert oder Möglichkeiten zum Ausbau der Evaluationskapazitäten einer Organisation diskutiert werden. Was den letzten Punkt angeht, können eine unzureichende Ausbildung der Evaluatorinnen oder ein Mangel an Ressourcen für die Evaluation ausschlaggebend sein. Derartig ausgerichtete Empfehlungen können die Organisation, in der Programmevaluationen durchgeführt werden, stärken.

Anwendung in einer Fallstudie

Um das Verständnis dieser Standards zu erleichtern und ihre Anwendbarkeit in der Praxis zu veranschaulichen, wird eine Fallstudie vorgestellt. Der Fall stellt eine typische Situation dar, mit der eine Evaluatorin konfrontiert wird. Dadurch soll eine angemessene Abfolge aufgezeigt werden, die bei der Klärung des Zwecks sowie bei der Beschreibung, Anwendung und Umsetzung der Ergebnisse einer Evaluation zu beachten ist. Anschließend wird die Anwendung der Standards auf die Evaluation erörtert. Wie in vielen Evaluationen sind manche Standards nicht auf die Situation anwendbar. Diese Frage der Anwendbarkeit wird auch behandelt, und es wird versucht zu erklären, wie bei der Anwendung der Standards eine professionelle Beurteilung erfolgen kann.

Der Fall

Eine externe Evaluationsberaterin sollte die Evaluation von Seminaren zur beruflichen Weiterentwicklung evaluieren, wie sie von einer bestimmten nationalen Organisation angeboten wurden. Der Zweck der Meta-Evaluation bestand darin, die Stärken und Schwächen in dem von der Organisation verwendeten Evaluationsverfahren aufzudecken.

Die Beraterin hatte sich die *Standards für Programmevaluation* als Teil ihrer akademischen Ausbildung angeeignet und genutzt; sie war sehr vertraut mit dem Inhalt der Standards und ihrer Anwendbarkeit bei der bevorstehenden Aufgabe.

Klärung des Zwecks der Evaluation

Die Beraterin stellte folgende Fragen und erhielt die hier aufgeführten Antworten:

Wer will die Durchführung dieser Evaluation? Die Evaluatorin der Seminare und der Geschäftsführer der Organisation fordern die Evaluation an, damit sie die Ergebnisse der Seminarevaluationen überprüfen können. Sie befürchten, daß in diesen Evaluationen einige wesentliche Aspekte der Seminare fehlen, obwohl die Zufriedenheitsdaten in der Regel sehr günstig ausfallen.

Wie schnell wird die Evaluation benötigt? In den nächsten sechs Monaten, damit Änderungen für das nächste Haushaltsjahr vorgenommen werden können.

Welches Budget ist für die Evaluation vorgesehen? Nicht mehr als 2.500 US-Dollar.

Beschreibung der vorgesehenen Evaluationstätigkeiten

In Interviews mit der Seminarevaluatorin und dem Geschäftsführer der Organisation konnte die Beraterin feststellen, daß die Seminarevaluationen folgendes enthielten:

- Feedback von einem beratenden Ausschuß des Seminarprogramms
- Evaluationen durch die Seminarteilnehmenden in jedem Seminar.

Die Beraterin entschied, daß in Anbetracht des Budgets und des Zeitlimits das beste Vorgehen für eine Evaluation der Evaluation des Seminarprogramms darin bestand, zu beantwortende Fragen aufzulisten und auf die Durchsicht von Unterlagen (Evaluationspläne und -berichte), auf Interviews mit dem Programmpersonal und einer zufälligen Auswahl von Seminarteilnehmenden als Hauptinformationsquellen abzustellen.

Die zu behandelnden Fragen lauteten wie folgt:

- Was sind die Stärken und Schwächen der Seminarevaluationen?
- Welche Empfehlungen können auf Grundlage der verfügbaren Belege ausgesprochen werden?

Die Beraterin beschaffte sich die Evaluationsberichte der letzten zwei Jahre und befaßte sich mit jedem einzelnen Dokument. Sie legte Termine für einstündige Interviews mit der Seminarevaluatorin und dem Geschäftsführer der Organisation fest, um deren Ansichten über die Stärken und Schwächen der Seminarevaluationen zu erfahren. Sie fragte auch danach, wie sie die Evaluationsergebnisse nutzten und ob sie bei gegebenen Bedingungen etwas anders machen würden, wenn sie die Evaluation neu planen könnten. Am Schluß interviewte sie eine Zufallsstichprobe von 10% der Seminarteilnehmenden zu deren Auffassung über die Seminarevaluationen – insbesondere bezüglich der Vollständigkeit. Mit diesen Informationen versehen wandte sie die Standards auf das an, was sie nun über die eingesetzten Evaluationsprozesse wußte.

Anwendung der Standards

Die Standards für Programmevaluationen sind in vier Kategorien aufgeteilt, welche die vier Eigenschaften einer guten Programmevaluation zum Ausdruck bringen. Nachdem sie die *Belege* in bezug auf jeden einzelnen Standard berücksichtigt hatte, faßte die Beraterin ihre Ergebnisse für jede Kategorie wie folgt zusammen:

Nützlichkeitsstandards

Sie fand durch ihre Interviews heraus, daß pädagogische Mitarbeiter und Teilnehmende, die besonders interessiert an den für die Seminarbeurteilung verwendeten Kriterien waren, nicht nach ihren eigenen Fragestellungen, die in den Seminarevaluationen behandelt werden sollten, gefragt worden waren. Deshalb blieben sie im Unklaren darüber, warum einige für sie wichtige Fragen nicht angesprochen wurden. Es wurde zum Beispiel überhaupt nicht untersucht, wie die Seminarteilnehmenden die Informationen, Materialien und Fähigkeiten, die sie sich während der Seminare angeeignet hatten, nutzten. Es fand keine Nachbereitung der Seminare statt. Dies stellte einen größeren Mangel in der Evaluation dar, zurückzuführen auf Nichteinhaltung des Standards „Ermittlung der Beteiligten & Betroffenen"(N1).

Die Seminarevaluatorin verfügte über geeignete Referenzen für die Übernahme der Evaluation und sie wurde vom Personal wie auch von der Verwaltung der Organisation als fair und kompetent angesehen. Diesbezüglich wurde der Standard „Glaubwürdigkeit der Evaluatorin" (N2) berücksichtigt. Die bei der Evaluation begangenen Fehler beeinträchtigten jedoch die Glaubwürdigkeit der Evaluatorin.

Aufgrund des Fehlers, nicht die Bedürfnisse aller Adressaten zu berücksichtigen (N1), wurde auch der Standard „Umfang und Auswahl der Informationen" (N3) nicht vollständig eingehalten. Im Anschluß an die Seminare erhobene Folgeinformationen wären wichtig gewesen, fehlten aber in den Evaluationsberichten. Ansonsten schloß die Evaluation offenbar die Behandlung der wichtigsten Fragen ein, und zwar: Wurden die Bedürfnisse erfüllt? Waren die Teilnehmer zufrieden? War die Seminarausstattung angemessen?

Der Standard „Feststellung von Werten" (N4) wurde nicht eingehalten, denn die Grundlage für die Beurteilung der Eignung der Seminare war nicht geklärt worden. Aus den von der Seminarevaluatorin bereitgestellten Rückmeldungen war oft schwer zu erkennen, woher die Beurteilungen stammten.

Die Beraterin stellte fest, daß die Evaluationsberichte klar formuliert (N5) und an die richtigen Adressaten verteilt worden waren (N6). Das Workshop-Personal sowie die Verwaltung der Organisation waren voll informiert. Da ein Großteil des Feedbacks aus den Evaluationen positiv war, waren im vergangenen Jahr kaum formelle oder inhaltliche Veränderungen an den Workshops vorgenommen worden. Wenn Follow-up-Daten erhoben worden wären, hätten die Evaluationen vielleicht zu Veränderungen geführt (N7).

Insgesamt gesehen wies die Evaluation ernsthafte Defizite bei den Nützlichkeitsstandards auf. Aus der Meta-Evaluation ergaben sich einige Ideen für eine Neuausrichtung der Evaluationen.

Durchführbarkeitsstandards

Zum Verfahren der Seminarevaluation gehörte ein einfacher Feedback-Fragebogen an die Teilnehmenden sowie ein Feedback vom beratenden Ausschuß des Programms. Die Evaluatorin befaßte sich auch mit den Budgets und der zur Verfügung stehenden Ausstattung. Für jedes Seminar wurden Kurzberichte geschrieben. Durch diesen Evaluationsablauf wurde der Standard „Praktische Verfahren" (D1) eingehalten.

Der Standard „Politische Tragfähigkeit" (D2) wurde nicht eingehalten, teilweise deswegen, weil das Personal und die Teilnehmenden für den Evaluationsplan nicht konsultiert wurden. Mit der Frage „Warum wurden wir nicht an der Planung beteiligt?" könnte die Evaluation leicht diskreditiert werden. Dies stellt einen wunden Punkt dar.

Der Standard „Kostenwirksamkeit" (D3) wurde auf der einen Seite eingehalten, da wenig aufwendige Evaluationsverfahren verwendet wurden. Bei geringen Kosten erhielt die Organisation einige nützliche Informationen darüber, wie gut die Seminare aufgenommen wurden. Die Kostenwirksamkeit wäre jedoch erhöht worden, wenn den Informationsbedürfnissen aller Beteiligten & Betroffenen – wie oben beschrieben – mehr Beachtung geschenkt und mehr dafür investiert worden wäre.

Korrektheitsstandards

Der Standard „Unterstützung der Dienstleistungsorientierung" (K1) wurde nicht eingehalten, weil die Evaluatorin nicht untersuchte, ob die Seminare tatsächlich dazu führten, daß die Teilnehmenden das Gelernte anwendeten oder daß sich ihre Leistung steigerte. Wie soll man so feststellen, ob den Teilnehmenden die Seminare genützt haben?

Es lag keine formale Vereinbarung (K2) für die Seminarevaluationen vor. Es bestand wahrscheinlich kein Bedarf für einen Vertrag, aber ein Konsensprotokoll, in welchem die Evaluatorin die geplanten Tätigkeiten beschreibt, wäre erforderlich gewesen. Der Geschäftsführer/Auftraggeber hätte den Vermerk dann abzeichnen oder Änderungen verlangen können. Dies ist ein wichtiges Kommunikationsmittel, welches nicht hätte übersehen werden dürfen.

Der Standard „Schutz individueller Menschenrechte" (K3) war für diese Evaluation nicht von Bedeutung, da keine Bedrohung für die Befragten ersichtlich war. Die Daten wurden nur in aggregierter Form präsentiert. Der Standard „Human gestaltete Interaktion" (K4) stellte kein Problem dar, da die Evaluatorin sich dem Personal gegenüber sehr verbindlich verhielt.

Die Berichte wurden den Seminarleitern übergeben und der Geschäftsführer erhielt eine Kopie. Eine „Vollständige und faire Einschätzung" (K5) sowie die „Offenlegung der Ergebnisse" (K6) wurde von den Lesern der Berichte nicht angezweifelt. Die Beraterin fragte die Seminarevaluatorin in einem Interview, ob jemals Ergebnisse verschleiert oder zurückgehalten worden wären. Dies wurde verneint. Anscheinend wurden die Standards K5 und K6 eingehalten.

Der Standard „Deklaration von Interessenkonflikten" (K7) spielte in den Seminarevaluationen keine Rolle. Die Arbeitsstelle der Evaluatorin hing nicht davon ab, daß sie positive Ergebnisse bereitstellte, und sie hatte offenbar kein Eigeninteresse an den Ergebnissen.

Der Standard „Finanzielle Verantwortlichkeit" (K8) wurde nicht eingehalten, da die Evaluatorin keinen Budgetplan aufgestellt hatte und nicht über die Seminarevaluationen Buch führte. Da die Evaluationen einen großen Teil ihrer Zeit beanspruchten, wäre eine genaue Buchführung nötig gewesen. Dieses Vorgehen sollte als Element der Evaluationssteuerung aufgenommen werden.

Genauigkeitsstandards

Die Beraterin stellte fest, daß jeder Evaluationsbericht eine kurze Beschreibung des Seminarablaufes, seines Inhaltes und der Eigenschaften der Teilnehmenden enthielt. Sie schloß daraus, daß der Standard G1 – „Programmdokumentation" – in allen Fällen erfüllt worden war. Der Standard „Kontextanalyse" (G2) fand keinen Niederschlag in den Berichten über die Programmevaluationen, obwohl die Evaluatorin mitteilte, daß sie über jeden außergewöhnlichen Umstand, der die Ergebnisse eines Seminars beeinträchtigt haben könnte, berichtet hätte. Die Beraterin kam zu dem Schluß, daß es zur Einhaltung des Standards ausreichte, wenn über solche Beobachtungen bei Bedarf berichtet würde.

Kein einziger Evaluationsbericht beschrieb das Evaluationsverfahren. Danach befragt erwiderten das pädagogische Personal und der Geschäftsführer, daß sie über die Tätigkeiten informiert seien und kein Interesse daran hätten, daß jeder Bericht einen Abschnitt über Evaluationsverfahren beinhalte. Die Beraterin folgerte, daß der Standard „Beschreibung von Zielen und Vorgehen" (G3) nicht für anwendbar angesehen wurde, da die Verfahren bekannt, unkompliziert und klar erkennbar waren. In der Tat ein seltener Fall, wie sie dachte.

Für die in den Seminarevaluationen behandelten Fragen, stellten die Teilnehmenden und die direkten Beobachtungen geeignete Informationsquellen dar. Aus dem beratenden Ausschuß hatte jedoch kein einziges Mitglied ein Seminar miterlebt. Es hätte wenigstens ein Ausschußmitglied an jedem Seminar teilnehmen können. Es wäre auch noch akzeptabel gewesen, wenn jedes Ausschußmitglied an wenigstens einem Seminar teilgenommen hätte. Wenn aber die Ausschußmitglieder die Seminare überhaupt nicht aus eigener Anschauung kennengelernt haben, so folgerte die Beraterin, konnten sie auch nicht ausreichend informiert sein. Daher war dem Standard G4 – „Verläßliche Informationsquellen" – nur teilweise entsprochen worden.

Weder der Standard „Valide Informationen" (G5) noch der Standard „Reliable Informationen" (G6) waren in irgendeinem Evaluationsdokument ausdrücklich angesprochen. Als die Evaluatorin nach der Validität und Reliabilität der Berichtsinhalte gefragt wurde, blieb sie eine Antwort schuldig. Sie fragte: „Ich habe doch Fragebogen, Beobachtungen und Interviews verwendet – muß ich mir dann auch noch über Validität und Reliabilität Gedanken machen?" Die Antwort darauf lautete natürlich: Ja! Die Validität der Aussagen im Bericht hätte belegt werden können, indem man die Liste der Evaluationsfragestellungen mit den in der Evaluation gesammelten Daten verglichen hätte. Eine umfassende Behandlung der Fragestellungen stellt einen möglichen Beleg für die Validität von Berichten dar. Eine andere Möglichkeit besteht darin, die im Bericht enthaltenen Ergebnisse von Teilnehmenden, denen man die Berichte zu lesen gibt, bestätigen zu lassen. Reliabilität könnte belegt werden, indem man Ergebnisse vergleicht, die von unterschiedlichen Methoden der Datenerhebung herrühren. Eine Übereinstimmung der Ergebnisse würde dazu führen, daß der Leser den Informationen im Bericht mehr Glauben schenkt. Die Beraterin folgerte, daß die Validität und Reliabilität der Ergebnisse zu wichtig seien, als daß man sie übergehen könnte – die Evaluatorin hätte die Punkte wenigstens in einem Aktenvermerk oder in einer Notiz an den Leiter der Organisation behandeln können.

Die Standards G7, G8, G9 und G11 wurden als ausreichend berücksichtigt eingeschätzt. Die Datenerhebung wurde streng kontrolliert und war eine Routineangelegenheit. Es wurden geeignete Verfahren zur Datenauswertung für jede Phase der Evaluation verwendet und es deutete nichts darauf hin, daß das Vorgehen bei der Datenerhebung, Datenauswertung und Berichterstattung einseitig ausgerichtet gewesen wäre.

Obwohl den Schlußfolgerungen im Bericht die zugrundeliegenden Belege beigefügt worden waren, muß man an diesen Schlußfolgerungen zweifeln, da nicht die volle Bandbreite relevanter Fragestellungen mit validen und reliablen Informationen angesprochen wurde. Die Evaluatorin hat somit den Standard „Begründete Schlußfolgerungen" (G10) nicht erfüllt.

Schließlich entschied die Beraterin noch, daß der Standard „Meta-Evaluation" (G12) dadurch abgedeckt worden war, daß sie die Seminarevaluationen bewertet hatte. Sie war überzeugt, daß jede Evaluation, welche die Praktiken einer Organisation beeinflußte, auf diese Weise überprüft werden sollte.

Nutzung der Ergebnisse

Die Beraterin folgerte, daß die Evaluation des Seminarprogramms einige Stärken hatte, daß aber auch wichtige Änderungen empfohlen werden mußten. Die Änderungen sollten wie folgt aussehen:

- Eine Untersuchung über die Teilnehmenden sollte auch *nach* den Seminaren durchgeführt werden.
- Die Kriterien für die Beurteilung der Seminare müssen explizit gemacht werden.
- Das Personal und eine repräsentative Stichprobe der Teilnehmenden sollte den Evaluationsablauf überprüfen, um sicherzustellen, daß ihre Fragen behandelt werden.
- Die Evaluatorin muß ein Konsensprotokoll für den Geschäftsführer der Organisation vorbereiten, worin der Evaluationsablauf und der Budgetplan beschrieben sind.

- Es sind Belege für die Validität und Reliabilität der Informationen erforderlich.
- Jedes Mitglied des beratenden Ausschusses sollte wenigstens ein Seminar pro Jahr besuchen.

Diese Empfehlungen waren nach Meinung der Beraterin wesentliche Voraussetzungen dafür, daß sich die Qualität und Wirksamkeit der Seminarevaluationen erhöhte.

Unser Ansinnen an die Nutzerinnen und Nutzer dieser Standards

Insgesamt stellen die 30 Standards eine mögliche Arbeitsphilosophie für die Evaluation dar. Sie legen fest, von welchen Prinzipien die Evaluation nach zeitgemäßer Auffassung orientiert und angeleitet werden sollte.

Das Joint Committee rät dringend allen, die sich mit Evaluationen beschäftigen, die Standards gewissenhaft und überlegt anzuwenden. Weiterhin fordert es die Nutzer der Standards dazu auf, die Eignung der Standards zu bewerten und darüber zu berichten und selber an ihrer Verbesserung mitzuwirken. Unter diesen Umständen ist das Committee zuversichtlich, daß die Standards zu vernünftigen, nützlichen, ethisch vertretbaren und kostenwirksamen Evaluationen führen werden, welche in einem hohen Maße zur Verbesserung von pädagogischen Programmen in unterschiedlichen Bereichen beitragen werden.

Man sollte sich klar darüber sein, daß in vielen Evaluationen eine systematische Anwendung und Dokumentation aller Standards nicht möglich ist. Das Joint Committee hat eine Checkliste entwickelt, die bei der Anwendung der Standards eine Hilfe sein soll. Wie unten dargestellt, bietet die Checkliste eine Reihe von Optionen, um zu zeigen, inwieweit jeder Standard behandelt wurde. Mit dieser Checkliste kann man wie folgt vorgehen:

A. Auf einem separaten Blatt für jeden Standard werden
   1. die für den jeweiligen Standard festgestellten Stärken, Schwächen und Verbesserungsvorschläge bezüglich der Übersicht, Richtlinien und Häufige Fehler aufgelistet;
   2. mit fachlich fundiertem Urteilsvermögen und unter Verwendung der in Punkt 1 genannten Aufzeichnungen Entscheidungen darüber getroffen, in welchem Maße der Standard wirklich/effektiv behandelt wurde (vollständig/teilweise/überhaupt nicht oder nicht für anwendbar gehalten).
B. Die Beurteilung für jeden Standard wird auf die Checkliste übertragen.
C. Auf der Basis einer fachlich fundierten Beurteilung wird darüber entschieden, in welchem Umfang das Set der anwendbaren Standards wirklich/effektiv behandelt wurde. Dabei wird der gleiche Maßstab angesetzt wie für die einzelnen Standards.
D. Die zur Erhöhung von Qualität und Effektivität der Evaluation erforderlichen Verbesserungen der Evaluation werden zusammengefaßt.

Checkliste zur Anwendung der Standards[7]

Um die in diesem Formular enthaltenen Informationen zutreffend zu interpretieren, wird dem Leser empfohlen, die Gesamtfassung der „Standards für die Evaluation von Programmen“ heranzuziehen, wie sie in folgender Veröffentlichung enthalten sind:

Joint Committee on Standards for Educational Evaluation/Sanders, James A. (Hrsg.): Handbuch der Evaluationsstandards, Opladen 2006.

	Der Standard...			
	wurde beachtet	wurde teilweise beachtet	wurde nicht beachtet	war nicht anwendbar
N1 Ermittlung der Beteiligten & Betroffenen				
N2 Glaubwürdigkeit der Evaluatorin				
N3 Umfang und Auswahl der Informationen				
N4 Feststellung von Werten				
N5 Klarheit des Berichts				
N6 Rechtzeitigkeit und Verbreitung des Berichts				
N7 Wirkung der Evaluation				
D1 Praktische Verfahren				
D2 Politische Tragfähigkeit				
D3 Kostenwirksamkeit				
K1 Unterstützung der Dienstleistungsorientierung				
K2 Formale Vereinbarungen				
K3 Schutz individueller Menschenrechte				
K4 Human gestaltete Interaktion				

7 Der Verlag gibt den Lesern die ausdrückliche Erlaubnis zum Abdruck dieses Formulars.

K5 Vollständige und faire Einschätzung				
K6 Offenlegung der Ergebnisse				
K7 Deklaration von Interessenkonflikten				
K8 Finanzielle Verantwortlichkeit				
G1 Programmdokumentation				
G2 Kontextanalyse				
G3 Beschreibung von Zielen und Vorgehen				
G4 Verläßliche Informationsquellen				
G5 Valide Informationen				
G6 Reliable Informationen				
G7 Systematische Informationsüberprüfung				
G8 Analyse quantitativer Informationen				
G9 Analyse qualitativer Informationen				
G10 Begründete Schlußfolgerungen				
G11 Unparteiische Berichterstattung				
G12 Meta-Evaluation				

Der Einsatz dieser Checkliste fördert eine effektive Evaluationspraxis und kann zur Überprüfung des Evaluationsprozesses angewendet werden. Sie kann von einer Vielzahl von Beteiligten & Betroffenen der Evaluation verwendet werden. Es besteht jedoch das Risiko, daß der Evaluationsprozeß zu stark vereinfacht wird, wenn durch den Gebrauch der Checkliste eine Ranglistenmentalität erzeugt wird. Das Joint Committee warnt die Nutzer davor, die Checkliste nur oberflächlich anzuwenden und empfiehlt eine wie oben beschriebene Vorgehensweise.

Die Standards

N Nützlichkeitsstandards

Zusammenfassung der Standards

N Die Nützlichkeitsstandards sollen sicherstellen, daß sich eine Evaluation an den Informationsbedürfnissen der vorgesehenen Evaluationsnutzer ausrichtet. Es handelt sich um folgende Standards:

N1 Ermittlung der Beteiligten & Betroffenen
Die an einer Evaluation beteiligten oder von ihr betroffenen Personen sollten identifiziert werden, damit deren Interessen und Bedürfnisse berücksichtigt werden können.

N2 Glaubwürdigkeit der Evaluatorin
Wer Evaluationen durchführt, sollte sowohl vertrauenswürdig als auch kompetent sein, damit bei den Evaluationsergebnissen ein Höchstmaß an Glaubwürdigkeit und Akzeptanz erreicht wird.

N3 Umfang und Auswahl der Informationen
Die gewonnenen Informationen sollten von einem Umfang und einer Auswahl sein, welche die Behandlung sachdienlicher Fragen zum Programm ermöglichen und gleichzeitig auf die Interessen und Bedürfnisse des Auftraggebers und anderer Beteiligter & Betroffener eingehen.

N4 Feststellung von Werten
Die Perspektiven, Verfahren und Gedankengänge, auf denen die Interpretationen der Ergebnisse beruhen, sollten sorgfältig beschrieben werden, damit die Grundlagen der Werturteile klar ersichtlich sind.

N5 Klarheit des Berichts
Evaluationsberichte sollten das evaluierte Programm einschließlich seines Kontextes ebenso beschreiben wie die Ziele, die Verfahren und Befunde der Evaluation, damit die wesentlichen Informationen zur Verfügung stehen und leicht verstanden werden können.

N6 Rechtzeitigkeit und Verbreitung des Berichts
Wichtige Zwischenergebnisse und Schlußberichte sollten den vorgesehenen Nutzern so zur Kenntnis gebracht werden, daß diese sie rechtzeitig verwenden können.

N7 Wirkung der Evaluation
Evaluationen sollten so geplant, durchgeführt und dargestellt werden, daß die Beteiligten & Betroffenen dazu ermuntert werden, dem Evaluationsprozeß zu folgen, damit die Wahrscheinlichkeit steigt, daß die Evaluation genutzt wird.

N1 Ermittlung der Beteiligten & Betroffenen

Standard: Die an einer Evaluation beteiligten oder von ihr betroffenen Personen sollten identifiziert werden, damit deren Interessen und Bedürfnisse berücksichtigt werden können.

Übersicht

Bei Evaluationen gibt es zumeist eine Vielzahl unterschiedlicher Beteiligter & Betroffener. Der Ausdruck *Beteiligte & Betroffene (Stakeholders)* wird allgemein zur Bezeichnung derjenigen verwendet, die in eine Programmevaluation miteinbezogen werden sollten oder von ihr betroffen sein könnten. Zu den Beteiligten & Betroffenen zählen Auftraggeber aber auch Dritte, die Evaluationen bei ihrer Entscheidungsfindung nutzen, zum Beispiel Führungsgremien von Schulen, Universitäten und Krankenhäusern, Behörden für Bildung und Erziehung sowie Beratungsgremien, einzelne Verwaltungsbeamte, Gesetzgeber; außerdem Lehrer, Ausbilder und Weiterbildner sowie die große Gruppe der Konsumenten, welche die bewerteten Güter und Dienstleistungen erwerben. Des weiteren gehören zu den typischen Beteiligten & Betroffenen die Personen und Gruppen, deren Arbeit untersucht wird, diejenigen, die von den Ergebnissen betroffen sind, soziale Organisationen und die allgemeine Öffentlichkeit.

Zentral ist, daß potentiell wichtige Beteiligte & Betroffene identifiziert und soweit dies die finanziellen und zeitlichen Einschränkungen zulassen, in die Planung und Durchführung der Evaluation miteinbezogen werden. Dabei sollte besonders versucht werden, ihre Informationsbedürfnisse zu ermitteln und die Evaluation entsprechend auszurichten. Bei vielen Evaluationen sind besondere Anstrengungen erforderlich, um für eine ausreichende Beteiligung von weniger einflußreichen Gruppen und Personen, z.B. ethnischen, kulturellen oder sprachlichen Minderheitengruppen, zu sorgen. Findet die Identifikation der Beteiligten & Betroffenen nicht statt, könnte die Evaluation zu einer fehlgeleiteten akademischen Übung werden, deren Ergebnisse ignoriert, kritisiert oder abgelehnt würden, da sie keinerlei spezifische Fragestellungen der Beteiligten & Betroffenen behandeln. Eine Evaluation hingegen, welche die Beteiligten & Betroffenen mitgestalten und die sich nach ihren Informationsbedürfnissen richtet, hat beste Aussichten, beachtet und positiv aufgenommen zu werden.

Richtlinien

A. Personen in führenden Positionen sollten zuerst identifiziert werden, da sie der Evaluatorin helfen können, weitere Beteiligte & Betroffene zu ermitteln.
B. Es sollten Vertreter der identifizierten Beteiligten & Betroffenen kontaktiert werden, um herauszufinden, welche Bedeutung diese der Evaluation beimessen, wie sie die Ergebnisse verwenden möchten und welche bestimmten Informationen nützlich wären. Wo nötig, sollten sie auch dabei unterstützt werden, realistische Erwartungen an die Evaluation zu richten, die den gegebenen methodischen, finanziellen und politischen Einschränkungen entsprechen.
C. Mit Hilfe bereits identifizierter sollte versucht werden, weitere Beteiligte & Betroffene zu ermitteln.
D. Mit dem Auftraggeber sollte eine Übereinkunft hinsichtlich der relativen Bedeutung der potentiellen Beteiligten & Betroffenen und deren Informationswünschen erzielt werden, und die Datenerhebung sowie die Berichterstattung sollte entsprechend geplant und umgesetzt werden.
E. Während der ganzen Evaluation sollte man aufmerksam auf weitere Beteiligte & Betroffene achten, denen die Evaluation von Nutzen sein sollte; und man sollte sich die Flexibilität und Fähigkeit bewahren, im Rahmen der gegebenen zeitlichen und finanziellen Grenzen auf ihre Bedürfnisse einzugehen.
F. Auftraggeber und andere Beteiligte & Betroffene sollten direkt in die Planung und die Durchführung der Evaluation einbezogen werden.
G. Es sollte sichergestellt werden, daß keine Beteiligten & Betroffenen aufgrund des Geschlechts, ethnischer Zugehörigkeit oder Sprache ausgeschlossen werden.

Häufige Fehler

A. Es wird zugelassen, daß der Auftraggeber den Kontakt der Evaluatorin zu anderen Beteiligten & Betroffenen in unangemessener Weise einschränkt.
B. Es wird stillschweigend unterstellt, allen Informationswünschen der Beteiligten & Betroffenen zu entsprechen, wenn dies in Wirklichkeit nicht möglich ist.
C. Es wird davon ausgegangen, daß Personen in Führungs- oder Entscheidungspositionen die einzigen oder die wichtigsten Beteiligten & Betroffenen sind.
D. Es werden zu viele Beteiligte & Betroffene kontaktiert, was die Durchführung der Evaluation unmöglich macht.
E. Es wird nicht zwischen Auftraggebern und anderen Beteiligten & Betroffenen unterschieden.
F. Die Bedürfnisse und Rechte Beteiligter & Betroffener werden aufgrund ihres Geschlechts, ihrer ethnischen Zugehörigkeit oder Sprache übersehen.

◆ Anschauungsbeispiel 1 – Beschreibung

Ein privates Evaluationsunternehmen wurde vom Ministerium für Bildung und Erziehung eines großen US-Staates damit beauftragt, eine unabhängige Evaluation eines breit angelegten Programms zur frühkindlichen Erziehung durchzuführen. Das Programm war in dem betreffenden Staat drei Jahre zuvor erstmals in einer kleinen Anzahl von Schulen zum Einsatz gekommen. Wie geplant, kamen in den nächsten zwei Jahren weitere Schulen hinzu. Der zuständigen Staatsbehörde bereiteten jedoch die steigenden Kosten Sorgen, die sich während des dritten Jahres auf fast 24 Millionen US-Dollar beliefen. Daher wurde das Ministerium aufgefordert, durch eine externe Evaluation feststellen zu lassen, inwieweit das neue Programm „die Ausgaben wert war".

Die Evaluatorinnen verwendeten in der Planungsphase viel Zeit für Gespräche mit dem Leiter des staatlichen Schulwesens, dem Ministeriumsbeauftragten für das Programm zur frühkindlichen Erziehung und den einzelnen Mitgliedern der Schulbehörde. Diese Personen waren ausnahmslos an den kognitiven Fortschritten der am Programm teilnehmenden Kinder interessiert, insbesondere an den Leistungen in Mathematik und Lesen. Entsprechend stand die Beschaffung von überzeugenden Indikatoren für die Lese- und Rechenleistungen der Schüler im Mittelpunkt der Informationsgewinnung. Die Evaluatorinnen entwickelten eine Reihe qualitativ hochstehender, kriteriumsbasierter Tests für diese beiden Bereiche und sammelten eine große Menge an Daten über Leistungen von Schülern, die an dem Programm teilnahmen bzw. nicht teilnahmen.

Nach der Veröffentlichung des Berichts stellte sich heraus, daß daran auch die gesetzgebende Gewalt in dem betreffenden Staat interessiert war, welche die Haushaltsentscheidungen bezüglich aller derartiger Programme traf. Dabei zeigte sich, daß einige Schlüsselfiguren in der Gesetzgebung den erzielten kognitiven Leistungen zwar Beachtung schenkten, aber weit mehr daran interessiert waren, wie sich das Programm auf die Einstellung der Schüler zur Schule und auf ihr Selbstwertgefühl auswirkte. Außerdem hätten sich die Gesetzgeber weitaus detailliertere Darstellungen zu den Kosten des Programms gewünscht, als sie der Bericht enthielt. Darüber hinaus wurde der Bericht von Interessengruppen für frühkindliche Entwicklung kritisiert, die ihn als inhaltlich zu eng gefaßt und daher als nur beschränkt brauchbar ansahen.

◆ Anschauungsbeispiel 1 – Analyse

Die Evaluatorinnen haben aufgrund ihrer Gespräche mit den Auftraggebern und unmittelbaren Beteiligten & Betroffenen erstklassige Instrumente zur Datenerhebung entwickelt, die für den vereinbarten Evaluationsplan und für den vorgesehenen Schwerpunkt der Evaluation geeignet waren. Sie hätten jedoch erwägen sollen, neben ihrem Auftraggeber und anderen direkten Beteiligten & Betroffenen eine breitere Klientel zu bedienen und solche Erweiterungen mit dem Auftraggeber zu besprechen. Während der Evaluationsplanung hätte ausreichend untersucht werden sollen, welche Gruppen möglicherweise Interesse an der Evaluation haben könnten. Die Evaluatorinnen hätten herausfinden sollen, daß wichtige Personen in der Gesetzgebung, wie der Erziehungs- und Bildungsausschuß des Senats des Staates, und zwei einflußreiche Interessengruppen, die sich für frühkindliche Erziehung einsetzen – Eltern teilnehmender Kinder und im Programm beschäftigte Paraprofessionelle – regen Anteil an den Ergebnissen nehmen würden. Es wäre notwendig gewesen, Berichte der Gesetzgeber und des Ausschusses zu analysieren, um zu verstehen, welche Ziele die Initiatoren des Programms verfolgten.

Mit diesem Wissen hätten die Evaluatorinnen die staatliche Bildungs- und Erziehungsbehörde darüber informieren können, daß weitere Beteiligte & Betroffene an dem Schlußbericht interessiert sind. Sie hätten als Argumente vorbringen können, daß die Interessen dieser Gruppen legitim seien, daß ihre politischen Aktivitäten die Folgen der Evaluation entscheidend beeinflussen könnten und daß ihre Anliegen daher im Evaluationsplan hätten berücksichtigt werden müssen.

◆ Anschauungsbeispiel 2 – Beschreibung

Seit mehreren Jahren sorgte sich eine Dienststelle der Regierung um den Erfolg eines ihrer größeren Förderprogramme, durch das Gelder an kommunale Colleges vergeben wurden, um Arbeitslosen marktfähige berufliche Fertigkeiten zu vermitteln. In Anbetracht der Höhe des für dieses Projekt aufgewandten Budgets wollte die Regierung erfahren, wie viele Absolventen der College-Programme tatsächlich Arbeit fanden, wieviel Zeit vom Abschluß des Kurses bis zur Arbeitsaufnahme verstrich und wie lange sie ihre Stelle behielten.

Die Colleges, in denen die Ausbildungsprogramme durchgeführt wurden, hatten für diese Programme spezifische Ziele entwickelt, von denen viele sich auf allgemein wünschenswerte Kompetenzen bezogen. Dadurch sollten die Absolventen befähigt werden, sich langfristig auf dem Arbeitsmarkt zu behaupten. In den Colleges war man sich auch der Rahmenbedingungen bewußt, welche die Einstellungsquoten beeinflußten, zum Beispiel das Auf und Ab der konjunkturellen Entwicklung, die einen unmittelbaren Einfluß auf die Arbeitsmöglichkeiten hat. Vielfach war es nicht auf die Qualifikation der Programmteilnehmenden zurückzuführen, wenn kurzfristig keine Arbeitsplätze zur Verfügung standen, sondern ausschließlich auf die Schwankungen auf dem Arbeitsmarkt. Außerdem versuchten die Colleges, Flexibilität und Anpassungsfähigkeit bei ihren Absolventen zu fördern, damit diese verschiedenartige Funktionen übernehmen könnten, die nicht unbedingt in direktem Zusammenhang mit ihrer Ausbildung standen.

Die Regierung beauftragte also eine private Agentur damit, eine Evaluation der Beschäftigungschancen von Absolventen der College-Programme vorzunehmen. Die Namen der einzelnen Colleges und der Programmleiter wurden nicht bekanntgegeben. Die Agentur erhielt nur Informationen über den Verbleib der ehemaligen Studierenden und ihre aktuelle Beschäftigungssituation. Dem Evaluationsteam war es daher nicht möglich, vom College-Personal spezifische Informationen über die Programme zu erhalten. Die Evaluationsergebnisse wiesen darauf hin, daß Absolventen der College-Ausbildungen bei der Suche nach einer geregelten und sinnvollen Beschäftigung nicht erfolgreicher waren als Personen, die kein College-Programm absolviert hatten, und daß sich die Beschäftigungsquoten nach Ablauf von sechs Monaten gleichfalls nicht wesentlich unterschieden.

Die Regierung stützte sich auf diese Evaluation, um tiefgreifende Änderungen ihrer Politik einzuleiten, die unter anderem die Umverteilung großer Geldsummen von den Colleges an private Agenturen zur „betriebsinternen Ausbildung“ beinhalteten.

◆ Anschauungsbeispiel 2 – Analyse

Aus ungeklärten Gründen haben die Evaluatorinnen anscheinend gemeint, daß sie nicht mit aller Vehemenz darauf bestehen könnten, mit den am Programm beteiligten Colleges Kontakt aufzunehmen – entsprechende Informationen hatte die Regierung den Evaluatorinnen ja nicht mitgeteilt. Der fehlende Kontakt zu den Colleges wirkte sich negativ auf die Evaluation aus. Da das Evaluationsteam die Vorbereitung der Evaluationsstrategie und die Interpretation der Ergebnisse nicht mit den Colleges besprach, wurden im Evaluationsplan viele Faktoren im Zusammenhang mit den Programmzielen nicht berücksichtigt. Demzufolge waren die Ergebnisse in Hinblick auf die Ziele des Trainingsprogramms weitestgehend ungültig, da sie nur einen kleinen Teil davon beurteilten. Noch größeren Anlaß zur Sorge boten die Maßnahmen, die infolge des schlecht konzipierten Evaluationsversuchs getroffen wurden.

Eine Konsultation der Colleges hätte die Evaluatorinnen in die Lage versetzt, Informationen zu den Zielen der einzelnen Programme sowie der Art der Anleitung und Ausbildung der Studierenden zu suchen, und eventuelle Fragestellungen der Colleges hätten in der Evaluation behandelt werden können. Da dies jedoch ausblieb, waren die Ergebnisse der Evaluation zumindest aus Sicht der Colleges unvollständig. Verschiedene Faktoren im Zusammenhang mit Beschäftigungsaufnahmen, die in der Interpretation und Darstellung der Ergebnisse hätten einbezogen werden müssen und über die sich die College-Angestellten im klaren waren, wurden von der Regierung nicht beachtet. In Anbetracht dieser Faktoren, die Defizite bei der sofortigen Plazierung auf dem Arbeitsmarkt aufwiegen, wären die von der Regierung getroffenen Maßnahmen entweder unterblieben oder zumindest abgewandelt worden.

Breitere und intensivere Rücksprache mit allen betroffenen Parteien während der Vorbereitung und Gestaltung der Evaluation hätten zweifellos zu einer responsiveren Evaluation geführt.

Weiterführende Literatur

Cousins, J. B., & Earl, L. M. (1992). The case for participatory evaluation. *Educational Evaluation and Policy Analysis, 14* (4), 397-418.

Greene, J. C. (1988). Stakeholder participation and utilization in program evaluation. *Evaluation Review, 12* (2), 96-116.

Nowakowski, J. (Ed.). (1987, Winter). The client perspective on evaluation. *New Directions for Program Evaluation, 36.*

N2 Glaubwürdigkeit der Evaluatorin

Standard: Wer Evaluationen durchführt, sollte sowohl vertrauenswürdig als auch kompetent sein, damit bei den Evaluationsergebnissen ein Höchstmaß an Glaubwürdigkeit und Akzeptanz erreicht wird.

Übersicht

Evaluatorinnen sind in dem Maße glaubwürdig, wie sie Ausbildung, technische Kompetenz, Sachwissen, Erfahrung, Integrität, Fertigkeiten in Öffentlichkeitsarbeit und andere Eigenschaften aufweisen, die von den Auftraggebern und weiteren Benutzern des Berichts als notwendig erachtet werden. Da sich nur selten alle Eigenschaften, die für eine bestimmte Evaluation erforderlich sind, in einer Person vereint finden, ist es oft notwendig, daß eine Evaluation von einem Team durchgeführt wird, dessen Mitglieder als Kollektiv über diese Qualifikationen verfügen.

Die Evaluatorinnen sollten sich unmittelbar zu Beginn ihrer Arbeit beim Auftraggeber und anderen Nutzern der Evaluation Glaubwürdigkeit verschaffen. Wenn das Vertrauen dieser Adressaten nicht gesichert ist, sollten die Evaluatorinnen ernsthaft in Erwägung ziehen, nicht weiter zu machen. Wenn sie die Evaluation weiterführen, obwohl sie von den Adressaten der Evaluation für unqualifiziert oder voreingenommen gehalten werden, könnte sich später herausstellen, daß ihre Ergebnisse und Empfehlungen – wie sehr sie auch technisch adäquat sein mögen – nicht beachtet oder zurückgewiesen werden.

Bei der Durchführung einer Evaluation sollten die Evaluatorinnen ein Klima von beständiger, offener und fortdauernder Kommunikation mit den Auftraggebern und weiteren Beteiligten & Betroffenen schaffen und stets für diese ansprechbar sein, ohne es dabei an Sachkenntnis missen zu lassen oder ihre Unvoreingenommenheit aufzugeben. Sie sollten auch bedenken, daß ihnen eine grundlegende Überprüfung ihrer Glaubwürdigkeit später dabei helfen wird, die Nützlichkeit, Praxisrelevanz, Redlichkeit und technische Angemessenheit ihrer Berichte zu bekräftigen.

Richtlinien

A. Die Evaluatorinnen sollten stets auf dem laufenden sein über gesellschaftliche und politische Einflüsse auf die Evaluation, insbesondere wenn diese im Zusammenhang mit Rasse, Geschlecht, sozioökonomischem Status, sprachlichen oder kulturellen Unterschieden stehen (siehe G2, Kontextanalyse, und D2, Politische Tragfähigkeit). Diese Kenntnisse sollten in die Planung und Durchführung der Evaluation einfließen.

B. Es sollte sichergestellt werden, daß sowohl der Arbeitsplan als auch die Zusammenstellung des Evaluationsteams auf die Interessen der wichtigen Beteiligten & Betroffenen Bezug nimmt (siehe N1, Ermittlung der Beteiligten & Betroffenen, und N3, Umfang und Auswahl der Informationen).
C. Es sollte in Betracht gezogen werden, den Evaluationsplan und die Evaluationstätigkeiten von einer anderen Evaluatorin überprüfen zu lassen, deren Referenzen vom Auftraggeber akzeptiert werden (G12, Meta-Evaluation).
D. Der Evaluationsplan muß den verschiedenen Beteiligten & Betroffenen klar beschrieben und seine Realitätsnähe und technische Qualität muß aufgezeigt werden.
E. Die Informationsbedürfnisse der Hauptadressaten über den Evaluationsfortschritt sollten bestimmt und mit Hilfsmitteln wie Mitteilungsblättern, Zwischenberichten, Telefongesprächen, Memos, Presseveröffentlichungen und Besprechungen befriedigt werden.
F. Ein Evaluationsangebot sollte einen Hinweis auf diejenigen Qualifikationen der Evaluatorin enthalten, die für die jeweilige Evaluation relevant sind.

Häufige Fehler

A. Die Glaubwürdigkeit der Evaluatorin kann auf inhaltlicher oder methodischer Ebene nicht vermittelt werden.
B. Die Evaluation richtet sich einseitig nach den Wertvorstellungen einer einzigen Gruppe von Beteiligten & Betroffenen.
C. Es wird nicht eingeräumt, daß man selbst oder ein Mitglied des Evaluationsteams aufgrund mangelnder Kenntnisse oder Erfahrungen zur Ausführung der Evaluation ungeeignet ist.
D. Es werden keine Evaluatorinnen gesucht, die über Erfahrung mit Evaluationen auf dem jeweiligen Gebiet verfügen (z.B. Schule, Industrie, Krankenhaus, Regierung, Armee).
E. Es wird nicht gewährleistet, daß die Mitglieder des Evaluationsteams sowohl Zeit und Einsatz als auch ihren guten Namen in den Dienst der Evaluation stellen.
F. Es werden zu viele Mittel dafür verwendet, Glaubwürdigkeit und Akzeptanz zu erreichen.
G. Es gelingt nicht, mit Verweis auf frühere Evaluationen Unvoreingenommenheit zu vermitteln.
H. Es wird vorausgesetzt, daß der Evaluationsansatz der Evaluatorin für den Auftraggeber akzeptabel ist.
I. Die Evaluation wird an eine unerfahrene studentische Hilfskraft übertragen.

◆ Anschauungsbeispiel 1 – Beschreibung

Eine juristische Fakultät richtete zur Unterstützung von Studierenden aus Minderheiten, die bei der mit traditionellen Mitteln durchgeführten Einstufung nicht gut abschnitten, ein Unterrichts- und Beratungsprogramm ein.[10] Vertreter der Fakultät

10 Das US-amerikanische Universitätssystem sieht für Studierende aus bestimmten Minderheiten Zulassungsquoten vor, die dazu führen können, daß Studierende mit schlechteren Zulassungsqualifikationen trotzdem zum Studium zugelassen werden. (Anm. d. Ü.)

erarbeiteten mit dem Lehr- und Lernzentrum der Universität zusammen Materialien für programmierten Unterricht, welche die Studierenden aus Minderheiten nutzen konnten, um ihre grundlegenden Kommunikations- und Lernfertigkeiten zu steigern.

Zwei Rechtsprofessoren – selber Angehörige einer Minderheit – waren der Ansicht, daß die Materialien ungeeignet waren, da sie die kulturellen Barrieren nicht berücksichtigten, welche die betroffenen Studierenden beim Lernen behinderten. Daher nahmen sie eine Evaluation des Unterrichtsmaterials vor, in deren Mittelpunkt die kulturellen Beschränkungen standen, mit denen die Studierenden konfrontiert waren. Der Evaluationsbericht der Professoren stützte sich hauptsächlich auf anekdotenhafte Auszüge aus Interviews mit einer Handvoll Studierender. Diese hatten sich freiwillig bereit erklärt, über ihre Erfahrungen im Lehr- und Lernzentrum sowie über die Hilfe des Programms bei der Integration in den kulturellen Kontext der juristischen Fakultät zu reden.

Nachdem der Dekan der Fakultät den Bericht erhalten hatte, rief er die Vorsteher der Fakultätsabteilungen und Vertreter des Lehr- und Lernzentrums zusammen, um mit ihnen darüber zu diskutieren. Bei dem Treffen wurden die Empfehlungen der zwei Professoren von beiden Parteien zwar höflich aber bestimmt zurückgewiesen. Für sie stand fest, daß die Evaluation nicht von jemandem in Auftrag gegeben worden war, der dazu legitimiert war. Außerdem waren sie der Meinung, daß die Ergebnisse einseitig waren, da die Stichprobe der Interviewten nur Freiwillige umfaßte und die Evaluation sich auf die Aktivitäten des Lehr- und Lernzentrums beschränkte.

◆ Anschauungsbeispiel 1 – Analyse

Die beiden Professoren haben eindeutige Mängel in den Materialien für programmierten Unterricht festgestellt, die den Nutzen für die Studierenden aus Minderheiten beeinträchtigen. Auf diese Mängel hatten die Gestalter der Materialien nicht geachtet und es war notwendig, diese bei der Bewertung der Materialien auf Angemessenheit für die betroffenen Studierenden zu berücksichtigen. Das Evaluationsteam hatte jedoch nicht darauf geachtet, sich bei Planung und Durchführung der Evaluation um Glaubwürdigkeit zu bemühen. Die Evaluation hätte bessere Aussichten gehabt, akzeptiert und benutzt zu werden, wenn das Evaluationsteam Maßnahmen getroffen hätte, die seine Glaubwürdigkeit und Fähigkeit zur Durchführung einer Evaluation sichergestellt hätten (siehe auch N4, Feststellung von Werten). Die beiden Professoren hätten sich vor Beginn ihrer Arbeit um die Zustimmung des Dekans, ihrer Kollegen an der juristischen Fakultät und der Urheber der Materialien bemühen sollen. Sie hätten erkennen sollen, daß in Ergänzung zu ihrem Wissen in Minderheitenangelegenheiten auch das Know-how im Bereich Evaluation notwendig gewesen wäre (dieses hätte das Lehr- und Lernzentrum der Universität und die Pädagogische Fakultät zur Verfügung stellen können). Ein auf diese Weise erweitertes Evaluationsteam hätte die Evaluation wahrscheinlich gründlicher geplant und durchgeführt, und die Adressatengruppen wären eher bereit gewesen, sich mit dem Bericht zu beschäftigen und damit zu arbeiten. Als Alternative zu einer Teamerweiterung hätten die Professoren den Dekan und den Leiter des Lehr- und Lernzentrums bitten können, eine qualifizierte Evaluatorin zur Bewertung ihres Evaluationsplans und zur Überprüfung ihres Berichts beizuzuziehen (siehe G12, Meta-Evaluation).

◆ Anschauungsbeispiel 2 – Beschreibung

Mitglieder einer Vereinigung von Medizinstudenten an einer großen medizinischen Fakultät im Mittleren Westen der USA zeigten sich während einer internen Versammlung besorgt darüber, daß das Bewertungssystem (Bestehen/Nicht-Bestehen) zur Erteilung des Honors Degree[11] ein übersteigertes Konkurrenzdenken fördere. Die Studierenden bildeten einen Ausschuß, der das System evaluieren und über die Ergebnisse berichten sollte. Der Ausschuß beschloß, eine Befragung der Studierendenschaft der Fakultät durchzuführen. Es wurde ein Fragebogen entwickelt und an alle vier Klassen verteilt. Der Ausschuß stellte die Ergebnisse zusammen und bereitete eine kurze Zusammenfassung vor. Die Ergebnisse bestätigten die Erwartungen des Komitees, wonach die große Mehrheit der Studierendenschaft meinte, daß das Bewertungssystem zu einer schädlichen Konkurrenz unter den Studierenden führte. Die Zusammenfassung wurde dem Ausschuß für Curriculum-Angelegenheiten zugeschickt – zusammen mit einem Antrag, den Honors Degree aufgrund der durch ihn verursachten negativen Atmosphäre abzuschaffen.

Dieser Ausschuß prüfte den Bericht und meldete zu drei kritischen Punkten Bedenken an. Erstens waren die Fragen so formuliert, daß sie fast zwangsläufig zu den Schlußfolgerungen führten, welche die Studierenden erreichen wollten. Daher war der Bericht nach Meinung des Ausschusses zu einseitig ausgerichtet, als daß er gültige Ergebnisse liefern könnte. Der zweite Kritikpunkt war, daß die Rücklaufquote der Fragebogen zu tief war. Sie betrug in den vier Klassen zwischen 15% und 40%. In Anbetracht dieser niedrigen Beteiligungsquote erschien es schwierig, die Ergebnisse als repräsentativ aufzufassen, selbst wenn die Fragen als gültig angesehen worden wären. Als drittes wurde bemängelt, daß das negative Konkurrenzverhalten nur einer von vielen Aspekten war, den man in Zusammenhang mit dem Bewertungssystem hätte untersuchen müssen. Ein weiteres Hauptanliegen des Systems war es, daß mit ihm auch leistungsstärkere Studierende unterstützt werden sollten, die nach Erwerb des Honor Degrees an einer anderen Lehranstalt mit härterem Wettbewerb weiterstudieren wollten. Schließlich war man in der Fakultät überzeugt, daß Studierende mit herausragenden Leistungen eine entsprechende Anerkennung durch Noten brauchten.

Trotz ihrer Mängel in Aufbau und Durchführung bewirkte die Evaluation, daß das Bewertungssystem neu durchdacht wurde. Der Fakultätsausschuß war der Ansicht, daß das System in dieser Form schon lange genug angewendet wurde, so daß eine Überarbeitung zu rechtfertigen sei. Ein Evaluationsfachmann wurde beauftragt, in Zusammenarbeit mit dem Studierendenausschuß einen Evaluationsplan zu entwickeln. Weiterhin gab der Ausschuß für Curriculum-Angelegenheiten dem Fach-

11 Akademischer Titel aufgrund einer Prüfung im Spezialfach (Anm. d. Ü.).

mann die Anweisung, mit den Studierenden einen ausgewogeneren Fragebogen auszuarbeiten und organisatorische Verfahren in die Wege zu leiten, um für die Befragungen höhere Beteiligungsquoten zu erzielen.

◆ Anschauungsbeispiel 2 – Analyse

Der Studierendenausschuß hatte ein Problem erkannt, welches von Kommilitonen beklagt wurde, und sah sich zum Handeln veranlaßt. Leider verfügte er jedoch nicht über die Mittel, um eine geeignete Evaluation durchzuführen. Die Fragebogen waren so suggestiv, daß die Fakultät alle Ergebnisse grundsätzlich unbeachtet ließ (siehe G5, Valide Informationen). Die geringe Rücklaufquote rechtfertigte darüber hinaus die ablehnende Reaktion der Fakultät. Statt eine Konfrontation mit den Studierenden herauszufordern, beschloß der Ausschuß für Curriculum-Angelegenheiten, einen glaubwürdigen Fachmann hinzuzuziehen, der einen Evaluationsplan erstellen und mit den Studierenden zusammenarbeiten sollte.

Weiterführende Literatur

Love, A. J. (1991). *Internal evaluation*. Newbury Park, CA: Sage.

Mathison, S. (1991). What do we know about internal evaluation? *Evaluation and Program Planning, 14* (1), 159-165.

Torres, R. T. (1991). Improving the quality of internal evaluation: The evaluator as consultant-mediator. *Evaluation and Program Planning, 14* (1), 189-198.

N3 Umfang und Auswahl der Informationen

Standard: Die gewonnenen Informationen sollten von einem Umfang und einer Auswahl sein, welche die Behandlung sachdienlicher Fragen zum Programm ermöglichen und gleichzeitig auf die Interessen und Bedürfnisse des Auftraggebers und anderer Beteiligter & Betroffener eingehen.

Übersicht

Um hinreichend informativ zu sein, müssen Evaluationen für die Ziele der Entscheidungsträger relevant, für bedeutende Beteiligte & Betroffene wichtig und so umfassend sein, daß sie eine Beurteilung von Verwendbarkeit und Güte ermöglichen. Die meisten Evaluationen sind mit einer Vielzahl von Beteiligten & Betroffenen konfrontiert, die alle die Gelegenheit bekommen sollten, die Evaluation mitzugestalten, und die ein Recht auf Zugang zu den Ergebnisse haben sollten. Darüber hinaus sollten die Evaluatorinnen jedoch bestrebt sein, alle wichtigen Dimensionen des Programms (z.B. Effektivität, unerwünschte Nebenwirkungen, Kosten, Bezugnahme auf die Bedürfnisse der Lernenden, Sinnhaftigkeit der dem Programm zugrundeliegenden Annahmen und Wertvorstellungen und Durchführbarkeit) zu bewerten, unabhängig davon, ob die Beteiligten & Betroffenen speziell um diese Informationen bitten. Es ist wichtig, das Programm zu untersuchen und zu dokumentieren, um sicherzustellen, daß eine geeignete Abgrenzung der Evaluation erfolgt.

In der Regel ist es nicht möglich, alle Informationen zusammenzutragen, die zu Beginn als bedeutend erachtet werden. Für eine gute Evaluation sind jedoch nicht alle Informationen gleich wichtig und nicht alle sind unbedingt erforderlich. Sobald das Informationspotential bestimmt worden ist, sollte eine Selektion stattfinden, so daß auf Unwichtiges verzichtet und der Schwerpunkt auf das Wesentliche gelegt wird. Dieses Selektionsverfahren erfordert Urteilskraft. Die Evaluatorinnen müssen bestimmen, was dem Auftraggeber wichtig erscheint, sie sollten jedoch auch auf bedeutende Bereiche hinweisen, die von diesem möglicherweise übersehen wurden – dazu zählen auch die Bereiche, die von anderen Beteiligten & Betroffenen identifiziert wurden. Weiterhin sollten die Evaluatorinnen themenbezogene Literatur – darunter solche zu früheren Evaluationen, theoretische Abhandlungen und Forschungsberichte – und Diskussionsbeiträge der Beteiligten & Betroffenen konsultieren, um die zu behandelnden Fragestellungen herausfiltern und gewichten zu können.

Es muß auch sorgfältig darauf geachtet werden, daß die Durchführung der Evaluation nicht von bereits festgelegten Evaluationsverfahren bestimmt wird – z.B. von der Forderung, daß standardisierte Tests angewendet werden. Dadurch würde nämlich der Blickwinkel eingeschränkt und es ständen fast ausschließlich die

Testergebnisse im Mittelpunkt der Evaluation. Im Ergebnis würden die Tests das Programm oder Curriculum steuern.

Zu Beginn mag es ratsam sein, Entscheidungen über Informationsbereiche zu treffen, aber schließlich muß über jede einzelne Information gesondert befunden werden. Eine Grobauswahl kann während der ersten Zusammenkünfte mit dem Auftraggeber getroffen werden. Genauere Abwägungen sind jedoch nötig, wenn spezifische Themen für eine Erhebung bestimmt sowie Mittel und Verfahren zur Datenbeschaffung ausgewählt oder entwickelt werden. Vor Beginn der Datenerhebung sollte der Evaluationsplan mit den vorgesehenen Informationserhebungen vom Auftraggeber und weiteren relevanten Beteiligten & Betroffenen eingesehen werden. Auf diese Weise kann sichergestellt werden, daß die zu erhebenden Informationen die wichtigen Themen behandeln. Die Evaluatorin sollte auch beachten, daß während der Evaluation zusätzliche Fragestellungen und unerwartete Informationen auftauchen könnten, die dann eventuell in den Evaluationsprozeß integriert werden müssen.

Auch Evaluatorinnen lassen, wie andere Berufsstände, ihre individuellen Präferenzen in die Ausübung ihrer Tätigkeit miteinfließen. So ist zum Beispiel für einige Evaluatorinnen die Kostenwirksamkeit von größter Bedeutung, andere interessieren sich ausschließlich für kognitive und keine anderen Ergebnisse. Die Evaluatorinnen sollten jedoch trotz unterschiedlicher persönlicher Vorlieben bemüht sein, alle relevanten Informationen zu beschaffen und sich mit sämtlichen wichtigen Fragestellungen zum Programm zu befassen, soweit das Budget es erlaubt (siehe N4, Feststellung von Werten).

Richtlinien

A. Die Forderungen des Auftraggebers an die Evaluation müssen den Evaluatorinnen klar sein (siehe N1, Ermittlung der Beteiligten & Betroffenen).
B. Vertreter wichtiger Beteiligter & Betroffener sollten interviewt werden, um einen Einblick in ihre unterschiedlichen und möglicherweise widersprüchlichen Standpunkte sowie ihre Informationsbedürfnisse zu gewinnen (siehe N1, Ermittlung der Beteiligten & Betroffenen, und G3, Beschreibung von Zielen und Vorgehen).
C. Es sollte nicht der Eindruck vermittelt werden, daß alle Fragestellungen beantwortet werden können.
D. Den Beteiligten & Betroffenen sollte dabei geholfen werden, in Anbetracht der verfügbaren finanziellen, zeitlichen und personellen Mittel realistische Erwartungen zu entwickeln.
E. Der Auftraggeber sollte aufgefordert werden, die potentiellen Nutzer der Evaluation nach ihrer Bedeutung zu ordnen, und in Zusammenarbeit mit Vertretern aller Beteiligten & Betroffenen sollten auch die Themen nach ihrer Bedeutung für den jeweiligen Adressaten gewichtet werden.
F. Es sollte mit dem Auftraggeber zusammengearbeitet werden, um die von den verschiedenen Adressaten benannten und nach Bedeutung geordneten Themen zu sichten, unwichtigere Punkte von der Liste zu streichen und andere, welche die

Evaluatorinnen für wichtig erachten, hinzuzunehmen, auch wenn sie nicht nachgefragt wurden.

G. Es sollte genug Flexibilität vorhanden sein, um neue Fragestellungen und unvorhergesehene Informationen aufzugreifen, die sich im Verlauf der Evaluation ergeben.

H. Während aller Evaluationsphasen (Datenbeschaffung, Auswertung, Interpretation und Berichterstattung) sollte sich die Arbeit an der endgültigen Themenliste orientieren, wobei den Punkten mit hoher Priorität die größte Beachtung zukommen sollte.

Häufige Fehler

A. Es wird nicht in jeder Phase der Evaluation (Evaluationsplanung, Budgetierung, Erhebung, Auswertung, Interpretation und Darstellung der Informationen) zwischen Ausführlichkeit und Selektivität abgewogen.

B. Den vielfältigen Beteiligten & Betroffenen wird bei der Festlegung von Prioritäten bei den in der Evaluation zu behandelnden Fragen keine ausreichende Mitsprache zugestanden.

C. Es wird versäumt, durch regelmäßige Kontakte mit dem Auftraggeber und anderen Beteiligten & Betroffenen die Informationserfordernisse zu aktualisieren.

D. Die Informationsgewinnung richtet sich eher nach Bequemlichkeitskriterien (z.B. wenn bestimmte Instrumente bereits zur Verfügung stehen) als nach Notwendigkeitskriterien.

E. Der Umfang der Evaluation wird nicht eingegrenzt, d.h. es wird nicht festgelegt und in jeder Evaluationsphase berücksichtigt, welche Fragen behandelt werden und was das Ziel der Evaluation ist.

F. Es werden Informationen gesammelt, die für das Hauptziel der Evaluation irrelevant sind.

G. Es wird nicht geklärt, was die Bedürfnisse des Auftraggebers sind.

◆ Anschauungsbeispiel – Beschreibung

Der Leiter einer Schulaufsichtsbehörde beschloß, den Lehrplan und den Aufbau der Junior High Schools (Klassen 7 bis 9) seines Distrikt zu evaluieren. Zu diesem Zweck bildete er ein Evaluationsgremium, bestehend aus den Direktoren der Grundschule, der Junior High School und der Senior High School sowie je einem Lehrer pro Schultyp. Dieses Gremium sollte dem Leiter der Behörde fünf Wochen nach Beginn der Evaluation einen schriftlichen Bericht vorlegen.

Die Evaluatorinnen erstellten den Bericht für die Schulaufsicht auf Grundlage ihrer eigenen Kenntnisse und Ansichten über das Schulsystem und dessen Erfordernisse, in begrenztem Ausmaß ergänzt durch Einschätzungen des Lehrkörpers und der Schülerschaft, welche mittels einer Umfrage erhoben wurden. Der Bericht beinhaltete Abschnitte über die intellektuellen Leistungen der Schüler an der örtlichen Junior High School, landesweite/kantonale Trends bei der Organisation dieses Schultyps (wobei die Vorteile des Konzepts einer Mittelschule[12] betont wurden), aktuelle und für die Zukunft erwartete Schülerzahlen, Lücken im Lehrplan und die

12 Schulstufe zwischen der Grundschule und der High School (Anm. d. Ü.).

physiologische und soziale Entwicklung der Schüler in der entsprechenden Altersgruppe. In dem Bericht wurde empfohlen, daß das Schulsystem zugunsten eines Mittelschul-Konzepts geändert werden sollte, so daß die Klassen 6, 7 und 8 die Mittelschule bilden und die Klasse 9 neu zur Senior High School gehören sollte.

Als der Bericht veröffentlicht wurde, äußerten sich die Eltern von Schülern in der Grundschule und der Senior High School irritiert darüber, daß ihre Anliegen nicht berücksichtigt worden waren. Besonders die Eltern von Grundschülern erregten sich darüber, daß Schüler der sechsten Klasse nicht mehr der Grundschule angehören sollten. Unter anderem wiesen sie darauf hin, daß viele Eltern Schüler der sechsten Klasse bitten, ihre jüngeren Kinder auf dem Schulweg zu begleiten und zu beschützen. Die Eltern von Schülern der Senior High School befürchteten eine potentielle Überlastung, die durch eine Integration der 9. Klasse ausgelöst würde.

Vertreter beider Elterngruppen beschwerten sich bei der Schulbehörde. Die Behörde selbst war auch verärgert, weil in dem Bericht die Nachteile der vorgeschlagenen Reorganisation und die damit verbundenen Kosten nicht bewertet und die Vor- und Nachteile anderer denkbarer organisatorischer Änderungen nicht diskutiert wurden. Die Behörde unterstützte die Eltern und lehnte das Mittelschul-Konzept ab.

◆ Anschauungsbeispiel – Analyse

Das Evaluationsgremium befaßte sich mit einer breiten Palette relevanter Themen, besonders wenn man berücksichtigt, wie wenig Zeit für die Durchführung dieser Evaluation zur Verfügung stand. Lokale und nationale Trends bezüglich der Organisation, der Anmeldung, des Lehrplans und der Entwicklung der Schüler in der Junior High School wurden diskutiert. Einige der wichtigsten Fragen jedoch wurden nicht in ausreichendem Maß behandelt. Das Gremium war sich nicht genau über das Ziel der Evaluation im klaren.

Dieses Problem hätte vermieden werden können, wenn die Evaluatorinnen den Leiter der Schulaufsichtsbehörde gebeten hätten, mehr Zeit zur Verfügung zu stellen, um sich vor der Erstellung des Evaluationsplans mit wichtigen Beteiligten & Betroffenen beraten zu können. Die Evaluatorinnen hätten sich bei den Lehrern, Schülern, Eltern und Mitgliedern der Schulbehörde erkundigen sollen, welche Fragestellungen ihrer Meinung nach behandelt werden sollten. Auf diese Weise hätten überzeugende Antworten geliefert werden können, abgeleitet von Informationen, die im Rahmen einer gut geplanten Evaluation gesammelt wurden.

Das Gremium hätte die Ansichten der Beteiligten & Betroffenen über das Mittelschul-Konzept systematisch untersuchen können. Mit Hilfe von Berichten aus anderen Schuldistrikten hätten die Evaluatorinnen auch Vergleiche der Vor- und Nachteile des Mittelschul-Konzepts und anderer Formen der Schulorganisation anstellen können.

Es hätten zwei Berichte erstellt werden können, die sich sowohl mit dem Pro als auch mit dem Kontra einer Mittelschule für die Klassen 6, 7 und 8 befaßt hätten. Der eine Bericht, an die Eltern und die Öffentlichkeit gerichtet, hätte sich auf die pädagogischen und finanziellen Vor- und Nachteile der Empfehlungen konzentrieren können. Der andere Report, für den Leiter der Schulaufsicht und die Schulbehörde (die Entscheidungsträger) bestimmt, hätte neben den pädagogischen Vor- und Nachteilen der vorgebrachten Empfehlungen die organisatorischen, finanziellen und verwaltungstechnischen Details beschreiben können.

Weiterführende Literatur

Fitz-Gibbon, C. T., & Morris, L. L. (1987). How to design a program evaluation. In J. L. Herman (Ed.), *Program evaluation kit* (2nd ed.). Newbury Park, CA: Sage.

Guba, E. G. (Ed.). (1990). *The paradigm dialog*. Newbury Park, CA: Sage.

Nowakowski, J., Bunda, M. A., Working, R., Bernacki, G., & Harrington, P. (1985). *A handbook of educational variables*. Boston: Kluwer-Nijhoff.

Shadish, W. R., Jr., Cook, T. D., & Leviton, L. C. (1991). *Foundations of program evaluation: Theories of practice*. Newbury Park, CA: Sage.

Stecher, B. M., & Davis, W. A. (1987). How to focus an evaluation. In J. L. Herman (Ed.), *Program evaluation kit* (2nd ed.). Newbury Park, CA: Sage.

Worthen, B. R., & Sanders, J. R. (1987). Educational evaluation: Alternative approaches and practical guidelines. White Plains, NY: Longman.

N4 Feststellung von Werten

Standard: Die Perspektiven, Verfahren und Gedankengänge, auf denen die Interpretationen der Ergebnisse beruhen, sollten sorgfältig beschrieben werden, damit die Grundlagen der Werturteile klar ersichtlich sind.

Übersicht

In *Evaluation* steckt der Begriff *Wert*[13]. Das Bewerten – die Einschätzung oder Klassifizierung einer Sache nach ihrer Nützlichkeit und ihrem allgemeinen Wert – ist die grundlegende Aufgabe jeder Evaluation. Im Mittelpunkt dieser Aufgabe steht das Erfordernis, die bei einer Evaluation gewonnenen Informationen zu interpretieren. Solche Informationen – ob quantitativ oder qualitativ, prozeß- oder produktbezogen, formativ oder summativ – sind nur von geringem Interesse oder Nutzen, wenn sie nicht anhand einer geeigneten und vertretbaren Idee dazu, was Wert hat und was nicht, interpretiert werden.

Die Interpretation der gewonnenen Informationen ist jedoch ein aufwendiges und umstrittenes Unterfangen. Es muß dabei unter anderem entschieden werden, wer die Werturteile vornimmt und welche Verfahren dazu verwendet werden. In den weiter unten aufgeführten Richtlinien werden mehrere Möglichkeiten beschrieben, wie man diese Probleme angehen kann. Es ist jedoch ungewiß, ob es eine einzige Anleitung zur Erzielung von Werturteilen gibt, die für jeden beliebigen Evaluationskontext am besten geeignet ist.

Der Kernpunkt dieses Standards ist, daß Evaluatorinnen und ihre Auftraggeber zusammen mit den verschiedenen Beteiligten & Betroffenen sorgfältig festlegen sollten, welcher Ansatz zugrundegelegt werden soll, um den gewonnenen Informationen Wert zuzuweisen. Den gewählten Ansatz sollten sie dann offenlegen und begründen.

Richtlinien

A. Es sollten verschiedene Grundlagen für die Interpretation der Ergebnisse in Betracht gezogen werden, z.B. Programmziele, Prozeßbeschreibungen, Gesetze und Vorschriften, institutionelle Leitziele, demokratische Ideale, gesellschaftliche Normen, Leistungen einer Vergleichsgruppe, der abgeschätzte Bedarf einer Kundengruppe, die erwartete Leistung der Stichproben-Gruppe, fachliche Standards und Urteile, die von verschiedenen Referenzgruppen geäußert werden.

---

13 Engl. Value = Wert (Anm. d. Ü.).

B. Es sollte überlegt werden, wer Interpretationen vornehmen soll, z.B. die Evaluatorinnen, der Auftraggeber, die verschiedenen Beteiligten & Betroffenen, eine Steuerungsgruppe oder eine Kombination von diesen.
C. Es sollten verschiedene Verfahren in Erwägung gezogen werden, mit denen man den gesammelten Informationen Wertbedeutungen zuschreiben kann. So könnten z.B. unterschiedliche Teams damit beauftragt werden, parteinehmende Berichte zu erstellen; das zu evaluierende Programm könnte von einer Jury beurteilt werden; oder es könnte versucht werden, mittels einer Delphi-Studie einen Konsens zu finden.
D. Wenn bei einer Evaluation verschiedene gleichermaßen vertretbare Wertvorstellungen vorliegen, sollte über diese Alternativen und ihre Vor- und Nachteile berichtet werden.

Häufige Fehler

A. Es wird angenommen, daß Evaluationen objektiv im Sinn von „wertfrei“ sein können.
B. Es wird nicht bestimmt, welche Wertorientierungen (z.B. pädagogische, soziale, wirtschaftliche und wissenschaftliche) der Auftraggeber und die Beteiligten & Betroffenen bei der Interpretation der Evaluationsergebnisse für wichtig halten.
C. Bei der Entwicklung von Verfahren zur Datenbeschaffung und -analyse wird nicht berücksichtigt, welche Kriterien – wie zum Beispiel Leistungen einer Kontrollgruppe oder Leistungen nach Maßgabe eines vorher festgelegten Maßstabes – benötigt werden, um die Ergebnisse zu interpretieren.
D. Die Klärung der Wertmaßstäbe steht so sehr im Mittelpunkt, daß der für die Wertbeurteilung notwendigen Informationsgewinnung und -interpretation zu wenig Zeit und Anstrengung gewidmet werden.
E. Es wird nicht erkannt, daß Entscheidungsregeln oft zufällig und daher diskutabel sind.

◆ Anschauungsbeispiel 1 – Beschreibung

Die für den Lehrplan zuständige Behörde eines städtisch geprägten Schuldistrikts kam zu dem folgenden Schluß: Die schlechten Leistungen der schwarzen Schüler bei den regelmäßig durchgeführten Tests hingen damit zusammen, daß der Unterricht in der englischen Hochsprache abgehalten wurde, während die besagten Schüler einen informalen Dialekt sprachen (und auch in diesem dachten). Folglich beschloß die Behörde, die Entwicklung von neuem Unterrichtsmaterial in Auftrag zu geben. Dieses sollte sich auf den Dialekt gründen und für die schwarzen Kinder die gleiche Funktion haben wie zweisprachige Materialien für Schüler, die nicht Englisch als Muttersprache haben. Die Behörde bereitete ein öffentlich gefördertes Pilotprojekt vor, das im Sprachunterricht der fünften und sechsten Klassen durchgeführt werden sollte. Sollte das Projekt Erfolg zeigen, würden ähnliche Entwicklungsbemühungen für andere Unterrichtsbereiche in Gang gesetzt werden.

Der Leiter der Behörde bat die für Evaluationen zuständige Abteilung des Schuldistrikts, eine Gruppe von formativen Evaluatorinnen zur Verfügung zu stellen. Diese sollten dem zuständigen Team während des Entwicklungsprozesses helfen, die Materialien und Verfahren zu verfeinern und zu verbessern. Die Mitglieder des Evaluationsteams waren sich darüber im klaren, daß das geplante Programm eine Vielzahl von Beteiligten & Betroffenen umfaßte. Dennoch beschlossen sie, sich ausschließlich auf die Fragestellungen des Entwicklungsteams zu konzentrieren, da sie eine formative Evaluation durchführen sollten. Sie wollten ihre Aufgabe auf zweierlei Weise erfüllen: (a) Jede Lehreinheit wurde einem Gremium von Fachleuten vorgelegt, die sie nach verschiedenen Kriterien bewerten sollten, z.B. getreue Wiedergabe der Wörter und Redewendungen des Dialekts, Modernität des Konzepts, logischer Aufbau und Integrierbarkeit in den Lehrplan für das kommende Jahr; (b) jede Lehreinheit wurde bewertet, indem man die Leistungen der Kinder, welche die neuen Materialien nutzten, mit denen der anderen Schüler verglich, die nach der herkömmlichen Methode unterrichtet wurden, und zwar mittels eines mündlichen Tests über den in der Lehreinheit vermittelten Stoff. Darüber hinaus wurden die am Versuch teilnehmenden Kinder nach ihren Auffassungen und Reaktionen gefragt. Anhand der Ergebnisse wollte das Evaluationsteam Empfehlungen für die Verbesserung jeder Lehreinheit aussprechen.

Nachdem die ersten vier oder fünf Lehreinheiten entwickelt und dem formativen Evaluationsverfahren unterzogen worden waren, erhielten der Schulaufsichtsbeamte des Distrikts, mehrere Mitglieder der Schulbehörde und die Schulräte Briefe und Telefonanrufe von Eltern und Lehrern, die sich gegen den neuen Ansatz aussprachen. Einige Eltern von schwarzen Schülern waren der Ansicht, daß ihre Kinder darin bestärkt werden, eine sozial dysfunktionale Sprache zu sprechen. Dadurch würden sie stigmatisiert und ihre Chancen auf gute Arbeitsstellen verringerten sich. Manche Eltern weißer Schüler hingegen fanden, daß ihre Kinder benachteiligt würden, weil Umfang und Niveau des Lehrplans aufgrund der Lernschwäche mancher Schüler herabgesetzt würden. Einige Lehrer äußerten Einwände, weil sie sich nicht in der Lage sahen, anders als in der Hochsprache zu unterrichten, und sie nicht die Zeit und Energie aufwenden wollten, sich auf neue Methoden vorzubereiten. Schließlich bezweifelten manche Lehrer, daß die verwendeten Teststandards eine geeignete Grundlage zur Interpretation der Testergebnisse darstellten.

Der Schulaufsichtsbeamte des Distrikts reagierte auf diesen, von verschiedenen Seiten ausgeübten Druck und setzte die gesamte Angelegenheit bei der nächsten Sitzung der Schulbehörde auf die Tagesordnung. Die Schulbehörde beschäftigte sich in drei Sitzungen fast ausschließlich mit diesem Problem und beschloß, von der Lehrplanänderung abzusehen und auf die ursprünglichen Unterrichtsmethoden zurückzugreifen.

◆ Anschauungsbeispiel 1 – Analyse

Zwar suchten die Evaluatorinnen den Rat von Fachleuten, um das Programm zu beurteilen, aber sie machten einen entscheidenden Fehler: Sie nahmen an, daß die Ziele der für den Lehrplan zuständigen Behörde die einzigen Werte waren, die bei der Durchführung der formativen Evaluation berücksichtigt werden mußten. Das Team hätte erkennen müssen, daß weitere Referenzgruppen ihre eigenen Werturteile darüber abgeben würden, ob die Ziele des Projekts überhaupt berechtigt waren, ob es zu unbeabsichtigten Nebenwirkungen führen könnte und ob es, wenn es positiv beurteilt würde, auch umgesetzt werden sollte. Es wäre sinnvoll gewesen, diese Beteiligten & Betroffenen bei Beginn der Evaluation auszumachen, sie darum zu bitten, ihre Sorgen und Probleme vorzutragen und die zugrundeliegenden Werte zu klären. Auf diese Weise hätte der Befürchtung der Eltern schwarzer Schüler, daß ihre Kinder nur noch mehr benachteiligt würden, genau nachgegangen werden können, z.B. durch systematische Beobachtung der Sprachentwicklung dieser Schüler oder Rückmeldung der Lehrer über die in der Klasse verwendete Sprache. Die Sorge von Eltern weißer Schüler, daß ihre Kinder die Leidtragenden des neuen Systems seien, hätte auf gleiche Weise unter die Lupe genommen werden können. In Hinblick auf die Einwände der Lehrer, wonach für ihre Weiterbildung mehr Zeit und Energie aufgebracht werden müßte, als sie zu investieren bereit waren, hätte eine Pilotfortbildung durchgeführt werden können. Eine systematische Rückmeldung solcher Informationen an Eltern und Lehrer hätte wahrscheinlich deren Sorgen zerstreut bzw. klargemacht, daß sie berechtigt waren. Beide Ergebnisse hätten zu einem sinnvolleren und vernünftigeren Handlungsablauf geführt als die von der Behörde aufgrund politischen Drucks getroffene Entscheidung. Selbst wenn der vorgeschlagene Lehrplan aus einem Blickwinkel heraus für sinnvoll gehalten worden wäre (z.B. von der für den Lehrplan zuständigen Behörde) und aus einem anderen für ziemlich unnütz (z.B. von den Eltern schwarzer Schüler), so daß kein Konsens für eine Entscheidung hätte erreicht werden können, so wäre sich die Behörde zumindest darüber bewußt geworden, welche Reaktionen sie hervorrief und welche Risiken sie auf sich nahm, wenn sie sich für einen bestimmten Weg entschied. Außerdem wäre die Behörde nicht gezwungen worden, noch vor der Datenerhebung und -analyse für die formative Evaluation eine summative Entscheidung zu treffen.

◆ Anschauungsbeispiel 2 – Beschreibung

Ein vom Bund finanziertes Projekt zur Gesundheitsförderung älterer Menschen im ländlichen Raum wurde von drei kooperierenden Partnern durchgeführt: einem großen universitären Fachbereich für medizinische Forschung, einer Gemeinschaftseinrichtung für soziale Dienste und einer pädagogischen Einrichtung, die sich speziell mit behinderten Menschen befaßte. Den alten Leuten bessere Kenntnisse über den Zugang zum Gesundheitssystem zu verschaffen, wurde als Ziel des Projektes festgelegt. Um das zu erreichen, nahmen einige geeignete ältere Mitbürger, die mit Hilfe eines Testverfahrens ausgewählt wurden, sowie Mitglieder der Gemeinschaftseinrichtung für soziale Dienste und der pädagogischen Einrichtung an Schulungsseminaren teil, in denen die zur Verfügung stehenden Gesundheitsdienste beschrieben und die Verfahren für Vermittlungen dargestellt wurden.

Die Gewährung der Bundesmittel war an die Bedingung geknüpft, daß eine Evaluation der Wirksamkeit des Auswahlverfahrens, der angebotenen Schulungsmaßnahmen und – nach Ablauf von 18 Monaten – des Vermittlungsverfahrens erstellt werde. Die Projektleiter beauftragten ein privates Evaluationsbüro, das auf den Bereich Gesundheitswesen spezialisiert war, mit der Durchführung dieser Evaluation.

Zu Beginn ihrer Arbeit setzten die Evaluatorinnen ein offenes Planungstreffen an, bei dem Mitglieder der medizinischen Fakultät, der Gemeinschaftseinrichtung für soziale Dienste, der Gruppe der älteren Mitbürger und der pädagogischen Einrichtung ihre Anliegen vorbrachten und diskutierten. Die Forscher der medizinischen Fakultät wollten einen Unterschied in der Lebensqualität aufzeigen, was ihrer Meinung nach das wertvollste Ergebnis des Projekts war. Die Mitarbeiter der Gemeinschaftseinrichtung für soziale Dienste wollten einen Anstieg in der Verfügbarkeit und der Inanspruchnahme sozialer Dienste demonstrieren, unter Hinweis darauf, daß der Fortbestand der Finanzierung vor allem von diesem Faktor abhinge. Die pädagogische Einrichtung schließlich wollte auf ihren fachlichen Beitrag für die Gemeinschaft hinweisen.

Die Evaluatorinnen wogen diese drei verschiedenen Anforderungen angesichts der verfügbaren finanziellen, zeitlichen und personellen Ressourcen gegeneinander ab. Obwohl die Hauptanliegen jeder Gruppe behandelt werden sollten, wurden die jeweiligen ursprünglichen Vorschläge intensiv überarbeitet und einander angenähert, so daß schließlich ein gemeinsamer Nenner gefunden wurde. Die Evaluatorinnen und die Vertreter der medizinischen Fakultät, der Gemeinschaftseinrichtung für soziale Dienste sowie der pädagogischen Einrichtung einigten sich darauf, daß die Schulungseinheiten evaluiert werden sollten, um Informationen über den Nutzen ihres Inhalts und die Wirksamkeit der Schulungsmethode zu erhalten. Das Testverfahren zur Auswahl der geeigneten Teilnehmer unter den älteren Leuten sollte ebenfalls evaluiert werden, um Informationen über den Zugang zu den Gesundheitsdiensten zu erhalten. Das Vermittlungsverfahren sollte evaluiert werden, um etwas über den Langzeiteffekt der Schulung zu erfahren. Infolge dieser Übereinkunft wurde ein zweites offenes Treffen abgehalten, um die Kriterien festzulegen, mit denen der Erfolg gemessen werden sollte. Durch fortdauernde Verhandlungen, Kompromisse und Angleichung des Evaluationsschwerpunkts wurde schließlich eine Einigung erzielt.

◆ Anschauungsbeispiel 2 – Analyse

Die Evaluatorinnen hüteten sich anzunehmen, daß für diese Evaluation nur eine einzige Gruppe von Werten Gültigkeit hatte. Während der gründlichen Diskussionen in den beiden offenen Planungstreffen konnte das Evaluationsteam widersprüchliche Werte herauskristallisieren und bemühte sich, im gegebenen finanziellen, personellen und zeitlichen Rahmen einen gemeinsamen Wertekatalog festzulegen. Obwohl alle Beteiligten & Betroffenen ihre anfänglichen Wertvorstellungen überarbeiten mußten, ermöglichte der erzielte Kompromiß jeder von ihnen, sich den Evaluationsplan „zu eigen" zu machen und damit zum Erfolg der Evaluation beizutragen.

Weiterführende Literatur

Campbell, D. T. (1988). *Methodology and epistemology for social science: Selected papers.* (E. S. Overman, Ed.). Chicago: University of Chicago Press.

Guba, E. G. (Ed.). (1990). *The paradigm dialog.* Newbury Park, CA: Sage.

Guba, E. G., & Lincoln, Y. S. (1989). *Fourth generation evaluation.* Newbury Park, CA: Sage.

Madaus, G. F., Scriven, M., & Stufflebeam, D. L. (Eds.). (1983). *Evaluation models: Viewpoints on educational and human services evaluation.* Boston: Kluwer-Nijhoff.

Pitz, G. F., & McKillip, J. (1984). *Decision analysis for program evaluators.* Newbury Park, CA: Sage.

Scriven, M. (1967). The methodology of evaluation. In R. E. Stake (Ed.), *Perspectives of curriculum evaluation* (American Educational Research Association monograph series on evaluation, No. 1). Chicago: Rand McNally.

N5 Klarheit des Berichts

Standard: Evaluationsberichte sollten das evaluierte Programm einschließlich seines Kontextes ebenso beschreiben wie die Ziele, die Verfahren und Befunde der Evaluation, damit die wesentlichen Informationen zur Verfügung stehen und leicht verstanden werden können.

Übersicht

Es gibt viele verschiedene Arten von Berichten, darunter mündliche Rückmeldungen, schriftliche Mitteilungen und ausführliche Dokumente. Unabhängig vom verwendeten Medium (das zum Beispiel schriftlicher, mündlicher, visueller oder graphischer Art sein kann, oder eine Kombination von diesen) ist Klarheit unbedingt erforderlich, damit der Bericht verständlich ist, er glaubwürdig wirkt und Verwendung findet. Um von Nutzen zu sein, muß eine Evaluation verstanden werden. Die Beteiligten & Betroffenen sollten leicht erkennen können, welche Ziele die Evaluation verfolgte, was evaluiert wurde, wie die Evaluation durchgeführt wurde, welche Informationen gewonnen wurden, zu welchen Schlußfolgerungen man kam und – gegebenenfalls – welche Empfehlungen gemacht wurden. In diesem Zusammenhang bezieht sich *Klarheit* auf explizite sowie auf das Wesentliche ausgerichtete Schilderungen, Erläuterungen und Beschreibungen. In einigen Fällen ist es nötig, Berichte zu übersetzen, damit sie von Minderheiten verstanden werden, die eine andere Sprache sprechen.

Richtlinien

A. Es sollte sorgfältig überlegt werden, welches Medium für die Berichterstattung an die vorgesehene Adressatengruppe geeignet ist.
B. Die Präsentation des Berichts sollte so kurz, einfach und direkt wie möglich gehalten werden und sich auf die Behandlung der Fragestellungen der Evaluation konzentrieren.
C. Es sollte erwogen werden, sowohl einen zusammenfassenden als auch einen technischen Bericht zu erstellen und dabei verschiedene Medien einzusetzen. Die Berichte sollten auf die unterschiedlichen Adressaten (Auftraggeber und Beteiligte & Betroffene) zugeschnitten sein.
D. Es sollten ausreichende Informationen zum Kontext, zum Programm und zur Evaluation vermittelt werden, um eine abgesicherte Grundlage für Schlußfolgerungen und Empfehlungen herzustellen (siehe G2, Kontextanalyse).
E. Mit Hilfe von Beispielen sollte es den Beteiligten & Betroffenen erleichtert werden, die Ergebnisse auf Situationen in der Praxis zu beziehen.

F. Bei der Verwendung von Fachsprache sollte man zurückhaltend sein. Wenn Fachausdrücke oder andere ungewöhnliche Ausdrücke benutzt werden (z.B. interne und externe Validität, Reliabilität, Standardabweichung, kategoriale Analyse, gezieltes Auswahlverfahren), sollten diese den Beteiligten & Betroffenen verständlich gemacht werden, indem ein Glossar erstellt wird. Außerdem sollte neben dem technischen Bericht auch eine Zusammenfassung erstellt werden und es sollten Nachbereitungsveranstaltungen für die Beteiligten & Betroffenen angeboten werden.
G. Zusammenfassende Aussagen sollten durch eine klare Diskussion zusammenhängender Probleme, Ziele, Fragestellungen und gegebenenfalls möglicher Bereiche zukünftiger Studien ergänzt werden (siehe N1, Ermittlung der Beteiligten & Betroffenen, und N3, Umfang und Auswahl der Informationen).
H. Vor der endgültigen Freigabe des Berichts sollte dieser vom Auftraggeber sowie Vertretern der anderen Adressaten hinsichtlich Klarheit, fairer Darstellung und Verständlichkeit überprüft werden.
I. Die Evaluationsergebnisse sollten in allen Sprachen, die bei den Beteiligten & Betroffenen vertreten sind, verfügbar sein. Das kann dadurch gewährleistet werden, daß sie bei Zusammenkünften mündlich erklärt und übersetzt oder indem die schriftlichen Berichte in die entsprechenden Sprachen übertragen werden.

Häufige Fehler

A. Bei der Entscheidung über die Art der Berichterstattung wird nicht berücksichtigt, inwieweit bei den Beteiligten & Betroffenen Fachkenntnisse vorhanden sind.
B. Es fließt nicht in die Überlegungen ein, ob die Adressaten in der Lage sind, Fachausdrücke oder die jeweilige Landessprache überhaupt zu verstehen.
C. Es wird nicht über unterschiedliche Sichtweisen berichtet, auch wenn dadurch Mehrdeutigkeit erzeugt würde (siehe N2, Glaubwürdigkeit der Evaluatorin, und G11, Unparteiische Berichterstattung).
D. Das Bemühen um Klarheit geht zu Lasten der Genauigkeit.
E. Die Berichte werden nicht so gestaltet, daß sie leicht gelesen werden können.
F. Es wird nicht erklärt, wie Daten für die Berichterstattung aggregiert oder desaggregiert wurden.
G. Es wird zu sehr auf die Methodologie eingegangen, während die Ergebnisse vernachlässigt werden.
H. Das Programm wird nicht genügend beschrieben, weil angenommen wird, daß alle Beteiligten & Betroffenen bereits über dessen Besonderheiten informiert sind.

◆ Anschauungsbeispiel 1 – Beschreibung

Zur Erfüllung des Auftrags, eine Evaluation von zehn spezifischen Bereichen innerhalb eines großen Schulsystems durchzuführen, erstellte die interne Evaluationsgruppe einen 250 Seiten umfassenden Bericht für die Schulbehörde. Nach einer ersten Sichtung des Berichts verlangten deren Mitglieder jedoch, daß er vereinfacht werden sollte, da er von schlecht definierten Fachausdrücken und mißverständlichen Formulierungen strotzte. Zu speziellen revisionsbedürftigen Aspekten des Programms fanden sich in dem Bericht nur vage, allgemeingültige Bemerkungen. Er gab keine ausreichend genauen Beschreibungen von Veränderungen, die nötig wären, um den zehn Bereichen in verschiedenen Jahrgangsstufen und mit verschiedenen Schülertypen zu mehr Gewicht zu verhelfen. Die Empfehlungen waren so weit gefaßt, daß es sich eher um Gemeinplätze handelte, z.B. „das Personal sollte sich mehr um die Bedürfnisse der einzelnen Schüler kümmern". Die Tabellen und Abbildungen waren nur durch Nachlesen in verschiedenen vorangegangenen (und in einigen Fällen auch nachfolgenden) Textpassagen zu verstehen. Der Einschub von ganzen Tests und von Referenzmaterial in den Text zwang den Leser dazu, zahlreiche Abschnitte des Berichts zu überspringen, um die Erklärungen von Verfahren und Ergebnissen in ihrem Zusammenhang nachzuvollziehen.

◆ Anschauungsbeispiel 1 – Analyse

Der Bericht war ausführlich und enthielt exakte Daten. Die Evaluatorinnen hätten sich jedoch auf die Fragestellungen der Adressaten konzentrieren und diese direkt und klar beantworten sollen. Man hätte zum Beispiel den Hauptteil des Berichts in zehn Abschnitte einteilen können, die jeweils einem der zehn zu untersuchenden Bereiche entsprechen. In jedem Abschnitt hätte ein Thema beschrieben werden können: seine Bedeutung für den zu evaluierenden Bereich, das Untersuchungsverfahren (darunter beispielhafte Testfragen), die Gründe für die Wahl dieser Verfahren, die Ergebnisse, die speziellen Empfehlungen, die aus den Ergebnissen abgeleitet wurden, und eine explizite Begründung der Empfehlungen in Zusammenhang mit den Ergebnissen. Diese schriftlichen Informationen hätten der Schulbehörde mündlich mitgeteilt werden können, mit besonderer Betonung der zehn spezifischen Bereiche, und zwar unter Verwendung von Dias, Overhead-Folien und Videos. Dem Bericht hätte eine präzise Zusammenfassung vorangestellt und eine Reihe von Anhängen beigefügt werden können. Die Formulierungen hätten knapper sein können und notwendige Fachausdrücke hätten im Kontext des Evaluationsberichts vollständig erklärt werden können. Außerdem hätte eine Reihe von leicht verständlichen Anleitungen mitgeliefert werden können, wie relevante Abschnitte auf den beigefügten Computerausdrucken gelesen werden sollten.

◆ Anschauungsbeispiel 2 – Beschreibung

Ein Team für Ausbildungsplanung in einem unternehmerischen Umfeld wünschte, daß ein von ihm entwickeltes Ausbildungsprogramm evaluiert würde. Es schloß einen Vertrag mit einer Evaluationsberaterin ab, welche die Evaluation durchführen und einen schriftlichen Bericht mit Verbesserungsvorschlägen erstellen sollte.

Zwei Wochen nach Abschluß der Evaluation unterbreitete die Evaluatorin dem Planungsteam einen Bericht von etwa zweieinhalb Zentimeter Dicke. Der Bericht war in Abschnitte gegliedert: Zu Anfang wurden die Evaluationsverfahren beschrieben, dem folgten Ergebnisse und Empfehlungen für jede Lehreinheit, wichtige Schlußfolgerungen und Empfehlungen für das Programm als Ganzes und schließlich eine Reihe von Anhängen. Das verwendete Textverarbeitungsprogramm bot nicht viele Formatierungsmöglichkeiten, um das Erscheinungsbild des Berichts zu verbessern. Des weiteren enthielt der Bericht viel Fachjargon.

◆ Anschauungsbeispiel 2 – Analyse

Die Evaluatorin hätte den Bericht so gliedern sollen, daß die wichtigsten Schlußfolgerungen und Empfehlungen zu Beginn mitgeteilt würden, z.B. in Form einer Zusammenfassung. Weil diese an den Schluß gestellt worden waren, mußten die Ausbildungsplaner eine Fülle von Informationen durcharbeiten, ehe sie an die Stellen gelangten, die für sie am wichtigsten waren. Hinzu kam, daß einige wichtige Schlußfolgerungen und Empfehlungen im Anhang versteckt waren, so daß es für das Planungsteam schwierig war, alle bedeutsamen Informationen aufzufinden. Dies führte zu Frustration bei den Teammitgliedern, weil ihre Zeit begrenzt war und sie daher einen schnellen Zugang zu den Schlüsselinformationen wünschten. Die Abschnitte des Berichts hätten in eine andere Reihenfolge gebracht werden müssen, so daß die wichtigsten Schlußfolgerungen und Empfehlungen unmittelbar auf die Beschreibung der Evaluationsverfahren gefolgt wären.

Die Evaluatorin hätte ihren Bericht optisch besser gestalten und eine für den Adressaten verständliche Terminologie verwenden sollen. Es hätte ihr klar sein sollen, daß ein Bericht, der genutzt werden soll, vorher gelesen werden muß. Alles in allem war der Bericht so lang, so schlecht aufgebaut und so oberflächlich gestaltet, daß er auf die Curriculumplaner nur einen minimalen Einfluß hatte. Die Evaluatorin hätte sich über andere Methoden zur Darstellung der Evaluationsergebnisse – zusätzlich zum schriftlichen Bericht – informieren und diese mit dem Planerteam besprechen sollen. Dies gilt insbesondere in Anbetracht der Tatsache, daß die Evaluatorin nur begrenzten Zugang zu Textverarbeitungssystemen hatte. Das Team der Ausbildungsplaner hätte sich möglicherweise eher angesprochen gefühlt von einer Multimediapräsentation unter Verwendung visueller Darstellungen und Schaubilder im Bericht selbst, unterstützt von mündlichen und visuellen Kommunikationsmitteln zur Hervorhebung und Erläuterung der wichtigsten Ergebnisse.

Weiterführende Literatur

Morris, L. L., Fitz-Gibbon, C. T., & Freeman, M. E. (1987). How to communicate evaluation findings. In J. L. Herman (Ed.), *Program evaluation kit* (2nd ed.). Newbury Park, CA: Sage.

Worthen, B. R., & Sanders, J. R. (1987). Educational evaluation: Alternative approaches and practical guidelines. White Plains, NY: Longman.

N6 Rechtzeitigkeit und Verbreitung des Berichts

Standard: Wichtige Zwischenergebnisse als auch Schlußberichte sollten den vorgesehenen Nutzern so zur Kenntnis gebracht werden, daß diese sie rechtzeitig verwenden können.

Übersicht

Evaluatorinnen sollten den vorgesehenen Nutzern die Ergebnisse zu dem Zeitpunkt mitteilen, zu dem die Informationen am besten genutzt werden können (siehe K2, Formale Vereinbarungen). Vorgesehene Nutzer sind die Personen und Gruppen, die aus einem der folgenden Gründe einen Anspruch darauf haben, über die Evaluationsergebnisse informiert zu werden:

A. Sie haben die Evaluation in Auftrag gegeben.
B. Sie tragen die rechtliche Verantwortung für das evaluierte Programm.
C. Sie haben das evaluierte Programm durch Steuern, Sach- oder Geldspenden unterstützt oder Zeit und Arbeit dafür investiert.
D. Sie haben für die Evaluation eine beträchtliche Menge von Informationen bereitgestellt.
E. Sie sind Beteiligte & Betroffene anderer Art, z.B. Programmplaner oder –entwickler, Personen, auf deren berufliche Laufbahn oder Position sich die Evaluation auswirkt oder die im Bericht zitiert werden, sowie Eltern, Schüler und Studierende oder Vertreter der Massenmedien.

Es ist unbedingt notwendig, daß Evaluatorinnen in Zusammenarbeit mit den Auftraggebern besonders darauf achten, alle vorgesehenen Nutzer der Berichte zu identifizieren, zu kontaktieren und zu informieren. Bei der Erfüllung dieser Aufgabe müssen die Evaluatorinnen und die Auftraggeber Berichtsformen und -ansätze wählen, die für die verschiedenen Nutzer geeignet sind (siehe N5, Klarheit des Berichts). In einigen Fällen kann es erforderlich sein, daß die Berichte in die Sprache einer Minderheit übersetzt werden oder die Verfahren der Informationsverbreitung den jeweiligen kulturellen Sitten und Gebräuchen angepaßt werden.

Da die Evaluatorinnen die Überwachung der Informationsverbreitung und die Verantwortung dafür mit dem Auftraggeber teilen sollen, kann es darüber zu Zuständigkeitskonflikten kommen. In einem solchen Fall müssen die Evaluatorinnen bedenken, daß sie nicht nur gegenüber dem Auftraggeber sondern auch anderen vorgesehenen Nutzern gegenüber verantwortlich sind. Das Recht, diese Verantwortung auszuüben, sollte zu Beginn der Evaluation in einer offiziellen Vereinbarung genau festgehalten werden. Wenn der Auftraggeber wichtige Aspekte der Evaluation falsch darstellt oder einem der vorgesehenen Nutzer die Ergebnisse vorenthält, muß die Evaluatorin dem Auftraggeber eine schriftliche Mitteilung machen und im Anschluß daran die notwendigen Maßnahmen ergreifen, um den Nutzer zu informieren.

Richtlinien

A. Die Evaluatorinnen sollten sich vom Auftraggeber und den hauptsächlich Beteiligten & Betroffenen darüber informieren lassen, was deren vorrangige Ziele in Bezug auf den Bericht sind, welche Berichtsart und welche Sprache sie sich wünschen und zu welcher Zeit der Bericht für sie am nützlichsten wäre (siehe N1, Ermittlung der Beteiligten & Betroffenen; N3, Umfang und Auswahl der Informationen; N5, Klarheit des Berichts).
B. Die Evaluatorinnen sollten sich bei ihrer Zeitplanung nach dem angestrebten Abgabedatum des Berichts richten und realistisch abschätzen, was getan werden muß, um die Schlußtermine einzuhalten. Dabei muß genug Spielraum für die Behandlung unvorhergesehener Probleme und die Erstellung eventuell gewünschter Zwischenberichte vorhanden bleiben.
C. Vor Beginn der Evaluation sollten die Evaluatorinnen mit den Auftraggebern einen Verbreitungsplan aushandeln, in dem die vorgesehenen Nutzer und ihr Zugang zu den Ergebnissen und Empfehlungen genau festgelegt ist (siehe K2, Formale Vereinbarungen).
D. Es sollte ein realistischer Zeitplan für die Abgabe der Berichte an die vorgesehenen Benutzer erstellt werden.
E. Es sollten Alternativpläne bereitgehalten werden, falls es bei der Evaluation zu Verzögerungen kommt und der zeitliche Rahmen nicht mehr eingehalten werden kann.
F. Wo dies angebracht ist, sollten qualifizierte Personen, die von den Evaluatorinnen wie auch vom Auftraggeber unabhängig sind, die Qualität der Evaluation und der zugehörigen Berichte überprüfen und die Ergebnisse den vorgesehenen Nutzern mitteilen.
G. Im Vorfeld der Evaluation sollte mit dem Auftraggeber eine Vereinbarung über die redaktionelle Verantwortlichkeit getroffen werden, sowie darüber, wer Zwischen- und Schlußberichte freigibt. Dabei sollte das Recht zur Freigabe von Informationen in Einklang mit Standard K2, Formale Vereinbarungen, berücksichtigt werden.
H. Gemäß den jeweiligen Erfordernissen sollten Berichtsentwürfe mit Vertretern der vorgesehenen Nutzer auf Klarheit und Genauigkeit der Fakten überprüft werden und Maßnahmen getroffen werden, um eine verfrühte Freigabe der Ergebnisse zu verhindern.
I. Bei der Planung der Ergebnisverbreitung sollte eine Vielzahl von Methoden in Betracht gezogen werden, wie z.B. Zusammenfassungen, schriftliche Berichte, audiovisuelle Präsentationen, Anhörungen, Zusammenkünfte, Konferenzen, Interviews, Podiumsdiskussionen und Zeitungsberichte (siehe N5, Klarheit des Berichts).
J. Soziale Ereignisse und Besonderheiten, welche die Verbreitung des Berichts behindern können, sollten beachtet werde, wie z.B. religiöse Feiertage, kulturelle Unterschiede im Sozialverhalten und Sprachbarrieren.

Häufige Fehler

A. Berichte werden nur für den Auftraggeber oder denjenigen erstellt, der die Evaluation finanziert, während andere vorgesehene Nutzer übergangen werden.
B. Die Ergebnisse werden freigegeben, bevor sie überprüft und mögliche Fehler oder Falschaussagen verbessert worden sind.
C. Die Freigabe der Ergebnisse wird ohne gerechtfertigten Grund verzögert.
D. Eine ungeeignete Zeitplanung verhindert eine rechtzeitige Vermittlung von Informationen.
E. Es werden nicht sämtliche notwendigen Maßnahmen ergriffen, um sicherzustellen, daß im Laufe der Evaluation aufgedeckte Informationen über rechtswidrige Vorgehensweisen, Betrug, Verschwendung oder Mißbrauch offengelegt werden, selbst wenn dies möglicherweise vertragliche Vereinbarungen verletzt.
F. Um eine rechtzeitige Berichterstattung zu gewährleisten, werden unvollständige oder ungenaue Informationen übermittelt.
G. Beteiligte & Betroffene, die keine Vertreter haben, werden übersehen.

◆ Anschauungsbeispiel 1 – Beschreibung

Eine Evaluatorin führte im Auftrag eines Fachbereichsausschusses, zusammengesetzt aus drei Lehrern und dem Leiter einer Schule, eine Evaluation von ergebnisgestützten (*outcome-based*) Materialien durch. Diese waren von dem Ausschuß entwickelt worden, um die Disziplin im Unterricht zu verbessern. Die Materialien waren in Pilotprojekten mit drei Klassen der Schule erprobt worden. Der Evaluationsbericht fiel sehr zugunsten der Materialien aus und enthielt nur wenige Änderungsvorschläge. Es wurde empfohlen, daß die Materialien im nächsten Schuljahr in allen Klassen Verwendung finden sollten. Der Bericht wurde dem Schulleiter drei Monate nach dem geplanten Zeitpunkt überreicht. Ohne vorherige Besprechung mit dem Lehrkörper kündigte der Schulleiter am Ende des Schuljahres an, daß der gesamte Fachbereich das Programm im folgenden Jahr anwenden sollte.

Der für die Materialien verantwortliche Fachbereichsausschuß, die Lehrer in den Versuchsklassen, welche die Materialien einsetzten, sowie die übrigen Mitglieder des Lehrkörpers meldeten heftigen Protest an. Die Lehrer des Fachbereichsausschusses störte vor allem, daß ihnen keine Kopie des Berichts zur Verfügung gestellt worden war, so daß sie die Ergebnisse hätten bewerten können. Die Lehrer, die bereits Erfahrung mit den Materialien hatten, waren der Ansicht, daß es ihnen als ersten zugestanden hätte, den Bericht zu bekommen und an der Diskussion darüber teilzunehmen, da sie die Materialien getestet und viele der Informationen, auf denen die Evaluation basierte, zur Verfügung gestellt hatten. Die Lehrer, welche die ergebnisorientierten Materialien im zweiten Jahr benutzen sollten, klagten darüber, daß man von ihnen verlangte, „die Katze im Sack“ zu kaufen. Niemand hatte ihnen den Evaluationsbericht gezeigt oder sie an der Diskussion darüber teilnehmen lassen, bis es schließlich zu spät war, um noch irgendeinen Einfluß auf den Entscheidungsprozeß ausüben zu können.

◆ Anschauungsbeispiel 1 – Analyse

Die Evaluatorin beging einen Fehler, indem sie sich nicht früher (in der Planungsphase der Evaluation) mit dem Fachbereichsausschuß und dem Schulleiter zusammensetzte, um einen Verbreitungsplan zu erstellen und Beteiligte & Betroffene zu ermitteln, die ein Recht auf Information hatten. Ein weiteres Versäumnis war, daß die Evaluatorin den Bericht nicht rechtzeitig vorlegte. Bei Abschluß der Evaluation hätte sie den Lehrern des Fachbereichsausschusses sowie dem Schulleiter jeweils eine Rohfassung des Berichts zukommen lassen sollen. Sie hätte sie auch um Überarbeitungen und Kommentare bitten sollen. Für den gesamten Lehrkörper hätte ein zusammenfassender Bericht erstellt werden sollen. Außerdem hätte die Evaluatorin dem Schulleiter empfehlen sollen, den Bericht und seine Ergebnisse sowohl mit den Lehrern, welche die Materialien bereits benutzt hatten, als auch mit denen, die sie möglicherweise im folgenden Schuljahr verwenden würden, zu besprechen. Diese Diskussionen hätten stattfinden sollen, bevor eine Entscheidung über den Einsatz der ergebnisorientierten Materialien im kommenden Schuljahr gefällt wurde.

◆ Anschauungsbeispiel 2 – Beschreibung

Aufgrund steigender Besorgnis über den Personalmangel im Gesundheitswesen beauftragte ein College ein externes Evaluationsunternehmen damit, die Quote der Studienabbrecher in den Krankenpflegeausbildungen und verwandten Gesundheitsausbildungsprogrammen abzuschätzen. Das Unternehmen entwickelte für die Evaluation eine neuartige Methode, die für jedes Ausbildungsprogramm eine Abbrecherquote vorhersagte, basierend auf den Eigenschaften der jeweils zugelassenen Studierenden in jedem der drei vorangegangenen Jahre. Die Quote wurde auf Basis verschiedener Variablen vorhergesagt, darunter des Notendurchschnitts in der High School, des Ergebnisses im SAT[14] und des Alters des Studierenden bei der Zulassung. Die Standardabweichung für jede der vorausgesagten Quoten wurde ebenfalls bestimmt, um vorhersehbare Schwankungen um den geschätzten Wert anzuzeigen.

Die resultierenden Daten wurden den Leitern der Ausbildungsprogramme in Form einer Tabelle vorgelegt. Diese stellte die vorausgesagte Abbrecherquote für die jeweilige Ausbildung, die Standardabweichung davon und die tatsächliche Abbrecherquote für jedes der drei vorausgegangenen Jahre dar. Ein Begleitschreiben erklärte die Methode der Studie und eine einfache mathematische Formel zur Interpretation der Ergebnisse.

Die Programmleiter wurden gebeten, schriftliche Kommentare einzureichen, damit diese in den Schlußbericht einfließen könnten. Fast alle beklagten in ihren Kommentaren, daß sie die Informationen nicht verstanden hätten oder daß sie nicht gewußt hätten, wie sie zu interpretieren seien.

Der Schlußbericht erschien in Form eines hundert Seiten umfassenden Dokuments mit zahlreichen Tabellen und einem umfangreichen Anhang, der die schriftlichen Kommentare der Programmleiter in unbearbeiteter Fassung sowie eine zwei-

14 „Scholastic Aptitude Test“, Eignungstest an amerikanischen Universitäten (Anm. d. Ü).

seitige Zusammenfassung enthielt. Der Schlußbericht und die zweiseitige Zusammenfassung wurden der College-Verwaltung und dem Treuhandausschuß bei einer gemeinsamen Sitzung unterbreitet. Der Ausschuß verließ sich in der Hauptsache auf die Zusammenfassung und entschloß sich noch während der Sitzung zu offiziellen Maßnahmen. Jeder Programmleiter erhielt einen Brief, in dem stand, daß die Evaluation Qualitätsdefizite bei den Ausbildungsprogrammen aufgezeigt hätte und daß von ihnen innerhalb von fünf Tagen ein Aktionsplan zur Qualitätsverbesserung beim Präsidenten vorgelegt werden müßte. Die Programmleiter waren über diesen Brief sehr empört.

◆ Anschauungsbeispiel 2 – Analyse

Die Evaluatorinnen gaben den Beteiligten & Betroffenen Gelegenheit, Rückmeldungen zu den vorläufigen Ergebnissen zu machen. Diese wurden jedoch nicht dazu verwendet, den Bericht vor seiner Verbreitung zu verbessern. Außerdem begingen die Evaluatorinnen eine Reihe von Fehlern bei der Verbreitung des Berichts und bei der Gestaltung der zeitlichen Abfolge. Verfahren und Inhalt der Methoden zur Berichtsverbreitung hätten gleich zu Beginn des Projekts sorgfältig geplant werden sollen, um sicherzustellen, daß den Informationsbedürfnissen aller berechtigten Beteiligten & Betroffenen entsprochen würde. Da die Programmleiter zu den Beteiligten & Betroffenen gehörten, hätte ihnen mehr als nur eine flüchtige Überarbeitung der Ergebnisse zugestanden werden müssen.

Auch die Art und Weise, wie die Evaluatorinnen die Verwaltung und den Treuhandausschuß über die Ergebnisse unterrichteten, war falsch. Die Evaluatorinnen hatten entschieden, den Schlußbericht bei einer Zusammenkunft zu verteilen. Dann erstellten sie – vermutlich weil sie erkannten, daß der Bericht bis dahin nicht vollständig durchgearbeitet werden könnte – eine zweiseitige Zusammenfassung, die bei der Zusammenkunft zur Hauptinformationsquelle wurde. Da der Bericht nicht schon vorher verteilt worden war, konnte er nicht gänzlich durchgesehen werden, bevor weiterführende Maßnahmen vorgeschlagen wurden. Hierbei handelt es sich um einen gravierenden Fehler in der Zeitplanung. Hätte der Bericht vor dem Treffen gründlich gelesen werden können, wären die Bedenken der Programmleiter möglicherweise aufgedeckt worden. Diese Bedenken hätten die Entscheidungsträger vielleicht aufmerksamer werden lassen bezüglich möglicher Schwachstellen in der Evaluation. Dadurch wiederum hätte erkannt werden können, daß der Bericht genauer behandelt und weiter verbreitet werden müßte, und daß vielleicht zusätzliche Informationen benötigt würden, um zu erfahren, warum die Studierenden die Programme nicht zu Ende führten (siehe N3, Umfang und Auswahl der Informationen). Außerdem hätte die Lesbarkeit des Berichts verbessert werden können, indem man die zahlreichen, nicht überarbeiteten Kommentare im Anhang ausgewertet hätte (siehe G9, Analyse qualitativer Informationen).

Weiterführende Literatur

Fetterman, D. M. (1984). *Ethnography in educational evaluation*. Beverly Hills, CA: Sage.

Greene, J. C. (1988). Communication of results and utilization in participatory program evaluation. *Evaluation and Program Planning, 11*, 341-51.

Mitchell, J. (1990). Policy evaluation for policy communities: Confronting the utilization problem. *Evaluation Practice, 11* (2), 109-114.

Smith, M. F. (1988). Evaluation utilization revisited. New Directions for Program Evaluation: Evaluation Utilization, 39, 7-19.

N7 Wirkung der Evaluation

Standard: Evaluationen sollten so geplant, durchgeführt und dargestellt werden, daß die Beteiligten & Betroffenen dazu ermuntert werden, dem Evaluationsprozeß zu folgen, damit die Wahrscheinlichkeit steigt, daß die Evaluation genutzt wird.

Übersicht

Der Begriff *Wirkung* (*impact*) einer Evaluation bezieht sich darauf, welchen Einfluß die Evaluation auf die Entscheidungen und das weitere Vorgehen der Adressaten hat. Er bezieht sich außerdem auf den konzeptionellen Einfluß der Evaluation auf die Beteiligten & Betroffenen. Die Evaluatorinnen sollten die Beteiligten & Betroffenen dabei unterstützen, die Evaluationsergebnisse zu nutzen, um sinnvolle Veränderungen vorzunehmen, wie z.B. Verbesserung der Programme, Umstellung auf kostengünstigere Produkte bzw. Ansätze oder Beendigung von unnützen, unproduktiven Tätigkeiten. Des weiteren sollten die Evaluatorinnen den Beteiligten & Betroffenen helfen, durch die Evaluation neue Perspektiven zum Programm zu entwickeln.

Die Evaluatorinnen dürfen jedoch nicht davon ausgehen, daß Verbesserungen automatisch stattfinden, sobald der Evaluationsbericht fertiggestellt ist. Tatsächlich ist es so, daß die Evaluatorinnen möglicherweise eine der folgenden Rollen spielen müssen: die Evaluationstätigkeiten so zu planen, mit Personal zu besetzen und durchzuführen, daß den Adressaten geholfen wird, die Ergebnisse zu bewerten und konstruktiv zu nutzen; oder: den Beteiligten & Betroffenen neue Sichtweisen zu eröffnen. Die Evaluatorinnen sollten jedoch nicht in die Rolle des Auftraggebers schlüpfen.

Richtlinien

A. Den hauptsächlich Beteiligten & Betroffenen sollte zu Beginn der Evaluation erklärt werden, in welcher Weise die Ergebnisse für ihre Arbeit von Nutzen sein könnten.
B. Es sollte dafür gesorgt werden, daß die Beteiligten & Betroffenen die in der Evaluation zu behandelnden Fragen mitbestimmen und an der Planung sowie gegebenenfalls bei der Durchführung der Evaluation mitwirken (siehe N1, Ermittlung der Beteiligten & Betroffenen).
C. Die Berichterstattung an die Beteiligten & Betroffenen sollte offen, aufrichtig und konkret sein, und für eventuelle Rückfragen sollten die Evaluatorinnen bereitwillig zur Verfügung stehen (siehe N5, Klarheit des Berichts, und K6, Offenlegung der Ergebnisse).

D. In regelmäßigen Abständen sollte über Zwischenergebnisse berichtet und speziell darauf hingewiesen werden, welche Bedeutung diese für die verschiedenen Beteiligten & Betroffenen haben (siehe N6, Rechtzeitigkeit und Verbreitung des Berichts).
E. Die Vorzüge von sinnvollen Handlungsalternativen sollten mit den Beteiligten & Betroffenen bewertet und im Schlußbericht behandelt werden.
F. Die schriftlichen Berichte sollten durch mündliche Mitteilungen laufend ergänzt werden (siehe N6, Rechtzeitigkeit und Verbreitung des Berichts).
G. Soweit Zeit, finanzielle Mittel und personelle Ressourcen es erlauben, sollten die Evaluatorinnen den Beteiligten & Betroffenen helfen, nach Freigabe des Schlußberichts die Evaluationsergebnisse zu bewerten, zu interpretieren und umzusetzen.

Häufige Fehler

A. Die Evaluatorinnen zeigen offen, daß sie es den Beteiligten & Betroffenen nicht zutrauen, die Evaluationsergebnisse sinnvoll zu nutzen. Dies geschieht z.B., indem die Evaluatorinnen öffentlich behaupten, daß die Beteiligten & Betroffenen nur den Aussagen einer solchen Evaluation Glauben schenken werden, die sie in ihren jetzigen Überzeugungen und Vorgehensweisen bestätigen.
B. Man beschäftigt sich vor allem mit dem theoretischen Wert der Ergebnisse, während die praktische Bedeutung vernachlässigt wird.
C. Die von den Beteiligten & Betroffenen vertretenen Werte werden für die Empfehlungen nicht berücksichtigt (siehe N4, Feststellung von Werten).
D. Die Evaluatorinnen übernehmen die dem Auftraggeber zukommende Verantwortung, auf Grundlage der Evaluationsergebnisse tätig zu werden.
E. Es wird angenommen, daß die Auftraggeber alles lesen, was man ihnen vorlegt.
F. Es wird nicht eingegriffen, wenn bemerkt wird, daß Evaluationsergebnisse mißbraucht oder falsch interpretiert werden.
G. Die verschiedenen Nutzer der Evaluation werden nicht individuell angesprochen.
H. Es wird angenommen, daß ein Evaluationsauftrag abgeschlossen ist, sobald ein Evaluationsbericht überreicht oder eine Präsentation veranstaltet wurde.
I. Es wird daran festgehalten, daß die Evaluation zu Ende geführt wird, selbst wenn die zu erwartenden Ergebnisse dies nicht rechtfertigen.

◆ Anschauungsbeispiel 1 – Beschreibung

Im Rahmen eines staatlich unterstützten Projekts sollte in einer Grundschule die Beteiligung der Eltern erhöht werden. Eine Elterngruppe entwickelte einen Führer und ergänzende Materialien, womit anderen Vätern und Müttern geholfen werden sollte, ihre Kinder beim Lesenlernen zu unterstützen. Die Elternguppe beschloß, daß der Führer und die Materialien evaluiert und eventuell überarbeitet werden sollten, bevor sie allgemein Verwendung fänden. Also baten sie die Expertin für das Fach Lesen in dem betreffenden Schuldistrikt, eine Evaluation durchzuführen.

Die Evaluatorin bewertete den Führer und die Materialien in Bezug auf Eignung und Vollständigkeit des Inhalts, Gestaltung, Lesbarkeit, Einfachheit der Anwendung und Wirksamkeit unter Versuchsbedingungen. Entsprechend dieser Punkte gliederte sie ihren Schlußbericht in fünf Bereiche, wobei sie jeweils einleitend den Führer und die Materialien kurz beschrieb. Im Schlußteil des Berichts wies sie auf Schwachpunkte des Programms hin und stellte Empfehlungen vor, denen zufolge der Führer neu verfaßt und eine Tabelle zur Darstellung des täglichen Lernfortschritts hinzugefügt werden sollten.

Die Elterngruppe war erfreut über den konstruktiven Charakter des Evaluationsberichts und lud die Evaluatorin zu einem Treffen ein, um die Aussagen gemeinsam zu besprechen. Die Expertin nahm die Einladung bereitwillig an und erschien zum nächsten Treffen der Elterngruppe.

Dort erklärte sie den Evaluationsbericht in allen Einzelheiten. Sie hatte auch eine Neufassung des Führers und ein Muster eines Fortschrittsbericht vorbereitet. Beides verteilte sie während des Treffens. Die Elterngruppe war von der zusätzlichen Arbeit der Evaluatorin sehr beeindruckt. Den Eltern wurde klar, daß sie nicht in der Lage waren, die Aufgabe zu vollenden, die sie sich vorgenommen hatten. Sie baten die Evaluatorin, ihre bisherige Rolle in dem Projekt zu übernehmen und stellten infolgedessen ihre eigene Mitarbeit allmählich ein.

Die Expertin vollendete ihre Arbeit an dem Führer und den Materialien, stellte aber zu ihrem Erstaunen und ihrer Enttäuschung fest, daß die Unterlagen bei den Eltern der Schüler in der betreffenden Schule keinen Anklang fanden und nicht verwendet wurden.

◆ Anschauungsbeispiel 1 – Analyse

Die Evaluatorin hatte relevante Aspekte des Führers bzw. der Materialien als Grundlage ihrer Bewertung ausgewählt. Hierauf aufbauend erstellte sie einen verständlichen, umfassenden, konstruktiven und zugänglichen Bericht für die Elterngruppe. Sie beging jedoch einen Fehler mit ihrem übereifrigen Bemühen, die Eltern bei der Nutzung der Evaluationsergebnisse zu unterstützen. Ihre Bereitschaft, die Auftraggeber weiter zu betreuen, war zwar durchaus angebracht. Sie hätte jedoch nicht die Aufgabe der Eltern übernehmen sollen, den Führer und die Materialien weiterzuentwickeln – insbesondere da das übergeordnete Projekt eine verstärkte Beteiligung der Eltern zum Ziel hatte. Die Evaluatorin hätte zumindest ihre direkte Mitarbeit durch die Neufassung der Materialien zurückstellen sollen und statt dessen den Eltern vorschlagen können, deren weitere Entwürfe zu prüfen. Eine andere Möglichkeit wäre gewesen, mit den Eltern zusammenzuarbeiten und sie bei der Weiterentwicklung des Führers und der Materialien zu unterstützen.

◆ Anschauungsbeispiel 2 – Beschreibung

Bei einem leistungsbasierten Training – kurz „PBT" (performance based training) – im industriellen Bereich erkannten die Ausbilder die Notwendigkeit zur Entwicklung und Umsetzung einer formativen Evaluation. Mitglieder der Aus- und Weiterbildungsabteilung des Unternehmens führten die Evaluation mit Hilfe einer Evaluationsberaterin durch.

Die Evaluation bestand darin, die Entwicklung und die Produktivität der Auszubildenden sowohl während der Programmlaufzeit als auch danach zu verfolgen.

Für ihre Beobachtungen stand den Ausbildern eine Checkliste mit Lernschritten der Auszubildenden zur Verfügung. Diese Checkliste war von der Evaluatorin und den Ausbildern durch eine Analyse der Ziele des PBT-Programms und seiner Umsetzung gemeinsam entwickelt worden. Die Ausbilder verwendeten unterschiedliche Aufzeichnungstechniken, um physisches und/oder verbales Verhalten zu beschreiben, das sie beim Unterricht oder am Arbeitsplatz beobachteten.

Während des Programms analysierten die Evaluatorin und die Ausbilder gemeinsam die Aufzeichnungen, um festzustellen, ob die erwarteten Veränderungen im Verhalten der Auszubildenden eintraten. Wenn kein Fortschritt zu verzeichnen war, untersuchten die Ausbilder und die Evaluatorin sowohl die Eigenschaften des Auszubildenden als auch das durchgeführte Training. Es wurden Änderungen vorgenommen und, wenn nötig, Ausbildungseinheiten wiederholt. Ein Folgebericht, der sich mit der kontinuierlichen Verbesserung des PBT-Programms befaßte, wurde erstellt, der sich auf die Leistungen der Auszubildenden nach Abschluß des Programms stützte.

◆ Anschauungsbeispiel 2 – Analyse

Die Evaluation war aus mehreren Gründen erfolgreich. Erstens konzentrierten sich alle Beteiligten auf das Verhalten der Auszubildenden. Zweitens hatten die Evaluatorin und die Ausbilder während der formativen Evaluation gemeinsame Ziele und eine gemeinsame Sprache entwickelt, so daß über alle eingesetzten Verfahren Einverständnis herrschte. Drittens wurden die Fortschritte während des Programms und die Leistungen danach von den Ausbildern und der Evaluatorin überwacht. Diese Evaluation wurde so geplant und durchgeführt, daß die Motivation der relevanten Beteiligten & Betroffenen bis zum Schluß aufrechterhalten werden konnte

Weiterführende Literatur

Alkin, M. C., Daillak, R., & White, P. (1979). *Using evaluation: Does evaluation make a difference?* Beverly Hills, CA: Sage.

Mitchell, J. (1990). Policy evaluation for policy communities: Confronting the utilization problem. *Evaluation Practice, 11* (2), 109-114.

Mowbray, C. T. (1988). Getting the system to respond to evaluation findings. *New Directions for Program Evaluation: Evaluation Utilization, 39*, 47-57.

Patton, M. Q. (1986). *Utilization-focused evaluation* (2nd. ed.). Beverly Hills, CA: Sage.

Patton, M. Q. (1988). The evaluator's responsibility for utilization. *Evaluation Practice, 9* (2), 5-24.

Preskill, H. (1991, Spring). The cultural lens: Bringing utilization into focus. *New Directions in Program Evaluation, 49*, 5-13.

Smith, M. F. (1988). Evaluation utilization revisited. New Directions for Program Evaluation: Evaluation Utilization, 39, 7-19.

Stufflebeam, D. L., Foley, W. J., Gephart, W. J., Guba, E. G., Hammond, R. L., Merriman, H. O., & Provus, M. M. (1971). *Educational evaluation and decision making*. Itasca, IL: F. E. Peacock.

Winberg, A. (1991). Maximizing the contributions of internal evaluation units. *Evaluation and Program Planning, 14* (1), 167-172.

D Durchführbarkeitsstandards

Zusammenfassung der Standards

D Die Durchführbarkeitsstandards sollen sicherstellen, daß eine Evaluation realistisch, gut durchdacht, diplomatisch und kostenbewußt ausgeführt wird. Es handelt sich um folgende Standards:

D1 Praktische Verfahren
Die Evaluationsverfahren sollten praktisch sein, so daß Störungen minimiert und die benötigten Informationen beschafft werden können.

D2 Politische Tragfähigkeit
Evaluationen sollten mit Voraussicht auf die unterschiedlichen Positionen der verschiedenen Interessengruppen geplant und durchgeführt werden, um deren Kooperation zu erreichen und um mögliche Versuche irgendeiner dieser Gruppen zu vermeiden, die Evaluationsaktivitäten einzuschränken oder die Ergebnisse zu verzerren respektive zu mißbrauchen.

D3 Kostenwirksamkeit
Die Evaluation sollte effizient sein und Informationen mit einem Wert hervorbringen, der die eingesetzten Mittel rechtfertigt.

D1 Praktische Verfahren

Standard: Die Evaluationsverfahren sollten praktisch sein, so daß Störungen minimiert und die benötigten Informationen beschafft werden können.

Übersicht

Als Evaluationsverfahren bezeichnet man die Handlungen, die im Laufe der Informationsgewinnung und -nutzung vorgenommen werden, um ein Programm nach Güte und Verwendbarkeit zu beurteilen. Dazu zählt unter anderem, wie vertragliche Vereinbarungen mit dem Auftraggeber getroffen werden, wie Datenquellen ausgewählt werden, für welche Evaluationsinstrumente man sich entscheidet und wie diese eingesetzt werden, auf welche Weise Daten und Informationen gesammelt, aufgezeichnet, gespeichert und abgerufen werden, wie die Daten analysiert werden und wie über die Ergebnisse berichtet wird. Evaluatorinnen sollten Verfahren wählen und anwenden, die möglichst wenig Störungen verursachen und in Hinblick auf die Verfügbarkeit von Zeit, Budget, Personal und Teilnehmenden durchführbar und realistisch sind.

Wenn Evaluatorinnen sich nicht an diesen Standard halten, führt das möglicherweise zur Planung von Evaluationsverfahren, die zwar in der Theorie einwandfrei sein mögen, aber für die Praxis ungeeignet sind. Durch solch eine Arbeitsweise werden Ressourcen verbraucht, ohne daß wertvolle und/oder brauchbare Ergebnisse erzielt werden.

Richtlinien

A. Es sollte sichergestellt werden, daß qualifiziertes Evaluationspersonal vorhanden ist, um die Evaluation wie beabsichtigt abzuschließen. Dazu sind unter Umständen auch Weiterbildungsmaßnahmen für das Personal notwendig.
B. Es sollten Verfahren gewählt werden, die mit vertretbarem Aufwand durchgeführt werden können und die den Fähigkeiten des für die Studie verfügbaren Personals entsprechen.
C. Die Verfahren sollten unter Berücksichtigung des gegebenen zeitlichen Rahmens und der Verfügbarkeit von Teilnehmenden und Befragten bestimmt werden.
D. Wann immer dies geeignet erscheint, sollten Evaluationstätigkeiten in Routinevorgänge integriert werden.
E. Präventiv sollte man Alternativen entwickeln, auf die man ausweichen kann, falls sich Probleme mit den ursprünglich gewählten Verfahren ergeben. Im Evaluationsplan

und -budget sollte genügend Spielraum vorhanden sein, um auf unvorhergesehene Probleme zu reagieren.

F. Es sollte mit dem Auftraggeber überprüft werden, ob der Zeitplan zur Vollendung der Evaluation realistisch ist. Ebenso sollte vor der Festlegung des Plans für die Datenerhebung geklärt werden, ob die dafür vorgesehenen Instrumente praktikabel sind (siehe G3, Beschreibung von Zielen und Vorgehen, und K2, Formale Vereinbarungen).

G. Die Verfahren und Instrumente sollten in einem Pilotprojekt getestet werden, damit ihr praktischer Nutzen und der erforderliche Zeitbedarf bestimmt werden können.

Häufige Fehler

A. Der Plan zur Datenerhebung und -analyse wird einem Lehrbuch über wissenschaftliche Forschungsmethoden oder einer anderen allgemeinen Anleitung entnommen – ohne darüber nachzudenken, ob der Plan in dem gegebenen Kontext umgesetzt werden kann.

B. Es wird versäumt, Durchführbarkeit auf der einen Seite und Genauigkeit auf der anderen Seite gegeneinander abzuwägen (Wenn unter den gegebenen Umständen die Sammlung von validen und reliablen Daten behindert ist, sollte man sich an den Auftraggeber wenden, um die Hindernisse aus dem Weg zu räumen. Falls dies nicht gelingt, sollten die Evaluatorinnen ernsthaft überlegen, andere Verfahren zu benutzen oder die Evaluation abzubrechen).

C. Bei den Bemühungen zur Datenbeschaffung werden die Programmaktivitäten gestört.

◆ Anschauungsbeispiel 1 – Beschreibung

Die Bildungsbehörde eines US-Staates veröffentlichte eine Ausschreibung für die Evaluation eines staatlich finanzierten Schulförderungsprogramms. Dieses Programm wurde in hundert Schuldistrikten des betreffenden Staates umgesetzt und stellte Schulen mit hohem Anteil an finanziell benachteiligten Schülern ca. hundert US-Dollars pro Schüler zur Verfügung. Das Programm sollte auf hundert weitere Schuldistrikte ausgedehnt werden. Hierbei wollten die Beamten der Bildungsbehörde die Wirkung des Programms überprüfen. Daher hieß es in der Ausschreibung, daß die nächsten hundert geförderten Schuldistrikte aufgrund der Anforderungen, die der ausgewählte Evaluationsplan definiere, bestimmt würden.

Als Evaluationsplan wurde einer der Vorschläge ausgewählt, die auf die Ausschreibung hin von Evaluatorinnen eingereicht worden waren. Dieser Evaluationsvorschlag sah vor, daß zehn Distrikte in städtischen Gebieten, 15 in Vorstädten und 25 in ländlichen Gegenden – jeweils über den ganzen Staat verteilt – an der Evaluation teilnehmen sollten. Es kämen nur solche Distrikte in Betracht, deren Schulaufsichtsbeamter sich bereit erklärte, umfassend mit den Evaluatorinnen zusammenzuarbeiten und den Anforderungen des Evaluationsplans zu entsprechen. Das bedeutete im Einzelnen: Die Schulaufsichtsbeamten sollten in ihrem Distrikt zwei Grundschulen ermitteln, die sich in Bezug auf den Anteil benachteiligter Schüler sowie auf ihr Programmangebot ähnlich seien. Dann sollte den Evaluatorinnen freigestellt sein, eine beliebige dieser beiden Schulen für die finanzielle Hilfe auszuwählen. Die Gelder sollten dafür verwendet werden, Programme für benachteiligte Schüler in der jeweils ausgesuchten Schule zu erweitern und zu verbessern. Die Schulaufsichtsbeamten sollten sicherstellen, daß beide Schulen den Evaluatorinnen auf Anfrage Daten zur Verfügung stellten. Im Evaluationsplan war festgelegt, daß die Schüler in allen hundert Schulen über drei Jahre hinweg jährlich jeweils einem Vortest und einem Nachtest unterzogen werden sollten. Die Ergebnisse sollten analysiert werden, um festzustellen, ob die Schüler in den fünfzig finanziell zusätzlich geförderten Schulen besser abschnitten als die in den anderen fünfzig Schulen.

Es gelang der Bildungsbehörde, hundert Schuldistrikte für die Evaluation zu finden, die den Auswahlkriterien entsprachen und deren Schulaufsichtsbeamte mit den Bedingungen des Evaluationsplans einverstanden waren. Nach dem Zufallsprinzip wurde aus den fünfzig Schulpaaren jeweils eine Schule ausgewählt, die finanzielle Zuwendung durch den Staat erhielt, und die Evaluation begann mit einem Vortest für sämtliche Schüler in allen hundert Schulen.

Als die Evaluatorinnen am Ende des ersten Projektjahres eine Nachher-Untersuchung durchführen wollten, stellten sie fest, daß ihre Evaluationspläne vollkommen zunichte gemacht worden waren. Die Schulaufsichtsbeamten hatten zwar die Übereinkunft mit dem Ministerium dem Wortlaut gemäß eingehalten, jedoch nicht in ihrem Geiste gehandelt. Angesichts möglicher Kritik durch Eltern und Lehrerschaft aus jenen Schulen in ihrem Distrikt, die nicht in den Genuß der neuen staatlichen Förderungen kamen, hatten die Schulaufsichtsbeamten andere Gelder, über die sie nach eigenem Ermessen verfügen konnten, so umverteilt, daß keine Schule finanziell benachteiligt war. Das Ergebnis war, daß bei den Gesamtausgaben pro Schüler die Unterschiede zwischen den beiden Schulen des jeweiligen Vergleichspaares verschwindend gering waren. Des weiteren wurde zum Zeitpunkt des Nachtests festgestellt, daß bei der Schülerzusammensetzung größere Veränderungen stattgefunden hatten. In jeder Schule gab es zahlreiche neue Schüler, viele andere hingegen hatten die Schule verlassen. Es gab auch mehrere Schüler, die eine der beiden zu vergleichenden Schulen besuchten und später auf die andere überwechselten. Da auf diese Weise viele Voraussetzungen des ursprünglichen Evaluationsplans nicht mehr gegeben waren, entschieden die Bildungsbeamten und die Evaluatorinnen, daß die ursprünglich vorgesehene vergleichende Analyse durch Fallstudien ersetzt werden sollte.

◆ Anschauungsbeispiel 1 – Analyse

Diese Evaluation macht einige der Probleme deutlich, die auftauchen können, wenn ein experimenteller Evaluationsplan in einem komplexen, dynamischen und politisch brisanten Kontext von außen festgelegt und umgesetzt wird. Das Beispiel zeigt auch Verstöße gegen die Standards K1, Unterstützung der Dienstleistungsorientierung, und K3, Schutz individueller Menschenrechte. Die Evaluatorinnen hätten wissen müssen, daß die Vorzugsbehandlung *einer* Schule in einem Schuldistrikt für sozialen Sprengstoff sorgt und daß Druck ausgeübt werden würde, um eine Gleichbehandlung aller Schulen zu erreichen. Außerdem hätten die Evaluatorinnen mit Schülerabgängen und -wechseln rechnen müssen.

Die Evaluatorinnen hätten gleich zu Anfang einen alternativen Evaluationsansatz in Betracht ziehen sollen, wie z.B. eine sorgfältig geplante Fallstudie. In solch einer Fallstudie könnten Interviews, Beobachtungen und Analysen schriftlicher Unterlagen dazu dienen, Informationen über den Kontext, die Verfahren und Ergebnisse des Programms zu erhalten. Dadurch würden die Beamten Erkenntnisse über die Umsetzung des Programmes vor Ort sowie Einschätzungen zu den Programmergebnissen gewinnen.

◆ Anschauungsbeispiel 2 – Beschreibung

Das Führungsteam eines Unternehmens plante eine Evaluation zum Vergleich der Wirksamkeit und der Kosten von zwei unterschiedlichen Methoden, Programmierkenntnisse an Mitarbeiter ohne vorherige einschlägige Erfahrungen zu vermitteln. Bei der einen Methode wurden die Mitarbeiter von einem Dozenten unterrichtet, bei der anderen lernten sie selbstgesteuert. Die siebzig Teilnehmenden wurden nach dem Zufallsprinzip in zwei Gruppen von je 35 Personen aufgeteilt, die dann nach jeweils einer der beiden Methoden geschult werden sollten. Da nur in begrenztem Umfang Räume und Computer zur Verfügung standen, wurde jede Gruppe nochmals in fünf Untergruppen mit jeweils sieben Teilnehmenden aufgeteilt. Jede Untergruppe sollte an einer eigenen Schulung nach der jeweils festgelegten Methode teilnehmen. Alle Schulungen sollten sich über einen Zeitraum von vier Wochen erstrecken. Aus den sieben Dozenten sollten zwei zufällig ausgewählt werden, welche die Selbstlerngruppen betreuen sollten. Die übrigen fünf Dozenten sollten – ebenfalls nach dem Zufallsprinzip – jeweils einer Untergruppe zugewiesen werden, die unter Anleitung geschult werden sollte.

Nach Beendigung der Schulung sollte jeder Teilnehmende eine Reihe von Programmieraufgaben lösen. Die Ergebnisse würden bewertet nach dem Zeitaufwand, die für die Bewältigung jeder Aufgabe benötigt wurde, und nach der Qualität der erstellten Computerprogramme. Zusätzliche Informationen sollten mittels eines Fragebogens und einer Nachbesprechung in jeder Untergruppe gewonnen werden. Der Zeitpunkt, zu dem jeder Teilnehmende der Selbstlerngruppen seine Schulung beendete, würde festgehalten werden, ebenso wie die Gesamtzeit, die in beiden Gruppen von den einzelnen Teilnehmern für den Unterricht bzw. das Lernen aufgewendet wurde. Auch die Arbeitsstunden und Honorare der Dozenten in beiden Gruppen würden festgehalten werden.

Vor Durchführung der Studie wurden die zwei Methoden in einem Pilotprojekt mit zwei kleinen Gruppen getestet, um Mängel festzustellen und zu beseitigen. In beiden Schulungsprogrammen wurden eine Reihe von Verbesserungen vorgenommen (z.B. klarere Formulierung der schriftlichen Anweisungen; Einplanung von fünf bis zehn Minuten zu Beginn jeder Schulungseinheit, während derer die Teilnehmenden Fragen stellen konnten, um sicherzustellen, daß sie die Ziele und den Ablauf der Schulung verstanden hatten). Die Teilnehmenden des Pilotprojekts füllten auch die Fragebogen aus und teilten ihre Reaktionen und Vorschläge mit, was zu hilfreichen Verbesserungen der Instrumente führte.

Als eine weitere Maßnahme, um zu gewährleisten, daß die Evaluation durchführbar war, beauftragte das Führungsteam einen Evaluationsexperten damit, den Evaluationsplan anhand einer Checkliste zu überprüfen, in der mögliche Probleme bei vergleichenden Evaluationen aufgeführt waren. Das führte zu folgenden Verbesserungen im Plan:

1. Um sicherzustellen, daß alle Teilnehmenden die Schulung bis zum Ende mitmachen und daß sie wirklich keine Vorkenntnisse im Programmieren hatten, wurden klare Richtlinien und Formulare für die definitive Anmeldung zur Teilnahme ausgearbeitet und an die Betreuer und potentiellen Teilnehmenden verteilt. Mit Hilfe der Antworten wurde der Pool an geeigneten Personen ermittelt, aus dem die Teilnehmenden schließlich ausgewählt wurden.
2. Auf ähnliche Weise wurde überprüft, ob auch die Dozenten für die beiden Schulungsansätze und die Personen, welche die Evaluationsinformationen beschaffen sollten, während des gesamten Evaluationszeitraums zur Verfügung stehen würden. Dies führte dazu, daß die Anzahl der Untergruppen auf acht mit jeweils sieben Mitgliedern reduziert wurde.
3. Die Evaluatorinnen wurden geschult, damit sie die standardisierten Verfahren einheitlich benutzten.
4. Der gesamte Zeitplan der Studie wurde mit Vorgesetzten und Teilnehmenden überarbeitet, deren schriftliche Einwilligung und Zustimmung zur Teilnahme eingeholt wurde.
5. Es wurden Vorbereitungen hinsichtlich Einrichtungen, Ausrüstung und verfügbarer Fachberatung getroffen, um sicherzustellen, daß die Programme ohne Störungen im vorgesehenen zeitlichen Rahmen durchgeführt werden konnten, und daß jedes Problem bei der Hardware sofort angegangen würde.
6. Es wurden Personen ausgebildet und zugeteilt, welche die Schulungseinheiten beobachten und protokollieren sollten, damit beurteilt werden könnte, in welchem Umfang jeder der beiden Schulungsansätze umgesetzt wurde.
7. Es wurde eine Fokusgruppe gebildet, die aus Dozenten, Mitgliedern des Führungsteams, Teilnehmenden und Beobachtern bestand, um den Entwurf des Evaluationsberichts zu überarbeiten und zu diskutieren und gemeinsame Interpretationen und Empfehlungen zu erstellen.

Aufgrund der systematischen und sorgfältigen Planung lief diese Evaluation reibungslos ab und führte zu einer informativen, fundierten und politisch akzeptablen Bewertung der relativen Wirksamkeit und Kosten dieser beiden Ansätze. Beide Ansätze erwiesen sich als wirkungsvoll, doch die Selbstlernmethode kostete weniger in Bezug auf Dozentenhonorare und Lernzeit und wurde von den Teilnehmenden positiver beurteilt, so daß sie von der Fokusgruppe zur Übernahme empfohlen wurde.

◆ Anschauungsbeispiel 2 – Analyse

Selbst in einer äußerst sorgfältig geplanten Evaluation können – und gehen in der Tat – viele Dinge schief. Vernünftige und realistische Pläne helfen, Probleme zu vermeiden oder zu verringern. Wenn ein solcher Plan vor dem Ernstfall getestet wird, kann er noch realistischer und praktikabler gestaltet werden. Durch eine sorgfältige Vorbereitung aller Teilnehmenden und durch das Einholen ihrer Zustimmung nach vorangegangener Information werden die Erfolgschancen erhöht. Wenn die Evaluatorinnen Vertreter der verschiedenen Interessengruppen an der Überarbeitung und Interpretation der Ergebnisse beteiligen, hilft ihnen das, einen fundierten Bericht zu erstellen und Unterstützung dafür zu erhalten. Und es ist stets eine weitsichtige Entscheidung, Ausweichpläne für den Fall bereitzuhalten, daß man mit unerwarteten Problemen konfrontiert wird. Das beschriebene Beispiel beweist, wie ratsam es ist, den Evaluationsplan auf wohlüberlegte und systematische Weise so praktikabel wie möglich zu gestalten. Es macht auch den enormen Kommunikationsbedarf für eine erfolgreiche Evaluation deutlich. Es ist wichtig, genügend Zeit einzuplanen, um über die Pläne für die Datenerhebung zu informieren, die Methoden der Datenerhebung zu überarbeiten und andere darin einzuweisen.

Weiterführende Literatur

Brinkerhoff, R. O., Brethower, D. M., Hluchyj, T., & Nowakowski, J. R. (1983). *Program evaluation: A practitioner's guide for trainers and educators.* Boston: Kluwer-Nijhoff Publishing.

Cook, T. D., & Reichardt, C. S. (Eds.). (1979). *Qualitative and quantitative methods in evaluation research.* Beverly Hills, CA: Sage.

Fetterman, D. M. (1989). *Ethnography: Step by step.* Newbury Park, CA: Sage.

Fitz-Gibbon, C. T., & Morris, L. L. (1987). How to design a program evaluation. In J. L. Herman (Ed.), *Program evaluation kit* (2nd ed.). Newbury Park, CA: Sage.

Frankel, B. (1982). On participant observation as a component of evaluation: Strategies, constraints, and issues. *Evaluation and Program Planning, 5* (3), 239-246.

Nagel, S. S. (1988). Evaluative decisions under conflicting constraints. *Evaluation Practice, 9* (2), 36-39.

Sanders, J. R. (1992). *Evaluating school programs.* Newbury Park, CA: Corwin.

D2 Politische Tragfähigkeit

Standard: Evaluationen sollten mit Voraussicht auf die unterschiedlichen Positionen der verschiedenen Interessengruppen geplant und durchgeführt werden, um deren Kooperation zu erreichen und um mögliche Versuche irgendeiner dieser Gruppen zu vermeiden, die Evaluationsaktivitäten einzuschränken oder die Ergebnisse zu verzerren respektive zu mißbrauchen.

Überblick

Als Interessengruppe bezeichnet man jede Gruppe von Personen, die für ein gemeinsames Ziel oder Anliegen politischen Einfluß auszuüben versucht. Eine Evaluation hat insofern politische Tragweite, als sie Entscheidungen zur Umverteilung von Ressourcen und Macht herbeiführen kann. Evaluationen sind in dem Maße politisch tragfähig, wie ihre Ziele unter fairer und gerechter Anerkennung von ausgeübten Einflüssen und Aktivitäten verschiedener an der Evaluation beteiligter Interessengruppen erreicht werden können.

Wenn die Evaluatorinnen nicht auf der Hut sind, entdecken sie im Falle einer potentiell brisanten Evaluation vielleicht erst zu spät, daß ihre Arbeit manipuliert wurde – sei es, daß sich eine Gruppe einen Vorteil gegenüber einer anderen verschafft hat, sei es, daß eine Gruppe, für welche die Evaluation eine Bedrohung darstellte, die Evaluation erheblich behindert hat. Dadurch wird die Glaubwürdigkeit der Evaluation herabgesetzt oder völlig zunichte gemacht. Hingegen werden Evaluatorinnen, die sensibel auf politische Einflußversuche reagieren, in der Lage sein, die verschiedenen politischen Kräfte konstruktiv zu nutzen, um die Ziele der Evaluation zu erreichen.

Richtlinien

A. Bevor man einwilligt, eine eventuell brisante Evaluation durchzuführen, sollte man sich mit möglichst vielen Interessengruppen zusammensetzen, diesen die Möglichkeit geben, ihre Standpunkte und ihre Bedenken hinsichtlich der Evaluation darzulegen, und ihnen versichern, daß die Evaluation auf faire Weise durchgeführt wird (siehe N1, Ermittlung der Beteiligten & Betroffenen; N7, Wirkung der Evaluation, und G3, Beschreibung von Zielen und Vorgehen).

B. Es sollte ein Vertrag ausgehandelt werden, der die Bedingungen unmißverständlich beschreibt und offenlegt, unter denen die Evaluation durchgeführt wird. Außerdem sollte vertraglich festgehalten werden, daß den Evaluatorinnen Zugang zu den benötigten Daten gewährt wird und sie die Redaktion und Verbreitung ihrer Berichte in der Hand haben (siehe K2, Formale Vereinbarungen). Zusätzlich sollte darauf geachtet werden, daß für den Vertrag eine regelmäßige Überarbeitung und ggf. Abänderung vorgesehen ist.

C. Die Auftraggeber und andere wichtige Adressaten sollten regelmäßig über den aktuellen Stand der Evaluation unterrichtet werden – z.B. durch Beratungsausschüsse oder mittels Rundschreiben –, um sicherzustellen, daß sie von den Evaluationsergebnissen nicht völlig überrascht werden, und damit die Evaluatorinnen eine Vorstellung davon bekommen, wie auf die Berichte reagiert wird (siehe N2, Glaubwürdigkeit der Evaluatorin, und N7, Wirkung der Evaluation).

D. Soweit die verfügbaren Ressourcen es erlauben, sollten die möglicherweise verschiedenen Standpunkte der Beteiligten & Betroffenen ermittelt, bewertet und im Bericht beschrieben werden.

E. Die Evaluation sollte abgebrochen werden, falls politische Streitpunkte eine derart ungünstige Situation entstehen lassen, daß ein Rückzug im Interesse aller Beteiligten als beste Lösung erscheint. Das Recht der Öffentlichkeit auf Information sollte jedoch unbedingt gewahrt werden (siehe K6, Offenlegung der Ergebnisse).

Häufige Fehler

A. Indem die Evaluatorinnen einigen Beteiligten & Betroffenen mehr Beachtung schenken als den anderen, wird der Eindruck erweckt, daß die Evaluation nicht neutral ist, sondern eine Gruppe begünstigt.

B. Formelle und informelle organisatorische Machtstrukturen werden nicht genau bestimmt und berücksichtigt.

C. Die Evaluation wird in einem so hohen Maße gegen mögliche Einflüsse spezieller Interessengruppen abgeschottet, daß Hauptbeteiligte nicht konsultiert werden und/oder nicht rechtzeitig auf ihre besonderen Fragen reagiert wird (siehe N1, Ermittlung der Beteiligten & Betroffenen).

D. Es wird angenommen, daß „objektive“ Methoden eine faire Evaluation garantieren.

E. Es wird versäumt, in Zwischenberichten darauf hinzuweisen, daß weitere Untersuchungen oder plötzlich auftauchende Fragestellungen bereits gezogene Schlußfolgerungen in Frage stellen könnten.

◆ Anschauungsbeispiel 1 – Beschreibung

Ein Team von Hochschullehrern übernahm die Aufgabe, in einem Schuldistrikt einen innovativen Ansatz für den Leseunterricht zu evaluieren. Die Evaluation war im Rahmen einer staatlichen Förderung des Programms in Auftrag gegeben worden. Es kursierte das Gerücht, daß der Schulaufsichtsbeamte des Distrikts das Programm ablehnte. Zwar würde es weniger staatliche Zuwendungen geben, wenn das Programm abgesetzt würde, aber eigene, bislang durch das Programm gebundene Gelder des Schuldistrikts könnten dann flexibler verwendet werden. Einige Lehrer behaupteten, daß der Schulaufsichtsbeamte alles daran setzen würde, das Programm zu streichen. Zu diesem Zweck würde er sogar Einfluß auf die Evaluation nehmen, damit diese das Programm in schlechtem Licht darstellte. Die Evaluatorinnen wollten versuchen, den Einfluß des Schulaufsichtsbeamten auf die Evaluation zu begrenzen und setzten sich deswegen mit ihm zusammen. Ziel des Treffens war es zu erfahren, warum genau der Schulinspektor das als Team-Teaching konzipierte Programm ablehnte. Die Evaluatorinnen planten, die gewonnenen Informationen in den Evaluationsbericht einzubinden und so die Bedenken des Schulaufsichtsbeamten zu zerstreuen.

Als Teil der Evaluation erarbeiteten die Evaluatorinnen auch ein Instrument, um die Lehrkompetenzen der einzelnen Lehrer zu beurteilen. Nach Veröffentlichung des Entwurfs mußten sie jedoch zu ihrer Bestürzung feststellen, daß es sofort zu Protesten der Lehrergewerkschaft kam, die das Schema zur Bewertung ihrer Mitglieder ablehnte. Ein Streik wurde für den Fall angedroht, daß die Evaluation wie geplant durchgeführt würde. Über den Vorfall wurde in einer der Lokalzeitungen auf der ersten Seite berichtet und dies fand große Resonanz bei den lokalen Radiosendern. Aus Angst vor den Konsequenzen gaben die Evaluatorinnen ihre Forderungen nach Lehrerbeurteilungen auf, obwohl sie der Meinung waren, daß dadurch die Evaluation erheblich anfechtbarer würde.

Hauptsächlich basierend auf Daten zu Schülerleistungen zogen die Evaluatorinnen den Schluß, daß der Ansatz zum Lesenlernen ein klarer Erfolg war. Als jedoch der Schulaufsichtsbeamte einen Vorbericht erhielt, veröffentlichte er eine Pressemitteilung, in der er auf eine Reihe von mutmaßlichen methodischen Mängeln bei der Evaluation hinwies, die Schlußfolgerung anzweifelte und den Evaluatorinnen Inkompetenz vorwarf. Er betonte insbesondere, daß es unterlassen worden war, die Lehrkompetenzen der einzelnen Lehrer zu bewerten.

◆ Anschauungsbeispiel 1 – Analyse

Die Evaluatorinnen versuchten zwar, die Bedenken des Schulaufsichtsbeamten in ihre Planung einzuschließen, aber sie hätten noch mehr tun können, um die politisch brisante Situation zu entschärfen. In Kenntnis der Voreingenommenheit des Schulaufsichtsbeamten hätten die Evaluatorinnen einen schriftlichen Evaluationsplan entwickeln und den Schulaufsichtsbeamten dazu auffordern sollen, seine schriftliche Zustimmung zu geben oder Änderungsvorschläge zu machen, damit der Plan für ihn akzeptabel wäre. Durch eine solche vorgängige Anerkennung ihrer Methodologie durch den Schulaufsichtsbeamten hätten die Evaluatorinnen einer späteren Ablehnung ihrer Ergebnisse vorbeugen können.

Schon in der frühen Planungsphase der Lehrerbewertung hätten die Evaluatorinnen Vertreter der Lehrergewerkschaft beteiligen sollen. Auf diese Weise wären sie für die Sichtweisen der Gewerkschaft sensibilisiert worden und hätten eine Strategie entwickeln können, die allen Parteien akzeptabel erschienen wäre. Die Evaluatorinnen hätten die Spannungen erkennen sollen, die oft zwischen den Anforderungen der Beteiligten & Betroffenen und den Erfordernissen einer umfassenden Evaluation bestehen, und sich bereits vor der Durchführung der Studie damit befassen sollen. Die Qualität der Evaluation sollte jedoch nicht durch politische Zwänge beeinträchtigt werden.

◆ Anschauungsbeispiel 2 – Beschreibung

Ein neu gegründetes, internes Evaluationsteam wurde mit der Aufgabe betraut, eine Evaluation von 14 Förderprogrammen zur Ausbildung und Berufsvorbereitung von wirtschaftlich benachteiligten Jugendlichen durchzuführen. Die Evaluation war von der zuständigen staatlichen Behörde in Auftrag gegeben worden, welche die Bundesmittel zur Umsetzung dieser Programme verwaltete. Die Verwaltungsbehörde hatte regelmäßig überprüft, ob die Programme wie vorgesehen durchgeführt wurden, doch nun sollte zum ersten Mal eine gründliche Evaluation stattfinden. Dem Evaluationsteam wurden zur Planung und Umsetzung drei Monate Zeit gegeben.

Die Programmleiter wurden in einem Brief über die bevorstehende Evaluation informiert und um ihre Mitarbeit gebeten. In dem Schreiben wurde weiterhin ausgesagt, daß die Evaluation der Verwaltungsbehörde Aufschluß über die Qualität und die Erfolge des Programms geben sollte. Dem Evaluationsteam kam jedoch gerüchteweise zu Ohren, daß Mitarbeiter der Behörde und Parlamentsmitglieder aufgrund einer Haushaltskrise im betreffenden Bundesstaat die Evaluationsergebnisse dazu verwenden wollten, die Mittel für eine Reihe von Jugendhilfeprogrammen zu kürzen.

Die Gerüchte drangen in kürzester Zeit an die Öffentlichkeit. Die Leiter der Jugendprogramme bildeten sofort eine außerordentliche Arbeitsgruppe zur Vertretung ihrer Interessen. Sie hofften, daß sie sich mehr Gewicht verschaffen könnten, wenn sie mit der Verwaltungsbehörde als Kollektiv statt als Einzelpersonen verhandelten. Der Leiter der Behörde weigerte sich jedoch, mit der Arbeitsgruppe zusammenzuarbeiten. Er meinte, er sei lediglich dazu verpflichtet, sich mit den Einzelpersonen zu befassen, die jeweils mit einem bestimmten Programm beauftragt waren. In der Zwischenzeit hatten die Programmleiter über ihre Arbeitsgruppe vorgebracht, daß ihnen keine ausreichenden Mittel zur Verfügung ständen, um an einer tiefgehenden Evaluation teilzunehmen. Außerdem monierten sie, daß das Evaluationsteam nicht befähigt sei, ihre Programme zu beurteilen, da seine Mitglieder keine Pädagogen waren und auch keine Erfahrung mit der praktischen Umsetzung von Förderprogrammen für Jugendliche und/oder zur Berufsvorbereitung hatten.

Das Evaluationsteam, das gleich zu Beginn mit dieser Diskrepanz zwischen dem Standpunkt des Geldgebers und dem der Programmleiter konfrontiert wurde, suchte nach Strategien, um den Konflikt zu schlichten und bei den Beteiligten & Betroffenen einen möglichst weitreichenden Konsens über den Evaluationsplan und seine Durchführung zu erzielen.

Zunächst forderten die Evaluatorinnen die Beamten der Behörde formell auf, genau darzulegen, was ihrer Meinung nach die Hauptziele der Evaluation wären und wie sie die Ergebnisse nutzen wollten. Außerdem klärten sie die Beamten darüber auf, daß die Evaluation in Anbetracht der zeitlichen und personellen Begrenzungen keine endgültige Entscheidungsgrundlage zur Streichung von Fördermitteln sein werde und auch gar nicht sein könne – es sei denn, es handelte sich um Programme, die überhaupt nichts leisteten. Nachdem sie dies erfahren hatten, teilten die Verwaltungsbeamten mit, daß sie sich von der Evaluation Informationen über die Effizienz des Aufbaus und der Prozesse der einzelnen Programme erhofften.

Die Evaluationsergebnisse würden dazu genutzt werden, die Programmleiter zu unterstützen, notwendige Änderungen vorzunehmen, um die Dienstleistungsqualität der Programme zu verbessern und die Erfolge zu steigern. Nach einer Diskussion waren sich die Evaluatorinnen und die Verwaltungsbehörde über diese Absicht einig.

Es wurden mehrere Treffen mit den Programmleitern einberufen, damit diese wichtige Eigenschaften von Jugendhilfeprogrammen konkretisierten, die ihrer Meinung nach als Gütekriterien für die Qualitätsprogramme dienen sollten. Diese Informationen wurden zusammengefaßt und dienten als Basis zur Entwicklung von Evaluationsplänen für die einzelnen Programme. Die Leiter wurden gebeten, das Design für ihr jeweiliges Programm zu überprüfen und sich dazu zu äußern.

Die Evaluationen wurden durchgeführt. Die schriftlichen Berichte mit den Ergebnissen und Empfehlungen gingen vor der endgültigen Fertigstellung nochmals zu den Programmleitern, damit diese sie gegenlesen und kommentieren konnten. In den wenigen Fällen, in denen es weiterhin unterschiedliche Standpunkte hinsichtlich der Ergebnisse gab, wurden die Programmleiter gebeten, schriftliche Kommentare zu verfassen. Diese wurden in den Schlußbericht aufgenommen, der an die Mitarbeiter der Behörde und die Parlamentsmitglieder verteilt wurde. Um Ausgewogenheit sicherzustellen, brachte das Evaluationsteam in die Berichte auch Anmerkungen zu Politik, Vorschriften und Praktiken der staatlichen Behörde ein, von denen sich im Zuge der Evaluation herausgestellt hatte, daß sie die Wirksamkeit der Programme einschränkten.

◆ Anschauungsbeispiel 2 – Analyse

Der Konflikt, der vor Beginn der Evaluation entstand, hätte weitgehend vermieden werden können, wenn die Verwaltungsbehörde die Programmleiter über die bevorstehenden Evaluationen und deren Zweck informiert hätte. Das interne Evaluationsteam hat die richtigen Maßnahmen ergriffen, denn durch eine Beteiligung der Verwaltungsbeamten und der Programmleiter an Gesamtplanung, Zielfestlegung und Ablaufgestaltung der Evaluation konnte der offene Konflikt zum größtenteils aus der Welt geschafft werden. Die Gegensätzlichkeiten wurden dadurch noch weiter verringert, daß Informationen über die Rolle und die Wirksamkeit sowohl der Programme als auch der Behörde aufgegriffen wurden, sowie dadurch, daß die Ergebnisse der Evaluation den Programmleitern mitgeteilt wurden und ihre Kommentare in den Endbericht einflossen, bevor dieser freigegeben wurde. Aufgrund dieses Vorgehens war das Evaluationsteam in der Lage, in dem Konflikt erfolgreich zu vermitteln und sowohl den Programmbetreibern als auch der Verwaltungsbehörde zu demonstrieren, daß die Evaluation nützlich und für beide Seiten von Vorteil war.

Weiterführende Literatur

Alkin, M. C. (1990). *Debates on evaluation*. Newbury Park, CA: Sage.

Chelimsky, E. (1987). What have we learned about the politics of program evaluation? *Evaluation Practice, 8* (1), 5-21.

Cronbach, L. J., Ambron, S. R., Dornbusch, S. M., Hess, R. D., Hornik, R. C., Phillips, D. C., Walker, D. F., & Weiner, S. S. (1980). *Toward reform of program evaluation*. San Francisco: Jossey-Bass.

Delamont, S. (1992). Fieldwork in educational settings: Methods, pitfalls and perspectives. Bristol, PA: Falmer.

House, E. R. (Ed.). (1973). *School evaluation: The politics and process*. Berkeley, CA: McCutchan.

Scriven, M. (1993). Hard-won lessons in program evaluation. *New Directions for Program Evaluation, 58*.

D3 Kostenwirksamkeit

Standard: Die Evaluation sollte effizient sein und Informationen mit einem Wert hervorbringen, der die eingesetzten Mittel rechtfertigt.

Übersicht

Eine Evaluation ist kostenwirksam, wenn ihr Nutzen größer ist als die Kosten oder wenn Kosten und Nutzen gleich groß sind. Mit *Kosten* bezeichnet man den Wert aller Ressourcen, die für die Evaluation verwendet wurden. Dazu zählen auch die aufgebrachte Zeit der Teilnehmenden und ehrenamtlichen Helfer, tatsächlich in Rechnung gestellte Beträge und Sachleistungen. *Kosten* sind also der Gesamtwert – sozialer und monetärer Art – aller personellen und sachlichen Mittel, die zur Durchführung der Evaluation eingesetzt wurden. Mit *Nutzen* bezeichnet man den Wert aller Ergebnisse, die sich aus der Evaluation ergeben. Dazu gehört unter anderem, daß

- untersucht und offengelegt wird, welche Programme, Projekte, Materialien und Dienstleistungen der Erziehung, Aus- und Weiterbildung wirkungsvoll sind und welche nicht;
- Erkenntnisse darüber gewonnen werden, wie die Kosten – monetärer und nichtmonetärer Art – eines Programms gesenkt werden können, ohne daß gleichzeitig dessen Leistungen eingeschränkt werden;
- das Verständnis für bestimmte Aktivitäten und dafür, wie diese in einem gegebenen Kontext und von verschiedenen Standpunkten aus wahrgenommen werden, erhöht wird.

Oft haben die Evaluatorinnen für die Durchführung einer Evaluation mehrere alternative Evaluationspläne zur Auswahl. Wenn davon keiner für kostenwirksam gehalten wird und kein anderer Evaluationsplan gefunden werden kann, sollte die Evaluation nicht durchgeführt werden, sofern diese Möglichkeit besteht (in manchen Fällen werden Evaluationen in Auftrag gegeben, ganz egal, wie hoch die Kosten sind). Wenn mehr als ein Evaluationsplan als kostenwirksam beurteilt wird, sollte der gewählt werden, bei dem das Verhältnis von Kosten und Nutzen am günstigsten ausfällt. Wenn ein Evaluationsplan, der voraussichtlich die nützlichsten Informationen hervorbringen wird, auch der kostenintensivste ist, sollten die zusätzlichen Informationen die zusätzlichen Kosten aufwiegen. In dem Fall, wo der Nutzen verschiedener Evaluationspläne als gleichwertig eingestuft wird, kann die Auswahl allein auf Grundlage der Kosten getroffen werden.

Analysen zur Feststellung der Kostenwirksamkeit sind häufig nicht eindeutig und schwierig durchzuführen. Das liegt daran, daß die Ergebnisse einer Evaluation in der Regel zahlreich und schwer zu bestimmen sind und daß ihr Wert von den verschiedenen Beteiligten & Betroffenen oft unterschiedlich eingeschätzt wird. Diese Ergebnisse sind häufig nicht einfach zu messen und zu beobachten. Wenn die Evaluatorinnen auf solche Schwierigkeiten stoßen, müssen sie auf frühere Erfahrungen zurückgreifen und Näherungsschätzungen vornehmen, um die Kostenwirksamkeit zu beurteilen. In solchen Fällen ist es immer ratsam, die Meinung von Dritten einzuholen.

Auch wenn es nicht möglich ist, die Kostenwirksamkeit vollständig zu ermitteln, ist es wichtig, beim Einsatz von Evaluationsressourcen sorgfältig vorzugehen und die Effizienz im Auge zu behalten.

Richtlinien

A. Es sollte gründlich untersucht werden, welche Kosten vorab für Material und Dienstleistungen anzusetzen sind (z.B. für Antwortbogen, Kopierpapier, Interviewdurchführung, Schulungen, Budgetplanung und Kostenrechnung, Computerbenutzung und Filme oder Kassetten). Wenn nötig sollte eine inflationsbedingte Kostenerhöhung im Verlauf der Evaluation einkalkuliert werden.
B. Es sollte ein Haushaltsplan aufgestellt werden, in dem alle Kosten – darunter Geldbeträge, Zeit und Sachleistungen – aufgelistet und wo nötig erklärt werden (siehe K8, Finanzielle Verantwortlichkeit).
C. Durch die Evaluation verursachte Störungen sollten möglichst gering gehalten werden (siehe K4, Human gestaltete Interaktion).
D. Die nützlichen Effekte der Evaluation sollten aufgelistet werden – sowohl die Punkte, die mit dem Auftraggeber vereinbart wurden als auch positive Nebenwirkungen für andere Beteiligte & Betroffene (z.B. verstärktes Interesse der Eltern an einem Programm oder eine positivere Einstellung von Schülern gegenüber dem Programm).
E. Die voraussichtlichen Kosten finanzieller und personeller Art sollten gegenüber dem erwarteten Nutzen für den Auftraggeber abgewogen werden, bevor die Entscheidung zur Durchführung einer Evaluation getroffen wird.
F. Evaluationen sollten so kostengünstig wie möglich durchgeführt werden (siehe K8, Finanzielle Verantwortlichkeit).
G. Die Mittel, die für die Evaluation verwendet werden, sollten in einem angemessenen Verhältnis zum Mitteleinsatz für das zugrundeliegende Programm stehen.

Häufige Fehler

A. Die Kostenwirksamkeit wird überhaupt nicht berücksichtigt, weil eine Evaluation bereits angeordnet wurde und ungeachtet aller Kosten durchgeführt werden soll.
B. Es wird eine gängige Evaluationsmethode gewählt, ohne nach anderen, kostengünstigeren Möglichkeiten zu suchen.
C. Eine Evaluation wird begonnen, obwohl nicht klar ist, ob genügend Mittel vorhanden sind, um sie abzuschließen.

D. Es wird angenommen, daß man bei ausreichend zur Verfügung gestellten Mitteln über die Notwendigkeit hinwegsehen kann, die Kostenwirksamkeit einer Evaluation sicherzustellen.
E. Man läßt es soweit kommen, daß Überlegungen zur Kostenwirksamkeit die Evaluatorinnen und Auftraggeber davon abhalten, neue Methoden auszuprobieren oder Evaluationen durchzuführen, die wichtig, aber nicht einfach durchzuführen sind, und die zusätzliche, nützliche Daten und Informationen hervorbringen würden.
F. Es wird nicht erkannt, daß Analysen zur Kostenwirksamkeit oft schwierig zu bewerkstelligen sind, da die erwarteten Ergebnisse einer Evaluation häufig zahlreich und schwer zu bestimmen sind, von den verschiedenen Beteiligten & Betroffenen unterschiedlich bewertet werden und nicht einfach zu messen und zu beobachten sind.

◆ Anschauungsbeispiel 1 – Beschreibung

Der Schulaufsichtsbeamte eines großen Schuldistrikts gab die Evaluation eines neuen Mathematik-Programms für Grundschulen in Auftrag. Ein Teil der Evaluation bestand darin, die Rechenkenntnisse der Schüler in den dritten und vierten Klassen des Schuldistrikts zu bewerten, wobei jedoch nicht auf die Leistungen der einzelnen Schüler eingegangen werden sollte. Es sollte nur über Gesamtergebnisse des Distrikts berichtet werden.

Ein Ausschuß, der aus je einem Lehrer jeder Schule des Distrikts bestand, suchte – unter Verwendung eines Konsensmodells – aus einer großen Gesamtmenge von Rechenaufgaben 300 aus. Die gewählten Aufgaben wurden als geeignet angesehen, um zu bestimmen, inwieweit dreißig auf das Rechnen bezogene Lernziele des Mathematik-Programms erreicht worden waren.

Die Evaluatorinnen stellten aus den 300 Aufgaben einen Test zusammen, für dessen Durchführung drei Zeitabschnitte von jeweils zweieinhalb Stunden benötigt wurden. Der Test wurde allen Schülern der dritten und vierten Klassen des Distrikts vorgelegt.

◆ Anschauungsbeispiel 1 – Analyse

Die Evaluation erfüllte zwar ihren Zweck, indem sie bewertete, inwieweit die dreißig Lernziele im Rechnen erreicht wurden, aber sie beanspruchte von Lehrern und Schülern viel mehr Zeit, als nötig gewesen wäre. Dies gilt insbesondere deshalb, weil über die Ergebnisse einzelner Schüler nicht berichtet wurde.

Statt einen einzigen Test mit 300 Aufgaben zu erstellen, hätten die Evaluatorinnen zehn Untergruppen mit je dreißig Aufgaben bilden können, so daß jede Aufgabengruppe alle Ziele abdeckte. Die zehn Tests hätten in einer Stichprobe von Schulklassen durchgeführt werden können, so daß jeder teilnehmende Schüler eine Untergruppe von dreißig Aufgaben bearbeitete. Auf diese Weise hätten Schüler und Lehrer viel Zeit einsparen können, ohne daß die Genauigkeit der Bewertung nennenswert darunter gelitten hätte.

◆ Anschauungsbeispiel 2 – Beschreibung

Das Ausbildungskonzept einer medizinischen Fakultät schreibt vor, daß Studienleistungen in den klinisch orientierten Studienabschnitten des dritten Studienjahrs *(third-year clerkships)*[15] bewertet werden müssen, wofür zum Teil „objektive Instrumente zum Messen von Wissenserwerb" eingesetzt wurden. Statt eigene Prüfungen zu entwickeln, beschlossen die Leiter der fünf *clerkships*, sich diese extern von einer Testagentur zu beschaffen. Die Prüfungen sind landesweit/kantonal standardisiert, werden in alternativen Varianten erstellt, erzielen in hohem Maße verläßliche Ergebnisse und sind täuschungssicher – die genauen Inhalte werden vor der Prüfungsdurchführung nicht bekanntgegeben. Untersuchungen in der Vergangenheit haben gezeigt, daß der Korrelationskoeffizient zwischen den Varianten des Tests zwischen ca. 0.86 und 0.94 liegt, und daß – rückblickend gesehen – die Varianten zu den auf lokaler Ebene entwickelten Tests für erworbenes Wissen einen Korrelationskoeffizienten von 0.80 bis 0.85 haben.

Die Kosten für diese Prüfungen betragen für jede *clerkship* 4.100 US-Dollars. Bei fünf *clerkships* pro Jahrgang muß die medizinische Fakultät demnach jährlich 20.500 Dollars aufbringen, um diese externen Prüfungen durchzuführen.

◆ Anschauungsbeispiel 2 – Analyse

Die medizinische Fakultät, in Person der fünf *clerkship directors*, erfüllt ihre selbstgestellte Forderung, den Wissenserwerb bei den Studierenden zu messen, indem sie Prüfungen verwendet, die von einer externen Agentur entwickelt wurden. Es soll hier jedoch erörtert werden, daß die Ergebnisse der externen Prüfung, wie berichtet, eine hohe Korrelation mit den Ergebnissen von fakultätseigenen Prüfungen aufweisen. Die *clerkship directors* des betroffenen Jahrgangs sollten überlegen, ob es kostenwirksamer ist, Geld für externe Prüfungen auszugeben, anstatt diese an der Fakultät selbst zu entwickeln. Selbst wenn der Zeitaufwand und die erforderliche Mehrarbeit berücksichtigt wird, könnte sich die fakultätseigene Erstellung der Prüfungen als kostenwirksamer erweisen. Außerdem könnte sich herausstellen, daß die interne Entwicklung von Prüfungen weitere positive Auswirkungen haben könnte, z.B. eine inhaltliche Überarbeitung und Verbesserung der Inhalte der *clerkships*.

---

15 Bei „third-year clerkships" handelt es sich um die in clerkships (klinischen Ausbildungsgruppen) organisierten, zu großen Teilen um klinische Praxis-Blöcke herum zentrierten Studienanteile des dritten Ausbildungsjahres. Vergleichbar im deutschen medizinischen Ausbildungssystem ist die Famulatur (Praktika im Krankenhaus während der medizinischen Hochschulausbildung). In der Schweiz am ehesten damit vergleichbar ist das, im fünften Studienjahr zu absolvierende, sogenannte Wahlstudienjahr, während dem die Studierenden als Unterassistierende in Krankenhäusern eingesetzt werden. Clerkship directors sind die jeweils verantwortlichen Ausbildungsleiter aus dem Lehrkörper der Fakultät. (Anm. d. Ü.)

Weiterführende Literatur

Alkin, M., & Solomon, L. C. (1983). Conducting benefit cost analysis of program evaluation. In M. Alkin & L. C. Solomon (Eds.), *The costs of evaluation*. Beverly Hills, CA: Sage.

Levin, H. M. (1983). *Cost-effectiveness: A primer*. Beverly Hills, CA: Sage.

Monteau, P. (1987). Establishing corporate evaluation policy: Cost versus benefit. In L. S. May, C. A. Moore, & S. J. Zammit (Eds.), *Evaluating business and industry training*. Boston: Kluwer Academic.

Worthen, B. R., & Sanders, J. R. (1987). Educational evaluation: Alternative approaches and practical guidelines. White Plains, NY: Longman.

K Korrektheitsstandards

Zusammenfassung der Standards

K Die Korrektheitsstandards sollen sicherstellen, daß eine Evaluation rechtlich und ethisch korrekt durchgeführt wird und dem Wohlergehen der in die Evaluation einbezogenen und auch der durch die Ergebnisse betroffenen Personen gebührende Aufmerksamkeit widmet. Es handelt sich um folgende Standards:

K1 Unterstützung der Dienstleistungsorientierung
Die Evaluation sollte so geplant werden, daß Organisationen dabei unterstützt werden, die Interessen und Bedürfnisse des ganzen Zielgruppenspektrums zu berücksichtigen und ihre Tätigkeiten danach auszurichten.

K2 Formale Vereinbarungen
Die Pflichten der Vertragsparteien einer Evaluation (was, wie, von wem, wann getan werden soll) sollten schriftlich festgehalten werden, damit die Parteien verpflichtet sind, alle Bedingungen dieser Vereinbarung zu erfüllen oder aber diese erneut zum Gegenstand von formalen Verhandlungen zu machen.

K3 Schutz individueller Menschenrechte
Evaluationen sollten so geplant und durchgeführt werden, daß die Rechte und das Wohlergehen der Menschen respektiert und geschützt sind.

K4 Human gestaltete Interaktion
Evaluatorinnen sollten in ihren Kontakten mit Anderen die Würde und den Wert der Menschen respektieren, damit diese nicht gefährdet oder geschädigt werden.

K5 Vollständige und faire Einschätzung
Evaluationen sollten in der Überprüfung und in der Präsentation der Stärken und Schwächen des evaluierten Programms vollständig und fair sein, so daß die Stärken weiter ausgebaut und die Problemfelder angesprochen werden können.

K6 Offenlegung der Ergebnisse
Die Vertragsparteien einer Evaluation sollten sicherstellen, daß die Evaluationsergebnisse – einschließlich ihrer relevanten Beschränkungen – den durch die Evaluation betroffenen Personen ebenso wie all jenen, die einen ausgewiesenen Anspruch auf die Evaluationsergebnisse haben, zugänglich gemacht werden.

K7 Deklaration von Interessenkonflikten
Interessenkonflikte sollten offen und aufrichtig behandelt werden, damit sie die Evaluationsverfahren und -ergebnisse nicht beeinträchtigen.

K8 Finanzielle Verantwortlichkeit
Die Zuweisung und Ausgabe von Ressourcen durch die Evaluatorin sollte durch eine sorgfältige Rechnungsführung nachgewiesen werden und auch anderweitig klug sowie ethisch verantwortlich erfolgen, damit die Ausgaben verantwortungsbewußt und angemessen sind.

K1 Unterstützung der Dienstleistungsorientierung

Standard: Die Evaluation sollte so geplant werden, daß Organisationen dabei unterstützt werden, die Interessen und Bedürfnisse des ganzen Zielgruppenspektrums zu berücksichtigen und ihre Tätigkeiten danach auszurichten.

Übersicht

Evaluationen sollen unterstützend dafür sorgen, daß Erziehungs- und Bildungsziele angemessen sind, daß der Entwicklung der Lernenden genügend Aufmerksamkeit geschenkt wird, daß zugesicherte Leistungen erbracht werden und daß Programme, die keinen Nutzen oder gar Schaden hervorbringen, eingestellt werden. Evaluationen tragen somit dazu bei, gegenüber der betroffenen Gemeinschaft und der Gesellschaft Rechenschaft abzulegen. Die Evaluationsplaner, -durchführer, -nutzer und -teilnehmer müssen über die Interessen von Pädagogen oder Organisationen hinausblicken und auch die Entwicklung der Lernenden und der Gesellschaft verbessern. Kurz gesagt, Evaluationen sollten den Teilnehmenden an den Programmen, der Gemeinschaft und der Gesellschaft dienen.

Richtlinien

A. Es sollten Evaluationen geplant werden, welche die Qualität von Programmen zur Erziehung, Aus- und Weiterbildung fördern.
B. Die Beteiligten & Betroffenen sollten über die Ziele der Evaluation informiert werden (siehe G3, Beschreibung von Zielen und Vorgehen).
C. Bei der Evaluation sollten sich Tätigkeiten und Mittelverwendung auf die Programmpunkte konzentrieren, welche die Teilnehmenden am meisten betreffen und welche die Ziele der Organisation am meisten fördern (siehe N3, Umfang und Auswahl der Informationen, und D3, Kostenwirksamkeit).
D. Evaluationen sollten genutzt werden, um beabsichtigte und unbeabsichtigte Wirkungen des Programms auf die Lernenden zu erkennen.
E. Die Auswirkungen des Programms sollten in Hinblick auf die eingeschätzten Anforderungen oder Bedürfnisse der Zielgruppen oder anderer Nutznießer untersucht werden.
F. Es sollte über Zwischenergebnisse der Evaluation berichtet werden, in denen auf Stärken und Schwächen hingewiesen wird, und Verbesserungsvorschläge gemacht werden.
G. Die Beteiligten & Betroffenen und die Öffentlichkeit sollten regelmäßig darüber informiert werden, wie die Programmevaluation die zentralen Interessen der Mitglieder der Organisation fördert.

H. Lehr-/Lernprozesse sollten möglichst wenig gestört werden, gleichzeitig aber soll versucht werden, das Evaluationsvorhaben zu realisieren.

Häufige Fehler

A. Die Wirksamkeit eines Programms wird nicht kontrolliert.
B. Die Evaluation konzentriert sich allein auf solche Leitziele und Feinziele des Programms, die von den Leitern und den Fachkräften des Programms festgelegt wurden.
C. Die Sichtweisen der verschiedenen Beteiligten & Betroffenen werden nicht in die Evaluation einbezogen.
D. Es wird voreilig empfohlen, daß ein Programm abgebrochen oder im Umfang reduziert werden soll – ohne vorher zu versuchen, seine Effektivität zu verbessern.
E. Bei einem Programm, daß sich als nutzlos oder nachteilig erweist, wird trotzdem keine Beendigung empfohlen.
F. Es wird nicht überwacht, ob die Evaluation effektiv dazu beiträgt, daß Programme den Schülern, den erwachsenen Lernenden, der Gemeinschaft und der Gesellschaft besser dienen (siehe G12, Meta-Evaluation).
G. Es wird versäumt, die Evaluationspraktiken gemäß dem aktuellen Fachwissen über die Fachgebiete Lehren, Lernen und Evaluationen auf den neusten Stand zu bringen.
H. Über die Rechte von Teilnehmenden oder der Gemeinschaft werden Vorstellungen vertreten, welche eine Voreingenommenheit von seiten der Evaluatorinnen erkennen lassen.
I. Es wird zuviel Lehr-/Lernzeit für die Datenerhebung verwendet, was auf Kosten des Lernfortschrittes geht.

◆ Anschauungsbeispiel – Beschreibung

Ein städtischer Schuldistrikt führte ein internes Fortbildungsprogramm durch, um Lehrer darauf vorzubereiten, Mathematik in der neunten Klasse nach einem neuen Lehrplan zu unterrichten. In vier der zehn High Schools des Schuldistrikts wurden Lehrer für das interne Programm ausgewählt. Die Fortbildung wurde vom Distrikt finanziert. Er setzte dafür Mittel für Personalweiterbildungsmaßnahmen ein, die von der Schulbehörde genehmigt worden waren. Diese Mittel wurden von der Unterrichtsabteilung (*Division of Instruction*) zugeteilt, die Vorschläge für Personalweiterbildungsmaßnahmen prüfte und verlangte, daß diese eine Evaluationskomponente enthielten, um die Wirkungen auf die Schüler zu bewerten.

Das Fortbildungsprogramm bestand aus vier Kurseinheiten von jeweils drei Stunden. Diese fanden nach dem Unterricht statt und erstreckten sich über das Winterhalbjahr. Die Lehrer sollten den neuen Lehrplan im folgenden Jahr beim Algebra-Unterricht anwenden. Der Leiter für den Fachbereich Mathematik im betreffenden Schuldistrikt, der kaum über Erfahrungen mit Programmevaluationen verfügte, reservierte nur einen sehr geringen Anteil der Mittel für die Evaluation. Er engagierte für die Evaluation eine Evaluationsberaterin, die in dem Distrikt gerade ihr Büro eröffnet hatte.

Die Evaluationsberaterin machte den Vorschlag, daß sie und der Fachbereichsleiter sich treffen sollten, um die Ziele der Evaluation festzulegen, und daß sie aufgrund dieser Ziele und der verfügbaren Mittel einen Evaluationsplan erstellen würde. An dem Tag, für den das Treffen angesetzt war, setzte der stellvertretende Schulaufsichtsbeamte des Distrikts ein Treffen an, das für das gesamte zentral tätige unterrichtsbezogene Personal obligatorisch war. Infolgedessen konnte sich der Fachbereichsleiter nur dreißig Minuten lang mit der Evaluationsberaterin treffen – statt der ursprünglich geplanten neunzig Minuten. Während des Treffens teilte er mit, daß der neue Lehrplan nach Absicht des Schuldistrikts auf alle High Schools ausgeweitet werden sollte, falls die Ergebnisse der Evaluation günstig ausfielen. Die Evaluationsberaterin war bemüht, dem für sie neuen Auftraggeber gegenüber aufgeschlossen zu sein und gab zu verstehen, daß sie sich in der Lage sah, auf der Grundlage dieses Gesprächs einen Evaluationsplan zu entwickeln und den Vorschlag für das Fortbildungsprogramm zu prüfen. Etwa zwei Wochen später schickte sie dem Fachbereichsleiter einen Evaluationsplan zu. Dieser sah den Plan kurz durch, gab telefonisch seine Zustimmung und bat die Evaluationsberaterin, so zu verfahren, wie im Plan beschrieben.

Der Plan konzentrierte sich auf die Durchführung der Fortbildungen und die Anwendung der dort erworbenen Kenntnisse durch die Lehrer im Unterricht. Er beinhaltete (a) die Bewertung des Fortbildungsprogramms selbst durch die Dozenten und teilnehmenden Lehrer (z.B. Befragungen über Inhalte, Methoden und Rahmenbedingungen der Schulungseinheiten) und (b) Beobachtung der Anwendung der neuen Lehrmethoden im Algebra-Unterricht. Es wurden von den Lehrern weder zusätzliche Informationen zur Nutzung des neuen Lehrplans eingeholt, noch wurden Daten über die Wirkungen bei den Schülern erhoben. Für den begrenzten Umfang der Evaluation führte die Evaluatorin zwei Gründe an: die geringen Mittel, die ihr zur Verfügung standen, und ihre Überzeugung, daß eine, auf die Wirkungen bei den Schülern ausgerichtete Evaluation verfrüht sei. Sie unterließ es allerdings, diese Beweggründe mit dem Fachbereichsleiter für Mathematik zu besprechen, und dieser fragte auch nicht danach.

Der Schlußbericht der Evaluation, der am Ende des Schuljahres vorgelegt wurde, stellte das Programm in positivem Licht dar. Im großen und ganzen zeigten sich sowohl die Lehrer als auch die Fortbildungsdozenten mit der Schulung zufrieden und es schien, daß die Lehrer den neuen Algebralehrplan in ihren Klassen korrekt anwendeten. Die Unterrichtsabteilung entschied somit, die Verwendung des Lehrplans auf alle Schulen des Distrikts auszuweiten.

Als im Oktober des folgenden Schuljahres Standardtests durchgeführt wurden, stellte sich heraus, daß die Schüler der 10. Klasse im mathematischen Teil bedeutend schlechtere Leistungen erbrachten als in den vorangegangenen Jahren. Der Leiter des Fachbereichs Mathematik ordnete an, daß genauere Analysen der Ergebnisse zu den einzelnen Aufgaben und getrennt nach Schulen durchgeführt wurden. Diese zusätzlichen Untersuchungen, deren Ergebnisse im März des folgenden Jahres vorlagen, zeigten, daß die schlechtesten Ergebnisse bei den Algebraaufgaben erzielt wurden, und zwar von Schülern aus den vier High Schools, in denen der neue Lehrplan Anwendung fand. Die Unterrichtsabteilung war über dieses Ergebnis bestürzt, da doch die Evaluation des Fortbildungsprogramms für den neuen Algebralehrplan positiv ausgefallen war. Inzwischen wurde in den neunten Klassen aller High Schools ein weiterer Jahrgang nach diesem Lehrplan unterrichtet.

◆ Anschauungsbeispiel – Analyse

Es war richtig, daß die Evaluatorin ursprünglich ein neunzig-minütiges Treffen vorgesehen hatte. Wenn sie Gelegenheit gehabt hätte, vor der Unterbreitung ihres Entwurfs mehr Informationen zu sammeln, hätten vielleicht einige der aufgetretenen Probleme verhindert werden können. Bei dem gegebenen Ablauf der Ereignisse stützte die Unterrichtsabteilung ihre Entscheidung über den Mathematiklehrplan auf Evaluationsergebnisse, die nicht breit genug fundiert waren, um eine geeignete Entscheidungsgrundlage zu bieten. Der Beschluß betraf alle Schüler in den neunten Klassen des Schuldistrikts und schränkte möglicherweise ihre Fähigkeit ein, in Standardtests zur Leistungskontrolle gut abzuschneiden – Tests, deren Ergebnisse zukünftige Entscheidungen mitbestimmen können (z.B. College-Zulassung auf Grundlage von SAT-Ergebnissen[16]).

Eine Reihe von Faktoren trug dazu bei, daß diese Evaluation nicht ausreichend auf die Umsetzung des Fortbildungsprogramms und seine Auswirkungen auf die Schüler einging. Der Evaluation des neuen Lehrplans wurde zuwenig Aufmerksamkeit geschenkt – sowohl was Zeit als auch was finanzielle Mittel angeht. Die Unterrichtsabteilung verlangte zwar, daß geförderte Programme evaluiert werden sollen, aber sie prüfte die Vorschläge nicht daraufhin, ob angemessene Evaluationskomponenten eingeplant waren. Die Angelegenheit wurde dadurch noch weiter verschlimmert, daß der Leiter für den Fachbereich Mathematik eine unerfahrene Evaluatorin engagierte und nicht genug Zeit aufbrachte, um mit ihr zusammen den Evaluationsplan zu erstellen. Die Evaluatorin handelte richtig, als sie ein Treffen mit dem Fachbereichsleiter vorschlug, um vor der Planung der Evaluation über Ziele und verfügbare Mittel zu sprechen. Es war auch richtig, daß sie dem Fachbereichsleiter eine Kopie des Evaluationsplans zur Bestätigung und Zustimmung vorlegte. Jedoch waren weder die Besprechung hinsichtlich der Ziele und Mittel noch die Rückmeldung des Fachbereichsleiters der Bedeutung der Sache angemessen. Letzterer billigte den ihm unterbreiteten Evaluationsplan praktisch ohne Diskussion oder Änderung. Der Plan erfüllte nicht die Anforderung, das Programm hinsichtlich der von den Schülern erbrachten Leistungen zu evaluieren.

In Anbetracht der begrenzten Mittel, die für die Evaluation zur Verfügung standen, hielt die Evaluationsberaterin den von ihr vorgeschlagenen Evaluationsplan für angemessen. Die Evaluatorin hätte sich jedoch weigern können, die Evaluation durchzuführen, hätte sie die Auswirkungen des Programms auf die Schüler und die von der Unterrichtsabteilung geäußerte Absicht berücksichtigt, das Programm auszuweiten, sofern die Evaluationsergebnisse positiv ausfielen. Zumindest hätte sie auf die Grenzen der Evaluation hinweisen sollen. Ein geeigneter Evaluationsplan

---

16 Abkürzung für Scholastic Aptitude Test – Eignungstest für Studierende in den USA (Anm. d. Ü.).

hätte sich mit den Auswirkungen auf die Schüler und anderen Datenquellen befaßt, die den Schuldistrikt auf Schwachstellen des neuen Lehrplans aufmerksam gemacht hätten (z.B. eine gründliche Untersuchung der Fähigkeit der Lehrer, den neuen Lehrplan umzusetzen; Daten über die Meinungen der Eltern, die möglicherweise Schwierigkeiten der Schüler mit dem neuen Ansatz widergespiegelt hätten; Befragungen anderer Mathematiklehrer über die Kompatibilität des neuen Lehrplans mit den anderen Lehrplänen in den 7. und 8. Klassen; Befragungen der Schüler selbst).

Weiterführende Literatur

Alkin, M. C. (1990). *Debates on evaluation*. Newbury Park, CA: Sage.

Greene, J. C. (1991, April). *Responding to evaluation's moral challenge*. Paper presented at the Annual Meeting of the American Educational Research Association, Chicago.

Schwandt, T. A. (1989). Recapturing moral discourse in evaluation. *Educational Researcher, 18* (8), 11-16.

Stake, R. E. (1986). *Quieting reform*. Urbana: University of Illinois Press.

K2 Formale Vereinbarungen

> *Standard: Die Pflichten der Vertragsparteien einer Evaluation (was, wie, von wem, wann getan werden soll) sollten schriftlich festgehalten werden, damit die Parteien verpflichtet sind, alle Bedingungen dieser Vereinbarung zu erfüllen oder aber diese erneut zum Gegenstand von formalen Verhandlungen zu machen.*

Übersicht

Unter einer schriftlichen Vereinbarung versteht man die gegenseitige Verständigung über die festgelegten Erwartungen und die Verantwortlichkeiten des Auftraggebers und der Evaluatorin. Wenn eine solche Vereinbarung getroffen wurde, sind beide Parteien verpflichtet, sie in direkter Weise zu befolgen oder sie neu zu verhandeln. Keine der beiden Parteien muß Entscheidungen akzeptieren, die einseitig getroffen wurden.

Die von Bundes-, Landes-/kantonalen und kommunalen Behörden erlassenen Richtlinien für *externe* Evaluationen verlangen häufig, daß die Evaluatorin und der Auftraggeber einen formellen Vertrag abschließen. Zu den Vertragsinhalten sollten zählen:

- Verantwortlichkeiten des Personals der öffentlichen Einrichtung bei der Evaluationsdurchführung sowie bei der Teilnahme an der Evaluation
- Gutheißung/Bewilligung des Evaluationsplans
- Schutz von Personen
- Datenerhebung, -speicherung und -abruf
- Redaktion und Verbreitung der Berichte
- Beizug externer Evaluatorinnen
- Finanzierung der Evaluationsleistungen.

Aber auch wenn ein formaler Vertrag nicht gefordert wird –, wie es in der Regel bei *internen* Evaluationen der Fall ist – sollten die Evaluationsparteien zumindest eine kurze Einigungsnote ausarbeiten, in der festgelegt ist, was von wem, wie und wann getan werden soll. Die Vereinbarung könnte zum Beispiel auf einem Besprechungsprotokoll basieren.

Es ist wünschenswert, daß Auftraggeber und Evaluatorin in einer Atmosphäre gegenseitigen Respekts und Vertrauens zueinander in Beziehung treten. Unter diesen Umständen kann am besten ein Vertrag ausgehandelt (oder allgemeine Grundsätze festgelegt) werden, wonach sich die beiden Parteien in ihrem Verhalten richten. Die Entwicklung einer Einigungsnote gibt der Evaluatorin und dem Auftraggeber die Gelegenheit, den gesamten Evaluationsplan durchzuarbeiten und zusammenzufassen, und ihre jeweiligen Rechte, Verantwortlichkeiten und Erwartungen bei diesem Vorhaben klar zu machen. Eine schriftliche Vereinbarung kann dazu beitragen, viele der alltäglichen Mißverständnisse zwischen Evaluatorin und Auftraggeber zu verringern oder auszuräumen. Wenn der Evaluationsvertrag bzw. die Einigungsnote als Anhang in den Schlußbericht der Evaluation eingefügt wird, kann dies das Verständnis der Übereinkünfte fördern, von denen die Evaluation gesteuert wurde.

Richtlinien

A. Die Vereinbarung sollte die folgenden Punkte enthalten (wobei angemessene Anpassungen bei offenen Evaluationsplänen möglich sind):
   - Zwecke der Evaluation
   - Ermittlung der Beteiligten & Betroffenen sowie der zu untersuchenden Fragestellungen
   - Genaue Beschreibung der zu erbringenden Leistungen und der zu erstellenden Produkte
   - Verfahren der Datenerhebung, einschließlich Informationsquellen, Auswahl der Teilnehmenden, Instrumente und anderen Techniken zur Datenerhebung und gegebenenfalls einen Plan zur Besichtigung vor Ort
   - Verfahren zur Analyse von quantitativen und qualitativen Daten und Informationen
   - ein Managementplan[17]
   - einen Plan für die Berichterstattung, einschließlich Überlegungen zu Format und Abgabe von Zwischenberichten und des Schlußberichts (Anzahl und Art der Berichte, Länge, Adressaten, Darstellungsmethoden); Anonymität der Befragten; Überprüfung von Berichtsentwürfen; Gegendarstellung durch diejenigen, die evaluiert wurden; Zuständigkeit für die Redaktion und endgültige Freigabe der fertiggestellten Berichte
   - Methoden der Qualitätskontrolle bei der Datenerhebung, Auswertung und Berichterstattung
   - Dienstleistungen, Personal, Informationen und Materialien, die vom Auftraggeber bereitgestellt werden – inklusive Datenzugang
   - Zeitplan für die Arbeit von Auftraggebern und Evaluatorinnen
   - Verfahren zur Änderung und Beendigung des Vertrags
   - Budget für die auszuführende Arbeit, einschließlich Beträgen, die unmittelbar nach der Erledigung bestimmter Aufgaben oder zu bestimmten Zeitpunkten zu zahlen sind
   - Festlegung von regelmäßigen Überprüfungen und Modifikationen der Vereinbarung, wenn im Verlauf der Arbeit Veränderungen wünschenswert erscheinen

B. Im Verlauf der Arbeit sollten Änderungen der Vereinbarung ausgehandelt und dokumentiert werden, wenn durch sich ändernde Umstände Abweichungen beim Arbeitsumfang, bei den Kosten oder beim Zeitplan notwendig oder wünschenswert werden.

C. Es sollte – in vertretbarem Rahmen – festgelegt werden, in welchen Fällen man von einer Nichteinhaltung der Vereinbarung durch eine der beiden Parteien sprechen kann und welche Konsequenzen damit verbunden sind.

---

17 Z.B. Pflichtenheft mit Zuweisung der Verantwortlichkeiten (Anm. d. Ü.).

D. Es sollte sichergestellt werden, daß die Vereinbarung in Übereinstimmung mit den Gesetzen des Bundes und der Länder/Kantone sowie den Vorschriften der Kommunen/Gemeinden hinsichtlich solcher vertraglicher Abmachungen steht. Eine diesbezügliche Überprüfung durch einen Rechtsanwalt mag angebracht sein.
E. Es sollte erwogen werden, die Vereinbarung von einem Dritten daraufhin überprüfen zu lassen, ob sie klar und angemessen ist.
F. Es sollte mit den Mitarbeitern der Bildungsbehörden oder den Führungskräften zusammengearbeitet werden, um Vorgehensweisen zu entwerfen, die auf der für die Evaluation zuständigen Ebene genehmigt werden sollen.

Häufige Fehler

A. Es wird zugelassen, daß die Evaluationsofferte die gesamte schriftliche Vereinbarung ausmacht (siehe G3, Beschreibung von Zielen und Vorgehen).
B. In der schriftlichen Vereinbarung fehlen wichtige Vertragsbestandteile.
C. Es wird versäumt, vor Unterzeichnung des Vertrages mit denjenigen zu sprechen, die von der Evaluation unmittelbar betroffen sind, selber aber nicht Vertragspartner sind (siehe N1, Ermittlung der Beteiligten & Betroffenen, N2, Glaubwürdigkeit der Evaluatorin, D2, Politische Tragfähigkeit).
D. Es wird erwartet, daß Personen an der Evaluation teilnehmen, ohne daß diese vorher zugestimmt haben.
E. Eine Partei handelt eigenmächtig in einer Angelegenheit, in der die Vereinbarung eine Zusammenarbeit zwischen Evaluatorin und Auftraggeber bei der Entscheidung vorsieht.
F. Plan, Umfang oder Kosten der Studie werden geändert, ohne die Vereinbarung anzupassen.
G. Der Vertrag wird so strikt eingehalten, daß Veränderungen, die nach allgemeiner Auffassung zwingend sind, nicht vorgenommen oder auf nicht vertretbare Weise verzögert werden.
H. Es werden Verträge ausgearbeitet, die so sehr ins Detail gehen, daß sie jede Kreativität des Evaluationsteams im Keim ersticken oder für ihre Entwicklung einen unangemessenen Zeitaufwand und Mitteleinsatz erfordern, wodurch für die Durchführung der Evaluation Zeit verloren geht.

◆ Anschauungsbeispiel 1 – Beschreibung

Ein landesweiter/kantonaler Lehrerverband, der über die Art besorgt war, wie die Schuldistrikte Lehrer für ihre beruflichen Leistungen in die Rechenschaftspflicht nahmen, entschloß sich zu einer gründlichen Bewertung dieser Methoden. Eine Evaluationseinrichtung wurde beauftragt, diese Aufgabe auszuführen.

Der Lehrerverband und die Evaluatorinnen gingen davon aus, daß vor Beginn der Studie eine formale Vereinbarung getroffen werden müßte. Es wurde jedoch nie genau besprochen, was diese Vereinbarung enthalten sollte. Anfängliche Gespräche zwischen den Evaluatorinnen und den Funktionären des Verbandes konzentrierten sich auf die Verfahren, die bei der Durchführung der Studie verwendet werden sollten, und behandelten weniger spezifische Vereinbarungen dazu, wer, was, wozu und wann machen würde. Die Gespräche beinhalteten Abmachungen bezüglich der Datenerhebung und -analyse, aber keine speziellen Vereinbarungen für die Verbreitung des Berichts.

Nach einer umfassenden Untersuchung der Verfahren, mit denen die Schuldistrikte die Lehrer überprüften, legten die Evaluatorinnen den Bericht wie vereinbart den Funktionären des Verbandes vor. Die Ergebnisse wiesen darauf hin, daß die Schuldistrikte Instrumente zur Lehrerbewertung eingesetzt hatten, die unzuverlässige Informationen hervorbrachten, und daß die Verbandsfunktionäre selbst zum allgemeinen Scheitern der verwendeten Verfahren zur Rechenschafts-Legung beigetragen hatten. Sie hatten die Lehrer dazu aufgefordert, bei den Initiativen des Schuldistriktes, durch die Lehrer bezüglich ihrer beruflichen Leistungen überprüft werden sollten, nicht zu kooperieren.

Wie vertraglich vereinbart, wurde der Bericht vom Verbandsvorstand anhand eines vorher festgelegten Zeitplans an bestimmte Adressaten verteilt. Den Evaluatorinnen fiel schnell auf, daß die Abschnitte, in denen der Lehrerverband kritisiert worden war, aus dem Bericht herausgenommen worden waren. Außerdem mußten sie feststellen, daß sie sich bei der Forderung nach einer Korrektur in einer erheblich ungünstigeren Position befanden, da die Rechte über die endgültige Freigabe in der formalen Vereinbarung nicht festgelegt worden waren. An diesem Punkt angelangt, dachten die Evaluatorinnen daran, sich entweder mit der Vorgehensweise des Verbands abzufinden oder das Verhalten der Funktionäre öffentlich anzuprangern.

◆ Anschauungsbeispiel 1 – Analyse

Das Evaluationsteam hatte formale Vereinbarungen für verschiedene Evaluationsphasen getroffen, vor allem für die Datenerhebung und -analyse. Während der Vorgespräche mit den Funktionären des landesweiten/kantonalen Lehrerverbandes hätten die Evaluatorinnen sorgfältig darauf achten müssen, welche Punkte in die formale Vereinbarung aufgenommen werden sollten. Der Vertrag hätte insbesondere folgende Punkte enthalten sollen:

a) einen Berichtsplan, um eine offene, ordnungsgemäße und aufrichtige Darstellung der relevanten Ergebnisse sicherzustellen (siehe K6, Offenlegung der Ergebnisse);
b) ein Verfahren zur Berücksichtigung möglicher Schwierigkeiten, die aufgrund der strittigen Natur der Sache auftauchen könnten.

Es hätte eine gegenseitige Vereinbarung erzielt werden sollen, um alle wesentlichen Themen vertraglich vollständig und fair zu regeln. Während der Evaluation hätte der Vertrag von beiden Parteien gründlich überprüft werden müssen und es hätte erwogen werden können, ihn von Rechtsexperten kontrollieren zu lassen.

Wenn eine solche Vereinbarung bestanden hätte und die Funktionäre des Verbands versucht hätten, die Evaluatorinnen zu überreden, den Bericht vor seiner Verbreitung abzuändern, hätten letztere sich weigern können. Zweifellos hätten die Verbandsfunktionäre dann die Schlußfolgerung gezogen, daß die Integrität des Berichts durch die von ihnen verlangten Änderungen Schaden erlitten hätte. Die

Rechte über die Schlußredaktion, die den Evaluatorinnen vertraglich zugesichert worden wären, hätten letztere zum Widerspruch berechtigt.

◆ Anschauungsbeispiel 2 – Beschreibung

Der Weiterbildungsleiter eines Unternehmens mit Firmensitzen in mehreren US-Staaten beauftragte eine Unternehmensberaterin damit, die Inhalte des firmeneigenen Führungskräfte-Trainingsprogramms zu evaluieren. Er befürchtete nämlich, daß die Trainingskonzepte nicht im Einklang mit den Entwicklungsbedürfnissen der Führungskräfte standen. Die Unternehmensberaterin hatte bereits mehrere Projekte für den Weiterbildungsleiter durchgeführt.

In Reaktion auf die Anfrage des Weiterbildungsleiters unterbreitete die Beraterin einen Evaluationsplan, der auch eine Aufstellung der Honorarkosten enthielt. Der Weiterbildungsleiter und die Unternehmensberaterin unterzeichneten eine „Einigungsnote", die dem Evaluationsplan beigefügt war.

Gemäß dem Evaluationsplan befragte die Unternehmensberaterin mehrere Dozenten und deren Vorgesetzte nach ihrer Meinung zum Trainingskonzept. Sie beobachtete auch eine Woche lang die Trainings, indem sie für mehrere Stunden zehn verschiedene Kurse besuchte, und interviewte einige Teilnehmende während der Mittagspause und nach der Trainingseinheit.

Die Interviews mit den Teilnehmenden veranlaßten die Beraterin zu der Empfehlung, per Post eine Umfrage bei den jüngsten Absolventen der Führungskräfteausbildung zu starten. Diese Umfrage war im ursprünglichen Evaluationsplan nicht vorgesehen. In einem kurzen Telefongespräch gab der Weiterbildungsleiter seine Zustimmung dazu, ohne nähere Einzelheiten abzusprechen.

Während die Umfrage im Gange war, wurde der Weiterbildungsleiter auf eine andere Position innerhalb des Unternehmens versetzt. Sein Nachfolger traf zwei Monate später ein.

Die Beraterin vereinbarte ein Treffen mit dem neuen Weiterbildungsleiter, um ihm einen Fortschrittsbericht vorzulegen. Des weiteren überreichte sie ihm bei diesem Treffen eine Rechnung, die auch Kosten für Datenverarbeitung zur Auswertung der ausgefüllten Fragebogen enthielt. Der Weiterbildungsleiter akzeptierte die Rechnung, später jedoch weigerte er sich, die Kosten für die Datenverarbeitung anzuerkennen. Weder die vorhandene „Übereinkunftserklärung" noch irgendein Mitarbeiter konnte die mündliche Vereinbarung zwischen dem früheren Leiter und der Unternehmensberaterin zur Durchführung der Umfrage bestätigen. Der frühere Weiterbildungsleiter teilte auf Anfrage mit, daß er dem Vorschlag für eine Umfrage zugestimmt hatte, verneinte aber, daß er einer Übernahme zusätzlicher Kosten zugestimmt hätte. Die Unternehmensberaterin gab schließlich auf, weil sie sich keinen Rechtsstreit leisten konnte und ihr berufliches Ansehen nicht gefährden wollte.

◆ Anschauungsbeispiel 2 – Analyse

Dieser Fall macht deutlich, daß Verträge aktualisiert werden müssen, wenn vom Evaluationsplan abgewichen werden soll. Im Beispiel deckte der ursprüngliche Plan die Ziele und Verfahren sowie den zeitlichen Ablauf und die Abwicklung der Honorarzahlungen in ausreichender Weise ab, aber es wurde nicht berücksichtigt, daß die Vereinbarung aktualisiert werden muß, um ausgehandelte Abweichungen widerzuspiegeln. Der frühere Weiterbildungsleiter und die Unternehmensberaterin vertrauten einander, weil sie bereits in der Vergangenheit erfolgreich zusammengearbeitet hatten.

Ein weiterer Mangel bestand darin, daß der frühere Weiterbildungsleiterin die anderen Firmenmitarbeiter nicht über die Einzelheiten der Übereinkunft informiert hatte. Niemand hatte die Übereinkunft je zu Gesicht bekommen, bevor der Streit über die Rechnung ausbrach. Daher konnte auch niemand die Angelegenheit regeln, bevor sie sich zu einer Krise ausweitete. Rückblickend kann man sagen, daß die geeignete Vorgehensweise gewesen wäre, die schriftliche Vereinbarung abzuändern. Eine andere Möglichkeit wäre gewesen, den vorgeschlagenen Plan vor der Billigung und bei jedem darauffolgenden Treffen, in dem mögliche Veränderungen des Plans besprochen und festgehalten wurden, von anderen leitenden Mitarbeitern oder Angehörigen der Trainingsabteilung durchsehen zu lassen.

Weiterführende Literatur

Bogdan, R. C., & Biklen, S. K. (1992). *Qualitative research for education* (2nd ed.). Boston: Allyn & Bacon.

Guba, E. G., & Lincoln, Y. S. (1989). *Fourth generation evaluation*. Newbury Park, CA: Sage.

House, E. R., Rivers, W., & Stufflebeam, D. L. (1974, June). An assessment of Michigan's accountability system. *Phi Delta Kappan*, 663-669.

Worthen, B. R., & White, K. R. (1987). Evaluating educational and social programs: Guidelines for proposal review, on-site evaluation, evaluation contracts, and technical assistance. Boston: Kluwer Academic.

K3 Schutz individueller Menschenrechte

> *Standard: Evaluationen sollten so geplant und durchgeführt werden, daß die Rechte und das Wohlergehen der Menschen respektiert und geschützt sind.*

Übersicht

Bei einer Evaluation umfassen die Persönlichkeitsrechte sowohl die Rechte, die sich speziell auf die Rolle der betroffenen Personen in der Evaluation beziehen, als auch allgemeine Rechte, die auch in vielen anderen Situationen gelten. Einige dieser Rechte sind gesetzlich festgelegt, andere beruhen auf allgemein anerkannten ethischen Grundsätzen, dem gesunden Menschenverstand oder den Regeln der Höflichkeit. Zu den gesetzlichen Vorschriften[18] bezüglich der Persönlichkeitsrechte zählen Bestimmungen über die Freiwilligkeit der Teilnahme, das Recht auf Rücktritt ohne damit verbundenen Schaden oder Einschränkung von Leistungen, die Sicherung der Privatheit gewisser Meinungen und Informationen, die vertrauliche Behandlung von Informationen, der Schutz der Gesundheit und der persönlichen Sicherheit. Überlegungen auf Grundlage der Ethik, der üblichen Praxis oder des Anstands geben den beteiligten Personen unter anderem das Recht, das Ausmaß ihrer eigenen körperlichen und emotionalen Bereitschaft für Programmtätigkeiten zu bestimmen, ihre Teilnahme zeitlich zu begrenzen und ganz allgemein schädliche oder unangenehme Erfahrungen zu vermeiden.

Aus moralischen Gründen wie auch aus praktischen Erwägungen sollten Evaluatorinnen über gesetzliche und anderweitig festgelegte Persönlichkeitsrechte gut informiert sein und sie bei ihren Evaluationen beachten. Anderenfalls könnten diese Rechte unwissentlich mißachtet und den Teilnehmenden dadurch Schaden zugefügt werden. Die physische und emotionale Sicherheit der Teilnehmenden muß im Vordergrund stehen. Wenn Evaluatorinnen bewußt oder unbewußt gesetzlich oder ethisch begründete Rechte verletzen, können sie gerichtlich belangt werden und/oder es könnten Sanktionen in Bezug auf ihre Berufsausübung verhängt werden. Die Verletzung dieser Rechte ruft auch Widerstand hervor und könnte die Evaluation in Mißkredit bringen. Außerdem bleiben Schlußfolgerungen und Empfehlungen möglicherweise unbeachtet, wenn sich herausstellt, daß sie aus Informationen abgeleitet wurden, die auf ungesetzliche oder den ethischen Grundsätzen widersprechende Weise erlangt wurden.

---

18 Diese Aussagen beziehen sich auf die gesetzliche Situation in den USA und sind für Deutschland, Österreich oder die Schweiz je nach dortiger Gesetzeslage anzuwenden. (Anm. d. Ü.)

Richtlinien

A. Es sollte keine Anstrengung gescheut werden, um die kulturellen und sozialen Werte aller Teilnehmenden zu verstehen (siehe N4, Feststellung von Werten, und K1, Unterstützung der Dienstleistungsorientierung).
B. Die Evaluatorinnen müssen über Gesetze zu korrekten Verfahren und über privatrechtliche Bürgerrechte Bestimmungen gut informiert sein.
C. Vor Beginn einer Evaluation sollten die relevanten ethischen und gesetzlichen Prinzipien ermittelt werden.
D. Den Schülern bzw. anderen Teilnehmenden sollten keine Unterrichts- oder Ausbildungsmethoden vorenthalten werden, die für sie vorteilhaft sind und die normalerweise zur Verfügung stehen – mit anderen Worten, es sollten keine Schüler bzw. Studierende in eine Kontrollgruppe eingeteilt werden, der eine Leistung (oder Ausbildung), die vorher aus öffentlichen Mitteln zur Verfügung gestellte wurde, mit Absicht vorenthalten wird, um die Wirkung dieses Entzugs zu messen.
E. Es sollten formale schriftliche Vereinbarungen entwickelt werden, in denen die Vorgehensweisen der Auftraggeber und der Evaluatorinnen festgelegt werden, um sicherzustellen, daß die Rechte der Teilnehmenden beachtet werden.
F. Es sollte für eine angemessene Verständigung mit Teilnehmenden, die sprachlichen Minderheiten angehören, und/oder deren Eltern gesorgt werden.
G. Die einzelnen Beteiligten sollten über ihre vorgesehene Teilnahme ausreichend unterrichtet werden.
H. Die Versuchspersonen oder Teilnehmenden sollten über ihre Rechte in Bezug auf die Evaluation informiert werden.
I. Von den relevanten Entscheidungsträgern (z.B. Versuchspersonen, Eltern, Sorgeberechtigten, zuständigen Behörden) sollte die erforderliche schriftliche Erlaubnis für den Zugang zu persönlichen Akten eingeholt werden.
J. Wenn für eine Evaluation das Einverständnis der Eltern/des Sorgeberechtigten benötigt wird, sollten diese über die Auswirkungen der Evaluation informiert werden. Es muß ein unterschriebenes Einwilligungsformular vorliegen, damit deren Kinder an der Evaluation teilnehmen können. Es reicht nicht aus, von einem Einverständnis der Eltern/des Sorgeberechtigten auszugehen, nur weil diese sich nicht ausdrücklich dagegen aussprechen, daß ihre Kinder an einem Test teilnehmen.
K. Es sollte ein Verfahren eingesetzt werden, das den Teilnehmenden, die Informationen für die Evaluation liefern, eine vertrauliche Behandlung garantiert.
L. Bei dem Bericht über die Evaluationsergebnisse sollten keine Aussagen über die Identität der Teilnehmenden gemacht werden.
M. Es sollte vorbeugend darauf geachtet werden, daß die gesammelten Daten von Dritten nicht für Zwecke verwendet werden, mit denen die Personen, welche die Daten zur Verfügung gestellt haben, nicht einverstanden sind.
N. Es sollte respektiert werden, daß die Personen, die das Programm durchführen, das Recht haben, Auskünfte über die Effektivität ihrer eigenen Tätigkeit zu verweigern, wenn sie nicht an der Planung und Einführung des Programms beteiligt waren.[19]

---

19 Bei „Effekivität“ von Fachpersonal/ihrer Aktivitäten handelt es sich in der amerikanischen Fachsprache offensichtlich um ein eingeführtes Konzept, wie folgende Passage aus Argyris 1982, S. 83 belegt: „Unter Effektivität verstehen wir das Ausmaß, in dem Leute ihre vorgesehenen/beabsichtigten Wirkungen erreichen, und zwar auf eine Art und Weise die es wahrscheinlich macht, daß sie fortfahren werden, ihre beabsichtigten Wirkungen zu ereichen.“ (Anm. d. Ü.)

O. Evaluationspläne sollten einem Ausschuß zur Wahrung der Persönlichkeitsrechte zur Überprüfung vorgelegt werden.
P. Die Befragten sollten nur dann gebeten werden, ihre Identität offenzulegen, wenn dies erforderlich ist.
Q. Das Personal und weitere Angehörige einer Organisation sollten über den Zweck der Evaluation informiert werden, wie z.B. Monitoring, Weiterführung oder Abbruch des Programms, oder auch Verbesserungen (siehe G3, Beschreibung von Zielen und Vorgehen).

Häufige Fehler

A. Anonymität und Vertraulichkeit werden verwechselt.
B. Anonymität oder Vertraulichkeit wird zugesagt, obwohl keine Garantie dafür besteht.
C. Es wird versichert, daß Informationen nur für den beschriebenen Zweck verwendet werden, obwohl gerichtlich angeordnet werden könnte, daß sie auch für andere Zwecke freigegeben werden.
D. Es wird nicht deutlich gemacht, wie die Informationsbeiträge der Teilnehmenden genutzt werden.
E. Das Selbstwertgefühl und der gute Ruf der Teilnehmenden wird gefährdet, indem ihre beruflichen Fähigkeiten und ihre persönliche Integrität in einem öffentlichen Bericht in Frage gestellt werden, ohne ihnen die Gelegenheit zu geben, eine eigene Stellungnahme abzugeben.
F. Es werden Methoden gewählt, die ein erhebliches Risiko bergen, die Persönlichkeitsrechte der Teilnehmenden zu verletzen.
G. Es werden Daten von Kindern erhoben, obwohl keine ausreichende Erlaubnis dazu vorliegt.
H. Die Identität von Befragten wird nicht offengelegt, wenn dies für die Datenanalyse oder die Berichterstattung notwendig wäre.
I. Es wird keine Rücksicht auf die Bedürfnisse von Teilnehmenden oder deren Eltern genommen, die einer sprachlichen Minderheit angehören.

◆ Anschauungsbeispiel 1 – Beschreibung

Eine Kommission für Bildung und Erziehung entschloß sich zu untersuchen, welcher von zwei unterrichtsorganisatorischen Ansätzen in der Grundschulerziehung („geschlossener“ vs. „offener“ Klassenraum) sich für welche Art von Schülern am besten bewährt. Der Distrikt beauftragte eine externe Evaluatorin damit, die benötigte Studie zu planen und durchzuführen. Als Teil ihres Planes empfahl die Evaluatorin, daß die Schüler anhand eines geschichteten Stichprobenverfahrens in „geschlossene“ und „offene“ Klassen aufgeteilt werden sollten, in denen jeweils nach einer der beiden Methoden unterrichtet werden sollte. Sie schlug vor, die Leistungen, die Persönlichkeitsmerkmale und den sozioökonomischen Status der Schüler als Schichtungsvariablen zu benutzen.

Um die nötigen Daten für das Stichprobenverfahren zu erhalten, führte sie im Juni mit allen Grundschülern des Schuldistrikts einen Test zur Leistungsüberprüfung, eine Persönlichkeitsbewertung sowie eine Fragebogenaktion zum sozioökonomischen Hintergrund durch. Unter Verwendung dieser Informationen wurden die Schüler dann zu einem der beiden organisatorischen Pläne zugeteilt.

Obwohl die Evaluationsvereinbarung eindeutig vorsah, daß vor der Durchführung jeglicher Maßnahmen mit Schülern zunächst die Genehmigung des Schulaufsichtsbeamten des Distriktes oder seiner offiziellen Vertretung eingeholt werden mußte, umging die Evaluatorin diese Weisung, um die Datenerhebung rechtzeitig abschließen zu können und dadurch andere vertragliche Abmachungen zu erfüllen. Insbesondere führte die Evaluatorin Teile des Testprogramms durch, indem sie diese als Feldversuche für „Entwurfs"-Instrumente tarnte.

Kurz nachdem die Daten erhoben worden waren, wollte der Direktor einer Schule erfahren, wie ein bestimmter Schüler bei der experimentellen Bewertung der Persönlichkeit abgeschnitten hatte. Dadurch wollte er herausfinden, warum dieser Schüler häufig in Schwierigkeiten war. Die Evaluatorin kam dieser Bitte gerne nach, weil sie glaubte, dadurch die Beziehung zwischen ihr und dem Personal des Schuldistrikts verbessern zu können.

Die Evaluatorin beschloß, die Daten dieses Schülers im Schlußbericht zu erörtern, um spezifische Ergebnisse zu illustrieren. Dabei gab sie genügend Informationen preis, so daß jeder, der den Schüler flüchtig kannte, wußte, um wen es sich handelte. Die Eltern des Schülers verklagten den Schuldistrikt wegen Verletzung der Persönlichkeitsrechte.

◆ Anschauungsbeispiel 1 – Analyse

Es ist zwar lobenswert, daß die Evaluatorin ihre vertraglichen Verpflichtungen erfüllen wollte, doch manchmal müssen die Standards gegeneinander abgewogen werden. Im beschriebenen Fall hätten alle Instrumente zur Datenerhebung vor ihrer Anwendung überprüft und genehmigt werden müssen. Die Zeit, die eine solche Vorgehensweise erfordert, hätte von der Evaluatorin bei der Entwicklung des Zeitplanes eingerechnet werden müssen. Im Fall von Verzögerungen hätte sie dann mit dem Schulaufsichtsbeamten besprechen müssen, welche Auswirkungen es haben könnte, wenn die Überprüfung durch den Schuldistrikt ausgelassen würde, um dadurch die Datenerhebung im Juni gemäß Zeitplan beenden zu können.

Die Evaluatorin hätte die Anfrage des Direktors nach Auskünften über einen bestimmten Schüler zurückweisen sollen, um die Vertraulichkeit dieser Informationen zu wahren. Ebenso hätte das Gebot der Vertraulichkeit die Evaluatorin in ihren Überlegungen, wie einzelne Ergebnisse im Schlußbericht dargestellt werden, leiten sollen.

◆ Anschauungsbeispiel 2 – Beschreibung

Eine Fakultät für Zahnmedizin erhielt von einem ehemaligen Studierenden eine großzügige Spende, um veraltete Geräte zur zahnärztlichen Behandlung durch neue zu ersetzen. Ein Teil der Spende wurde beiseite gelegt, um eine Evaluation der auf dem Markt verfügbaren zahnärztlichen Behandlungsstühle durchzuführen. Es sollte herausgefunden werden, welches System sich am besten eignen würde, wenn der Zahnarzt bei der Behandlung hinter anstatt neben dem Patienten stehen würde. Forschungen hatten nämlich gezeigt, daß diese Arbeitsweise weniger Rückenprobleme verursachte als die herkömmlichen Methoden. Es wurde eine Klinik errichtet, die über eine Vielzahl von Stühlen jeder Art der auf dem Markt erhältlichen Stuhlsysteme verfügte. Mehrere Mitarbeiterinnen der Evaluationsabteilung einer anderen Universität wurden gebeten, die Studie durchzuführen.

Während der Studie beobachteten die Evaluatorinnen je paarweise die arbeitenden Studierenden und Dozenten, die Attrappen von Patientenköpfen benutzten, um den „Patienten" zu behandeln. Zahlreiche Beobachtungskategorien wurden verwendet, um aufzuzeichnen, wie gut sich das Stuhlsystem für Studierende und Dozenten eignete, die hinter dem „Patienten" stehend arbeiteten. Es wurde aufgezeichnet, wie oft die Studierenden bzw. Dozenten gezwungen waren, aufgrund der Konstruktion des Stuhls eine andere als die optimale Position einzunehmen.

Der abschließende Teil der Evaluation bestand darin, daß „Studierende-Dozenten-Paare" bei der Arbeit mit richtigen Patienten beobachtet wurden. Die Beobachtungsdauer betrug drei Stunden pro Paar. Um die Zeit der Studierenden und der Dozenten optimal auszunutzen, beschlossen die Lehrkräfte, diese Beobachtungszeit für einen weiteren Zweck zu verwenden: Der Umgang mit dem Patienten und die Arbeitsfertigkeiten der Studierende sollten benotet werden, indem der Patient als Fallbeispiel vorgestellt wurde. Vor jeder Behandlung nannte der jeweilige Student den Namen des Patienten, beschrieb seine medizinische und zahnmedizinische Vorgeschichte und erklärte das spezielle Verfahren, das an dem Tag ausgeführt werden sollte. Die vollendeten Fallstudien wurden von einem praktizierenden Zahnarzt benotet, der vom Lehrkörper dafür eingestellt wurde.

Nach ihrer Behandlung beschwerten sich zahlreiche Patienten direkt beim Verwaltungsleiter der Hochschule, weil ihnen nicht gesagt worden war, daß über ihre medizinische und zahnmedizinische Vorgeschichte gesprochen würde, und weil die anwesenden Evaluatorinnen diese Informationen mit anhörten, wodurch die Vertraulichkeit mißachtet wurde. Dem Verwaltungsleiter war diese Verletzung der Patientenrechte unangenehm, so daß er sich sowohl über die Lehrkräfte als auch über die Evaluatorinnen ärgerte und beantragte, daß die Evaluation abgebrochen wurde.

◆ Anschauungsbeispiel 2 – Analyse

Die United States Privacy Act[20] besagt, daß Informationen über die allgemeine und zahnmedizinische Krankengeschichte eines Patienten nur an Außenstehende weitergeben werden dürfen, wenn eine „Wissensnotwendigkeit" besteht. Die Fakultät hätte die Evaluation der zahnärztlichen Behandlungsstühle und die Bewertung der Studierenden nicht miteinander verbinden dürfen. Die Verwaltung und die Dozenten hätten von den Einschränkungen des Privacy Acts wissen müssen, und sie hätten nicht zulassen dürfen, daß die Krankengeschichten von den Evaluatorinnen mit angehört wurden.

Ungeachtet dessen hätten sich die Evaluatorinnen, wenn ihnen vielleicht auch der Privacy Act nicht in vollem Umfang bekannt war, über die Rechte zur Wahrung

20 Ein US-Gesetz zur Achtung der Privatsphäre (Anm. d. Ü.).

der Vertraulichkeit betreffend ihres Arbeitsfeldes informieren und sie berücksichtigen sollen. Sie hätten sich die Beschränkungen bewußt machen müssen, denen die Informationen unterliegen, die der besonderen Beziehung zwischen Arzt und Patient entstammen. Sie hätten sich demzufolge weigern sollen, die Evaluation fortzuführen, als Krankengeschichten offengelegt wurden.

Des weiteren hätten die Evaluatorinnen dagegen protestieren sollen, daß ihre Beobachtungszeit auch dazu verwendet wurde, die Studierenden zu benoten. Der eigentliche Plan war gewesen, die Eignung verschiedener Stuhltypen zu überprüfen, indem simulierte Behandlungen am Patienten beobachtet wurden. Es ist nicht unwahrscheinlich, daß sich die Arbeitsweise der Studierenden[21] von ihrer gewöhnlichen Vorgehensweise unterschied, da sie ja wußten, daß ihre „Fallstudie" benotet werden sollte. Daher spiegeln die Ergebnisse der Beobachtungen kein typisches Verhalten wider, das für eine valide und genaue Evaluation der Stuhlsysteme nötig wäre. Wenn das Evaluationsteam mehr Feingefühl für die Sachverhalte gezeigt hätte, die – als Folge der mehrfachen Nutzung ihrer Beobachtungszeit – möglicherweise ihr Projekt gefährdeten, hätten sie die daraus resultierende Verschlechterung der Arbeitsbeziehungen zu ihrem Auftraggeber vermeiden können.

Weiterführende Literatur

Argyris, Chris (1982). Reasoning, learning, and action: Individual and organizational. San Francisco: Jossey-Bass.

Code of fair testing practices for education. (1988). Washington, DC: American Psychological Association, Joint Committee on Testing Practices.

Ethical standards of psychologists. (1989). Washington, DC: American Psychological Association.

Principles for fair student assessment practices for education in Canada. (1993). Edmonton, Alberta, Canada: University of Alberta, Centre for Research on Applied Measurement and Evaluation, Joint Advisory Committee.

Weinberger, J., & Michael, J. A. (1977). Federal restrictions on educational research: A status report on the Privacy Act. *Educational Researcher, 6* (2), 5-8. Also see *5* (11), 3-8.

21 Gemeint ist: in der Prüfungssituation (Anm. d. Ü.).

K4 Human gestaltete Interaktion

Standard: Evaluatorinnen sollten in ihren Kontakten mit Anderen die Würde und den Wert der Menschen respektieren, damit diese nicht gefährdet oder geschädigt werden.

Übersicht

Mit humanen Interaktionen sind im Zusammenhang mit diesem Standard die zwischenmenschlichen Beziehungen gemeint, welche die Gefühle und die Selbstachtung der Personen beeinflussen, die an der Evaluation teilnehmen oder von ihr betroffen sind. Bei den meisten Evaluationen besteht die Möglichkeit, daß sie sich entweder positiv oder negativ auf Einzelpersonen oder Gruppen und deren Arbeit auswirken. Der Zweck dieses Standards ist, daß Evaluatorinnen dagegen Vorkehrungen treffen sollten, daß ihre Interaktionen mit den Teilnehmenden möglicherweise bedrohliche oder schädigende Wirkungen haben. Ein Ausbau der Fähigkeiten im zwischenmenschlichen Bereich und in der Kommunikation ist für die Einhaltung dieses Standards von größter Wichtigkeit.

Evaluatorinnen, welche die Gefühle der Teilnehmenden an einer Evaluation weder verstehen noch respektieren, verletzen diese Personen möglicherweise unnötig oder rufen eine feindliche Haltung gegenüber der Evaluation hervor. Eine solche Verletzung mißachtet den moralischen Grundsatz, wonach die Würde der Person geachtet werden sollte.

Richtlinien

A. Die Evaluatorinnen sollten sich intensiv bemühen, kulturelle Hintergründe, soziale Werte und Sprachunterschiede der Teilnehmenden zu verstehen (siehe N4, Feststellung von Werten, und K3, Schutz individueller Menschenrechte).

B. Die Evaluatorinnen sollten sich Zeit dafür nehmen, besondere Bedenken der Teilnehmenden in Bezug auf die Evaluation in Erfahrung zu bringen (siehe N1, Ermittlung der Beteiligten & Betroffenen, und D2, Politische Tragfähigkeit).

C. Es sollte eine gute Verständigung mit den Teilnehmenden auf dafür eingerichteten Kommunikationswegen unterhalten werden.

D. Die Evaluatorinnen sollten sich mit der Organisation, in der die Evaluation durchgeführt werden soll, vertraut machen und die Evaluationshandlungen so planen, daß die auf das Personal bezogenen Vorgehensweisen der Organisation, Routinetätigkeiten und Arbeitspläne des Personals so wenig wie möglich gestört werden (siehe G2, Kontextanalyse).

Häufige Fehler

A. Den Personen in einflußreichen Positionen wird Aufmerksamkeit und Respekt entgegengebracht, während ihre Untergebenen weitgehend ignoriert werden.
B. Die Bedeutung, die einer Person beigemessen wird, orientiert sich an deren Alter, Geschlecht, ethnischer Zugehörigkeit, kulturellem Hintergrund oder Sprachunterschieden.
C. Bei der Kontaktaufnahme und im Umgang mit den Teilnehmenden werden gesetzliche Vorschriften oder Verhaltensregeln mißachtet.
D. Die Berichterstattung der Ergebnisse enthält persönliche Bewertungen von oder Angriffe auf Personen, die an dem evaluierten Programm beteiligt sind.
E. Man diskutiert mit Dritten seine Meinung über persönliche Attribute von Personen, deren Arbeit evaluiert wird – z.B. Intelligenz, Attraktivität, Geschmack und soziale Fähigkeiten.
F. Informationen, welche die Teilnehmenden als peinlich empfinden könnten, werden gesammelt, obwohl sie für die Evaluation des Programms nicht erforderlich sind.
G. Um einzelne Personen nicht bloßzustellen, werden Inkompetenz, ethisch nicht zu vertretendes Verhalten, Betrug, Verschwendung oder Mißbrauch durch Programmteilnehmende ignoriert oder vielleicht sogar verheimlicht, wodurch die Validität und der Nutzen der Evaluation gefährdet wird.

◆ Anschauungsbeispiel 1 – Beschreibung

Die Lehrplanabteilung einer Universität führte eine Evaluation durch, um zu bestimmen, welche Auswirkungen ein Geschichtskurs auf die Leistungen von „durch Armut betroffenen" Schülern in weiterbildenden Schulen hatte. Dieses Projekt fand im Rahmen einer Evaluation eines neuen Programms des Bundes statt. Der örtliche Schuldistrikt sprach mit der Lehrplanabteilung und dessen Evaluatorinnen ab, daß eine Dritte mit der Evaluation beauftragt werden sollte.

Zur Durchführung ihrer Tätigkeit legten die Evaluatorinnen zunächst fest, was einen „von Armut betroffenen Schüler" kennzeichnet. Dann bestimmten sie, auf welche Schüler der elften Klassen des betreffenden Distrikts die Definition zutraf, von denen dann zufällig eine Hälfte dafür vorgesehen wurde, an dem Geschichtskurs teilzunehmen.

Alle Schüler, die als „von Armut betroffen" bestimmt worden waren, wurden am Anfang und am Ende der Evaluation gemeinsam einem Test unterzogen. Beide Male wurde ihnen gesagt, daß der Test dazu beitragen sollte, die Leistung der Schule festzustellen.

Zusätzlich zu den Tests sah der Evaluationsplan auch in großem Umfang Unterrichtsbeobachtungen und Schülerbefragungen vor, um zu verhindern, daß die Lehrer für die Unterrichtsbeobachtungen besondere Vorbereitungen trafen, gingen die Evaluatorinnen unangekündigt in die Klassen und führten die Beobachtungen ohne vorherige Absprache mit den Lehrern oder Schuldirektoren durch. Ebenfalls ohne Ankündigung besuchten die Evaluatorinnen die Schüler zu Hause und befragten sie zu ihren Erfahrungen in der Schule.

Nachdem der Schlußbericht veröffentlicht worden war, gingen im Zentralbüro des Distrikts Beschwerden über das unsensible Verhalten der Evaluatorinnen gegenüber den Teilnehmenden ein. Kritisiert wurde zum Beispiel, daß die Evaluatorinnen

- die Lehrer durch die ausgedehnten Unterrichtsbeobachtungen gestört hatten,
- einigen Lehrern recht unverhohlen ihre Kritik an ihrer Umsetzung des Geschichtskurses mitgeteilt hatten und
- die betroffenen Schüler in große Verlegenheit gebracht hatten, indem sie diese von den anderen Schülern getrennt hatten, wodurch sie öffentlich als benachteiligt gekennzeichnet wurden, und indem sie unangekündigt in ihre Elternhäuser gekommen waren.

Angesichts der massiven Kritik hatten die Schulverwaltung und die Schulbehörde weniger Vertrauen in die Evaluatorinnen und somit auch in den Evaluationsbericht, als es sonst vielleicht der Fall gewesen wäre. Sie schenkten dem Bericht gar keine Beachtung mehr, nachdem sie erfahren hatten, daß die Lehrer und Schüler, die ihren Angaben zufolge beschämt worden waren, nicht mit den Evaluatorinnen zusammengearbeitet hatten. Infolge dieser Probleme verschlechterte sich die Beziehung zwischen der Universität und dem Schuldistrikt.

◆ Anschauungsbeispiel 1 – Analyse

Die Evaluatorinnen waren zwar bemüht, die Schüler nicht als benachteiligt zu kennzeichnen, während sie mit ihnen interagierten, aber sie weiteten diesen Schutz nicht auf die Datenanalyse aus. Sie hätten beliebig Schüler aus der Gesamtschülerschaft auswählen und dafür sorgen können, daß kein Schüler in Bezug auf Einkommensverhältnisse oder andere, vertraulich zu behandelnde Eigenschaften öffentlich gekennzeichnet wurde. Bei der Auswertung der Testergebnisse und der Berichterstattung hätten dann in vergleichender Weise die Auswirkungen auf von Armut betroffene Schüler einerseits und finanziell besser gestellte Schüler andererseits bewertet werden können, ohne irgendeinen Schüler zu beschämen. Die Befragungen der Schüler hätten auf vertrauliche Weise in der jeweiligen Schule durchgeführt werden sollen. Wenn es zwingend notwendig gewesen wäre, die Schüler in ihrem Elternhaus zu befragen, hätte dies sorgfältig abgesprochen werden sollen – mit voller Kenntnis und Einwilligung durch die Schüler, Eltern/Sorgeberechtigte und Vertreter der Schule.

Lehrer, Eltern, Schüler und Schuldirektoren hätten an der Planung der Evaluation beteiligt werden sollen, besonders bezüglich der Unterrichtsbeobachtungen und der Befragungen. Es hätten in regelmäßigen Abständen Konferenzen mit Lehrern, Direktoren und Evaluatorinnen abgehalten werden können, um über Fortschritte zu berichten und über Probleme, Ängste, Gefahren und Unsicherheiten zu sprechen. Wenn einige der Lehrer geäußert hätten, daß die übereifrigen Beobachtungen und Untersuchungen der Evaluatorinnen sie in Verlegenheit brachten, hätte eine andere Vorgehensweise vereinbart und umgesetzt werden können.

◆ Anschauungsbeispiel 2 – Beschreibung

Mehrere leitende Mitarbeiter der Personalentwicklungsabteilung in einer großen Firma wollten die Schulungs- und Entwicklungsprogramme verbessern, die für Sekretärinnen in allen Unternehmensbereichen zentral angeboten wurden. Eine firmeninterne Evaluatorin wurde gebeten, den Weiterbildungsbedarf bei den Sekretärinnen zu untersuchen und die gewonnenen Informationen zu nutzen, um die Wirksamkeit der aktuellen Programme zu bewerten und Änderungsvorschläge vorzubringen.

Die Hauptmethode zur Ermittlung des Bedarfs bestand in Fokusgruppeninterviews mit Sekretärinnen aus allen Abteilungen. Unter Mitwirkung der Personalentwickler wurden Fragen entwickelt. Diese Fragen und die Verfahrensweise wurden mit einer Gruppe von Sekretärinnen in der Personalentwicklungsabteilung getestet. Danach wurde ein Zeitplan für Interviews mit Gruppen von Sekretärinnen aufgestellt, die für das Unternehmen repräsentativ waren.

Als einer der leitenden Mitarbeiter in der Abteilung für Personalwirtschaft von der Studie erfuhr, verlangte er, daß sie abgebrochen würde. Seiner Meinung nach bestand kein Bedarf an Befragungen der Sekretärinnen und das Verfahren würde Probleme aufbringen, mit denen er sich zu dem Zeitpunkt nicht beschäftigen wollte. Nachdem ihm jedoch der Zweck der Studie erläutert worden war, und er die Gelegenheit gehabt hatte, die Evaluationsmaterialien durchzusehen, befürwortete er das Projekt und bot seine Mitarbeit an. Inzwischen beschwerten sich aber die Sekretärinnen, daß ihnen nicht allen die Möglichkeit zur Teilnahme gegeben worden war, und daß sie für ihren Einsatz von der Firma keine Anerkennung erfahren hatten. Des weiteren verschlechterten sich die Beziehungen zwischen der Abteilung für Personalentwicklung und der für Personalwirtschaft.

◆ Anschauungsbeispiel 2 – Analyse

Die Evaluatorinnen waren darauf bedacht, Mitwirkung bei den Fokusgruppeninterviews zu erreichen und eine Pilotstudie mit den Fragen und Verfahren durchzuführen. Der Leiter für Personalwirtschaft und die Sekretärinnen hätten frühzeitig an der Gestaltung und Planung der Evaluation beteiligt werden sollen. Beide zählten zu den Hauptbeteiligten und hätten nicht ausgeschlossen werden sollen. Daß dies dennoch geschah, wurde so empfunden, als ob sie aufgrund ihrer Person oder ihrer Stellung innerhalb der Firmenorganisation nicht respektiert wurden. Diese Botschaft, ob beabsichtigt oder nicht, hatte wahrscheinlich mehr mit Ablehnung der Studie als ganzer zu tun als mit einem anfänglichen Mangel an Verständnis über das Ziel und die möglichen Ergebnisse der Studie. Dadurch, daß die laufende Evaluation abgebrochen wurde, wurden außerdem bei den Sekretärinnen negative Gefühle gegenüber der Evaluatorin und den leitenden Firmenmitarbeitern erzeugt.

Es hätte gleich zu Beginn des Projekts eine Beratungsgruppe aus den Beteiligten & Betroffenen gebildet werden sollen. Der Leiter für Personalwirtschaft, andere leitende Mitarbeiter in Schlüsselpositionen und zwei oder drei Sekretärinnen, die von ihren Kolleginnen ernannt oder gewählt werden sollten, hätten dazu aufgefordert werden können, diesem Komitee beizutreten. Auf diese Weise hätte ein Forum zur Diskussion von Zweck und Methoden der Evaluation zur Verfügung gestanden. Wenn die Evaluatorinnen die Bedenken der Komiteemitglieder angehört hätten und darauf eingegangen wären, hätten sie der ganzen Firma gegenüber Verantwortung gezeigt. Auf diese Weise hätten die Beteiligten auch helfen können, eine wirkungsvolle Evaluation zu entwerfen. Außerdem hätten sie deren Mitarbeit erreichen können, was später bei der Datenerhebung nützlich gewesen wäre.

Weiterführende Literatur

Punch, M. (1986). *The politics and ethics of fieldwork* (Qualitative Research Methods Series, 3). Beverly Hills, CA: Sage.

Rodman, H., & Rolodny, R. L. (1964). Organizational strains in the researcher-practitioner relationship. *Human Organization, 23* (2), 171-182.

Ulschak, F. L., & Weiss, R. G. (1976). The interpersonal aspects of evaluation: A transactional analysis model for viewing evaluator-client relationships. *Educational Technology, 16* (11), 18-25.

Worthen, B. R., & Sanders, J. R. (1987). Educational evaluation: Alternative approaches and practical guidelines. White Plains, NY: Longman.

K5 Vollständige und faire Einschätzung

Standard: Evaluationen sollten in der Überprüfung und in der Präsentation der Stärken und Schwächen des evaluierten Programms vollständig und fair sein, so daß die Stärken weiter ausgebaut und Problemfelder angesprochen werden können.

Übersicht

Für Ausgewogenheit bei einer Evaluation zu sorgen bedeutet nicht, daß Stärken und Schwächen in gleicher Anzahl herausgearbeitet werden sollen. Vielmehr ist damit gemeint, daß man vollständig und auf faire Art und Weise sowohl die negativen als auch die positiven Aspekte des zu bewertenden Programms bewerten und im Bericht nennen soll.

Selbst wenn das vorrangige Ziel einer Evaluation darin besteht, die Schwächen eines Untersuchungsobjekts zu bestimmen, ist es notwendig, auch die Stärken festzustellen: Einerseits können Stärken manchmal genutzt werden, um Schwächen zu korrigieren. Andererseits können durch Maßnahmen zur Behebung von Schwachpunkten auf unbeabsichtigte Weise unerkannte Stärken verringert werden.

Die Methoden, die in einer Evaluation benutzt werden, sollten zusammen mit ihren Stärken und Schwächen von der Evaluatorin beschrieben werden, damit ihre Auswirkungen auf die Ergebnisse und Schlußfolgerungen bewertet werden können.

Richtlinien

A. Es sollte vollständig über Ergebnisse berichtet werden, die auf Stärken wie auf Schwächen hinweisen, seien sie nun beabsichtigt oder unbeabsichtigt. Und jedes einzelne Ergebnis sollte begründet werden (siehe N5, Klarheit des Berichts, und G11, Unparteiische Berichterstattung).

B. Vor der Unterbreitung von Berichten sollten kritische Kommentare über die Vollständigkeit und Fairneß der Bewertung erbeten werden, und zwar von sachverständigen Stellen mit verschiedenen Sichtweisen.

C. Wenn aufgrund zeitlicher oder finanzieller Beschränkungen einige für die Evaluation relevante Daten nicht zugänglich sind, sollte über diese Auslassungen berichtet werden und die sich daraus ergebenden Auswirkungen auf die Gesamtbeurteilung des Programms sollten eingeschätzt werden.

Häufige Fehler

A. Die Berichterstattung über Stärken und Schwächen wird manipuliert, um Einzelpersonen oder Interessengruppen zufriedenzustellen oder es wird zugelassen, daß im Bericht Schwächen ausgeklammert werden, die sich als peinlich erweisen könnten, oder um die persönlichen Interessen und Neigungen der Evaluatorin zu fördern oder zu schützen.
B. Die persönlichen Interessen und Neigungen der Evaluatorin werden gefördert und geschützt.
C. Bei der Beurteilung oder der Interpretation der Ergebnisse werden diese entweder als Stärken oder als Schwächen dargestellt, ohne daß andere Sichtweisen in Betracht gezogen werden, die möglicherweise zu einer anderen Schlußfolgerung führen würden.
D. Im Evaluationsbericht werden spekulative oder vorläufige Ergebnisse genannt, um für eine Ausgewogenheit von Stärken und Schwächen zu sorgen.
E. Es wird nicht darüber berichtet, welche Methoden bei der Evaluation verwendet wurden und wie sich deren Stärken und Schwächen auf die Ergebnisse und Schlußfolgerungen ausgewirkt haben könnten.
F. Es werden ausschließlich negative Ergebnisse genannt, als ob Evaluatorinnen nur über Schwächen berichten sollten.

◆ Anschauungsbeispiel 1 – Beschreibung

Ein Ausschuß eines Schuldistrikt führte eine Evaluation eines zweiwöchigen Workshops durch, der Lehrer darauf vorbereiten sollte, in Teams zu unterrichten. Die Dozentenleitfäden und die Teilnehmerunterlagen, die für den Workshop entwickelt worden waren, sollten evaluiert werden. Das Evaluationsteam wurde damit beauftragt, Schwächen in den Materialien herauszufinden und Verbesserungen vorzuschlagen.

Nach dem Workshop führten die Evaluatorinnen mit Dozenten und Lehrern Interviews durch, um Schwachstellen bei den Materialien aufzudecken und Anregungen für Verbesserungen zu sammeln. In ihrem Bericht listeten die Evaluatorinnen die Schwachpunkte auf, die sie durch diese Interviews festgestellt hatten, und sprachen Empfehlungen dafür aus, wie diese Schwächen korrigiert werden könnten.

Als die Personen, welche die Materialien entwickelt hatten, den Bericht später für ihre Überarbeitungen nutzen wollten, stellten sie fest, daß bei einer Umsetzung der empfohlenen Änderungen wichtige Aspekte verloren gingen, die in ihren Augen die wesentlichen Vorzüge der Materialien darstellten. Der Bericht enthielt jedoch keine Angaben darüber, ob die Dozenten und Lehrer diese Ansicht teilten oder darüber, in welchem Bezug diese Eigenschaften zu den festgestellten Schwachpunkten standen. Da es dem Bericht somit an Ausgewogenheit fehlte, konnte er nicht als Vorlage zur Überarbeitung der Materialien verwendet werden.

◆ Anschauungsbeispiel 1 – Analyse

Die Evaluatorinnen haben bei der Aufdeckung von Schwachstellen in den Schulungsmaterialien gründliche Arbeit geleistet. Sie hätten jedoch die Dozenten und Lehrer dazu auffordern sollen, sowohl Schwächen als auch Stärken in den Materialien festzustellen und darüber hinaus die einzelnen Teile der Materialien danach einzuschätzen, wie wirkungsvoll und nützlich sie sind. Des weiteren hätten die Evaluatorinnen Daten darüber zusammentragen sollen, wie die Materialien während des Workshops tatsächlich verwendet wurden, und ob die Lehrer das lernten, was ihnen durch die Materialien beigebracht werden sollte. So hätten dann relative Stärken und Schwächen des Programms erkannt und Änderungsvorschläge gemacht werden können – gestützt auf Daten und Informationen über den tatsächlichen Beitrag der Materialien dazu, kompetente Lehrer mit positiver Einstellung zum Teamunterricht heranzubilden. Die Materialien hätten dann entsprechend überarbeitet werden können.

◆ Anschauungsbeispiel 2 – Beschreibung

Ein Verwaltungsmitarbeiter einer Universität beauftragte eine Evaluationsberaterin aus einem anderen US-Staat damit, einen abschlußbezogenen Studiengang an einer staatlichen Universität zu evaluieren. Der Verwaltungsmitarbeiter gab eine allgemeine Beschreibung zum Zweck dieses Auftrags, indem er mitteilte, der Beizug externer Evaluationsspezialisten aus anderen US-Staaten sei Teil des „internen, institutionellen Evaluationssystems, das an der Universität routinemäßig Anwendung findet", und daß von den Evaluationsspezialisten aus anderen Staaten erwartet würde, daß sie im Rahmen ihrer Evaluation eine Ortsbesichtigung vornehmen.

Wenige Tage vor ihrem Evaluationsbesuch wurden der Evaluatorin ein Katalog und eilig zusammengestellte Informationen und Materialien über das Programm zugesandt. Aufgrund von Kostenbeschränkungen war vorgesehen, daß sich die Evaluatorin an einem Abend und am darauffolgenden Tag bis zum späten Nachmittag an der Universität aufhalten sollte. Der Verwaltungsmitarbeiter der Hochschule fixierte für die Evaluatorin Termine mit einzelnen Personen, die nach Ansicht der Institution für die Evaluation von Bedeutung waren. Zu diesen Personen zählten Vertreter der Dozenten, gegenwärtige und ehemalige Studierende, Mitarbeiter der Verwaltung des betreffenden Studiengangs sowie der Universität als ganzes. Die Treffen sollten während des Abends und am folgenden Tag stattfinden, wobei für den letzten Teil des Nachmittags eine zusammenfassende Abschlußbesprechnung mit dem Kanzler der Universität vorgesehen war. Die Studierenden und Ehemaligen sollten jeweils in zwei Gruppen befragt werden, die Dozenten einzeln oder paarweise.

Bei ihrer Ankunft wurde der Evaluatorin ein „Standard"-Formular für staatliche Universitäten präsentiert, das sie benutzen sollte, um ihre Urteile über das Programm zusammenzufassen. Das Formular enthielt sechzig Likert-skalierte Items[22]

---

22 In einer standardisierten Fragenfolge durch die Antwortenden zu bewertende Aussagen, auch als Skala der summierten Einschätzung oder Punktsummenskala bezeichnet (Anm. d. Ü.).

mit je fünf Abstufungen. Es wurden keine Kriterien oder Erklärungen für die Kategorien angegeben.

Bei den Interviews mit den Vertretern der Dozenten stellte die Evaluatorin fest, daß ihre Evaluation auch für eine größere Überprüfung von mehreren Programme genutzt werden sollte. Das Ziel jener Überprüfung lag darin zu bestimmen, welche Programme weiterhin finanziert werden sollten. Die Dozenten berichteten auch, daß die Qualität ihres Programms mit der Qualität ähnlicher Programme an anderen vom Staat getragenen Universitäten verglichen würde.

Der Evaluator fand es schwierig, mit dem ihr ausgehändigten Formular einen ausgewogenen Bericht zu erstellen. Sie stellte fest, daß viele Items auf der Checkliste sich auf Aspekte bezogen, die auf das zu evaluierende Programm nicht direkt zutrafen. Besonders zu denken gab ihr die Verwendung des Gesamtergebnisses, das durch bloße Addition der Ergebnisse in den sechzig Items ermittelt wurde.

In ihrem Treffen mit dem Kanzler der Universität wies die Evaluatorin eindringlich auf die Notwendigkeit hin, mehr zu berücksichtigen als nur die Ergebnisse, die unter Verwendung des Standardformulars erlangt wurden. Diese Ansicht äußerte sie nochmals nachdrücklich, als sie ihren Schlußbericht vorlegte. Neben dem ausgefüllten Formular der Universität legte die Evaluatorin auch einen ausformulierten Bericht vor. Dieser enthielt eine Zusammenfassung darüber, was sie über das Programm erfahren hatte, sowie Vorschläge, wie die Informationen aus dem Standardformular und jene aus ihrem Bericht zusammengefügt werden könnten, um das Programm und seine Funktionsweise für einen Vergleich mit ähnlichen Programm im betreffenden Staat angemessener darzustellen.

◆ Anschauungsbeispiel 2 – Analyse

Die Evaluatorin versuchte, die Situation richtigzustellen, indem sie in ihren Schlußbericht einige Kommentare einbaute, die sich mit den Schwächen des Standardformulars befaßten. Sie hätte sich jedoch schon zu Beginn über sämtliche Zwecke der Evaluation klar informieren müssen. Dann hätte sie sicher sein können, daß relevante Daten und Informationen gesammelt und analysiert wurden, um eine umfassendere und somit gerechtere Berichterstattung zu ermöglichen. In Anbetracht der Tatsache, daß ihre Arbeit Teil eines Routinevorgangs war, hätte sie sich über alle vorhandenen Evaluationsverfahren informieren sollen. Außerdem wäre es hilfreich gewesen, wenn die Evaluatorin und der Verwaltungsmitarbeiter der Universität gemeinsam geplant hätten, wer interviewt werden sollte und in welcher Reihenfolge. Dadurch hätten Informationen auf einer breiteren Grundlage erlangt werden können, die für die vielfältigen Zwecke der Evaluation erforderlich gewesen wäre. Zum Beispiel ließen es die Größe der Befragungsgruppen bei Studierenden und Ehemaligen sowie die Einrichtung des Befragungsraumes kaum zu, die Ansichten dieser Betroffenen zur Tauglichkeit des Programms einzuschätzen.

Die Verwendung der „allgemeinen" Standard-Checkliste, die nicht speziell für das zu evaluierende Programm entwickelt worden war, machte es schwer, ausgewogen über die Stärken und Schwächen des Programms zu berichten. Der mündliche Bericht, den die Evaluatorin dem Kanzler gab, bevor sie den Campus verließ, und der ausformulierte schriftliche Bericht, der dem Standardformular beigefügt war, trugen dazu bei, dem Evaluationsbericht eine größere Ausgewogenheit zu verleihen. Trotz der Standard-Checkliste gab die Evaluatorin Empfehlungen dafür, wie die Qualität und Anwendbarkeit der Evaluationsinformationen, die aus diesem standardisierten Verfahren stammten, verbessert werden könnten. Es war jedoch nicht gewiß, ob dieser Nachtrag bei der Überprüfung im gesamten Bundesstaat berücksichtigt werden würde.

Weiterführende Literatur

Kleinfeld, J., & McDiarmid, G. W. (1986). Living to tell the tale: Researching politically controversial topics and communicating the findings. *Educational Evaluation and Policy Analysis*, 8 (4), 393-401.

Morris, L. L., Fitz-Gibbon, C. T., & Freeman, M. E. (1987). How to communicate evaluation findings. In J. L. Herman (Ed.), *Program evaluation kit* (2nd ed.). Newbury Park, CA: Sage.

Stake, R. E. (1982). How sharp should the evaluator's teeth be? *Evaluation News, 3* (3), 79-80.

K6 Offenlegung der Ergebnisse

Standard: Die Vertragsparteien einer Evaluation sollten sicherstellen, daß die Evaluationsergebnisse – einschließlich ihrer relevanten Beschränkungen – den durch die Evaluation betroffenen Personen ebenso wie all jenen, die einen ausgewiesenen Anspruch auf die Evaluationsergebnisse haben, zugänglich gemacht werden.

Übersicht

Personen, die von der Evaluation betroffen sind, sowie Personen und Einrichtungen, die per Gesetz ein Recht auf die Ergebnisse der Evaluation haben, sollten vollständig über das Wie und Warum einer Evaluation und über die Gesamtheit der Ergebnisse informiert werden, es sei denn, daß die Offenlegung solcher Informationen die öffentliche Sicherheit gefährdet oder persönliche Freiheiten beschneidet.

Die Beteiligten & Betroffenen einer Evaluation haben einen Anspruch auf Berichte, in denen die Urteile und Empfehlungen der Evaluatorinnen sowie die Informationen und Methoden, die zu deren Formulierung verwendet wurden, klar und deutlich aufgeführt sind. Offenlegung von Ergebnissen bedeutet, daß so aufrichtig wie möglich mitgeteilt wird, was man als Evaluatorin denkt und glaubt, wobei die Beurteilung bei bestmöglicher Informiertheit vorgenommen werden sollte. Dieser Standard verlangt, daß alle Handlungen, öffentlichen Erklärungen und schriftlichen Berichte zur Evaluation strikt einem Kodex der Direktheit, Offenheit und Vollständigkeit folgen. Eine solche Offenlegung bei der Berichterstattung ist zwingend notwendig, wenn die Evaluation vertretbar und verteidigbar sein soll. Fehlt sie, ist die Glaubwürdigkeit der Evaluation ernsthaft gefährdet.

Wenn Personen oder Gruppen, die von der Evaluation betroffen sein werden, keine Informationen darüber erhalten können, ist es auch nicht möglich, daß sie Mängel bei den Verfahren oder Daten aufdecken. Ebensowenig können sie Ergebnisse konstruktiv nutzen. Die Folge könnte sein, daß diese Personen, unbeabsichtigt oder auch ohne es selbst zu wissen, Opfer ungerechtfertigter Schlußfolgerungen und Handlungen werden oder daß sie ihre Funktionen weniger gut ausüben als wenn sie über die Ergebnisse der Evaluation informiert worden wären. Von einer Evaluation sollte erwartet werden können, daß sie der kritischen Überprüfung durch Personen standhält, deren Leben sie möglicherweise beeinflußt, und sie sollte diese mit für sie nützlichen Informationen versorgen.

Die Fähigkeit der Evaluatorin, alle von der Evaluation betroffenen Personen zu identifizieren und ihnen gerecht zu werden, hat bedeutenden Einfluß auf die Fairneß und Nützlichkeit der Evaluation. Die Möglichkeit der Evaluatorin, Informationen freizugeben oder zu veröffentlichen, unterliegt häufig der teilweisen Kontrolle des Auftraggebers. Daher liegt die Verantwortung zur Einhaltung dieses Standards sowohl bei der Evaluatorin als auch beim Auftraggeber. Dieser Punkt sollte als Teil der formalen Vereinbarung ausgehandelt werden (siehe K2, Formale Vereinbarungen).

Richtlinien

A. Während der Planungsphase der Evaluation sollte mit dem Auftraggeber eine formelle Vereinbarung getroffen werden, die festlegt, welche Rolle dem Auftraggeber und der Evaluatorin dabei zukommt, wenn Erfordernisse bezüglich des Rechts auf Informationen („right-to-know“) zu erfüllen sind. Zu den Punkten, die zu regeln sind, zählen die Feststellung der Adressatengruppen für Zwischen- und Schlußberichte, die Befugnis zur Berichtsredaktion, die Dokumentation von Zwecken, Verfahren und Ergebnissen sowie die Frage, wann, wie und an wen Informationen über die Evaluation freigegeben werden (siehe K2, Formale Vereinbarungen).
B. Es sollte ein vollständiger schriftlicher und, wenn möglich, auch mündlicher Bericht über die Evaluation abgegeben werden, der relevante Ergebnisse ohne Auslassungen oder sonstige Änderungen offenlegt.
C. Die Grundlage für die Zusammenhänge zwischen dem Zweck der Evaluation, den verwendeten Methoden, den erhobenen Daten und den Ergebnissen sollte klar herausgestellt werden (siehe G10, Begründete Schlußfolgerungen).
D. Es sollten relevante Sichtweisen sowohl von Befürwortern als auch von Kritikern des zu evaluierenden Programms präsentiert werden (siehe N3, Umfang und Auswahl der Informationen).
E. Der Bericht sollte Urteile und Empfehlungen enthalten, die für eine breite, ausgewogene und auf Informationen basierende Sichtweise stehen.
F. Es sollte über Schlüsselfaktoren berichtet werden, welche die Vertretbarkeit der Evaluation deutlich vermindern oder steigern könnten – egal, ob sie vor oder während der Evaluation entdeckt wurden – und ihre Auswirkungen auf die Ergebnisse und Empfehlungen der Evaluation sollten offen diskutiert werden (siehe G2, Kontextanalyse).
G. Soweit geeignet, sollten zu Entwicklungs- oder Umsetzungsphasen Zwischenberichte erstellt werden, die dazu beitragen, notwendige Änderungen im Programm herbeizuführen.
H. Die Auftraggeber sollten aufgefordert werden, alle betroffenen Personen angemessen, rechtzeitig und in geeigneter sprachlicher Form mit Informationen zu versorgen, was dazu beiträgt, daß diese sich zu aufgeklärten Befürwortern, Verbrauchern, Kritikern und Beobachtern entwickeln (siehe N6, Rechtzeitigkeit und Verbreitung des Berichts).
I. Die Evaluatorinnen sollten sich das notwendige Wissen über gesetzliche Bestimmungen zu Informationsrechten aneignen, sowie auch darüber, wie diese Gesetze mit anderen Gesetzen aus dem Bereich des Schutzes der Privatsphäre, der Bürgerrechte, der Menschenrechte, der Gesundheit und Sicherheit korrespondieren und von welchen Gesetzen sie wiederum eingeschränkt werden.
J. Die Evaluatorinnen sollten darauf vorbereitet sein, solche Situationen zu erkennen und entschlossen anzugehen, in denen es erforderlich ist, daß die Evaluatorin einer unabhängigen Pflicht folgt und gegen den Willen des Auftraggebers Informationen offenlegt, z.B. wenn Beweise für illegales oder der Ethik widersprechendes Verhalten vorliegen.

Häufige Fehler

A. Bei der Feststellung der Adressatengruppen für die Evaluationsberichte geht man so vor, wie es am bequemsten und sparsamsten ist, statt sich von ethischen und rechtlichen Überlegungen leiten zu lassen.
B. Die Evaluatorinnen sind nicht an der Überwachung und Freigabe von Informationen beteiligt, welche die Evaluation betreffen oder sich aus dieser ergeben.
C. Dem Auftraggeber wird erlaubt, Teile des Evaluationsberichts ohne Rücksprache mit der Evaluatorin auszuwählen und freizugeben.
D. Dem Auftraggeber wird die einseitige Befugnis erteilt, den Evaluationsbericht vor seiner Freigabe zu bearbeiten, zu zensieren oder auf andere Weise zu ändern.
E. Ausgewählte Informationen werden nur einigen Mitgliedern einer Gruppe mitgeteilt, die von der Evaluation betroffen ist, während sie den übrigen Mitgliedern vorenthalten werden.
F. Es werden Berichte herausgegeben, die gezielt abgeändert wurden, um den Eigeninteressen der Evaluatorin, des Auftraggebers oder der Programmitarbeiter zu dienen.
G. Informationen werden verfrüht offengelegt, so daß es zu Fehlinterpretationen und Mißverständnissen kommen kann.
H. Die Beschränkungen der Evaluation werden so stark herausgehoben, daß sie völlig an Glaubwürdigkeit verliert.
I. Das Recht auf Schutz der Privatsphäre wird verletzt (siehe K3, Schutz individueller Menschenrechte).
J. Die Rechte, Zuständigkeiten und Bedürfnisse des Auftraggebers werden nicht genügend berücksichtigt (siehe K4, Human gestaltete Interaktion).
K. Bei der Planung der Evaluation und bei der Vorbereitung und Freigabe des Berichts werden bedeutsame soziale und politische Faktoren nicht beachtet (siehe G2, Kontextanalyse).

◆ Anschauungsbeispiel 1 – Beschreibung

Schon seit fast zwei Jahren beklagten sich die Einwohner eines Schuldistrikts über die Ungerechtigkeiten der Strategien, mit denen die Rassentrennung in den Schulen des Distrikts aufgehoben werden sollte. Die Angehörigen der größten Minderheitengruppe behaupteten, daß die Integrationspläne bloß eine Farce wären. Hingegen vertraten die Mitglieder der Bevölkerungsgruppe, die in dem Schuldistrikt die Mehrheit darstellte, mit der gleichen Vehemenz die Meinung, daß eine umgekehrte Diskriminierung stattfände, welche die Minderheitenkinder begünstige. Die Bildungsbehörde beschloß, in dieser Angelegenheit eine Evaluation durchzuführen, damit die Probleme offen angesprochen und ins rechte Licht gerückt werden könnten. Außerdem hoffte die Behörde, daß die Evaluation Entscheidungen ermöglichen würde, welche die angespannte Situation entschärften.

Die Evaluation wurde von einem externen Unternehmen durchgeführt. Drei Evaluatorinnen wurden mit der Studie betraut. In der formalen Vereinbarung mit der Schulbehörde wurde die vorgesehene Verbreitung von Informationen an die Öffentlichkeit folgendermaßen beschrieben: „Interessierte Gruppen und Personen werden zu gegebener Zeit nach dem Ermessen der Behörde über die Ergebnisse der Evaluation unterrichtet werden".

Schon früh im Evaluationsverlauf stießen die Evaluatorinnen auf die stark ausgeprägten Unstimmigkeiten zwischen den beiden Bevölkerungsgruppen bezüglich der Beseitigung der Rassenschranken. Sie hielten es für notwendig, ihre Bemühungen vorrangig auf die Schulen und ihre Schüler zu konzentrieren. Entsprechend wenig Zeit verwendeten sie darauf, Informationen von den Eltern oder anderen Sorgeberechtigten und der Öffentlichkeit zu erhalten.

Nachdem die Evaluatorinnen die Analyse der gewonnenen Daten und Informationen abgeschlossen hatten, legten sie der Behörde ihren Bericht vor. Gemäß den Forderungen der Behörde (z.B. nach Nichterwähnung von fragwürdigen Entscheidungen zum Bustransport zu den Schulen[23]) wurden einige Änderungen vorgenommen, und danach stellten die Evaluatorinnen ihre Ergebnisse auf einer öffentlichen Veranstaltung vor. Zu diesem Treffen erschienen sehr viele Leute. Sie wollten wissen, warum ihre Meinung bei der Evaluationsplanung nicht eingeholt worden war, warum sie nicht an den Tätigkeiten zur Datenerhebung und Informationsrecherche beteiligt worden waren, warum keine Zwischenberichte veröffentlicht worden waren und warum der Schlußbericht sich nicht mit Ergebnissen befaßte, die sich auf die Richtigkeit von Entscheidungen der Behörde zur Busbeförderung bezogen. Den Evaluatorinnen und der Behörde wurde vorgeworfen, daß sie Gesetze zur Offenlegung von Informationen verletzten, und ihre Glaubwürdigkeit und Integrität wurde bezweifelt.

◆ Anschauungsbeispiel 1 – Analyse

Egal, ob die Evaluatorinnen die Intensität des öffentlichen Interesses am Thema „Aufhebung der Rassentrennung in den Schulen" wahrgenommen hatten oder nicht: Sie hätten auf jeden Fall dafür sorgen sollen, daß ihre formale Vereinbarung mit der Schulbehörde in Übereinstimmung mit den Gesetzen des Bundes und des Staates bezüglich der Offenlegung von Informationen stand. Mit dem Einverständnis der Behörde hätten die Evaluatorinnen eine Beratungsgruppe aus Vertretern der Schule und der Kommune bilden können. Diese Gruppe hätte dann die Evaluatorinnen beraten sollen, welche Fragen in der Evaluation angesprochen werden sollten. Ein solches Evaluationselement hätte als Kontrollinstanz dagegen wirken können, daß die Verfahren zur Datenerhebung beschränkt werden und die Evaluatorinnen dazu tendieren, Streit zu vermeiden und die Berichte abzuändern. Durch ein solches Element wäre die Evaluation zwar vielleicht umfangreicher geworden, aber sie hätte wahrscheinlich auch zu einer offeneren und ehrlicheren Berichterstattung geführt. Im Laufe der Evaluation hätten Zwischenberichte erstellt werden können, in denen bereits abgeschlossene Teilbereiche der Evaluation beschrieben werden. Die Zwischenberichte hätten auch dazu genutzt werden können, auf spezielle Fragen der Evaluation einzugehen. So hätte z.B. die Geschichte der Rechtsprechung zum Bustransport als Zwischenbericht verbreitet werden können, wodurch den Nutzern der

---

23 Dabei wurden z.B. Kinder, die in ihrem Wohngebiet zur Majorität zählen, an Schulstandorte gefahren, die in Wohngebieten lagen, in denen ihre Ethnie die Minderheit darstellte (Anm. d. Ü.).

Evaluation Informationen geliefert worden wären, mit denen sie sich vor der Herausgabe des Schlußberichts für ihren Schuldistrikt beschäftigen konnten. Vertreter der Bevölkerungsmehrheit und der Minderheit hätten aufgefordert werden können, auf diese Berichte sowie auf andere im Lauf der Evaluation gefundene Ergebnisse zu reagieren.

Der zunächst unveränderte Schlußbericht hätte in einem öffentlichen Treffen vorgestellt werden sollen, auch wenn vielleicht viele Empfehlungen der Mehrheit und/oder der Minderheit und der Schulbehörde nicht genehm waren. Wenn die Öffentlichkeit zu jeder Phase der Evaluation offen, aufrichtig und gerecht informiert worden wäre, hätte der Schlußbericht wahrscheinlich nicht für so große Überraschung gesorgt. Er hätte dann eine höhere Akzeptanz gefunden und seine Glaubwürdigkeit wäre nicht in so hohem Maße in Frage gestellt worden.

◆ Anschauungsbeispiel 2 – Beschreibung

Der Fachbereich für Medizin an einer großen öffentlichen Universität verwendete viel Zeit dafür, die Studierenden im Grundstudium in klinischen Unterrichtsgruppen am Bett der Patienten zu unterrichten. Ein großer Teil dieses praktischen Unterrichts konzentrierte sich auf spezielle medizinische und chirurgische Teilgebiete. Es war sogar im Curriculum festgelegt, wie viele Unterrichtseinheiten jedem Teilgebiet gewidmet werden sollten (z.B. Kardiologie, Rheumatologie, Orthopädie). Für eine große Anzahl der klinischen Lehrkräfte stellte das Unterrichten in klinischen Unterrichtsgruppen ihre gesamte Lehrtätigkeit im Grundstudium dar.

Nachdem alle relevanten Beteiligten konsultiert worden waren, erstellte ein abteilungsübergreifender Curriculum-Ausschuß ein Evaluationssystem, das die folgenden Punkte behandeln sollte: (a) Das Ausmaß, in welchem die Erfahrungen der klinischen Unterrichtsgruppen mit den Ausbildungszielen bezüglich besonderer klinischer Spezialgebiete übereinstimmten; (b) der Bedarf an Bewertungen, um gültige Informationen über die klinischen Lehrkräfte zu erhalten. Die Informationen zum ersten Punkt interessierten vor allem den Ausschuß für die Studienordnung und die Vorsitzenden der Ausschüsse für die Ausbildung im Spezialgebiet. Die Informationen zum zweiten Punkt interessierten vor allem die einzelnen Abteilungen, wo sie für Entscheidungen über Beförderungen und andere Arten akademischer Auszeichnung verwendet werden sollten.

Die Studierenden in jeder klinischen Gruppe wurden gebeten, Fragebogen auszufüllen, die jeweils nach Abschluß der Unterrichtseinheit für ein medizinisches Spezialgebiet ausgeteilt wurden. Der Fragebogen setzte sich aus zwei Abschnitten zusammen. Im ersten Abschnitt sollten die Studierenden beschreiben, in welche Tätigkeiten sie während des Unterrichts einbezogen wurden. Im zweiten Teil sollten sie den Dozenten beurteilen. Diese Informationen wurden über drei Jahre hinweg gesammelt. Die Teilnahmequote betrug mehr als 90%. Die Analyse der Ergebnisse aller drei Jahre zeigte ein hohes Maß an Übereinstimmung und es wurde festgestellt, daß die beschafften Informationen gültig und verläßlich waren.

Die Evaluatorinnen teilten die Informationen, die sie aus den zwei Teilen der Fragebogen erhielten, den beiden vorgesehenen Adressaten getrennt mit. Für den abteilungsübergreifenden Ausschuß für die Studienordnung wurde eine allgemeine Zusammenfassung der Erfahrungen zu Lehre und Studium vorbereitet und für die Vorsitzenden der Ausbildungsausschüsse wurden detaillierte Zusammenfassungen der Ausbildungsergebnisse in den einzelnen Spezialgebieten erstellt. Die klinischen Lehrkräfte erhielten die ursprünglichen Fragebogenergebnisse, die sich auf ihren Unterricht bezogen, zusammen mit einem eine Druckseite umfassenden Bericht, der ihre Ergebnisse mit denen ihrer Fachkollegen verglich. Es wurden keine Ergebnisse freigegeben, bevor das akademische Jahr zu Ende war und die Studierenden ihre Noten bekommen hatten.

Detaillierte Erklärungen der Evaluationsergebnisse wurden den verschiedenen Adressaten schriftlich und in Besprechungen geliefert. Zusammenfassungen auf Unterrichts- und auf Klinikebene wurden bei den Konferenzen der Abteilungslehrkörper vorgestellt. Das Evaluationssystem wurde jedes Jahr von den Ausbildungsausschüssen der betroffenen Abteilungen und von dem abteilungsübergreifenden Ausschuß für die Studienordnung überprüft. Es wurden Modifikationen am System vorgenommen und dokumentiert, wenn dies erforderlich war, um Änderungen in der Ausbildungssituation widerzuspiegeln.

◆ Anschauungsbeispiel 2 – Analyse

Die beschriebene Evaluation wurde so geplant, daß sie zwei klar definierten Ansprüchen genügte und in dem Kontext einer bestimmten Lehrform wirksam funktionierte. Wichtige Beteiligte & Betroffene wurden festgestellt und bei der Entwicklung und Umsetzung der Evaluation konsultiert. Der Informationsbedarf der einzelnen Nutzergruppen wurde sorgfältig definiert.

Die Evaluatorinnen befolgten die Standard-Richtlinien zur vollständigen Berichterstattung von Evaluationen und übergaben den klinischen Lehrkräften die Ergebnisse in ihrer ursprünglichen Form, zusammen mit Informationen, die einen Vergleich der Ergebnisse mit der Verteilung der Ergebnisse bei ihren Fachkollegen ermöglichte. Vor Ende des akademischen Jahres wurden keine Informationen freigegeben.

Weiterführende Literatur

Morris, L. L., Fitz-Gibbon, C. T., & Freeman, M. E. (1987). How to communicate evaluation findings. In J. L. Herman (Ed.), *Program evaluation kit* (2nd ed.). Newbury Park, CA: Sage.

Stake, R. E. (1976). *Evaluating educational programmes: The need and the response*. Paris: Organization for Economic Cooperation and Development.

K7 Deklaration von Interessenkonflikten

Standard: Interessenkonflikte sollten offen und aufrichtig behandelt werden, damit sie die Evaluationsverfahren und -ergebnisse nicht beeinträchtigen.

Übersicht

Bei einer Evaluation spricht man von einem Interessenkonflikt, wenn persönliche oder finanzielle Interessen der Evaluatorin entweder die Evaluation beeinflussen oder von der Evaluation betroffen sind. Ein Interessenkonflikt kann auch dann vorliegen, wenn ein Auftraggeber oder andere Beteiligte & Betroffene ein unverhältnismäßig großes persönliches oder finanzielles Interesse an der Evaluation oder an dem zu evaluierenden Programm haben. Im folgenden ein paar Beispiele dazu:

- Die Evaluatorinnen können, je nachdem, welche Evaluationsergebnisse sie in ihrem Bericht herausstellen, einen kurz- oder langfristigen finanziellen Nutzen bzw. Verlust davontragen. Das gilt insbesondere, wenn die Evaluatorinnen mit dem zu evaluierenden Programm oder einem konkurrierenden Programm finanziell verbunden sind.
- Die Arbeitsplätze der Evaluatorinnen und/oder ihre Aussichten, zukünftige Evaluationsaufträge zu bekommen, könnten davon abhängen, ob ihre Berichte positive oder negative Ergebnisse beinhalten.
- Persönliche oder berufliche Beziehungen zwischen Evaluatorinnen und Auftraggebern können die Planung, die Durchführung und die Ergebnisse einer Evaluation beeinflussen.
- Für das durchführende Evaluationsbüro könnte viel auf dem Spiel stehen, besonders wenn es für das zu evaluierende Programm das Personal ausgebildet oder Materialien entwickelt hat.
- Ein Beteiligter oder ein Auftraggeber mit einem persönlichen finanziellen Interesse an dem Programm könnte den Evaluationsprozeß beeinflussen.
- Ein Beteiligter oder ein Auftraggeber, der ein persönliches berufliches Interesse daran hat, sich für das zu evaluierende Programm einzusetzen, könnte das Ergebnis der Evaluation beeinflussen, indem er bei Umfragen oder Interviews irreführende Antworten liefert.

Die Bandbreite der hier aufgeführten Beispiele deutet darauf hin, daß es bei vielen Evaluationen zu Interessenkonflikten kommen kann. Daher besteht das Problem oft nicht darin, wie ein Interessenkonflikt vermieden werden kann, sondern wie damit umgegangen werden soll. Dies ist ein Hauptanliegen bei internen Evaluationen, wo enge Freundschaften und persönliche Arbeitskontakte gang und gäbe sind und möglicherweise die Ergebnisse der Evaluation beeinflussen. Das Problem besteht auch oft bei externen Evaluationen, denn die Auftraggeber haben große Freiheit bei der Auswahl von externen Evaluatorinnen und diese müssen sich Aufträge sichern, um am Markt bestehen zu können. Interessenkonflikte können dazu führen, daß Evaluationen einseitig ausfallen, weil in die Prozesse, Ergebnisse und Interpretationen interessengeleitet eingegriffen wird.

Richtlinien

A. Mögliche Ursachen für Interessenkonflikte sollten in den Vorbesprechungen mit dem Auftraggeber erkannt und deutlich beschrieben werden.
B. Es sollten schriftlich Maßnahmen vereinbart werden, die vor Problemen im Zusammenhang mit Interessenkonflikten schützen sollen (siehe K2, Formale Vereinbarungen).
C. Personen mit einer anderen Sichtweise zur Evaluation sollten um Rat gefragt werden, um für Evaluationsalternativen und andere Auffassungen offen zu bleiben. Dadurch wird eine größere Ausgewogenheit bei der Planung und Durchführung der Evaluation ermöglicht.
D. Wann immer es geeignet erscheint, sollten Evaluationsverfahren, -daten und -berichte veröffentlicht werden, so daß sie von anderen unabhängigen Evaluatorinnen beurteilt werden können.
E. Der Evaluationsvertrag sollte nach Möglichkeit direkt mit dem Geldgeber für das Programm geschlossen werden und nicht mit dem finanzierten Programm oder Projekt.
F. Es sollte abgeschätzt werden, welche Vorteile (finanzieller, gesellschaftlicher, moralischer oder politischer Art) die verschiedenen Parteien infolge der Evaluation erlangen oder verlieren könnten. Es sollten Vorkehrungen getroffen werden, möglichem Druck seitens dieser Gruppen entgegenzuwirken (siehe D2, Politische Tragfähigkeit).
G. Interne Evaluatorinnen sollten der Leitung der Organisation direkt unterstellt sein, damit die Einflußnahme anderer Mitarbeiter auf die Evaluatorinnen eingeschränkt wird.
H. In Fällen, wo Interessenkonflikte unvermeidbar sind, sollte dafür gesorgt werden, daß Meta-Evaluationen stattfinden.

Häufige Fehler

A. Die Evaluatorinnen sind überzeugt, daß allein dadurch, daß der Auftraggeber auf vorhandene oder mögliche Interessenkonflikte aufmerksam gemacht wird, das Problem ausreichend behandelt wurde. Eine solche Einstellung ist besonders kritisch, wenn Veröffentlichungen oder Korrekturmaßnahmen ein schlechtes Licht auf den Auftraggeber werfen würden.
B. Es wird angenommen, daß bei konsequenter Anwendung bewährter Evaluationsverfahren Interessenkonflikte aus dem Weg geräumt werden.
C. Es wird davon ausgegangen, daß unabhängige, landesweit bekannte Fachleute unvoreingenommen und gegen Interessenkonflikte gefeit sind.

D. Personen, die besonders dazu befähigt wären, an der Evaluation teilzuhaben, werden allein deswegen von der Evaluation ausgeschlossen, weil befürchtet wird, ihnen könnten Interessenkonflikte unterstellt werden.

◆ Anschauungsbeispiel 1 – Beschreibung

Der Lehrplanbeauftragte eines Schuldistrikts arbeitete gemeinsam mit dem Fachmann für Leseunterricht und mehreren Lehrern des Distrikts an der Entwicklung eines Curriculumleitfadens und an Materialien für ein dreistufiges, individuell zugeschnittenes Leseförderungs-Programm. Das Programm sollte zwei Jahre später in den Klassen 1 bis 4 eingeführt werden. Um sicherzugehen, daß die Materialien und Verfahren valide und geeignet waren, schlug er vor, daß jede Stufe von einer Gruppe nicht-beteiligter Lehrerinnen evaluiert werden sollte.

Der Direktor beauftragte ein Team von Lehrerinnen damit, die erste Stufe zu evaluieren. Dabei war vorgesehen, daß die Lehrerinnen, wenn ihre Arbeit zufriedenstellend ausfiel, auch für die Evaluation der zweiten und dritten Stufe des Leseprogramms eingesetzt würden und zukünftig bei dem Programm ein bedeutend größeres Mitspracherecht haben sollten. Dem Evaluationsteam war bewußt, daß der Lehrplanbeauftragte der Haupturheber des neuen Curriculumleitfadens und der Begleitmaterialien war, daß er von deren Wert fest überzeugt war und daß er eine wesentliche Rolle bei der Entscheidung spielte, ob die Lehrerinnen auch die Evaluationen der zweiten und dritten Stufe vornehmen sollten.

Das Evaluationsteam bemühte sich in der Folge um die Beteiligung anderer Organisationsmitglieder, um Kriterien für die Evaluation des Leitfadens und der Materialien für die erste Stufe zu entwickeln. Auf Basis dieser Beteiligung legte das Evaluationsteam die Kriterien fest, die sich mehr auf die Stärken als auf die Schwächen des Programms konzentrierten.

Der Evaluationsbericht sprach sich sehr positiv für das Programm aus. Als er freigegeben wurde, beschwerte sich jedoch eine beträchtliche Anzahl von Lehrern beim leitenden Schulaufsichtsbeamten darüber, daß bedeutsame und kontroverse Elemente des Curriculumleitfadens und Mängel in den Materialien in der Evaluation nur sehr oberflächlich behandelt worden wären, daß die Ziele der Lehrer selbst nicht ausreichend berücksichtigt worden wären und daß eine der Evaluatorinnen einen Einfluß beim Erstellen des Curriculumleitfadens gehabt hätte.

Der Schulaufsichtsbeamte folgerte daraus, daß die Evaluatorinnen zu sehr darauf bedacht gewesen waren, die Gunst des Lehrplanbeauftragten für sich zu gewinnen und daß sie daher nicht korrekt und fair vorgegangen wären und ihre Glaubwürdigkeit eingebüßt hätten. Er ordnete an, daß sie nicht weiter als Evaluatorinnen tätig sein sollten.

◆ Anschauungsbeispiel 1 – Analyse

Zu Anfang hätten die Evaluatorinnen ihre eigenen möglichen Interessenkonflikte, die des Auftraggebers und die der übrigen betroffenen Parteien einschätzen und offen behandeln sollen. Wenn sie keine Verfahren hätten einführen können, welche die Evaluation einigermaßen vor den Eigeninteressen der verschiedenen Gruppen schützten, hätten sie sich weigern sollen, die Evaluation fortzuführen. Auf keinen Fall hätten die Evaluationsplanung und der Personaleinsatz so vorgenommen werden dürfen, daß ein positiver Bericht so gut wie sicher war.

Die Beteiligung von Schlüsselfiguren aus der Mitarbeiterschaft seitens des Evaluationsteams war angemessen. So wie das Team die Mitarbeit dieser Personen organisierte, verstärkte diese allerdings das positive Gesamturteil, welches vom Personal kritisiert wurde. Die Evaluatorinnen hätten einen Plan für die Beschreibung und Beurteilung des Leitfadens und der Materialien entwickeln sollen, der auch vorsah, von einem breiten Spektrum von Teilnehmenden am Leseprogramm Beurteilungen des Materials einzuholen und darüber zu berichten. Sie hätten einen oder zwei Fachleute für Leseunterricht und eventuell Lehrer aus einem anderen Schuldistrikt bitten können, die Kriterien auf den Leitfaden und die Materialien anzuwenden. Dadurch hätten sie eine Einschätzung aus der Sicht von Außenstehenden erhalten, was der Evaluation mehr Glaubwürdigkeit verliehen hätte.

◆ Anschauungsbeispiel 2 – Beschreibung

Eine Gruppe von Evaluatorinnen aus der Abteilung für pädagogische Forschung und Entwicklung an einer medizinischen Hochschule wurde aus mehreren Bewerbern ausgewählt, um eine Evaluation durchzuführen. Evaluiert werden sollten zwei Kurse, die Teil eines Programms zur fortlaufenden medizinischen Weiterbildung (CME = „continuing medical education") waren, welches von einem Berufsverband für CME angeboten wurde. Der Vertrag sah vor, daß die Evaluatorinnen die Auswirkungen des vom Berufsverband angebotenen Programms beurteilen und Empfehlungen für zukünftige, weitergehende Evaluationen des Programms geben sollten.

Eine Beratergruppe, bestehend aus fünf, dem Verband angehörenden und drei externen Beratern, begleitete das Projekt. Der Evaluationsplan verlangte eine Evaluation von zwei Kursen, je einem für jedes der zwei Jahre des Vertrags. Im Evaluationsplan wurde weiterhin festgelegt, daß praktizierende Ärzte als ausgebildete Telefoninterviewer eingesetzt würden. Für jeden Kurs wurden die Teilnehmenden nach dem Zufallsprinzip in zwei Gruppen aufgeteilt. Die Ärzte, die der Gruppe 1 zugeteilt worden waren, wurden vor und nach dem Kurs interviewt, die Ärzte in der Gruppe 2 nur nach dem Kurs. Als Kontrollgruppe wurden auch Ärzte befragt, die nicht an den Kursen teilnahmen, und zwar vor und nach den Kursen, an denen sie eigentlich hätten teilnehmen sollen. Nachdem die nach den Kursen durchgeführten Interviews mit den Gruppen 1 und 2 beendet waren, wurden von fünfzig Prozent der Ärzte Patientenakten angefordert, um den Wahrheitsgehalt der Interviewdaten zu überprüfen. Für jeden Arzt, der an der Untersuchung teilnahm, wurde eine Fallstudie erstellt.

Im allgemeinen verlief das Programm zufriedenstellend. Die Teilnahmequote für beide Gruppen betrug etwas mehr als achtzig Prozent. Die Ärzte beider Gruppen berichteten in den Interviews, daß sie ihre Praktiken geändert hätten. Die dargelegten Veränderungen stimmten im übrigen mit den festgelegten Kurszielen überein.

Ärzte aus der Kontrollgruppe für beide Kurse berichteten dagegen, daß sie ihre Vorgehensweisen nicht verändert hätten. Es zeigte sich jedoch, daß die Interviewdaten durch die Stichprobe der untersuchten Patientenakten nur in geringem Umfang bestätigt wurden. Dadurch kamen Zweifel an der Validität/Gültigkeit der Interviewergebnisse auf, aber die Evaluatorinnen wiesen darauf hin, daß übliche Patientenakten einen begrenzten Informationswert haben. Somit vertraten die Evaluatorinnen die Ansicht, daß die Überprüfung anhand der Patientenakten als Evaluationsinstrument nicht aussagekräftig war und schrieben folglich den Interviewdaten eine größere Bedeutung zu als den Daten der Akten.

Trotz der im allgemeinen günstig ausgefallenen Ergebnisse kam es zu Problemen, als die Evaluatorinnen aufgefordert wurden, Vorschläge für einen längerfristigen Plan zur Evaluation des Programms zu unterbreiten. Eines der Evaluationsergebnisse deutete darauf hin, daß die Weiterbildungsbedarfe der potentiellen Teilnehmer gründlicher untersucht werden müßten. So fanden die Evaluatorinnen zum Beispiel heraus, daß die offiziellen Kursziele und der tatsächliche Kursinhalt oft nicht mit den Lernbedürfnissen der praktizierenden Ärzte übereinstimmten, die diese in den Interviews äußerten. Bei näherer Untersuchung stellte sich heraus, daß die Kurse von profilierten Universitätsmedizinern entworfen worden waren, die seit langer Zeit im Verbandsvorstand waren und Annahmen über die Bedürfnisse in der Praxis hatten, die sich nicht immer mit der Alltagstätigkeit der niedergelassenen Ärzte deckten. Daher formulierten die Evaluatorinnen als zentrale Empfehlung für den längerfristigen Evaluationsplan, die Weiterbildungsbedürfnisse durch regelmäßige Untersuchungen bei den niedergelassenen Ärzten systematisch zu ermitteln. Die Begleitgruppe lehnte diese Empfehlung jedoch ab. Der Ausschuß vertrat vehement den Standpunkt, daß die Umsetzung eines solchen Plans die Autonomie der Dozenten des Verbandes gefährden würde, die für die Vorbereitung der Kurse zuständig waren. Der Ausschuß gab weiterhin zu bedenken, daß diese Dozenten den Verband möglicherweise verlassen würden. Das war besonders problematisch in Anbetracht der Tatsache, daß in diesem Fall die Rolle des Verbands als Lobby bei den staatlichen Gesundheitsinstituten und im Kongreß bedeutend geschwächt würde. Die deutliche, wenn auch unausgesprochene Botschaft des Ausschusses und der Verbandsmitglieder an die Evaluatorinnen lautete wie folgt: „Entwerft eine Evaluation, die nur zum Schein die Bedürfnisse in der Praxis bewertet. Dann könnt ihr weiter für uns arbeiten. Anderenfalls werden wir eure Ergebnisse zu den Akten legen und jemand anderen engagieren.“ Die Evaluatorinnen ließen sich nicht auf die Forderung ein und ihre Zusammenarbeit mit der Hochschule endete.

◆ Anschauungsbeispiel 2 – Analyse

Die Evaluatorinnen befanden sich offensichtlich in einer Situation, in der ihre privaten Interessen, nämlich die Verlängerung eines lukrativen Vertrages, durch ihren Evaluationsplan beeinträchtigt wurden. Mit der Entscheidung, auf eine Vertragsverlängerung zu verzichten, blieben die Evaluatorinnen zwar ihren Prinzipien treu. Die festgefahrene Situation, welche zu dieser Entscheidung führte, hätte aber bei Beachtung der folgenden drei Punkte vermieden werden können:

- Zunächst einmal hätten die Evaluatorinnen beim anfänglichen Abschluß des Zwei-Jahres-Vertrages als einmaliges Projekt – ohne geplante Verlängerung oder Nachbereitung – die Langzeitwirkungen erkennen müssen. Dann hätten sie mit dem Vorstand des Verbands Gespräche darüber führen sollen, wie sich die Ergebnisse der Evaluation auf die Durchführung von Programmen des Verbands auswirken.
- Zweitens hätten die Evaluatorinnen zu dem Zeitpunkt, als Ergebnisse vorlagen, die Veränderungen beim Programm nahelegten, sowohl der Begleitgruppe als auch dem Verbandsvorstand eine informelle Mitteilung darüber machen sollen. Außerdem hätten die Evaluatorinnen auf Anzeichen für mögliche „politische“ Probleme achten müssen.
- Drittens hätten die Evaluatorinnen enger mit den Dozenten zusammenarbeiten müssen, welche die untersuchten Programme durchführten und die allesamt respektierte Meinungsführer im Verband waren. Insbesondere hätten die Evaluatorinnen nach Möglichkeiten suchen sollen, wie ihre Studie eine bessere Informationsgrundlage für den Entwurf der Kurse liefern könnte, und wie die Lernbedürfnisse auf eine andere Weise eingeschätzt werden könnten, so daß die Evaluation für die Dozenten des Verbands akzeptabel war. Wenn dann in den Gesprächen über die Vertragsverlängerung das Thema der Bedarfsklärung angesprochen worden wäre, hätten die Evaluatorinnen wegen der Unterstützung durch die Dozenten eine stärkere Verhandlungsposition gehabt. Somit hätten sie die Annahmen des Verbandsvorstandes anfechten können, ohne die unangenehme Wahl treffen zu müssen, entweder ihre beruflichen Prinzipien aufzugeben oder ihr Engagement in dieser Untersuchung gänzlich aufzugeben.

Weiterführende Literatur

Clark, W. W., Jr., & Beers, C. D. (1976). *Ethical considerations in the anthropological evaluation of educational programs.* Paper presented at the annual meeting of the American Educational Research Association.

Scriven, M. (1976). Evaluation bias and its control. In G. V. Glass (Ed.), *Evaluation Studies Review Annual* (Vol. 1). Newbury Park, CA: Sage.

Windle, C., & Neigher, W. (1978). Ethical problems in program evaluation: Advice for tripped evaluators. *Evaluation and Program Planning, 1*(2), 97-107.

Worthen, B. R., & Sanders, J. R. (1987). *Educational evaluation: Alternative approaches and practical guidelines.* White Plains, NY: Longman, Inc.

K8 Finanzielle Verantwortlichkeit

Standard: Die Zuweisung und Ausgabe von Ressourcen durch die Evaluatorin sollte durch eine sorgfältige Rechnungsführung nachgewiesen werden und auch anderweitig klug sowie ethisch verantwortlich erfolgen, damit die Ausgaben verantwortungsbewußt und angemessen sind.

Übersicht

Evaluatorinnen handeln finanziell verantwortlich, wenn Gelder für die Zwecke und Verfahren verwendet werden, die in der Evaluationsvereinbarung festgelegt sind, wenn die Ausgaben in Übereinstimmung mit den relevanten Gesetzen und damit verbundenen Verordnungen und Vorschriften des betreffenden Staates oder des Bundes stehen und wenn finanzielle Transaktionen durch allgemein anerkannte Verfahren der Buchhaltung und des Rechnungswesens belegt werden.

Es besteht immer die Möglichkeit, daß Evaluatorinnen die Gelder, für die sie verantwortlich sind, mißbrauchen. Außerdem kann der Verdacht des Mißbrauchs von Geldern dazu benutzt werden, die Glaubwürdigkeit einer Evaluation in Frage zu stellen. Es ist daher wichtig, daß Evaluatorinnen bei der Verwendung der Gelder und der Buchführung darüber größte Sorgfalt walten lassen.

Richtlinien

A. Größere Kostenpunkte der Evaluation sollten in Absprache mit den Auftraggebern festgelegt werden. Dazu zählen Ausgaben für Personal, Beratung, Reisen, Material, Porto, Telefon, Datenverarbeitung, Konferenzen und Besprechungen, Information der Öffentlichkeit, Drucksachen, Meta-Evaluation und allgemeine Betriebskosten (siehe K2, Formale Vereinbarungen).
B. Es sollten genaue Aufzeichnungen über die Finanzierungsquellen und die Ausgaben gemacht werden, und zwar in klarer und verständlicher Form.
C. Es sollte eine geeignete Personalbuchführung stattfinden, welche die Arbeitsverteilung und die aufgewandte Arbeitszeit berücksichtigt.
D. Für den Erwerb von Hilfsmitteln und Dienstleistungen sollte man um möglichst günstige Angebote bemüht sein oder Vergleiche zwischen verschiedenen Anbietern anstellen.
E. Der Bericht, der für die Öffentlichkeit bestimmt ist, sollte eine Ausgaben-Übersicht enthalten, um das Vertrauen der Öffentlichkeit in die Evaluation zu erhöhen. Wenn private Evaluatorinnen davon absehen möchten, so sollten sie zumindest in der Lage sein, solche Informationen auf Verlangen vorzulegen.
F. Man sollte die Ressourcen für die Evaluation nicht leichtfertig ausweiten.

Häufige Fehler

A. Es wird eine Studie begonnen, ohne daß ein sorgfältig geplantes und bewilligtes Budget vorliegt, das für jeden Ausgabenbereich bestimmte Beträge festlegt.
B. Der Plan für die Evaluationstätigkeiten wird geändert, aber die notwendigen Budgetanpassungen werden unterlassen.
C. Gesetze werden nicht beachtet, die bei der Bereitstellung von Mitteln und deren Abrechnung anzuwenden sind.
D. Bei der Verwendung von Projektgeldern werden bestimmte Personen/Gruppen ungeprüft bevorzugt (siehe K7, Deklaration von Interessenkonflikten).
E. Es wird nicht dafür gesorgt, daß das Budget flexibel genug ist, um erforderliche Umverteilungen zu ermöglichen, die für den erfolgreichen Abschluß der Evaluation nötig sind.
F. Unerwartete Ereignisse, welche die finanzielle Grundlage der Evaluation gefährden könnten, werden mit den Auftraggebern nicht offen und ehrlich diskutiert.
G. Es wird unterlassen, jemanden als finanziell Verantwortlichen zu bestimmen.
H. Für den Evaluationsvertrag wird eine Summe vereinbart, bei deren Berechnung man davon ausging, daß erfahrenes Personal an dem Projekt arbeiten würde, aber dann wird die Arbeit weniger qualifizierten Mitarbeitern übertragen.
I. Es wird keine Genehmigung eingeholt, wenn eine wesentliche Änderung der ursprünglich vorgesehenen und gebilligten Ausgaben vorgenommen wird.
J. Das Budget der Evaluation wird erhöht, um unvorhergesehene Kosten zu decken oder Geld wird nicht zurückgegeben oder es wird unangemessen verwendet.

◆ Anschauungsbeispiel – Beschreibung

Ein Mitglied des Lehrpersonals an einer medizinischen Hochschule bat eine Bundesbehörde, Finanzmitteln zu bewilligen, um die Entwicklung eines innovativen Ausbildungsplans für Stationsärzte *(medical residents*[24]*)* zu unterstützen In dem Antrag war unter anderem vorgesehen, daß auch eine Evaluation stattfinden sollte. Der Dozent beauftragte die Evaluationsspezialistin der Hochschule, die nicht aus seiner Abteilung war, den Evaluationsplan zu entwickeln.

Die Evaluationsspezialistin bereitete einen umfassenden Evaluationsplan vor, der ein weitreichendes Engagement der medizinischen Lehrkräfte vorsah. Hierfür waren keine Mittel beantragt worden. Sie besprach die Einzelheiten des Plans mit dem Leiter der Abteilung „Forschung". Dieser nahm den Plan, den er und die Evaluationsspezialistin diskutiert hatten, in die Forschungsförderungsliste auf. Das Evaluationsvorhaben wurde bewilligt, aber in einer geringeren finanziellen Höhe. Der Leiter der Abteilung „Forschung" nahm die nötigen Budgetanpassungen vor, indem er die Arbeitszeit verschiedener Personen reduzierte, darunter auch die der Evaluatorin. Er unterließ es, Änderungen des geplanten Programms oder der Evaluation explizit mit der geldgebenden Behörde zu besprechen.

Wegen des geschmälerten Budgets konnten viele der geplanten Evaluationstätigkeiten nicht ausgeführt werden. Im übrigen maßen die universitären Lehrkräfte

24 Medical residents sind die am Ende ihrer medizinischen Ausbildung an den Universitätskliniken tätigen jungen Ärzte und Ärztinnen (Anm. d. Ü.).

der Evaluation keinen großen Stellenwert bei. Die Evaluatorin sprach regelmäßig mit dem Leiter der Abteilung „Forschung" über die Notwendigkeit, mit den Datenerhebungen zu beginnen, konnte aber von sich aus keine Erhebungen einleiten. Gegen Ende der Vertragslaufzeit verlangte der Leiter der Abteilung „Forschung" von der Evaluatorin die Durchführung einer Evaluation, die der geldgebenden Behörde anläßlich einer bevorstehenden Ortsbesichtigung vorgelegt werden sollte. Es war jedoch zu spät, um Basisdaten oder irgendwelche formativen Evaluationsdaten zu erhalten, die Teil des ursprünglichen Evaluationsplans waren.

In Anbetracht der noch zur Verfügung stehenden Zeit schickte die Evaluatorin jedem Programmteilnehmer einen auf die Schnelle entwickelten Fragebogen. Nur die Hälfte davon kam zurück. Außerdem blieb keine Zeit, um vor der Ortsbesichtigung eine zweite Untersuchung mit den Personen vorzunehmen, die nicht an der Fragebogenaktion teilgenommen hatten. Ebensowenig reichte die Zeit für Analysen, bei denen die Eigenschaften der Personen, die an der Fragebogenaktion teilgenommen hatten, mit denen der Nicht-Teilnehmer oder der gesamten Gruppe verglichen wurden.

Als die Evaluatorin ihre Ergebnisse bei der Ortsbesichtigung vorstellte, reagierte das Team der Förderbehörde erstaunt und enttäuscht, weil der ursprünglich eingereichte und bewilligte Evaluationsplan nicht eingehalten worden war. Die Glaubwürdigkeit der Evaluatorin war untergraben, die Beziehungen mit der betreffenden Abteilung der medizinischen Hochschule verschlechterten sich und die Behörde berücksichtigte von da an keine Förderanträge mehr, die von den Lehrkräften oder der Evaluatorin gestellt wurden.

◆ Anschauungsbeispiel – Analyse

Die Evaluationsspezialistin und der Leiter der Abteilung „Forschung" besprachen den Evaluationsplan, bevor dieser eingereicht wurde, aber keiner von ihnen unterzog das Budget einer kritischen Überprüfung. Sobald bekannt wurde, daß der Vorschlag nicht in vollem Umfang finanziert wurde, hätte die Evaluatorin einen Plan entwickeln sollen, der mit dem eingeschränkten Budget durchführbar war. Dann hätte sie den Leiter der Abteilung „Forschung" auffordern sollen, für die abgewandelte Evaluation die Zustimmung der geldgebenden Behörde einzuholen. Wie so oft bei mißglückten Evaluationen litt auch diese an der unzureichenden Kommunikation zwischen der Evaluatorin und verschiedenen anderen Parteien. Die Kommunikation ist oft am schwierigsten, wenn es sich um heikle Themen handelt, wie z.B. Geld. Aber gerade solch heikle Themen erfordern einen höchst gewissenhaften und klaren Dialog.

Weiterführende Literatur

Sludek, F. E., & Stein, E. L. (1981). Grants budgeting and finance: Getting the most out of your grant dollar. New York: Plenum.

Worthen, B. R., & Sanders, J. R. (1987). Educational evaluation: Alternative approaches and practical guidelines. White Plains, NY: Longman.

Worthen, B. R., & White, K. R. (1987). Evaluating educational and social programs: Guidelines for proposal review, on-site evaluation, evaluation contracts, and technical assistance. Boston: Kluwer Academic.

G Genauigkeitsstandards

Zusammenfassung der Standards

G Die Genauigkeitsstandards sollen sicherstellen, daß eine Evaluation über die Güte und/oder die Verwendbarkeit des evaluierten Programms fachlich angemessene Informationen hervorbringt und vermittelt. Es handelt sich um folgende Standards:

G1 Programmdokumentation
Das zu evaluierende Programm sollte klar und genau beschrieben und dokumentiert werden, so daß es eindeutig identifiziert werden kann.

G2 Kontextanalyse
Der Kontext, in dem das Programm angesiedelt ist, sollte ausreichend detailliert untersucht werden, damit mögliche Beeinflussungen des Programms identifiziert werden können.

G3 Beschreibung von Zielen und Vorgehen
Die Zwecksetzungen und das Vorgehen der Evaluation sollten ausreichend genau dokumentiert und beschrieben werden, so daß sie identifiziert und eingeschätzt werden können.

G4 Verläßliche Informationsquellen
Die in einer Programmevaluation genutzten Informationsquellen sollten hinreichend genau beschrieben sein, damit die Angemessenheit der Informationen eingeschätzt werden kann.

G5 Valide Informationen
Die Verfahren zur Informationsgewinnung sollten so gewählt oder entwickelt und dann umgesetzt werden, daß die Gültigkeit der gewonnenen Interpretationen für den gegebenen Zweck sichergestellt ist.

G6 Reliable Informationen
Die Verfahren zur Informationsgewinnung sollten so gewählt oder entwickelt und dann umgesetzt werden, daß die Zuverlässigkeit der gewonnen Interpretationen für den gegebenen Zweck sichergestellt ist.

G7 Systematische Informationsüberprüfung
Die in einer Evaluation gesammelten, aufbereiteten und präsentierten Informationen sollten systematisch überprüft und alle gefundenen Fehler sollten korrigiert werden.

G8 Analyse quantitativer Informationen
Quantitative Informationen einer Evaluation sollten angemessen und systematisch analysiert werden, damit die Fragestellungen der Evaluation effektiv beantwortet werden.

G9 Analyse qualitativer Informationen
Qualitative Informationen einer Evaluation sollten angemessen und systematisch analysiert werden, damit die Fragestellungen der Evaluation effektiv beantwortet werden.

G10 Begründete Schlußfolgerungen
Die in einer Evaluation gezogenen Folgerungen sollten ausdrücklich begründet werden, damit die Beteiligten & Betroffenen diese einschätzen können.

G11 Unparteiische Berichterstattung
Die Verfahren der Berichterstattung sollten über Vorkehrungen gegen Verzerrungen durch persönliche Gefühle und Vorlieben irgendeiner Evaluationspartei geschützt werden, so daß Evaluationsberichte die Ergebnisse fair wiedergeben.

G12 Meta-Evaluation
Die Evaluation selbst sollte formativ und summativ in bezug auf die vorliegenden oder andere wichtige Standards evaluiert werden, so daß die Durchführung entsprechend angeleitet werden kann und damit die Beteiligten & Betroffenen bei Abschluß einer Evaluation deren Stärken und Schwächen gründlich überprüfen können.

G1 Programmdokumentation

> *Standard: Das zu evaluierende Programm sollte klar und genau beschrieben und dokumentiert werden, so daß es eindeutig identifiziert werden kann.*

Übersicht

Es ist notwendig, daß die Evaluatorin gründliche Kenntnisse über das zu evaluierende Programm hat – und zwar sowohl darüber, wie das Programm ursprünglich geplant war und wie es tatsächlich umgesetzt wurde – und daß sie die Programmbeschreibung an andere weitergibt. Wenn diese Kenntnisse nicht erworben werden, ist die abgeschlossene Evaluation wahrscheinlich von fragwürdigem Nutzen.

Eine zutreffende Charakterisierung eines Programms in seiner tatsächlich umgesetzten Form umfaßt dessen einzigartige Eigenschaften und Bestandteile, um Vergleiche mit ähnlichen Programmen zu erleichtern. Eine gute Programmbeschreibung erleichtert es auch, Inhalte und Wirkungen des Programms miteinander in Beziehung zu setzen.

Richtlinien

A. Der Auftraggeber und andere Beteiligte & Betroffene sollten um eine mündliche und – wenn möglich – schriftliche Beschreibung der Programmplanung und der Programmwirklichkeit gebeten werden, einschließlich Angaben über Personal, Kosten, Verfahren, Durchführungsort, vorhandene Einrichtungen, Rahmenbedingungen, Programmtätigkeiten, Ziele, Art der Teilnahme und mögliche Nebeneffekte.
B. Verfügbare Programmbeschreibungen – dazu zählen Entwürfe, PR-Berichte, Diavorführungen sowie Fortschritts- und Schlußberichte der Mitarbeiter – sollten zusammengetragen und auf Gemeinsamkeiten und Unterschiede untersucht werden.
C. Es sollten unabhängige Beobachter zur Programmbeschreibung herangezogen werden, sofern dies zeitlich und finanziell möglich ist.
D. Zu Beginn der Evaluation sollte Zeit dafür vorgesehen werden, das Programm, das Personal und die betroffenen Teilnehmenden zu beobachten.
E. Im Rahmen des fortlaufenden Evaluationsprozesses sollte dafür gesorgt werden, daß stets aktuelle Programmbeschreibungen aus verschiedenen Quellen vorliegen (z.B. teilnehmende Beobachter, Protokolle von Personalbesprechungen, Interviews mit Teilnehmenden und Programmfortschrittsberichte), wobei besonders auf Änderungen in den Beschreibungen geachtet werden soll.
F. Es sollte darüber nachgedacht werden, ob separate Beschreibungen für jeden Aspekt des zu untersuchenden Programms erarbeitet werden sollen.

G. Der Auftraggeber und die Beteiligten & Betroffenen sollten aufgefordert werden, die aufgezeichneten Beschreibungen der Programmplanung und der Programmwirklichkeit auf ihre Genauigkeit zu überprüfen.
H. Erhaltene Beschreibungen des Programmobjektes sollten in einem technischen Bericht niedergeschrieben werden, wobei Abweichungen der tatsächlichen Eigenschaften des Programms von den vorgesehenen Eigenschaften besonders gekennzeichnet werden sollen.

Häufige Fehler

A. Die Evaluatorinnen begnügen sich mit der Programmbeschreibung, welche der Auftraggeber ihnen gibt oder die in der Ausschreibung enthalten ist.
B. Die Genauigkeit der erhaltenen Programmbeschreibungen wird weder durch direkte Untersuchung oder Beobachtung noch durch Befragung des Programmpersonals überprüft.
C. Die Programmbeschreibung erfolgt oberflächlich und unzureichend, indem z.B. gesagt wird, „zwischen Zeitpunkt 1 und Zeitpunkt 2 erfolgten bestimmte Aktivitäten", ohne daß die tatsächlichen Ereignisse dargestellt werden.
D. Es wird krampfhaft versucht, eine genaue Beschreibung zu geben, während das Programm noch in der Entwicklung ist.
E. Es wird soviel Zeit für die Beschreibung des Programms verwendet, daß nicht mehr genügend Zeit für die Einschätzung seiner Stärken und Schwächen zur Verfügung steht.
F. Es wird angenommen, daß das Programm exakt so wie geplant auch umgesetzt wird.

◆ Anschauungsbeispiel 1 – Beschreibung

In einem Schuldistrikt wurde beschlossen, daß ein Programm zum Förderunterricht an der weiterführenden Schule über zwei Jahre hinweg evaluiert werden sollte. Die Evaluatorinnen führten eine vergleichende Studie in der weiterführenden Schule des Schuldistrikts durch.

Alle Schüler der Schule wurden anhand ihrer Noten und Beurteilungen durch Lehrer daraufhin überprüft, ob sie Hilfe benötigen. Die ausgewählten Schüler wurden dann nach dem Zufallsprinzip in eine Fördergruppe und eine Kontrollgruppe aufgeteilt (in der Kontrollgruppe waren Schüler, die keinen besonderen Förderunterricht erhalten würden, deren schulische Leistungen aber mit denen der geförderten Schüler verglichen würden).

Die Evaluatorinnen baten den Direktor der Schule, das Programm durchzuführen, so daß die dafür ausgewählten Schüler zwei Jahre lang Förderunterricht erhalten würden. Nach Ablauf der zwei Jahre trugen die Evaluatorinnen die Noten und die Beurteilungen durch die Lehrer über die Fortschritte der Schüler aus der Fördergruppe und aus der Kontrollgruppe zusammen.

Die Evaluatorinnen stellten keine „statistisch bedeutsamen Unterschiede" zwischen den beiden Gruppen fest. Die Notendurchschnitte der Schüler hatten sich erheblich verbessert, aber in beiden Gruppen etwa in gleichem Maße. Die Lehrer meinten auch, daß in beiden Gruppen die meisten Schüler immer noch besondere Hilfe beim Lernen benötigten.

Zu keinem Zeitpunkt der Evaluation wurde von dem am Programm beteiligten Personal oder von den Evaluatorinnen klar beschrieben, welche spezielle Unterstützung die Schüler in der Fördergruppe erhielten. Ebensowenig beschrieben die Evaluatorinnen, wie der Unterricht der Kontrollgruppe aussah.

Die Evaluatorinnen zogen die Schlußfolgerung, daß der Förderunterricht den Lernerfolg der Schüler nicht verbessert hatte, und sie empfahlen, das Programm abzusetzen.

Nachdem der Evaluationsbericht herausgegeben worden war, schickte der „Verband der Eltern und Lehrer in der Sekundarschule" ein Protestschreiben an den leitenden Schulaufsichtsbeamten des Distrikts. Darin wurde behauptet, daß die Schlußfolgerungen und Empfehlungen der Evaluatorinnen nicht gerechtfertigt seien. Die Verbesserung der Durchschnittsnoten in der Fördergruppe sei Beleg dafür, daß das Förderprogramm wirkungsvoll gewesen sei. Die Berichte der Lehrer, wonach die meisten Schüler weiterhin besondere Hilfe benötigten, sei ein Hinweis darauf, daß es einen fortdauernden Bedarf für das Programm gäbe. Weiterhin wurde in dem Brief argumentiert, daß die Evaluatorinnen nicht hätten erwarten sollen, daß die Fördergruppe und die Kontrollgruppe in ihren Lernfortschritten voneinander abweichen. Es wurde behauptet, daß der Verband in Zusammenarbeit mit dem Direktor der Schule ehemalige Lehrer aus der Kommune dazu bewegt hätte, ehrenamtlich Förderunterricht für die Schüler zu geben, die Hilfe brauchten und wollten, aber der Kontrollgruppe zugeordnet waren. Der Verband stellte die Gültigkeit der Evaluation allgemein in Frage, mit der Begründung, daß die Evaluatorinnen nicht verstanden hätten, was tatsächlich während des Programms ablief.

◆ Anschauungsbeispiel 1 – Analyse

Die Einbeziehung von Schulnoten war zwar angemessen und ist als ein Bestandteil der Unterrichtserfahrungen der Schüler anzusehen, aber die Evaluatorinnen hätten das Programm sowohl für die Fördergruppe als auch für die Kontrollgruppe während der ganzen zwei Jahre dokumentieren sollen. Das wäre notwendig gewesen, um die Annahme zu untermauern, daß die Bedingungen in der Fördergruppe und in der Kontrollgruppe tatsächlich unterschiedlich waren. Außerdem hätte eine solche Dokumentation die Evaluatorinnen und ihre Auftraggeber dazu veranlassen können, die Ziele und Verfahren der Evaluation den veränderten Umständen anzupassen.

Selbst wenn die Entscheidung getroffen worden war, den ursprünglichen Evaluationsplan fortzuführen, hätten die Evaluatorinnen in ihrem Bericht neben den Schlußfolgerungen und Empfehlungen genaue Beschreibungen darüber geben sollen, welche Förderung die Schüler in der Fördergruppe und in der Kontrollgruppe erhalten hatten. Diese Beschreibungen hätten ausweisen sollen, aus welchen Maßnahmen und Aktivitäten das Förderprogramm bestand und wie hoch der Zeit- und Mittelaufwand dafür war. Dadurch hätten die Evaluatorinnen und die Nutzer der Evaluation besser einschätzen können, ob das Förderprogramm gut durchgeführt worden war, ob es den

Schülern in der Fördergruppe eine bessere Förderung als denen in der Kontrollgruppe zukommen ließ und ob die Tatsache, daß keine Unterschiede beim Lernerfolg zu erkennen waren, damit erklärt werden könnte, daß es auch keine Unterschiede beim Umfang und bei der Art der Förderung in den beiden Gruppen gab. Wenn die tatsächlichen Fördermaßnahmen der Kontrollgruppe beschrieben worden wären, hätten die Evaluatorinnen deren Wirksamkeit, Praxisnähe und Kosten im Vergleich zum speziellen Förderprogramm besser beurteilen können.

Die Evaluatorinnen hätten eine Reihe von Schritten unternehmen können, um geeignete Beschreibungen des Förderprogramms und der Förderung, die der Kontrollgruppe gegeben wurde, zu erhalten. Während der zwei Jahre hätten sie zu verschiedenen Zeitpunkten den Schulaufsichtsbeamten, den Direktor der Schule sowie eine Auswahl von Lehrern, Schülern und Eltern auffordern können, mündlich über das Förderprogramm und die Fördermaßnahmen in beiden Gruppen zu berichten. Diese Beschreibungen hätten von den Evaluatorinnen auf Band aufgezeichnet und für späteren Gebrauch niedergeschrieben werden können. Die Evaluatorinnen hätten aus beiden Gruppen Schüler auswählen können, um deren Förderungserfahrungen über die zwei Jahre hinweg zu verfolgen und festzuhalten. Unterrichtsbeobachtungen und Befragungen der Lehrer, Schüler und Eltern hätten den Evaluatorinnen helfen können, besser zu verstehen, wie das Förderprogramm funktionierte und ob es sich von dem Unterricht, den die Schüler in der Kontrollgruppe erhielten, unterschied. Die Evaluatorinnen hätten die Beschreibungen, die sie durch alle diese Vorgehensweisen erhalten hätten, in den Bericht aufnehmen und für ihre Schlußfolgerungen verwenden sollen.

◆ Anschauungsbeispiel 2 – Beschreibung

Eine Evaluatorin erhielt von einem Unternehmen den Auftrag, unterstützend bei der Durchführung einer Evaluation mitzuwirken, die eines der technischen Schulungsprogramme des Unternehmens untersuchen sollte. Das Programm bestand aus drei Phasen. In zwei Phasen fand die Vermittlung des Lernstoffs auf traditionelle Weise statt, indem ein Trainer in einem Schulungsraum unterrichtete. In der dritten Phase wurde ein computer-gestütztes Lernprogramm verwendet, das auf die individuelle Lerngeschwindigkeit anpaßbar war (CBT = „computer-based training“). Das CBT sollte im Mittelpunkt der Evaluation stehen.

Der Trainingsbeauftragte des Unternehmens und die Evaluatorin stellten eine Steuerungsgruppe für die Evaluation zusammen, die sieben Leute aus verschiedenen Abteilungen des Unternehmens umfaßte. Beim ersten Treffen der Steuerungsgruppe moderierte die Evaluatorin eine Diskussion, die sich auf den Hintergrund des Schulungsprogramms und auf das CBT-Verfahren konzentrierte. Dabei stellte sich heraus, daß fünf Mitgliedern der Steuerungsgruppe die Ziele des Schulungsprogramms und des CBT-Verfahrens nicht ganz klar waren. Das führte dazu, daß die ganze Steuerungsgruppe an einer CBT-Demonstration teilnahm. Nachdem die Gruppenmitglieder auf diese Weise eigene Erfahrung mit dem Computerprogramm gemacht hatten, waren sie in der Lage, drei Kern-Fragestellungen zu entwickeln, an denen sich die Evaluation dann orientierte.

Beim nächsten Treffen der Steuerungsgruppe stellte die Evaluatorin eine Reihe von Fragen bezüglich der politischen und organisatorischen Einschränkungen, die Konsequenzen für die Evaluation haben könnten. Aus den Antworten konnte man schließen, daß einige Mitarbeiter und Manager des Unternehmens der Ansicht waren, daß der CBT-Ansatz auf andere technische Schulungsprogramme des Unternehmens ausgeweitet werden sollte. Aufgrund der erworbenen umfassenderen Kenntnisse über das Schulungsprogramm und in Anbetracht der möglichen Auswirkungen der Evaluationsergebnisse führte die Steuerungsgruppe die Evaluation in breiterer Form durch, um Bedürfnisse von Nutzern zu erfüllen, die vorher nicht berücksichtigt worden waren. Der Evaluationsbericht enthielt eine vollständige Beschreibung der Funktionsweise und der Wirksamkeit des CBT-Verfahrens. Die Stärken und Schwächen wurden aufgezeigt und es wurde empfohlen, das CBT-Verfahren in allen Schulungsprogrammen des Unternehmens einzusetzen.

◆ Anschauungsbeispiel 2 – Analyse

Das zu evaluierende Programm war zu einem frühen Zeitpunkt genau definiert worden. Beim ersten Treffen der Steuerungsgruppe stellten der Trainingsbeauftragte und die Evaluatorin fest, wie gering bei den meisten Mitgliedern das Wissen über das CBT-Verfahren war. Dadurch, daß die Mitglieder der Steuerungsgruppe an einer Demonstration teilnahmen, bei der sie aktiv erleben konnten, wie CBT funktioniert, konnten sie die nötige Erfahrung und das nötige Wissen erwerben, um die Kern-Fragestellungen der Evaluation auszuarbeiten. Des weiteren half das Gespräch über die politischen und organisatorischen Zwänge den Mitgliedern der Steuerungsgruppe zu erkennen, daß ein Bedarf bestand, die Evaluation auszuweiten und einen neuen Katalog von „echten“, virulenten Themen zu erstellen in Hinblick auf Maßnahmen, die als Ergebnis der Evaluation durchgeführt werden sollten. Den Bedürfnissen der Steuerungsgruppe und des Unternehmens wurde durch diese vorgelagerten Evaluationstätigkeiten besser gedient.

Weiterführende Literatur

Henderson, M. E., Morris, L. L., & Fitz-Gibbon, C. T. (1987). How to measure attitudes. In J. L. Herman (Ed.), *Program evaluation kit* (2nd ed.). Newbury Park, CA: Sage.

Herman, J. L., Morris, L. L., & Fitz-Gibbon, C. T. (1987). Evaluator's handbook. In J. L. Herman (Ed.), *Program evaluation kit* (2nd ed.). Newbury Park, CA: Sage.

King, J. A., Morris, L. L., & Fitz-Gibbon, C. T. (1987). How to assess program implementation. In J. L. Herman (Ed.), *Program evaluation kit* (2nd ed.). Newbury Park, CA: Sage.

G2 Kontextanalyse

Standard: Der Kontext, in dem das Programm angesiedelt ist, sollte ausreichend detailliert untersucht werden, damit mögliche Beeinflussungen des Programms identifiziert werden können.

Übersicht

Zum Kontext des Programms zählen die geographische Verortung des Programms, der zeitliche Rahmen, das politische und soziale Umfeld, parallel laufende konkurrierende Aktivitäten, das Personal und relevante wirtschaftliche Bedingungen. Diese und andere Kontextfaktoren müssen bei der Planung, bei der Durchführung und beim Bericht der Evaluation untersucht, beschrieben und berücksichtigt werden. Jedes Programm ist in seinen Kontext eingebettet und auf schwer durchschaubare Weise damit verwoben. Kenntnisse des Umfelds sind erforderlich, wenn die Evaluation realistisch sein und auf die Bedingungen, in denen sich das Programm abspielt, eingehen soll. Kontextinformationen dienen auch dazu, die Nutzer bei der Interpretation der Evaluation zu orientieren. Es sollte eingestanden werden, wenn Schwierigkeiten bestehen, das Programm von seinem Kontext zu trennen. Es würde die Nutzer zum Beispiel interessieren, ob der Erfolg oder Mißerfolg eines Programms von solchen Umständen beeinflußt wurde, wie zum Beispiel spärliche finanzielle Mittel; Uneinigkeiten zwischen Lehrern und der Schulverwaltung; Unterstützung, Passivität oder Widerstand seitens der Eltern oder seitens einer kommunalen Kampagne für/gegen das zu evaluierende Programm.

Eine Erläuterung der Kontextbedingungen sollte den Beteiligten & Betroffenen bei der Abschätzung helfen, ob der untersuchte Kontext mit anderen Rahmenbedingungen vergleichbar ist, in denen die Ergebnisse angewendet werden könnten. Außerdem sollte diese Erläuterung die Evaluatorinnen davon abhalten, einen breiteren Anwendungsbereich für ihre Ergebnisse zu postulieren als dies der Kontext zuläßt.

Dieser Standard hat manchmal Auswirkungen auf die Entscheidung, wo und wann eine Evaluation durchgeführt wird. Wenn die Evaluatorinnen Wahlmöglichkeiten haben, sollten sie einen Kontext aussuchen, der den Kontexten am ähnlichsten ist, auf die das Programm übertragen werden könnte.

Richtlinien

A. Der technische, soziale, politische, organisatorische und wirtschaftliche Kontext des Programms sollte beschrieben werden. Dabei sollten verschiedene Informationsquellen benutzt werden (Aufzeichnungen aller Art, demographische Studien, Zeitungsausschnitte, rechtliche Grundlagen).
B. Ungewöhnliche Umstände, welche die Ergebnisse beeinflussen könnten, sollten aufgezeichnet werden. Solche Umstände wären z.B. ein Streik, Studierendenproteste, eine Steuererhöhung, ein Schneesturm oder ein Ausfall bei Technik oder Ausrüstung.
C. Es sollte aufgezeichnet werden, wenn einzelne Personen – gleichgültig ob beabsichtigt oder nicht – sich in das Programm einschalten oder besonderen Beistand leisten.
D. Es sollte untersucht werden, welche Ähnlichkeiten und Unterschiede der Kontext des zu evaluierenden Programms mit ausgewählten Kontexten hat, in denen das Programm übernommen werden könnte. Gleichzeitig sollte über die Kontextbedingungen berichtet werden, die einen bedeutenden Einfluß auf das Programm zu haben scheinen und die vermutlich für jeden von Interesse sind, der das Programm eventuell anwenden möchte.

Häufige Fehler

A. Der Kontext des Programms wird zu eng gesehen und möglicherweise wichtige Einflüsse werden nicht erkannt, wie zum Beispiel politischer Druck, Einschränkungen aufgrund von Raummangel, teure Ausrüstung.
B. Kontextbeschreibungen, die sich in PR-Materialien finden, werden als ausreichend angesehen.
C. Die Kontextanalyse wird so intensiv betrieben, daß nicht mehr genug Zeit bleibt, um die Wirksamkeit des Programms zu bewerten.

◆ Anschauungsbeispiel 1 – Beschreibung

Eine Bildungsbehörde setzte ein Gremium ein, das eine Reihe von innovativen Programmen für öffentliche Schulen evaluieren sollte. Alle diese Programme wurden von der Behörde finanziert. Jedem Mitglied des Gremiums wurde ein einzelnes Projekt zur Untersuchung zugeteilt. Diese Aufgabe, einschließlich der Übergabe eines Berichts an die Behörde, sollte innerhalb von zwei Monaten ausgeführt werden.

Eines der zu evaluierenden Programme fand in einer weiterführenden Schule mit etwa 1500 Schülern und 90 Lehrkräften statt. Das Programm, das von einem Mathematiklehrer entwickelt worden war, sollte die Schüler und die Lehrer mit dem Programmieren von Computern und mit den vielen Funktionen, die ein Computer ausüben kann, vertraut machen. Die Hardware zur Durchführung des Programms sollte aus einem Server und mehreren damit vernetzten Terminals bestehen. Obwohl der Server schon sechs Monate vor der Evaluation installiert worden war, wurde der erste Terminal erst einen Monat, bevor die Evaluatorin vor Ort erschien, angeschlossen. Im Bericht des Gremiums wurde festgestellt, daß das Programm seinen Zweck nicht erfülle. Das Urteil beruhte auf der Tatsache, daß während der sechs Monate, die seit der Installation des Servers vergangen waren, nur acht Schüler und ein Mitglied des Lehrkörpers an dem Projekt beteiligt gewesen waren. Es wurde kein Versuch unternommen, dieses Ergebnis im Zusammenhang mit Kontextfaktoren wie den folgenden zu sehen: Die Schule beteiligte sich stark an einer Kampagne des Schuldistrikts zur Einführung einer Schulsteuer und es war gerade ein neuer und unerfahrener Schuldirektor ernannt worden.

◆ Anschauungsbeispiel 1 – Analyse

Die Daten, die das Gremium gesammelt hatte, waren zwar genau, die Interpretation dieser Daten war es jedoch – in Anbetracht des Programmkontextes – nicht. Für eine sorgfältige Interpretation hätte das Gremium eine Akte mit Kontextinformationen anlegen sollen, darunter Berichte über Bedingungen und Ereignisse an der Schule, im Schuldistrikt und in der Gemeinde während der Programmlaufzeit. Dann hätte das Gremium in dem Bericht festhalten können, daß nur in einem von sechs Monaten Terminals zur Verfügung standen, daß die Schule während dieser Zeit mit der Steuerangelegenheit beschäftigt war und daß es eine personelle Veränderung in der Schulleitung gegeben hatte. Wenn der Kontext berücksichtigt worden wäre, wäre in dem Bericht an die Bildungsbehörde vielleicht empfohlen worden, das Programm noch einmal zu überprüfen, und zwar zu einer Zeit, wenn alle Terminals installiert sind, die Schulleitung stabil ist und die Lehrkräfte nicht mit der Steuerangelegenheit beschäftigt sind. Bei Berücksichtigung der Kontextfaktoren hätte das Gremium ein konstruktives Feedback übermitteln können, anstatt einfach ein negatives Urteil abzugeben.

◆ Anschauungsbeispiel 2 – Beschreibung

Die Vertriebsabteilung eines großen Unternehmens gab einer externen Evaluatorin, die nie zuvor mit diesem Unternehmen in Berührung gekommen war, den Auftrag, die Wirksamkeit einer eintägigen Schulung für Vertreter zu bewerten. Die Vertreter sollten dabei lernen, wie sie potentielle neue Kunden finden. Die Rückmeldungen aus der Evaluation der ersten Schulungstage sollten dazu genutzt werden, den Aufbau und die Durchführung späterer Schulungen anzupassen. Die Evaluatorin beobachtete fünf Schulungen, ließ die jeweils 75 Teilnehmenden einen Fragebogen ausfüllen und überzeugte aus jeder Gruppe 12 Personen davon, im Anschluß an die Schulung an einer Fokusgruppe teilzunehmen.

Die erste der fünf Schulungen sollte dazu genutzt werden, sowohl das Schulungskonzept als auch die Evaluationsmethoden zu testen. An dieser Schulung war Verkaufspersonal beteiligt, das von der Hauptniederlassung des Unternehmens aus arbeitete. Anhand des Evaluationsfeedbacks zu dieser ersten Zusammenkunft wurden zwar kleine Änderungen im Konzept für die Schulungseinheiten vorgenommen, aber die Evaluationsdaten wiesen darauf hin, daß die Schulung ihr Ziel erreichte.

An der zweiten Schulung nahm Verkaufspersonal aus einer der Zweigniederlassungen teil. Während der anschließenden Besprechung mit der Fokusgruppe erfuhr die Evaluatorin, daß eine grundlegende Neueinteilung des Außendienstpersonals im Gange war und daß einigen der Mitarbeiter, die an der Schulung teilnahmen, eine Versetzung innerhalb der Firma bevorstand. Diese Personen machten sich mehr Gedanken über ihren neuen Posten und einige auch über den damit verbundenen Einkommens- und Prestigeverlust als über den Inhalt der Schulung. Folglich wurde diese Schulung viel negativer bewertet als die erste.

◆ Anschauungsbeispiel 2 – Analyse

Die Evaluatorin hätte den Auftraggeber zu Beginn der Evaluation fragen sollen, ob in dem Unternehmen irgendwelche Umstände vorlagen, die einen Einfluß darauf haben könnten, wie die Schulungen von den Teilnehmern aufgenommen werden. Die Evaluatorin hätte auch in Erfahrung bringen sollen, wer dazu aufgefordert worden war, an den Schulungen teilzunehmen, und was die voraussichtlichen Erwartungen dieser Personen waren. Der Evaluationsplan, der Beobachtungen, Fragebogen und Fokusgruppeninterviews mit Beobachtungsgruppen vorsah, stellte einen guten Ansatz dar, um Rückmeldungen zu sammeln, wodurch die Umsetzung und Überarbeitung der Schulungen unterstützt wurde. Er wäre jedoch noch besser gewesen, wenn Informationen bezüglich der Kontextbedingungen in dem Unternehmen verwendet worden wären. An diesen Informationen hätte sich die Evaluatorin sowohl bei der Planung der Evaluation – es hätten mehr Informationen über die Auswirkungen von verknüpften Faktoren gesammelt werden können – als auch bei der Beratung des Auftraggebers hinsichtlich des Zeitpunkts für Vertreterschulungen orientieren können. Eine frühzeitige Kenntnisnahme der Personalversetzungen hätte die Evaluatorin zu der Empfehlung veranlassen können, daß die Schulungen auf einen Zeitpunkt verschoben werden sollten, an dem die negativen Auswirkungen der Neuorganisation nicht mehr spürbar waren.

Weiterführende Literatur

Harrison, M. I. (1987). *Diagnosing organizations* (Applied Social Research Methods, 8). Newbury Park, CA: Sage.

King, J. A., Morris, L. L., & Fitz-Gibbon, C. T. (1987). How to assess program implementation. In J. L. Herman (Ed.), *Program evaluation kit* (2nd ed.). Newbury Park, CA: Sage.

G3 Beschreibung von Zielen und Vorgehen

Standard: Die Zwecke und das Vorgehen der Evaluation sollten ausreichend genau dokumentiert und beschrieben werden, so daß sie identifiziert und eingeschätzt werden können.

Übersicht

Die Zwecke einer Evaluation werden durch die einzelnen Evaluationsziele und die vorgesehenen Nutzungen der Evaluationsergebnisse definiert. Das Ziel einer bestimmten Evaluation kann zum Beispiel sein, den jeweiligen Nutzen von miteinander konkurrierenden Lehrbüchern für einen dreiwöchigen Kurzlehrgang zu bewerten. Die entsprechende Nutzung der Ergebnisse soll darin bestehen, daß den Dozenten geholfen wird, eines der Lehrbücher auszuwählen. Die Verfahren einer Evaluation umfassen die Mittel und Wege, wie Daten und Informationen gesammelt, organisiert, analysiert und dargestellt werden, um dem Zweck der Evaluation gerecht zu werden oder ihn zu erfüllen.

Da die Meinungen über die Evaluationszwecke und -verfahren manchmal auseinandergehen, müssen die Übereinstimmungen und Abweichungen festgestellt und abgeschätzt werden. Mindestanforderung ist, daß die Evaluatorinnen und die Auftraggeber im Vorfeld der Evaluation aufzeichnen, welche Vorstellungen sie von den Evaluationszwecken und -verfahren haben. Es ist auch wünschenswert (wo immer es möglich ist, insbesondere bei groß angelegten Evaluationen), die Evaluationszwecke und -verfahren von unabhängigen Evaluatorinnen überwachen, beschreiben und beurteilen zu lassen. Wenn von Personen mit verschiedenen Verantwortungsbereichen Beschreibungen von Zwecken und Verfahren eingeholt werden, können unausgesprochene Unstimmigkeiten erkannt und korrigiert oder zumindest bei der Interpretation der Ergebnisse berücksichtigt werden.

Die Evaluationszwecke und -verfahren sollten während verschiedener Phasen der Evaluation beschrieben und aufgezeichnet werden. Diese Beschreibungen sollten – zumindest in groben Zügen – zu Beginn der Evaluation vorgenommen werden, damit alle Teilnehmer wissen, was von ihnen erwartet wird. Auch im Verlauf der Evaluation sollten die Zwecke und Verfahren in regelmäßigen Abständen überprüft werden, um ein realistisches Bild davon zu bekommen, ob die ursprünglichen Evaluationspläne geeignet waren, inwieweit sie umgesetzt wurden und in welchem Maße Änderungen stattfanden. Beim Abschluß der Evaluation benötigen die Nutzer eine aktuelle Beschreibung davon, was die Evaluatorinnen und mit welcher Absicht tatsächlich gemacht haben, damit die Ergebnisse und Empfehlungen entsprechend beurteilt und interpretiert werden können.

Solche Zweck- und Verfahrensbeschreibungen dienen auch weiteren Vorhaben: Sie stellen unerläßliche Informationen für jeden dar, der die Evaluation evaluieren will. Sie können Informationen für die Durchführung von ähnlichen Evaluationen unter anderen Rahmenbedingungen liefern. Sie legen die Zwecke und Verfahren fest, auf die in Wiederholungen der Evaluation geachtet werden soll. Außerdem können die Beschreibungen von Evaluationszwecken und -verfahren gute Fallbeispiele sein, die in der Ausbildung von Evaluatorinnen verwendet werden können.

Richtlinien

A. Die anfänglichen Auffassungen des Auftraggebers über die Zwecke der Evaluation sowie die beabsichtigten Nutzungen der Evaluationsergebnisse sollten ausführlich besprochen und aufgezeichnet werden.
B. Die anfänglichen Auffassungen des Auftraggebers darüber, wie die Evaluationszwecke zu erreichen sind, sollten ausführlich besprochen und aufgezeichnet werden.
C. Die Evaluatorinnen sollten über eine Kopie des Evaluationsplans und des Evaluationsvertrages (falls einer abgeschlossen wurde) verfügen.
D. Die tatsächlichen Verfahren zur Durchführung der Evaluation sollten protokolliert werden.
E. Größere Veränderungen bei den Evaluationszwecken und -verfahren sollten mit dem Auftraggeber klar abgesprochen werden.
F. Größere Veränderungen bei den Zwecken und Verfahren sollten schriftlich festgehalten werden, wobei auch der Zeitpunkt der Veränderungen notiert werden sollte.
G. Die Notizen über die Verfahren, die bei der Datensammlung und -analyse angewendet wurden, sollten aufbewahrt werden (wenn nicht gesetzliche oder vertragliche Bestimmungen dies verhindern) und sie sollten Personen, die Überprüfungen oder Sekundäranalysen der Evaluation vornehmen, zugänglich gemacht werden (auch dies gilt nur, wenn nicht gesetzliche oder vertragliche Bestimmungen dagegen sprechen).
H. Die Zwecke und Verfahren sollten zum Abschluß der Evaluation sowohl in einem zusammenfassenden Bericht (Bericht an Entscheidungsträger) als auch in einem vollständigen technischen Bericht beschrieben werden. Abweichungen von ursprünglichen Plänen sollten bezeichnet werden (siehe N5, Klarheit des Berichts).
I. Es sollten unabhängige Evaluatorinnen damit beauftragt werden, die Zwecke und Verfahren der Evaluation zu überwachen und – wenn möglich – zu evaluieren (besonders bei Evaluationen von großem Umfang).

Häufige Fehler

A. Es wird angenommen, daß eine Evaluationsofferte eine vollständige Beschreibung der Zwecke und Verfahren einer abgeschlossenen Evaluation enthält.
B. Es wird davon ausgegangen, daß die Zwecke und Verfahren, die der Auftraggeber und die Evaluatorin zu Beginn der Evaluation vereinbart haben, sich im Laufe der Evaluation nicht mehr verändern.
C. Es wird nicht vorgesehen, Anpassungen der Zwecke und Verfahren vorzunehmen, die sich im Verlauf der Evaluation als notwendig erweisen könnten.

D. Allein die Tatsache, daß die Zwecke und Verfahren sorgfältig beschrieben sind, führt zu der Schlußfolgerung, daß sie angemessen und gut sind.

◆ Anschauungsbeispiel – Beschreibung

Es wurde erwogen, einen individualisierten Lernansatz als Unterrichtsmethode im Mathematik-Programm an der High School in einem bestimmten Schuldistrikt anzuwenden. Bevor das Programm systemweit übernommen wurde, wollte der stellvertretende Schulaufsichtsbeamte den Ansatz im Vergleich mit der derzeitig angewendeten Methode evaluieren lassen.

Der stellvertretende Schulaufsichtsbeamte und das Evaluationspersonal des Distrikts trafen eine formale schriftliche Vereinbarung, welche die folgenden Punkte enthielt:

- Die Zwecksetzung der Evaluation bestand darin, dem Fachbereich Mathematik der High School bei der Entscheidung zu helfen, ob der individualisierte Lernansatz übernommen werden sollte oder nicht.
- Es sollte ein distriktweiter Vergleich der beiden Ansätze vorgenommen werden. An diesem Vergleich sollten zum einen 20% der Mathematiklehrer aus den High Schools des Distrikts beteiligt werden (die Auswahl sollte nach dem Zufallsprinzip erfolgen) und zum anderen alle Schüler, die von diesen Lehrern unterrichtet wurden.
- Die ausgewählten Lehrer sollten, ebenfalls nach dem Zufallsprinzip, einem der beiden Unterrichtsansätze zugeordnet werden.
- Die Leistungen im Fach Mathematik, die Einstellungen der Schüler und die Zufriedenheit der Lehrer sollten am Ende des Schuljahres eingeschätzt werden.

Später beschloß der stellvertretende Schulaufsichtsbeamte – ohne die Evaluatorin darüber zu informieren –, daß das Ziel der Evaluation enger gesteckt werden sollte und daß sie lediglich Feedback für eine Stärkung des Versuchsprogramms liefern sollte. Er änderte auch die Verfahren, mittels derer die Lehrer und Schüler den beiden Ansätzen zugeordnet werden sollten, so daß die Auswahl nicht zufällig erfolgte.

Die Evaluatorin, die davon ausging, daß die vereinbarten Ziele und Verfahren konstant blieben, sammelte und analysierte ihre Daten in dem Glauben, daß nach dem ursprünglichen Plan für die Auswahl der Lehrer und die Zuordnung von Lehrern und Schülern zu den Unterrichtsansätzen vorgegangen wurde. Sie fand heraus, daß die Einstellung der Schüler zu den beiden Programmen in etwa gleich war, daß aber bei dem individualisierten Ansatz die Leistungen der Schüler bedeutend besser waren und die Motivation der Lehrer höher war. Folglich wurde vorgeschlagen, diesen Ansatz im ganzen Distrikt anzuwenden.

Der stellvertretende Schulaufsichtsbeamte war von dem Bericht enttäuscht, denn er lieferte keine angemessenen Hinweise dafür, wie der individualisierte Ansatz verbessert werden könnte. Außerdem beschwerten sich mehrere Lehrer darüber, daß die Ergebnisse aus zweierlei Gründen nicht genau seien: Erstens waren viele Lehrer, die für den individualisierten Ansatz zugeteilt worden waren, schon vor Beginn der Studie diesem Ansatz gegenüber positiv eingestellt. Zweitens waren die Schüler aus den Klassen, in denen der individualisierte Ansatz angewendet wurde, im Schnitt leistungsstärker als die Schüler, die nach der traditionellen Methode unterrichtet wurden.

◆ Anschauungsbeispiel – Analyse

Der ursprüngliche Evaluationsplan war vollständig und schien den Anforderungen der Auftraggeber zu entsprechen. Das Problem lag darin, daß die Evaluatorin davon ausging, daß einmal vereinbarte Ziele und Verfahren während des ganzen Projektes konstant bleiben. Es hätten Maßnahmen getroffen werden sollen, um Veränderungen bei den Zwecken und Verfahren im Verlauf des Jahres zu überwachen und aufzuzeichnen. Die Evaluatorin hätte sich während dieses Jahres in regelmäßigen Abständen mit dem stellvertretenden Schulaufsichtsbeamten treffen sollen, um die Durchführung von Verfahren, die nicht direkt ihrer Kontrolle unterlagen (nämlich die Zuordnung von Lehrern und Schülern zu den Unterrichtsansätzen) zu überprüfen. Schließlich hätte die Evaluatorin sich vor der Datenanalyse und der Formulierung der Schlußfolgerungen und Empfehlungen mit dem stellvertretenden Schulaufsichtsbeamten und anderen beteiligten Personen treffen sollen. Dabei hätten sie sich vergewissern sollen, daß während des ganzen Jahres an der Unterrichtsmethode und an den Verfahren zur Durchführung von Tests und Fragebogenaktionen festgehalten worden war. Jegliche Differenzen zwischen Beteiligten & Betroffenen über die Zwecke und Verfahren der Evaluation hätten beschrieben werden sollen.

Weiterführende Literatur

Brewer, J., & Hunter, A. (1989). *Multimethod research: A synthesis of styles.* Newbury Park, CA: Sage.

Patton, M. Q. (1990). *Qualitative evaluation and research methods* (2nd ed.). Newbury Park, CA: Sage.

Smith, M. L. (1986). The whole is greater: Combining qualitative and quantitative approaches in evaluation studies. *New Directions For Program Evaluation: Naturalistic Evaluation, 30,* 37-54.

G4 Verläßliche Informationsquellen

Standard: Die in einer Programmevaluation genutzten Informationsquellen sollten hinreichend genau beschrieben sein, damit die Angemessenheit der Informationen eingeschätzt werden kann.

Übersicht

Evaluatorinnen bedienen sich vieler verschiedener Informationsquellen. Zu den möglichen Quellen gehören Einzelpersonen und Gruppen, Aufzeichnungen, Dokumente und Filme, Audio- und Videokassetten und ähnliches.

Es ist wünschenswert, daß Informationen aus einer Vielzahl von Quellen gewonnen werden, damit die Informationen verglichen werden können und festgestellt werden kann, ob sie miteinander übereinstimmen oder ob sie zusätzliche Sichtweisen eröffnen. So können zum Beispiel die Testergebnisse einer Schulklasse eine zusätzliche Bedeutung bekommen, wenn gleichzeitig ein qualitativer Bericht vorliegt, der den Unterrichtsablauf vor dem Test darstellt.

Informationsquellen können auf verschiedene Weise erschlossen werden. Bei Personen und Gruppen können Tests, Umfragen, Beobachtungen und Interviews durchgeführt werden. Dokumente, Filme und Kassetten können einer Inhaltsanalyse unterzogen werden und Situationen können beobachtet werden.

Evaluatorinnen müssen in der Regel davon ausgehen, daß sie nur einen Teil der potentiell verfügbaren Informationen erhalten. Es kann zum Beispiel nicht jeder getestet, interviewt, schriftlich befragt und beobachtet werden, der zu der Grundgesamtheit gehört, die für die Evaluation von Interesse ist. Es muß eine Auswahl aus der Grundgesamtheit vorgenommen werden. Das kann durch ein formales Verfahren geschehen wie beim Ziehen von Zufallsstichproben oder aber informell wie bei Befragungen „des Mannes auf der Straße". Auswahlmengen können sich im Laufe der Evaluation verändern, zum Beispiel wenn neue Schüler dazukommen oder alte abgehen oder wenn das Personal wechselt. Solche Veränderungen sollten von der Evaluatorin dokumentiert werden.

Evaluatorinnen sollten notieren, begründen und darüber berichten, welcher Informationsquellen sie sich bedient haben, welche Kriterien und Methoden sie herangezogen haben, um diese Quellen auszuwählen, welche Mittel sie benutzt haben, um an die Informationen heranzukommen und ob die gewonnenen Informationen einzigartig oder einseitig beeinflußt sind. Diese Beschreibungen sollten hinreichen, so daß andere beurteilen können, ob die Informationen aussagekräftig sind, um die Evaluationsfragestellungen zu beantworten. Eine schlechte Dokumentation und Beschreibung der Informationsquellen kann die Glaubwürdigkeit einer Evaluation mindern. Solche

Unzulänglichkeiten können auch unaufmerksame oder schlecht informierte Beteiligte zu der Annahme verleiten, daß die Schlußfolgerungen und Empfehlungen der Evaluation auf fundierten Informationen beruhen, auch wenn das nicht stimmt.

Richtlinien

A. Für jede Informationsquelle sollte die Grundgesamtheit bestimmt werden (z.B. Schüler der dritten Klasse einer Schule während eines bestimmten Jahres) und es sollte beschrieben werden, auf welche Weise die Auswahl getroffen wurde (z.B. geschichtetes Zufallsstichprobenverfahren, wobei die Schichtungsvariablen das Geschlecht des Schülers und der sozio-ökonomische Status seines Elternhauses sind; oder es wurde, ausgehend vom Vorstand eines Unternehmens, ein Schneeball-Verfahren benutzt).
B. Die Informationsquellen, die in einer bestimmten Studie benutzt wurden, sollten beschrieben werden (z.B. fünfzig Patienten, sechs Stationen, drei Krankenhäuser, vier Ereignisse, Videoaufnahmen von sechzig Minuten Länge – und die Eigenschaften jeder einzelnen Quelle).
C. Das Verfahren, mit dem die Informationen aus einzelnen Quellen gewonnen wurden, sollte dokumentiert werden (z.B. Interview, Inhaltsanalyse oder Test) und es sollten Kopien der verwendeten Instrumente aufbewahrt werden, um diese später in den technischen Anhang des Evaluationsberichts aufzunehmen.
D. Wenn sich während der Studie Veränderungen in der Stichprobe ergeben (z.B. durch Personalwechsel oder Schülerabgänge) sollte dies dokumentiert werden und die Auswirkungen auf die Evaluationsergebnisse sollten eingeschätzt werden.
E. Falls die Informationen mittels eines iterativen, sich entwickelnden Prozesses gewonnen wurden statt nach einem im voraus festgelegten Plan, sollten die Kriterien, nach denen über die Beendigung der Informationssammlung entschieden wurde, im Bericht genannt und begründet werden (z.B. überflüssige Wiederholungen, geringer Nutzen, Sättigung).
F. Bereits zusammengetragene Informationen, die für die Evaluation relevant sind, sollten genutzt werden, sobald festgestellt worden ist, daß sie einwandfrei sind.
G. Im Rahmen der technischen Dokumentation zur Evaluation sollte die Stichhaltigkeit der Informationsquellen eingeschätzt werden und mögliche Einschränkungen sollten offengelegt werden.

Häufige Fehler

A. Informationsquellen werden benannt (z.B. „fourth-grade portfolio assessments"), aber nicht beschrieben.
B. Es wird trotz fehlender Belege die Annahme vertreten, daß verschiedene Informationsquellen vergleichbar und qualitativ gleichwertig sind (z.B. vom Personal des evaluierten Projektes erstellte Fortschrittsberichte und Programmberichte, die vom Personal der Evaluationseinheit der betreffenden Organisation verfaßt sind).
C. Informationsquellen werden als stichhaltig oder nicht stichhaltig eingeordnet und letztere werden verworfen. Dabei wird außer Acht gelassen, daß alle Informationsquellen nur teilweise stichhaltig sind.

D. Es wird angenommen, daß Informationen, die auf persönlichen Interviews, Aussagen, Beobachtungen oder Dokumentenanalyse beruhen, Verzerrungen aufweisen und es deshalb nicht wert sind, beachtet zu werden. Umgekehrt wird angenommen, daß „harte“ quantitative Daten ein unverzerrtes Bild liefern und deswegen in der Evaluation stark gewichtet werden sollten.
E. Man konzentriert sich so sehr darauf, die Informationsquellen zu dokumentieren und die Angemessenheit jeder einzelnen Quelle zu bewerten, daß der Gehalt der Information entweder durch die Dokumentation verschleiert wird oder bei den Bemühungen zur Dokumentation/Bewertung übersehen wird.
F. Für das Stichprobenverfahren wird ein Prozentsatz der Grundgesamtheit festgesetzt, ohne daß vorher ausgerechnet wird, wie groß die Stichprobe sein muß, um den Anforderungen der Evaluation zu genügen.

◆ Anschauungsbeispiel – Beschreibung

Eine Direktorin eines Schuldistrikts wurde vom Vorsitzenden des für die High Schools zuständigen Gremiums eines US-Staates dazu aufgefordert, ein umstrittenes Programm für die Lehrerausbildung zu evaluieren. Das Programm war darauf ausgerichtet, Hochschulabsolventen auszubilden, die geeignet sein sollten, in „offenen Klassenräumen“ zu unterrichten. Die Evaluation sollte eine Informationsgrundlage für zukünftige Entscheidungen über die Mittelzuteilung für dieses Programm liefern.

Die Evaluatorin unternahm weitreichende Anstrengungen zur Datensammlung. Sie befragte Aufsichtsbeamte, Direktoren und Studierende schriftlich und führte Interviews mit dem Programmleiter, seinen Mitarbeitern, neuen Hochschulabsolventen und Studierenden, die sich noch in Ausbildung befanden. Wenn auch die Rücklaufquote der Fragebogenerhebungen gering war, so wiesen die Daten aus allen Quellen zusammengenommen das Programm als erfolgreich aus und der Bericht der Evaluatorin bewog das staatliche Gremium, das Programm weiterzuführen.

Kritiker des Programms griffen den Evaluationsbericht im Parlament des Staates an. Sie beanstandeten, daß die Evaluation nicht schlüssig war, weil die Personen, die an der Fragebogenerhebung teilgenommen hatten, die Gruppen nicht repräsentierten, zu denen sie gehörten. Weiterhin wurde die Glaubwürdigkeit der Fragebogenergebnisse bezweifelt, und zwar weil einerseits die Rücklaufquote niedrig war und weil andererseits kein Versuch unternommen worden war, zu bestimmen, ob die Personen, welche die Bogen ausgefüllt hatten, mit denen, die sie nicht ausgefüllt hatten, vergleichbar waren. Des weiteren wurde kritisiert, daß die neuen Hochschulabsolventen, mit denen Interviews durchgeführt worden waren, aufgrund ihrer positiven Einstellung zum Programm ausgewählt worden waren.

Die Mitglieder des Gremiums, die der Kritik ausgesetzt waren, weigerten sich, ihre Entscheidung öffentlich zu widerrufen, aber sie bewilligten die Mittel nicht in der vorher festgelegten Höhe. Es wurden keine weiteren Evaluationen in Auftrag gegeben und bei einer späteren Besprechung des Gremiums wurde beschlossen, das Programm abzusetzen.

◆ Anschauungsbeispiel – Analyse

Die Evaluatorin hätte beschreiben sollen, welche Verfahren sie genutzt hat, um die verschiedenen Stichproben zu erhalten. Daraufhin hätte sie die Eigenschaften jeder tatsächlich gewonnenen Stichprobe mit den Eigenschaften der Gruppe vergleichen sollen, aus der die Stichprobe gezogen wurde. Sie hätte auch nachprüfen sollen, ob die Personen, die sich nicht an der Umfrage beteiligten, sich auf irgendeine Weise von den teilnehmenden Personen unterschieden. Das hätte getan werden können, indem man eine Stichprobe aus beiden Gruppen gezogen hätte – den Teilnehmern und den Nicht-Teilnehmern – und untersucht hätte, ob sie sich in Hinblick auf Variablen unterschieden, die ihre Antworten beeinflussen könnten. Dann hätte die Evaluatorin berichten können, ob sie Unterschiede entdeckt hat, aufgrund derer die Teilnehmer positiver geantwortet haben könnten als die Nicht-Teilnehmer. Sie hätte dann ein fundiertes Urteil darüber abgeben können, ob die tatsächlich realisierten Stichproben für die untersuchten Gruppen weitgehend repräsentativ waren.

Weiterführende Literatur

Bednarz, D. (1985). Quality and quantity in evaluation research: A divergent view. *Evaluation and Program Planning, 8* (4), 289-306.

Brannen, J. (Ed.). (1992). *Mixing methods: Qualitative and quantitative research*. Brookfield, VT: Avebury.

Guba, E. G. (Ed.). (1990). *The paradigm dialog*. Newbury Park, CA: Sage.

Patton, M. Q. (1990). *Qualitative evaluation and research methods* (2nd ed.). Newbury Park, CA: Sage.

Shadish, W. R., Jr., Cook, T. D., & Leviton, L. C. (1991). *Foundations of program evaluation: Theories of practice*. Newbury Park, CA: Sage.

G5 Valide Informationen

> *Standard: Die Verfahren zur Informationsgewinnung sollten so gewählt oder entwickelt und dann umgesetzt werden, daß die Gültigkeit der gewonnenen Interpretationen für den gegebenen Zweck sichergestellt ist.*

Übersicht

Validität betrifft die Güte und Glaubwürdigkeit der Schlüsse, die aus den Ergebnissen des Informationsgewinnungsprozesses gezogen werden. Zu den Verfahren, die bei einer Evaluation benutzt werden können, zählen unter anderem die Durchführung von standardisierten Tests, paper-and-pencil Tests und Fragebogen, die aus den vorfindbaren Instrumenten ausgewählt oder eigens für die jeweilige Evaluation entwickelt werden, leistungsbasierte Bewertungen, Beobachtungen, Interviews und Analyse von Dokumenten. Validierung ist das Zusammentragen von Belegen, welche die Interpretation und die Verwendung von Daten und Informationen unterstützen und die mittels eines oder mehrerer dieser Instrumente und Verfahren gesammelt wurden.

Im allgemeinen sollte das Validierungsverfahren die folgenden Bestandteile umfassen:

- eine genaue Beschreibung der Konstrukte und Verhaltensweisen, über die Informationen bereitgestellt werden;
- eine Analyse darüber, welche Art von Informationen ein bestimmtes Verfahren zur Datensammlung hervorbringen soll;
- eine genaue Beschreibung, wie das Verfahren umgesetzt wurde, wie Reaktionen und Beobachtungen beurteilt oder mit Punktwerten versehen wurden und wie Interpretationen vorgenommen wurden (siehe N4, Feststellung von Werten);
- eine Darlegung der Belege – sowohl quantitativer als auch qualitativer Art -, die den Gebrauch eines bestimmten Verfahrens gerechtfertigt erscheinen lassen;
- eine allgemeine Bewertung der Validität der Interpretation und der Verwendung von Informationen, die durch das Verfahren bereitgestellt wurden, in bezug auf die Evaluationsfragestellungen und -prozesse.

Bezug nehmend auf die vorgenannten Bestandteile ist es nicht angebracht zu sagen, daß ein spezielles Instrument oder Verfahren zur Informationsgewinnung valide ist. Statt dessen werden die gezogenen Schlüsse validiert. Des weiteren ist es nicht angemessen, wenn Schlußfolgerungen, die aus den mit einem bestimmten Verfahren gewonnenen Informationen gezogen werden, allein deswegen für valide gehalten werden, weil ein Verleger oder ein Forscher ihnen eine hohe Validität bescheinigt hat. In einer Evaluation ist die Validität der Schlußfolgerung vielmehr abhängig von den behandelten Fragestellungen der Evaluation, den angewendeten Verfahren, den Bedingungen der Datensammlung, den Beurteilungs- und Punktbewertungsverfahren, den Analyseverfahren und den Eigenschaften der Personen, welche die Daten oder Informationen zur Verfügung gestellt haben.

Es ist in hohem Maße wünschenswert, daß Evaluatorinnen eine Vielzahl von Wirkungen (*outcomes*) messen und viele verschiedene Verfahren zur Informationsgewinnung verwenden. Die Schlußfolgerungen aus allen verwendeten Verfahren müssen validiert werden – sowohl einzeln als auch in ihrer Kombination –, um sicherzustellen, daß insgesamt die Informationen, die zur Beantwortung der Evaluationsfragestellungen erforderlich waren, bereitgestellt wurden.

Ein Hauptgrund für den Einsatz von mehreren verschiedenen Verfahren und Informationsquellen besteht darin sicherzustellen, daß alle wichtigen Variablen in die Betrachtung einbezogen werden. Es ist höchst unwahrscheinlich, daß ein Programm, ein Projekt oder Materialien angemessen charakterisiert und bewertet werden können, wenn man sich nur auf eine einzige Variable bezieht. Üblicherweise müssen viele Arten von Variablen berücksichtigt werden, z.B. Merkmale des Programms, Schüleraktivitäten und Kosten des Programms, sowie auch wirkungsbezogene Variablen (*outcomes*) wie z.B. beherrschtes Wissen, erworbene Fähigkeiten oder Einstellungen zum jeweiligen Thema.

Ein anderer aber ebenso wichtiger Grund für den Gebrauch von multiplen Verfahren ist die Tatsache, daß jegliche Informationsquelle Fehler aufweisen kann. Schlußfolgerungen bezüglich der Schülerleistungen im Bruchrechnen haben zum Beispiel eine höhere Validität, wenn die Ergebnisse mit einer Kombination von Verfahren erzielt werden, und zwar a) einem Multiple-Choice-Test, mit dem bei beschränkter Zeit viele Übungen abgedeckt werden können, b) einem Vervollständigungstest, bei dem die Schüler darlegen müssen, wie sie vorgehen, um zur Lösung zu kommen, und c) Interviews mit den Schülern, um festzustellen, welche Denkprozesse bei ihnen ablaufen. Ebenso haben Ergebnisse bezüglich der Umsetzung eines Programms eine größere Validität, wenn sie auf Daten und Belege gestützt sind, die aus der Analyse von Programmunterlagen, Unterrichtsbeobachtungen und Interviews mit den Lehrpersonen gewonnen wurden. Die Verwendung einer Kombination von Verfahren erhöht die Validität, da die Stärken eines Ansatzes die Schwächen eines anderen ausgleichen können.

Richtlinien

A. Die Verfahren zur Informationsgewinnung sollten im Hinblick auf die Ziele und Inhalte des zu evaluierenden Programms überprüft werden, um festzustellen, inwieweit beides zueinander paßt oder übereinstimmt. Für die Durchführung dieser Prüfung sollten zumindest teilweise Personen, die für das Programm und seinen Ablauf zuständig sind, und Vertreter der wichtigsten Beteiligten & Betroffenen hinzugezogen werden.

B. Die Gründe für die Wahl der einzelnen Verfahren sollten dargelegt werden und die Belege, die für die Verwendung dieser Verfahren sprechen, sollten in einem methodologischen Teil des Berichts, in einem Anhang oder in einem Fachbericht besonders hervorgehoben werden (siehe N5, Klarheit des Berichts).
C. Die ‚Standards for Educational and Psychological Testing'[25] sowie andere verfügbare Standardsammlungen sollten herangezogen werden. Wenn Entscheidungen über die Verwendung von pädagogischen oder psychologischen Tests in der Evaluation getroffen werden, sollten diese Standards angewendet werden.
D. Es sollte zur Kenntnis genommen werden, welche Belege für die Validität in ähnlichen Evaluationen angeführt wurden, in denen die vorgesehenen Verfahren ebenfalls verwendet wurden.
E. Wenn Meinungen eingeholt werden, sollte überlegt werden, ob die befragten Personen motiviert sind, die Wahrheit zu sagen. Die Fragen sollten so formuliert sein, daß sie so verständlich wie möglich sind und die Antworten so wenig wie möglich beeinflussen.
F. Es sollte dafür gesorgt werden, daß die Personen, die ein bestimmtes Verfahren anleiten oder durchführen, qualifiziert und ausreichend vorbereitet sind (was Kenntnisse, Ausbildung und praktische Erfahrung angeht) (siehe N2, Glaubwürdigkeit der Evaluatorinnen).
G. Bei neu entwickelten Verfahren sollten die Begründungen für das Ausmaß der geltend gemachten Validität dargelegt werden. Es sollte darauf hingewiesen werden, daß solche Verfahren Experimentalcharakter haben und daß die damit erzielten Ergebnisse vorsichtig und unter Berücksichtigung der nur begrenzt vorhandenen Validitätsbelege interpretiert werden müssen. Hinreichend berücksichtigt werden müssen auch der Kontext (siehe G2, Kontextanalyse), die Merkmale der Personen oder Gruppen, bei denen die Verfahren angewendet wurden, sowie die Qualifikationen und gegebenenfalls die Schulung der Personen, die das Verfahren anleiten oder durchführen. Es sollten mehrere verschiedene Methoden verwendet werden, um die Validität der Schlußfolgerungen zu klären, die aus den mit dem neuen Verfahren erzielten Informationen gezogen wurden.
H. Es sollte eine Vielzahl von Verfahren verwendet werden, um eine umfassende Einschätzung zu erreichen. Diese sollten jedoch sparsam eingesetzt werden und möglichst wenig Störungen verursachen. Es erscheint oft wünschenswert, *nonreaktive* Verfahren zu verwenden und nicht mit vollständigen Gruppen von Befragten sondern mit Stichproben zu arbeiten. Gegebenenfalls sollten bereits vorliegende Aufzeichnungen genutzt werden (siehe D3, Kostenwirksamkeit).
I. Die Vollständigkeit der Informationen, die durch die Verfahren insgesamt gewonnen wurden, sollte bewertet werden in Hinblick auf den Bedarf an Informationen zur Beantwortung der Evaluationsfragestellungen.
J. Eigenschaften der untersuchten Personen, wie z.B. Lesefähigkeit, sprachliches Ausdrucksvermögen oder körperliche Behinderungen, welche die Validität der Evaluation beeinträchtigen könnten, sollten berücksichtigt werden.
K. Es sollten sinnvolle Kategorien von Informationen aufgestellt werden, indem typische und regelmäßig wiederkehrende Themen in den gesammelten Informationen festgestellt werden, welche durch Verfahren mit offenen Antwortmöglichkeiten gewonnen wurden (z.B. Essays, Interviews).

---

25 Diese amerikanischen Standards sind auch für den deutschsprachigen Raum normsetzend und liegen seit 1998 in übersetzter Form vor (vgl. S. 261 in Teil B dieses Buches).

Häufige Fehler

A. Ein Verfahren zur Informationsgewinnung wird wegen seiner allgemeinen Eigenschaften (z.B. Name, äußere Form oder Bekanntheit) oder aus Bequemlichkeit akzeptiert (z.B. weil das Verfahren vorher schon einmal verwendet wurde), ohne daß vorher festgestellt wird, ob die aus den gewonnen Informationen gezogenen Schlußfolgerungen in bezug auf die Fragestellungen der Evaluation valide sind.
B. Wichtige Entscheidungen stützen sich auf ein einziges Verfahren oder eine einzige operationale Definition einer kritischen Variablen.
C. Es wird erwartet, daß Verfahren, mit denen valide Schlußfolgerungen erreicht werden, schnell und einfach konstruiert oder entwickelt werden können.
D. Bereits bestehende Verfahren, die zu validen Schlußfolgerungen führen und die verfügbar sind, werden nicht genutzt.
E. Es wird nicht darauf geachtet, daß die Personen, die für die Beschaffung der Informationen zuständig sind, für die ihnen zugeteilten Aufgaben ausreichend qualifiziert und vorbereitet sind.
F. Es wird nicht sichergestellt, daß die Beobachtungen und Beschreibungen eines Prozesses oder eines Ereignisses auf geeignete Weise durchgeführt und abgeschlossen werden.
G. Die Überprüfung von Instrumenten oder Verfahren vor ihrem Einsatz wird den Beteiligten & Betroffenen, die zu solchen Überprüfungen berechtigt wären, nicht ermöglicht.
H. Eigenschaften der Befragten werden nicht berücksichtigt, die deren Fähigkeit, das angewendete Verfahren zu verstehen oder darauf zu reagieren, beeinflussen könnten, (z.B. Lesefähigkeit, sprachliches Ausdrucksvermögen oder körperliche Behinderungen).

◆ Anschauungsbeispiel 1 – Beschreibung

An einer Mittelschule wurden zum ersten Mal in allen Jahrgangsstufen Unterrichtseinheiten zum Thema Ökologie eingeführt. Der für Lehrpläne zuständige Ausschuß der Schule forderte die Evaluationsabteilung des Schuldistrikts dazu auf, die Wirksamkeit dieser Unterrichtseinheiten zu evaluieren. Der Ausschuß wollte insbesondere erfahren, ob die Schüler, die an den Unterrichtseinheiten teilgenommen hatten, besser über Umweltthemen Bescheid wußten (z.B. über Artenschutz oder den sparsamen Umgang mit knappen Ressourcen) und ihr Verhalten in bezug auf die Umwelt sich tatsächlich geändert hatte (z.B. indem sie weniger Abfälle auf dem Schulgelände hinterließen).

Die Evaluatorinnen führten bei den Schülern einen Test und eine Fragebogenaktion durch – einmal bevor der Ökologieunterricht stattfand und einmal nachdem diese Unterrichtsreihe abgeschlossen war. Der Test, der Teil eines landesweiten/kantonalen Standardtests für naturwissenschaftliche Leistungen war, deckte die Bereiche Hygiene, Biologie und Geowissenschaft ab. Der Fragebogen war ein Selbstbericht-Instrument und enthielt Items, womit die Schüler sich selbst und ihre Klassenkameraden in bezug auf Faktoren einschätzen sollten, die mit ihrer Schulzugehörigkeit zu tun hatten. Der Fragebogen enthielt auch Items bezüglich der Achtung anderer Schüler, der Lehrer und des Schuleigentums. Nach der Zusammenstellung und Auswertung der Testergebnisse berichteten die Evaluatorinnen, daß die Ergebnisse des Teiltests, der in zwei vergleichbaren Varianten vor und nach der Durchführung der Unterrichtseinheit ausgegeben wurde, keine Veränderungen aufzeigten. Sie berichteten außerdem, daß die Einschätzungen der Schüler bei den Fragen zur Schulzugehörigkeit sich durch den Ökologieunterricht nicht änderten. Der für Lehrpläne zuständige Ausschuß zeigte sich enttäuscht von der Evaluation und wies darauf hin, daß diese nicht wirklich auf seine Fragen eingegangen war.

◆ Anschauungsbeispiel 1 – Analyse

Die Informationen, welche die Evaluatorinnen dem für Lehrpläne zuständigen Ausschuß der Schule lieferten, haben eine geringe Validität, weil die Schlußfolgerungen, die aus den Testergebnissen und den Rangplazierungen aufgrund von Fragebogen gezogen wurden, nicht auf die gestellten Evaluationsfragestellungen eingingen. Die Evaluatorinnen hätten für die Datenerhebung Verfahren wählen oder entwickeln sollen, die sich direkt auf die Fragestellungen des für Lehrpläne zuständigen Ausschusses beziehen. Sie hätten den Inhalt des Tests und des Fragebogens auf den Inhalt und die Ziele des Ökologieunterrichts abstimmen sollen. Der für Lehrpläne zuständige Ausschuß und die Lehrer der Mittelschule hätten um eine Einschätzung gebeten werden sollen, ob die beiden Instrumente zusammengenommen in geeigneter Weise auf die Evaluationsfragestellungen eingehen würden. Des weiteren hätten die Evaluatorinnen beobachten sollen, wie der Ökologieunterricht vonstatten ging. Sie hätten auch beobachten oder Berichte darüber einholen sollen, wie die Schüler sich während der Laufzeit dieser Unterrichtsreihe in und außerhalb der Schule verhielten, um mögliche unbeabsichtigte Auswirkungen des Unterrichts auf das Verhalten der Schüler zu erkennen. Sie hätten während der Evaluation Daten darüber sammeln sollen, welche Mengen Papier, Flaschen und Dosen an bestimmten Stellen um das Schulgebäude herum zu finden waren und in welchem Ausmaß die Schüler Blätter zweiseitig beschrieben, um mögliche Änderungen im Verhalten der Schüler zu prüfen.

◆ Anschauungsbeispiel 2 – Beschreibung

Eine Gruppe von Evaluatorinnen nahm den Auftrag an, die Zusammenarbeit zwischen verschiedenen, trägerübergreifend organisierten Projekten zu evaluieren. Ziel des Trägerverbundes war, die Aus- und Weiterbildungsangebote für finanziell benachteiligte Bevölkerungsgruppen zu koordinieren. Die Evaluation sollte herausfinden, durch welche Maßnahmen der Zusammenarbeit die angestrebte Koordination erleichtert werden könnte. Aus den Beschreibungen der einzelnen Projekte sollten die zu verwendenden Informationen gewonnen werden. Diese wiederum sollten mittels einer Kombination von Interviews mit dem Projektpersonal und den Teilnehmenden, Beobachtungen von fünf Unterrichtsveranstaltungen pro Projekt und einer Analyse der ursprünglichen Konzeption der einzelnen Projekte erhoben werden.

Bei der Entwicklung der Auswertungsverfahren für die gewonnenen Informationen befaßten sich die Evaluatorinnen zunächst mit einer Reihe von konzeptionellen Modellen und Hypothesen, die in der Literatur zu finden sind. In diesen Modellen wurde die Dynamik der Zusammenarbeit zwischen Organisationen erklärt. Die Evaluatorinnen konzentrierten sich auf solche Modelle, die eine Erklärung dafür lieferten, warum und in welchen Fällen eine solche interorganisatorische Zusammenarbeit erfolgreich war oder nicht. Diese Literaturquellen wurden zu einem Kernkatalog von „Problematischen Punkten bei der Zusammenarbeit zwischen Organisationen" zusammengefaßt, von denen angenommen wurde, daß sie Art und Umfang der Bemühungen zur Zusammenarbeit maßgeblich beeinflußten.

Als nächstes wählten die Evaluatorinnen 15 Fallstudien gezielt aus und analysierten diese, um weitere problematische Punkte zu erkennen und den Katalog zu verfeinern, der anhand der Literatur erstellt worden war.

Der nächste Schritt bestand darin, daß die Evaluatorinnen eine Reihe von Fokusgruppen bildeten, zu denen Vertreter und Beteiligte der einzelnen kooperierenden Projekte gehörten. In diesen Gruppen wurden die Mitglieder zunächst aufgefordert, die Faktoren, die ihrer Ansicht nach die Versuche zur wirksamen Zusammenarbeit am meisten behindert hatten, aufzuzeigen und in eine Rangordnung zu bringen. Dann sollten sie darlegen, welche Faktoren ihrer Ansicht nach die Zusammenarbeit innerhalb ihres regionalen und fachlichen Arbeitsbereichs am meisten erleichtert hatten.

Die von den Fokusgruppen erhobenen Informationen wurden bezüglich der erarbeiteten Themen ausgewertet, wobei das Hauptinteresse den Faktoren galt, die eine erfolgreiche Zusammenarbeit behinderten oder erleichterten. Die Themen wurden dann gruppenübergreifend analysiert, um festzustellen, ob sie vergleichbar waren. Zwar spiegelten die erarbeiteten Themen die jeweiligen örtlichen Gegebenheiten, aber dennoch gab es eine bemerkenswerte Übereinstimmung zwischen allen Fokusgruppen in bezug auf Themen wie „Machtverteilung", „Einigkeit über Ziele und Funktionen" sowie „Ausmaß des Engagements für die Zusammenarbeit seitens Schlüsselpersonen in der Programmleitung". Die Evaluatorinnen stellten die Themen und die Gruppendiskussion, die sich auf Themen konzentrierte, den problematischen Punkten gegenüber, die anhand der Literatur und der fünf Fallstudien gewonnen worden waren. Die Kodierkategorien wurden auf der Grundlage dieses Vergleichs erneut überarbeitet und abgestimmt.

Als abschließenden Schritt baten die Evaluatorinnen eine kleine Gruppe anderer Evaluatorinnen, die mit dem Projekt nicht vertraut waren, einige Zeit darauf zu verwenden, mit dem Katalog der erarbeiteten kritischen Kategorien ähnliche Mengen von Rohdaten der Gruppeninterviews, die von den einzelnen Fokusgruppen stammten, erneut zu codieren. Die Ergebnisse dieser Neukodierungen wurden dann auf ihre Konsistenz geprüft und im Team diskutiert. Gestützt auf die Ergebnisse dieses Schrittes wurde eine abschließende Überprüfung und Überarbeitung des Code-Schemas durchgeführt.

Das Code-Schema wurde dann bei der Evaluation der einzelnen Kooperationsprojekte verwendet. Jede Evaluatorin, die einem bestimmten Projekt zugeordnet war, hatte die Anweisung, das Code-Schema zu verwenden, gleichzeitig aber auch Aspekte des Projekts zu notieren, die für eine spätere Bestätigung von einem weiteren Beobachter codiert werden könnten. Vier projektspezifische Codes wurden festgestellt und anschließend bestätigt.

◆ Anschauungsbeispiel 2 – Analyse

Die Evaluatorinnen versuchten, im Rahmen der zur Verfügung stehenden Zeit und Ressourcen sicherzustellen, daß die Validität und Reliabilität (siehe G6, Reliable Informationen) des endgültigen Code-Schemas so gründlich wie möglich abgewogen wurden. Diese Abwägung erfolgte in mehreren sich wiederholenden Schritten, bei denen theoretische Hypothesen als Ausgangspunkt dienten und in denen auf Literaturquellen beruhende Kodierkategorien anhand von Informationen der Fokusgruppen validiert wurden. Ferner wurde die Validität sowohl in Hinblick auf die theoretische Bedeutung als auch auf den Bedeutungsgehalt für die Beteiligten & Betroffenen der einzelnen Projekte bewertet. Außerdem wurde berücksichtigt, daß während der Datenerhebung neue Kategorien auftauchen könnten.

Die Auswertung von Literatur und vorangegangenen Fallstudien als Ausgangspunkt für die Identifizierung von kritischen Eigenschaften und Verfahren trugen dazu bei, daß die Evaluationsergebnisse im allgemeinen die theoretischen Fragen ansprachen, welche die interorganisationelle Zusammenarbeit aufwirft. Indem die Evaluatorinnen eine theoretische Grundlage entwickelten (nämlich das Code-Schema), anhand dessen die aus den einzelnen Projekten gewonnenen Informationen analysiert werden konnten, und gleichzeitig das Auftauchen einzigartiger Faktoren einkalkulierten, waren sie in der Lage, sowohl die gemeinsamen als auch die spezifischen lokalen Interaktionsmuster zu erkennen, welche die Versuche zur Zusammenarbeit in den verschiedenen Projekten in entscheidender Weise beeinflußten.

Weiterführende Literatur

American Counseling Association/Association for Assessment in Counseling. (1991). *Responsibilities of users of standardized tests*. Washington, DC: Author.

American Psychological Association. (1985). *Standards for educational and psychological testing*. Washington, DC: Author.

Bradburn, N. M., & Sudman, S. (1979). *Improving interview method and questionnaire design*. San Francisco, CA: Jossey-Bass.

Code of fair testing practices for education. (1988). Washington, DC: American Psychological Association, Joint Committee on Testing Practices.

Hambleton, R. K., & Zaal, J. N. (Eds.). (1991). *Advances in educational and psychological testing*. Boston: Kluwer Academic.

Howe, K., & Eisenhart, M. (1990). Standards for qualitative (and quantitative) research: A prolegomenon. *Educational Researcher, 19* (4), 2-9.

Kirk, J., & Miller, M. L. (1986). *Reliability and validity in qualitative research* (Qualitative Research Methods Series, 1). Newbury Park, CA: Sage.

LeCompte, M., & Goetz, J. (1982). Problems of reliability and validity in ethnographic research. *Review of Educational Research, 52*, 31-60.

Lincoln, Y. S., & Guba, E. G. (1986). But is it rigorous? Trustworthiness and authenticity in naturalistic evaluation. *New Directions For Program Evaluation: Naturalistic Evaluation, 30*, 73-84.

Linn, R. L. (Ed.). (1989). *Educational measurement*. New York: Macmillan.

Linn, R. L., Baker, E. L., & Dunbar, S. B. (1991). Complex, performance-based assessment: Expectations and validation criteria. *Educational Researcher, 20* (8), 5-21.

Morris, L. L., Fitz-Gibbon, C. T., & Lindheim, E. (1987). How to measure performance and use tests. In J. L. Herman (Ed.), *Program evaluation kit* (2nd ed.). Newbury Park, CA: Sage.
Patton, M. Q. (1990). *Qualitative evaluation and research methods* (2nd ed.). Newbury Park, CA: Sage.
Principles for fair student assessment practices for education in Canada. (1993). Edmonton, Alberta, Canada: University of Alberta, Centre for Research in Applied Measurement and Evaluation, Joint Advisory Committee.
Shadish, W. R., Jr., Cook, T. D., & Leviton, L. C. (1991). *Foundations of program evaluation: Theories of practice*. Newbury Park, CA: Sage.
Sudman, S., & Bradburn, N. M. (1982). *Asking questions*. San Francisco, CA: Jossey-Bass.

G6 Reliable Informationen

> *Standard: Die Verfahren zur Informationsgewinnung sollten so gewählt oder entwickelt und dann umgesetzt werden, daß die Zuverlässigkeit der gewonnen Interpretationen für den gegebenen Zweck sichergestellt ist.*

Übersicht

Der Oberbegriff der *Reliabilität* bezieht sich auf den Grad der Konsistenz der Informationen, die aus den Erhebungsverfahren gewonnen wurden. Bei der Beurteilung der Reliabilität der erhaltenen Informationen ist es von größter Bedeutung, unbeabsichtigte Abweichungen, die sich auf Störeinflüsse oder Zufallsfehler bei den Erhebungsverfahren zurückführen lassen, von Abweichungen aufgrund von systematischen, erklärbaren Quellen zu unterscheiden. Systematische Faktoren umfassen Abweichungen, die sich auf Unterschiede der Wirkungen von Interventionen, Eigenschaften der Programmteilnehmer oder bei den Bedingungen des Umfelds und des Kontextes des zu evaluierenden Programms zurückführen lassen. Die Reliabilität wird immer dann in Frage gestellt werden, wenn Evaluationsverfahren Informationen und Ergebnisse bringen, die nicht durch diese systematischen Faktoren erklärt werden können.

Unterschiedliche Verfahren zur Informationsgewinnung sind für unterschiedliche Faktoren dieses Zufallsfehlers anfällig. Es ist daher wichtig, daß die Form der in Erwägung zu ziehenden Reliabilität die Fehlerquellen der einzelnen Verfahren berücksichtigt. So kann zum Beispiel in einigen Fällen das Hauptproblem in der Stabilität einer Messung von einem Zeitpunkt zum anderen liegen. In anderen Fällen gelten die Bedenken möglicherweise der Gleichwertigkeit von Ergebnissen zweier Versionen eines Tests, der inneren Übereinstimmung der Bestandteile eines Leistungstests oder einer Einstellungsskala, der Konsistenz von Einschätzungen verschiedener Beurteiler bei der Auswertung von Antworten auf offene Fragen, der Einheitlichkeit von Beschreibungen unterschiedlicher Beobachter oder der Einheitlichkeit von Themen, die aus einer Reihe von niedergeschriebenen Schilderungen durch unterschiedliche Auswerter erarbeitet werden. Es sollten Anstrengungen unternommen werden, um die Menge und die Auswirkungen dieser unbeabsichtigten Auslöser für Abweichungen bei den Evaluationsergebnissen und gewonnenen Informationen zu beschreiben und/oder zu reduzieren.

Bei der Beurteilung des Reliabilitätsgrades ist es auch wichtig, die Untersuchungseinheit oder Zielgruppe zu berücksichtigen, auf die sich die Evaluation konzentriert. Wenn z.B. die Untersuchungseinheit eine Gruppe ist, ist es nicht angemessen, Reliabilitätsanalysen vorzunehmen, die sich auf Einzelpersonen als Untersuchungseinheit konzentrieren. Ein anderes Beispiel: Aus Untersuchungen mit Erwachsenen abgeleitete Reliabilitätsschätzungen können nicht automatisch auf Jugendliche übertragen werden.

Richtlinien

A. Evaluatorinnen sollten für die Informationsgewinnung nach Möglichkeit solche Verfahren wählen, mit denen in der Vergangenheit Daten und Informationen gewonnen wurden, die für den vorgesehenen Nutzen eine akzeptable Reliabilität aufwiesen. Man kann jedoch nicht immer davon ausgehen, daß sich günstige Werte der Reliabilität, die sich in der Vergangenheit gezeigt haben, verallgemeinern lassen. Es sollten Reliabilitätsinformationen zusammengetragen werden, die für die Gruppen und die Art und Weise, wie die Verfahren zur Informationsgewinnung in der Evaluation benutzt werden, unmittelbar relevant sind.
B. Bei neu entwickelten Verfahren zur Informationsgewinnung sollten Art und Ausmaß der beanspruchten Reliabilität begründet werden. Ausreichend berücksichtigt werden müssen folgende Faktoren, da sie alle die Reliabilität beeinflussen können: der Inhalt des Verhaltens, das durch das Verfahren bewertet wird, die Art und Weise, in der die Verfahren mit den Personen oder Gruppen durchgeführt wurden, und die Heterogenität der Personen in Hinblick auf die gemessenen oder beobachteten Eigenschaften.
C. Die Evaluatorinnen sollten mit den ‚Standards for Educational and Psychological Testing' und den ‚Responsibilities of Users of Standardized Tests' vertraut sein und diese anwenden, wenn sie Entscheidungen über die Auswahl und Entwicklung von Instrumenten treffen.[26]
D. Sich entwickelnde Standpunkte, Interpretationen und Schlußfolgerungen sollten mit einem unparteiischen Berufskollegen besprochen werden, um sich über die eigene Haltung und die eigenen Werte sowie deren Bedeutung für die Untersuchung klarer zu werden.
E. Es sollte regelmäßig festgehalten werden, was die Evaluatorin durch die Evaluation herauszufinden erwartet. So kann kontrolliert werden, ob die Sichtweise der Evaluatorin einen starken Einfluß ausübt. Man sollte sich Aufgeschlossenheit bewahren gegenüber den Sichtweisen der Beteiligten & Betroffenen und gegenüber Alternativ-Erklärungen für beobachtete Phänomene.
F. Im Fall des Einsatzes von offenen Instrumenten und Verfahren sollte die intersubjektive Übereinstimmung beim Auszählen, Kategorisieren und Kodieren überprüft werden. Dies sollte entweder durch zwei oder mehr qualifizierte Personen geschehen, die unabhängig voneinander die gleiche Gruppe von Informationen analysieren, oder aber durch einen externen Prüfer, der nachsieht, ob die Daten einheitlich analysiert wurden (siehe G11, Unparteiische Berichterstattung).
G. Auszähler und Auswerter sollten ausreichend geschult werden, um sicherzustellen, daß sie für ihnen leicht unterlaufende Fehler sensibilisiert sind und die Verfahren zur Vermeidung dieser Fehler kennen.

---

26 Siehe Fußnote 25.

Häufige Fehler

A. Der Nachweis für eine Art von Reliabilität (z.B. interne Konsistenz oder Beständigkeit über die Zeit oder Übereinstimmung der Beobachter) wird als Nachweis für eine andere Art von Reliabilität aufgefaßt. Verschiedene Arten von Reliabilität spiegeln verschiedene Quellen von Meßfehlern wider, welche die Interpretationen von Ergebnissen auf verschiedene Weise beeinflussen.
B. Die Evaluatorinnen verlassen sich blindlings auf die Reliabilitätsnachweise, die einem veröffentlichten Instrument oder Verfahren bescheinigt wurden. Dabei berücksichtigen sie die möglichen Auswirkungen von Unterschieden zwischen dem Kontext bzw. der Stichprobe der beigezogenen Reliabilitätsstudie und den Bedingungen der aktuellen Evaluation nicht.
C. Es wird nicht berücksichtigt, daß die Reliabilität von Werten, die ein Instrument oder Verfahren liefert, schwanken kann, je nachdem wie, wann und wo diese angewendet werden.
D. Es wird angenommen, daß aufgrund der geringen Reliabilität der Einzelergebnisse eines Instruments auch die Reliabilität der Durchschnittsergebnisse einer Gruppe gering ist.
E. Die Reliabilitätskoeffizienten für Maße von stetigen Variablen werden als Hinweis auf die Reliabilität von dichotomen Entscheidungen interpretiert (z.B. „Bestanden/Nicht bestanden", „Beherrschung/Nichtbeherrschung der Materie"), die auf diesen Messungen basieren.
F. Es wird nicht berücksichtigt, daß die Reliabilität einer Reihe von Differenzwerten in der Regel geringer ist als die Reliabilität jeder der beiden Gruppen von Werten, die zur Berechnung der Unterschiede verwendet wurden.
G. Werte mit geringer Reliabilität werden als bedeutende Informationen für die Evaluationsergebnisse verwendet.
H. Es wird angenommen, daß bei hoher Reliabilität auch die Validität hoch ist.
I. Man geht davon aus, daß die Beobachtungen einer Evaluatorin nicht von ihrer Sichtweise, Ausbildung oder vorangegangenen Erfahrungen beeinflußt werden.
J. Bei Interpretationen und Schlußfolgerungen werden nicht alle relevanten Informationen berücksichtigt.

◆ Anschauungsbeispiel 1 – Beschreibung

Für die Evaluation einer innovativen Unterrichtsmethode erstellten die Evaluatorinnen eine Checkliste für Beobachtungen und jeweils zwei Versionen von mehreren lernzielorientierten Tests. Die Tests enthielten jeweils zehn Lernziele und jedes Lernziel umfaßte fünf Items.

Die Evaluatorinnen führten mit den lernzielorientierten Tests eine Vorprüfung durch, indem sie jede Version jedes Tests jeweils unterschiedlichen Stichproben von Schülern aushändigten. Die Schüler kamen aus den Klassen 2 und 4 an sechs Schulen. Es wurde eine Standardformel benutzt, um einen internen Konsistenzkoeffizienten zu errechnen, und zwar für das Gesamtergebnis bei fünfzig Items (zehn Lernziele mit jeweils fünf Fragen) für jede Testversion. Es stellte sich heraus, daß die interne Konsistenz jeder Version mehr als 0.8 betrug.

Um die Reliabilität der Informationen zu bewerten, die anhand der Checkliste für Beobachtungen gewonnen wurden, schickten die Evaluatorinnen in jede der sechs Schulen einen anderen Beobachter. Jeder Beobachter untersuchte in der Schule einen bestimmten Bereich zu zwei verschiedenen Zeitpunkten. Zwischen der ersten und der zweiten Beobachtung lag ein zeitlicher Abstand von drei Wochen. Die Korrelationen zwischen den dokumentierten Beobachtungen zu den zwei Zeitpunkten wurden für jeden Punkt auf der Checkliste und für alle sechs Schulen berechnet. Es zeigte sich, daß die Korrelation immer höher lag als 0.6. Aufgrund dieser Ergebnisse zogen die Evaluatorinnen die Schlußfolgerung, daß ihre Tests und die Checkliste Ergebnisse und Informationen lieferten, die für den Gebrauch in der Evaluation eine ausreichende Reliabilität besaßen.

Diese Schlußfolgerung wurde später heftig kritisiert. Eine Gruppe von Lehrern, die an der Evaluation teilnahmen, erhob den Vorwurf, daß die verschiedenen Testversionen nicht gleichwertig seien und daß dadurch unfaire Vergleiche von Klassen und Schulen zustande kämen. Die Lehrer sagten weiterhin, daß sie keinen Sinn darin sähen, daß die Reliabilität der Ergebnisse von jedem Test als Ganzem bewertet wurde, weil die Tests darauf angelegt waren, für die einzelnen Lernziele Teilergebnisse hervorzubringen. Die Lehrer zweifelten daran, daß die Items, die den einzelnen Zielen zugeordnet waren, eine konsistente Grundlage dafür böten, die Beherrschung des Lernziels durch die Schüler einheitlich zu messen. Sie behaupteten auch, daß die Ergebnisse der Beobachtungen eher vom jeweils zugeordneten Beobachter abhingen, als vom tatsächlichen Unterrrichtsgeschehen. Die Evaluatorinnen waren nicht in der Lage, sich gegen diese Vorwürfe zu verteidigen.

◆ Anschauungsbeispiel 1 – Analyse

Beide Versionen jedes Tests hätten im voraus getestet werden können, indem man sie zu zwei Zeitpunkten mit nur einer Stichprobe von Schülern durchgeführt hätte. Dadurch wäre es möglich gewesen, die Beständigkeit der Ergebnisse zwischen den Versionen abzuschätzen, sowohl nach Lernzielen getrennt als auch für alle zehn Lernziele zusammen. Da die Tests entwickelt worden waren, um das Erreichen bestimmter Lernziele festzustellen, wäre der Prozentsatz von Schülern, bei denen sich in beiden Testversionen herausgestellt hätte, daß sie einzelne Ziele erreicht bzw. nicht erreicht haben, ein geeigneter Index dafür gewesen, inwieweit die anhand der Tests zu treffenden Urteile über das Bestehen oder Nicht-Bestehen von Schülern konsistent wären.

Die Checkliste für Beobachtungen hätte im voraus getestet werden können, indem man zwei oder mehr Beobachter in jede an der Pilotstudie beteiligte Klasse geschickt hätte, um die Beobachtungen gleichzeitig, aber unabhängig voneinander vorzunehmen. Der Prozentsatz der Einheitlichkeit unter den Beobachtern hätte als Index berechnet werden können, um die Konsistenz für jeden Punkt auf der Checkliste einzuschätzen. Diese Ergebnisse würden anzeigen, ob die Einschätzung des Unterrichts von dem Beobachter unabhängig war.

Ganz allgemein hätten die Evaluatorinnen kritischer vorgehen sollen, als sie die Arten von Reliabilitätsbelegen für ihre Evaluation auswählten. Sie hätten nicht den weitverbreiteten Fehler machen sollen, interne Konsistenz und Wiederholungszuverlässigkeit als die einzigen Methoden anzusehen, um die Einheitlichkeit von Entscheidungen über das Bestehen oder Nicht-Bestehen oder von Beobachtungen zu bewerten.

◆ Anschauungsbeispiel 2 – Beschreibung

Eine Radiologin wollte gern evaluieren, inwieweit die Vorlesungen in einem Kurs, der darauf angelegt war, Medizinstudierende eine Einführung in die Grundlagen der klinischen Medizin zu geben, Anweisungen bezüglich des Gebrauchs von bildbasierten Diagnoseverfahren enthielten. Um ihr Vorhaben zu verwirklichen, entwikkelte sie ein Verfahren, bei dem ein Beobachter nachzählte, wie viele von vier verschiedenen Arten von bildlichen Darstellungen für die Diagnose (z.B. Röntgenbilder, Ultraschall, Magnetresonanzbilder und Computer-Tomographien) in einer Vorlesung benutzt wurden, und notierte, welcher Themenbereich besprochen wurde (z.B. Kardiologie oder Neurologie). Die Zahlenwerte wurden auf einem Standardformular eingetragen. Auf dem Formular war jede Art von bildbasierten Diagnoseverfahren aufgeführt, jedoch nicht definiert. Die Radiologin stellte zwei Medizinstudierende aus dem ersten Semester als Beobachter ein. Sie händigte beiden Studierenden eine ausreichende Anzahl von Formularen aus, um eine Reihe von Vorlesungen einschätzen zu können, und teilte ihnen Ort und Zeit der Vorlesungen mit. Die beiden Studierenden sollten ihre Beobachtungen unabhängig voneinander durchführen.

Als die Vorlesungsreihe beendet war, ließ die Radiologin von ihrer Sekretärin zählen, wie viele verschiedene Arten von bildlichen Darstellungen für jeden Themenbereich notiert worden waren. Anhand dieser Zahlen zog sie die Schlußfolgerung, daß viele Darstellungen zur Diagnose vorgestellt wurden, die für Studierende in einem Einführungskurs zur klinischen Medizin noch zu anspruchsvoll waren. Sie folgerte auch, daß in einigen Themenbereichen zu wenig diagnostische Darstellungen benutzt wurden. Sie bereitete einen Bericht vor, den sie an die Curriculum-Kommission der medizinischen Hochschule schickte und diese dazu aufforderte, in dieser Sache etwas zu unternehmen.

Die Curriculum-Kommission besprach diesen Bericht mit den Dozenten, die über die Ergebnisse verwirrt waren. Sie hielten die im Bericht angegeben Zahlen für nicht zutreffend. Aufgrund dieser Reaktion unterzog die Kommission den Bericht einer genaueren Überprüfung und sprach mit der Radiologin und mit den Studierenden, welche die Beobachtungen vorgenommen hatten. Bei diesen Gesprächen stellte sich heraus, daß die Studierenden nicht genau über die Unterschiede zwischen den vier bildlichen Darstellungsverfahren zur Diagnose Bescheid wußten, und daß sie die Darstellungen, die in den Vorlesungen präsentiert wurden, nicht einheitlich den verschiedenen Kategorien zugeordnet hatten. Die Radiologin, der diese Enthüllungen peinlich waren, erklärte sich bereit, den Bericht zurückzunehmen und die Studie noch einmal durchzuführen.

◆ Anschauungsbeispiel 2 – Analyse

Bei der Durchführung der Studie beging die Radiologin mindestens drei Fehler. Erstens hätte sie die Beobachter vor dem Einsatz des Datenerhebungsinstrumentes schulen sollen und in einer Pilotstudie die Übereinstimmung der Bewertung zwischen den beiden Beobachtern untersuchen sollen. Dadurch hätte sie höchstwahrscheinlich festgestellt, daß die Studierenden die Zuordnung zu den Kategorien nicht einheitlich vornahmen. Das hätte sie dazu veranlaßt, Gründe oder Erklärungen für das geringe Maß an Übereinstimmung zu finden. Diese Informationen hätten der Radiologin signalisieren müssen, daß vor der eigentlichen Untersuchung bessere Verfahren zur Vorbereitung der Beobachter entworfen werden sollten. Zweitens hätte die Radiologin persönlich einige der Beobachtungen durchführen sollen, um sicherzustellen, daß die Verfahren in der Praxis zufriedenstellend ausfielen, und um die Arbeit der Beobachter stichprobeweise zu überprüfen. Drittens hätte sie die Ergebnisse und ihre Schlußfolgerungen mit einem Kollegen besprechen sollen, der nicht an der Arbeit beteiligt war. Dieser Kollege hätte mögliche Fehler bei den verwendeten Datenerhebungsinstrumenten ansprechen können, welche die Radiologin davor bewahrt hätten, sich durch die Vorlage und das anschließende Zurückziehen ihrer Ergebnisse und Schlußfolgerungen zu blamieren.

Weiterführende Literatur

American Counseling Association/Association for Assessment in Counseling. (1991). *Responsibilities of users of standardized tests.* Washington, DC: Author.

American Psychological Association. (1985). *Standards for educational and psychological tests.* Washington, DC: Author.

Hambleton, R. K., & Zaal, J. N. (Eds.). (1991). *Advances in educational and psychological testing.* Boston: Kluwer Academic.

Howe, K., & Eisenhart, M. (1990). Standards for qualitative (and quantitative) research: A prolegomenon. *Educational Researcher, 19* (4), 2-9.

Kirk, J., & Miller, M. L. (1986). *Reliability and validity in qualitative research* (Qualitative Research Methods Series, 1). Newbury Park, CA: Sage.

LeCompte, M. & Goetz, J. (1982). Problems of reliability and validity in ethnographic research. *Review of Educational Research, 52,* 31-60.

Lincoln, Y. S., & Guba, E. G. (1986). But is it rigorous? Trustworthiness and authenticity in naturalistic evaluation. *New Directions For Program Evaluation: Naturalistic Evaluation, 30,* 73-84.

Linn, R. L. (Ed.). (1989). *Educational measurement.* New York: Macmillan.

Lipsey, M. W. (1990). *Design sensitivity.* Newbury Park, CA: Sage.

Morris, L. L., Fitz-Gibbon, C. T., & Lindheim, E. (1987). How to measure performance and use tests. In J. L. Herman (Ed.), *Program evaluation kit* (2nd ed.). Newbury Park, CA: Sage.

Shadish, W. R., Jr., Cook, T. D., & Leviton, L. C. (1991). *Foundations of program evaluation: Theories of practice.* Newbury Park, CA: Sage.

Shavelson, R. J., & Webb, N. M. (1991). *Generalizability theory: A primer.* Newbury Park, CA: Sage.

G7 Systematische Informationsüberprüfung

Standard: Die in einer Evaluation gesammelten, aufbereiteten und präsentierten Informationen sollten systematisch überprüft und alle gefundenen Fehler sollten korrigiert werden.

Übersicht

Systematische Informationsüberprüfung bedeutet, daß Maßnahmen getroffen werden, um sicherzustellen, daß alle Informationen – egal, ob sie schon vorhanden waren oder neu gewonnen wurden – soweit wie möglich fehlerfrei und abgesichert sind.

Beim Erheben, Zählen, Aufzeichnen, Kodieren, Speichern, Vergleichen, Analysieren und Dokumentieren bestehen zahlreiche Fehlermöglichkeiten. Eventuell werden bei einer Gruppe von Befragten Informationen gesammelt, deren Befragung gar nicht vorgesehen war. Geplante Test- oder andere Verfahren werden vielleicht nicht befolgt, weil die Anweisungen unklar sind oder das Personal nicht ausreichend geschult ist. Zählanweisungen und Zuordnungssysteme könnten falsch angewendet werden. Bei der Weiterverarbeitung im Büro können Fehler unterlaufen und es könnten auch Dokumente verlorengehen. Ebenso können Fehler bei der Auswertung von Informationen auftreten. Dies sind nur einige der Möglichkeiten, wie vermeidbare Fehler gemacht werden können. Die Evaluatorinnen sollten diese Fehler soweit wie möglich eliminieren; denn wenn sie auftauchen, können sie zu falschen Schlußfolgerungen und Empfehlungen führen, was wiederum Fehlentscheidungen und verfehlte Maßnahmen zur Folge haben könnte.

Die Evaluatorinnen sollten selbst bei hochqualifizierten und engagierten Fachkräften nicht davon ausgehen, daß sie fehlerfrei arbeiten (siehe K1, Unterstützung der Dienstleistungsorientierung) oder davon, daß sie ihr eigenes Vorgehen genauestens überprüfen. Sorgsame Evaluatorinnen richten ein systematisches Schulungsprogramm, Kontrollen und Genauigkeitsüberprüfungen ein, um Fehler soweit wie möglich auszuschließen und/oder um mögliche Auswirkungen von nicht entdeckten Fehlern abzuschätzen.

Die gesammelten Informationen und die Ergebnisse ihrer Analyse sollten sicher aufbewahrt werden, um anschließende Verfälschungen zu vermeiden. Auf diese Weise wird die Vollständigkeit und Genauigkeit der Informationen und Ergebnisse sichergestellt.

Richtlinien

A. Es sollten Vorkehrungen getroffen werden, um sicherzustellen, daß das Evaluationspersonal für seine Aufgaben ausreichend vorbereitet ist und besonders auf mögliche typische Fehler achtet.
B. Bei der Erhebung, Verarbeitung und Dokumentation von Informationen und Ergebnissen sollte systematisch nach Fehlern geforscht werden. Dabei sollte ein Qualitätssicherungsinstrument verwendet werden.
C. Die Dateneingabe sollte von einer anderen Person überprüft werden.
D. Externe Agenturen oder Personen, die für das Sammeln, Bewerten und Kategorisieren und/oder quantitative oder qualitative Analysen zuständig sind, sollten überwacht werden.
E. Die Kontrolle über die ursprünglichen Informationen und Ergebnisse sollte gewahrt werden, so daß deren Integrität geschützt werden kann.
F. Für die Speicherung und den Abruf von Informationen sollten Standardverfahren angewendet und umgesetzt werden.
G. Die Evaluatorinnen sollten routinemäßig bei den Beteiligten & Betroffenen rückfragen, um sicherzustellen, daß die bei diesen Gruppen gesammelten Informationen genau dargestellt werden. Dazu sollte genügend Zeit eingeplant werden.

Häufige Fehler

A. Es wird vorausgesetzt, daß die für die Informationserhebung zuständigen Personen die Anweisungen der Evaluationsleitung korrekt befolgen.
B. Es wird vorausgesetzt, daß die Befragten alle abgegebenen Anleitungen lesen, verstehen und befolgen.
C. Die Dateneingabe wird nicht auf Genauigkeit überprüft.
D. Es wird angenommen, daß die Ergebnisse von Rechnern zur Testauswertung und Computern genau sind, nur weil sie maschinell produziert wurden.
E. Große, durch qualitative Feldforschungsmethoden hervorgebrachte Datenmengen können nicht bewältigt werden.
F. Mittels Computerresultaten erstellte Datentabellen werden nicht überprüft und gegengelesen.
G. Die Arbeiten zur Analyse und Berichterstattung werden unerfahrenen Personen zugeteilt, oder aber Beratern, die nicht mit der Studie als Ganzer vertraut sind, und daher datenbezogene Fehler nicht erkennen können.
H. Berichte mit ungenauen Ergebnissen werden nicht zurückgezogen oder es wird nicht dafür gesorgt, daß genaue Ergebnisse nachgeliefert werden.
I. Aufgrund von Zeitdruck wird die systematische Informationsüberprüfung vernachlässigt.
J. Der Zugang Dritter zu den Informationen wird nicht kontrolliert.

◆ Anschauungsbeispiel 1 – Analyse

Eine Regierungsbehörde gab bekannt, daß sie mit drei Schuldistrikten in jedem US-Staat einen 100.000-Dollar-Vertrag schließen wollte, um ein auf Bundesebene entwickeltes Programm zur Berufsausbildung in der Praxis zu testen. Die Behörde erhielt zahlreiche Bewerbungen und ernannte vier Beurteilerinnen, um jede Bewerbung anhand von 13 festgelegten Kriterien zu bewerten. Dann bildete die Behörde durch Addieren und Dividieren den Durchschnitt der vier Bewertungen für jede Bewerbung. Die Bewerbungen wurden dann, nach Staaten getrennt, in eine Rangfolge gebracht. Die Verträge wurden den drei Schuldistrikten zugeteilt, die in dem jeweiligen Staat die ersten Plätze auf der Rangliste belegten.

Die Bewerber aus einem bestimmten Schuldistrikt waren enttäuscht darüber, daß ihr Schuldistrikt keinen Vertrag erhielt, insbesondere weil die Erarbeitung der Bewerbung viel Zeit und Mühe gekostet hatte. Eine Verfasserin reiste nach Washington, um sich eine Erklärung geben zu lassen. Von einem Beamten der zuständigen Behörde wurde ihr mitgeteilt, daß die Bewerbung ihres Distrikts ein sehr schlechtes Gesamturteil erhalten habe. Diese Aussage wurde von der Mitverfasserin so nicht hingenommen, und sie verlangte eine Überprüfung der vier Einzelbewertungen für die Bewerbung. Der Beamte kam dieser Aufforderung nach und stellte zu seinem großen Unbehagen fest, daß das Gesamturteil für diese Bewerbung errechnet worden war, indem die Summe der Bewertungen nicht durch vier sondern durch sechs geteilt worden war. Nachdem die Durchschnittsbewertung korrigiert worden war, befand sich der Schuldistrikt an der Spitze der Rangliste. Außerdem stellte sich bei einer anschließenden Überprüfung der Durchschnittsbewertungen für alle Bewerbungen heraus, daß es fünf weitere Fälle gab, wo Bewerbungen am Ende der Rangliste standen, weil ihre Durchschnittsbewertung errechnet worden war, indem die Summe durch sechs statt durch vier geteilt worden war.

◆ Anschauungsbeispiel 1 – Analyse

Das für die Mittelbewilligung angewandte Entscheidungsverfahren selbst wies zwar offensichtlich keine Mängel auf, dafür aber die Genauigkeit der Auswertung. Die Beamten der zuständigen Behörde hätten sicherstellen sollen, daß ihre Entscheidungen zur Mittelzuweisung genau den gesammelten Urteilen entsprachen. Die Genauigkeit der Berechnungen sowie auch der ursprünglichen Bewertungen hätte auf unabhängige Weise überprüft werden sollen. Die Behörde hätte eine unabhängige Evaluatorin damit beauftragen können, die Genauigkeit des gesamten Prozesses der Sammlung und Auswertung der Urteile zu überprüfen. Des weiteren hätten zwei Mitarbeiter der Behörde unabhängig voneinander die Gesamturteile für jede Bewerbung ausrechnen können.

◆ Anschauungsbeispiel 2 – Beschreibung

Das gesetzgebende Organ eines US-Staates hatte ein Gesetz mit Richtlinien für Unterhaltszahlungen erlassen. Kurz darauf entwickelte eine rechtswissenschaftliche Hochschule in dem betreffenden Staat einen speziellen, zwölf Stunden umfassenden Lehrgang, durch den Juristen an Familiengerichten (Anwälte, Richter und Mediatoren) auf die Umsetzung des Gesetzes vorbereitet werden sollten. Zwei Jahre später wurden einer Professorin an einer rechtswissenschaftlichen Hochschule in einem anderen Staat finanzielle Mittel zur Verfügung gestellt, um die Umsetzung des Gesetzes zu evaluieren. Durch die Evaluation sollte herausgefunden werden, ob verschiedene Arten von Vermittlern die Richtlinien für die Unterhaltszahlungen auf ähnliche Weise anwendeten und ob die Richtlinien andere Bereiche der Konfliktbeilegung in unvereinbarer Weise beeinflussen.

Die Evaluatorin beschäftigte Jurastudierende von der im auftraggebenden Staat gelegenen Hochschule, um halbstrukturierte Interviews mit Anwälten für Familienangelegenheiten, Richtern und Familienmediatoren durchzuführen. Die Studierenden wurden in Interviewtechniken eingewiesen, erhielten Informationen über grundlegende, hier relevante Rechtsfragen sowie drei hypothetische Fälle, um die sich die Interviews drehen sollten. Den Studierenden wurde auch gesagt, welche Regeln sie bei der Zuweisung von Identifikations-Codes für die Niederschriften von Interviewaufnahmen beachten sollten. Es wurde abgemacht, daß die Aufnahmebänder mit den Interviews nach der Niederschrift an die Interviewer, also die Studierenden, zurückgegeben werden sollten. Diese sollten dann die Niederschriften auf Genauigkeit überprüfen und gegebenenfalls Anmerkungen vornehmen. Nachdem die Niederschriften überprüft worden waren, sollten sie der Evaluatorin aus dem anderen Staat zur Analyse übersandt werden, während die Aufnahmebänder in versiegelten Kartons in der Bibliothek der Hochschule aufbewahrt wurden.

Als die Evaluatorin die Niederschriften durchsah, war sie beeindruckt von der Gründlichkeit der Interviews, der Qualität der Daten und der Klarheit der Antworten. Sie ging sofort dazu über, die Daten zu analysieren und den Schlußbericht zu schreiben. Eines der bedeutendsten Ergebnisse war, daß die Richter die neuen Richtlinien nicht systematisch so umsetzten, wie es im Gesetz vorgegeben war. Der Bericht sorgte für Furore beim Richterstand und der Richterverband des Staates verlangte eine Überprüfung der Evaluation.

Zunächst erschien der Evaluationsprüferin die Evaluation verläßlich und glaubwürdig. Die Planungsentscheidungen waren gut dokumentiert worden und entsprachen den professionellen Standards. Außerdem enthielten die Aufzeichnungen der Evaluation weitreichende Belege für Triangulation und Verfahren, mit denen Verzerrungen vorgebeugt werden sollte. Die Prüferin stellte fest, daß die Niederschriften, Ergebnisse und Schlußfolgerungen übereinstimmten, aber dann entdeckte sie einen Fehler. Als die Prüferin sich eine Stichprobe von Interviewaufnahmen anhörte und gleichzeitig die dazugehörigen Niederschriften durchlas, bemerkte sie, daß eine der Personen, welche die Niederschrift gemacht hatten, regelmäßig die Identifikations-Codes für die Mediatoren und die Richter vertauscht hatte. Dadurch war eine ganze Gruppe von Interviews irrtümlicherweise den Richtern zugeordnet worden, obwohl es sich eigentlich um Interviews mit den Mediatoren handelte. Nachdem der Fehler entdeckt worden war, stellte sich heraus, daß die Richter das neue Gesetz richtig interpretiert und umgesetzt hatten. Auf der anderen Seite zeigte sich, daß die Anzahl der Fälle, in denen der zu zahlende Unterhalt für Kinder durch Übereinkünfte unter Mitwirkung der Mediatoren festgelegt wurde, deutlich unter den Standards lag, die in den Richtlinien festgelegt waren. Die Evaluatorin veröffentlichte die neuen Ergebnisse und nahm den ersten Bericht zurück. Außerdem enthielt der neue Bericht eine Entschuldigung an die Richter, die beim ersten Mal in ein schlechtes Licht gerückt worden waren.

◆ Anschauungsbeispiel 2 – Analyse

Wie in der vorangegangenen Beschreibung erwähnt, stellte die Prüferin fest, daß die Planungsentscheidungen gut dokumentiert waren und den professionellen Standards entsprachen. Das Problem entstand bei der Niederschrift der Interviews. Die Evaluatorin beging grundlegende Fehler: Sie bereitete die mit den Interviews betrauten Studierenden nicht darauf vor, die Genauigkeit aller Aspekte der Niederschriften – einschließlich der Code-Nummern – zu überprüfen. Sie vernachlässigte es, die Niederschriften vor der Analyse auf Fehler zu untersuchen. Die Interviewer hätten dazu angehalten werden sollen, die Niederschriften mit den Bandaufnahmen zu vergleichen, um eine korrekte Zuordnung sicherzustellen. Die Evaluatorin hätte eine systematische Überprüfung hinsichtlich solcher Fehler vornehmen lassen können. Sie hätte eine nicht beteiligte Person dazu auffordern können, sich jede Interviewaufnahme anzuhören sowie die dazugehörigen Niederschriften zu lesen und dabei alle den Niederschriften zugewiesenen Codes mit denen der Aufnahmebänder zu vergleichen.

Weiterführende Literatur

Ball, S. (1975). Audit of evaluation. In S. B. Anderson, et al. (Eds.) *Encyclopedia of educational evaluation*. San Francisco: Jossey-Bass.

Hopkins, K. D., & Glass, G. V. (1978). *Basic statistics for the behavioral sciences*. Englewood Cliffs, NJ: Prentice-Hall.

Murphy, R. T. (1975). Quality control. In S. B. Anderson, et al. (Eds.). *Encyclopedia of educational evaluation*. San Francisco: Jossey-Bass.

Weller, S., & Romney, A. K. (1988). *Systematic data collection* (Qualitative Research Methods, 10). Newbury Park, CA: Sage.

G8 Analyse quantitativer Informationen

> *Standard: Quantitative Informationen einer Evaluation sollten angemessen und systematisch analysiert werden, damit die Fragestellungen der Evaluation effektiv beantwortet werden.*

Übersicht

Viele Evaluationen erzeugen und analysieren quantitative Informationen. Diese Informationen könnten z.B. folgender Art sein: Alter und sozio-ökonomische Merkmale der Befragten; Maße für Leistung, Einstellung und Verhalten; Beschreibungen der Eigenschaften des zu evaluierenden Programms, Projekts oder Unterrichtsmaterials. Aufgabe der quantitativen Analyse ist es, diese Informationen zu ordnen, zusammenzufassen und zu interpretieren.

Die gewählten Analysemethoden sollten für die behandelte(n) Fragestellung(en) der Evaluation und die Art der analysierten Informationen angemessen sein. Zu Beginn der Analyse sollten vorbereitende Probeanalysen durchgeführt werden, um eine bessere Kenntnis über die Daten zu erhalten und deren Richtigkeit sicherzustellen (z.B. um „Ausreißer" zu identifizieren, und ihr tatsächliches Vorhandensein zu überprüfen). Anschließend sollten weitergehendere, komplexere Analysen erfolgen, die klare und interpretierbare Ergebnisse liefern. Auch sollten graphische Darstellungen und Analysen genutzt werden, um ein besseres Verständnis über die Daten zu erlangen und die Darstellung und Interpretation der statistischen Ergebnisse im Evaluationsbericht zu verdeutlichen.

Evaluationen beinhalten oft einen Vergleich von verschiedenen Gruppen in verschiedenen Programmen. Die zu vergleichenden Gruppen werden nur selten nach dem Zufallsprinzip gebildet. Statt dessen handelt es sich eher um natürliche Gruppen, die sich wahrscheinlich in vielfacher Hinsicht unterscheiden. Zwar können analytische Methoden verwendet werden, um diese anfänglichen Unterschiede statistisch auszugleichen, aber diese Methoden stützen sich auf eine Reihe von Annahmen. Da eine Überprüfung dieser Annahmen oft schwierig ist, empfiehlt sich – sofern genug Zeit und Mittel zur Verfügung stehen –, unterschiedliche Analysemethoden zu verwenden, um zu bestimmen, ob die Ergebnisse ein stabiles Muster aufweisen.

Zusammenfassende Vergleiche der Durchschnittsleistungen von Gruppen in verschiedenen Programmen sind in der Regel unzulänglich. Manchmal können die Auswirkungen eines Programms zwar die Leistungsstreuung, nicht aber die Durchschnittsleistung beeinflussen. Analysen von Auswirkungen auf eruierbare Untergruppen sollten ebenfalls in Betracht gezogen werden, denn ein Programm kann bei verschiedenen Untergruppen unterschiedliche Wirkungen aufweisen. Wenn es schon keine eindeutig beste Methode für die Analyse einer gegebenen Menge von Daten gibt, so sollten die Evaluatorinnen zumindest dafür sorgen, daß sie ihre Methodologie, die zugrundeliegenden Annahmen, die verwendeten Berechnungsverfahren sowie die Interpretationen und Schlußfolgerungen aus den Ergebnissen ihrer Analysen rechtfertigen können.

Richtlinien

A. Es sollten Analyseverfahren gewählt werden, die für die Fragestellungen der Evaluation und die Art der Daten angemessen sind.
B. Die Daten sollten mehrfach analysiert werden, wie dies üblicherweise angebracht ist.
C. Über mögliche Schwächen im Evaluationsdesign oder bei der Datenanalyse sollte berichtet und die eventuell daraus resultierenden Einflüsse auf Interpretationen und Schlußfolgerungen sollten beschrieben werden (z.B. unerwartete Abnahme der Teilnehmerzahlen, Verstoß gegen die Annahmen).
D. Die praktische Relevanz (z.B. Größe des Effekts) und Reproduzierbarkeit sowie die statistische Signifikanz sollten beachtet werden, wenn aus quantitativen Analysen Interpretationen und Schlußfolgerungen gezogen werden.

Häufige Fehler

A. Man läßt es zu, daß Methoden zur Datenerhebung und -analyse den Evaluationsprozeß beherrschen.
B. Es wird angenommen, daß signifikante statistische Ergebnisse in jedem Fall von praktischer Bedeutung sind.
C. Es werden statistisch nicht-signifikante Ergebnisse interpretiert, weil sie zufälligerweise praktische Bedeutung haben, ohne daß es Belege für deren Reproduzierbarkeit gibt.
D. Es wird angenommen, daß Punktveränderungen (gain scores), Parallelisierung (matching) oder Analyse der Kovarianz automatisch für einen hinreichenden Ausgleich der zuvor bestehenden Unterschiede zwischen den Gruppen sorgen.
E. Es wird eine falsche Untersuchungseinheit verwendet.
F. Mittelwerte für Gruppen werden auf der Grundlage der Normverteilung für Einzelpersonen statt der für Gruppen interpretiert.
G. Es werden komplexe statistische Methoden verwendet, obwohl den Adressaten mit dem Gebrauch von einfacheren Analysemethoden und Schaubildern besser gedient wäre.
H. Es wird Wert auf strenge Verfahrensweisen gelegt, was auf Kosten der Relevanz geht, oder umgekehrt.
I. Es wird angenommen, daß in allen Evaluationen statistische Analysen verwendet werden müssen.
J. Es wird angenommen, daß alle Evaluationen vergleichende Studien sein sollten.
K. Es wird nicht erkannt und genutzt, daß sich qualitative und quantitative Analysen gegenseitig ergänzen und daß Interpretationen und Schlußfolgerungen von beiden getragen sein sollten.

◆ Anschauungsbeispiel 1 – Beschreibung

Ein Trainingsunternehmen wurde von einer Schule beauftragt, ein fünfwöchiges Projekt durchzuführen, um die Lesefähigkeiten von leistungsschwachen Schülern der vierten Klasse zu verbessern. Die Schule führte regelmäßig am Anfang des Jahres mit allen Schülern Lesetests durch und diejenigen Schüler, deren Ergebnisse unter einem vorher festgelegten Niveau lagen, wurden für das Sonderprojekt eingeteilt. Nach Ablauf der fünf Wochen wurde sowohl mit den Teilnehmenden an dem Projekt als auch mit den Nicht-Teilnehmenden eine Parallelversion des Tests durchgeführt.

Die Evaluatorin des Projekts errechnete für jeden Schüler die Punktveränderung. Analysen dieser Werte ergaben, daß sie bei Teilnehmenden an dem Sonderprojekt häufiger im positiven Bereich lagen als bei den Nicht-Teilnehmenden. Außerdem war die durchschnittliche Punktveränderung bei der Gruppe der Teilnehmenden positiv und höher als bei der Gruppe der Nicht-Teilnehmenden, wo sie nahe bei Null und im negativen Bereich lag. Die Evaluatorin zog die Schlußfolgerung, daß das Sonderprojekt die Wirkung hatte, die Lesefähigkeiten von Schülern mit Leseschwächen im Vergleich zu den Fähigkeiten leistungsstärkerer Schüler zu verbessern.

◆ Anschauungsbeispiel 1 – Analyse

Die Schlußfolgerung der Evaluatorin war mit großer Wahrscheinlichkeit fehlerhaft, da sie in ihrer Analyse die Wirkung des Regressionseffektes nicht beachtete. Wenn die Teilnehmenden an einem Förderprogramm deswegen ausgewählt werden, weil sie in einem Test, der sehr unzuverlässige Informationen liefert, extrem schlecht abschneiden, so kann man davon ausgehen, daß diese Personen bei einem erneuten Test bessere Ergebnisse erzielen, selbst wenn die getestete Leistung nicht durch ein Versuchsprogramm geändert wurde. Um die Wirkung des Sonderprogramms auf die Lesefähigkeit der Schüler mit den schlechten Testergebnissen abschätzen zu können, hätte die Evaluatorin mehr Informationen über die Wirkungen des Programms beschaffen sollen, indem sie einen anderen Evaluationsplan verwendet hätte. Bei diesem veränderten Evaluationsplan wären die Schüler, die beim anfänglichen Lesetest schlecht abgeschnitten hatten, nach Zufall in zwei Gruppen aufgeteilt worden. Eine dieser Gruppen wäre dann dem Sonderprojekt zugeteilt worden, während die andere unter dem normalen Lehrplan weiterlernte. Mit den Testergebnissen der beiden Gruppen hätte ein direkter statistischer Vergleich der Punktveränderungen sowie eine Kovarianzanalyse mit den Ergebnissen aus dem zweiten Test stattfinden können. Die Ergebnisse dieser drei Ansätze wären dann verglichen worden. Methoden der graphischen Darstellung hätten verwendet werden können, um die Interpretierbarkeit der gewonnenen statistischen Ergebnisse zu verbessern (z.B. stem-and-leaf- oder box-plot- Schaubilder [wie sie durch statistische Softwareprogramme generiert werden; Anm. d. Ü.]).

◆ Anschauungsbeispiel 2 – Beschreibung

Ein großer Schuldistrikt entwickelte ein Programm, das Mädchen dazu ermutigen sollte, in der High-School naturwissenschaftliche Kurse zu wählen, daran teilzunehmen und erfolgreich zu bestehen. Einige der Schulen des Distrikts boten im ersten Jahr der High-School koedukativen Unterricht an, andere richteten reine Mädchenklassen ein, und wieder andere überließen es den Mädchen, zwischen gemischten Klassen oder reinen Mädchenklassen zu wählen. Von den teilnehmenden Mädchen wurden Informationen über drei Arten von Variablen gesammelt: Hintergrundeigenschaften der Schülerinnen (z.B. Bildungsstand der Eltern, vorherige Leistungen in Mathematik und Naturwissenschaften, Berufswünsche); programm- oder unterrichtsbezogene Variablen (z.B. Unterrichtszeit pro Woche, Laborzeit pro Woche, Anwesenheit, Geschlecht der Lehrer, Umfang der naturwissenschaftlichen Universitätsausbildung der Lehrer); Ergebnismessungen (z.B. Ergebnisse in einem üblichen naturwissenschaftlichen Test und Wahl eines Kurses aus dem Bereich der Naturwissenschaften im folgenden Jahr).

Bei dem Vorhaben, an den High-Schools eine Politik des geschlechtergetrennten Unterrichts zu entwickeln, wollte sich die Schulbehörde durch eine Analyse der Daten absichern. Das beauftragte Evaluationsbüro nahm eine hierarchische Regressionsanalyse vor (z.B. Bock, 1989; Bryk & Raudenbush, 1992; Goldstein, 1987), um die relative Wirkung von geschlechtergetrenntem und koedukativem Unterricht mit Wahlmöglichkeit einerseits und ohne Wahlmöglichkeit andererseits, auf die Ergebnismessungen zu bestimmen. Wenn alle Variablen bezüglich der Schülerinnen, des Programms und des Unterrichts konstant gehalten wurden, betrug der Unterschied zugunsten des geschlechtergetrennten Unterrichts ungefähr ein Viertel einer Standardabweichung beim naturwissenschaftlichen Test und etwa ein Fünftel von einer Standardabweichung beim Kurswahlkriterium.

Bei näherer Untersuchung der Ergebnisse wurde festgestellt, daß Unterschiede bei dem durchschnittlichen Bildungsstand der Eltern an allen Schulen der Grund für etwa 15 % der Unterschiede bei den durchschnittlichen Unterrichtsleistungen waren, nachdem Faktoren bezüglich des Leistungsniveaus der Schülerinnen in Betracht gezogen worden waren. Es wurde vorgebracht, daß – wenn alle anderen Variablen konstant gehalten würden – eine Erhöhung des durchschnittlichen Bildungsstands der Eltern um eine Standardabweichung nicht nur die Klassendurchschnitte bei den Unterrichtsleistungen um 0,18 Standardabweichungen verbessern würde, sondern auch den Abstand zwischen den durchschnittlichen Leistungen der Schülerinnen in Schulen mit geschlechtergetrenntem Unterricht und solchen mit gemischten Klassen um ein Drittel einer Standardabweichung verringern würde.

◆ Anschauungsbeispiel 2 – Analyse

Zwar hatten die Evaluatorinnen die vielschichtige Natur des Problems richtig erkannt und die Daten auf schlüssige Weise analysiert. Es ist jedoch für die Adressaten nicht unbedingt hilfreich, wenn die Ergebnisse als Kausalzusammenhänge oder sogar als Residualeffekte dargestellt werden. Die drei Arten der Unterrichtsorganisation (nach Geschlechtern getrennt, koedukativ oder gemäß Wahl der Schülerinnen) werden mit verschiedenen Kombinationen von Hintergrunds- und Unterrichtseigenschaften durcheinandergemischt. Statistische Bereinigungen und Residualeffekte sind eine komplexe Angelegenheit und können möglicherweise noch nicht einmal ein genaues Bild darüber erzeugen, wie funktionsfähig eine Schule wäre oder welche Leistungen ein Schüler erbringen würde, wenn es keine solche Vermischung gibt. Diese Probleme könnten es der Schulbehörde erschweren, in eine gehaltvolle Diskussion über die Voraussetzungen ihrer Strategie einzusteigen. Bei gegebenen Umständen wie im vorliegenden Fall, ist es in der Regel angemessen, die komplexen Methoden zu übergehen und die Daten in ihrer einfachsten Form zu analysieren. Dabei sollten grafische Darstellungen gemäß den tatsächlich aufgetretenen Hintergrunds- und Unterrichtsvariablen unterteilt werden (z.B. Cleveland, 1985). Politische Entscheidungen kommen häufig durch eine informiert geführte Diskussion zustande. Ein wichtiges Ziel der statistischen Analyse besteht darin, eine informierte Diskussion zu ermöglichen, indem den Teilnehmenden Informationen zur Verfügung gestellt werden. Die Entscheidungsträger sind möglicherweise nicht gut vertraut mit Ausdrücken wie „Partialisierung", „konstant halten", „Varianz verursachen" und „korrigierte Effekte abschätzen"[27]. Wenn die Ergebnisse auf diese Weise formuliert werden, besteht die Gefahr, daß die Diskussion verkürzt wird oder, schlimmer noch, die Teilnehmenden die Daten überhaupt nicht beachten. Es kann sogar passieren, daß sich die Analyse gar nicht mit Themen befaßt, die der Kontrolle der Entscheidungsträger unterliegen.

Weiterführende Literatur

Bock, R. D. (1989). *Multilevel analysis of educational data*. New York: Academic Press.

Bryk, A. S., & Raudenbush, S. W. (1992). *Hierarchical linear models: Applications and data analysis methods*. Newbury Park, CA: Sage.

Campbell, D. T., & Erlebacher, A. (1975). How regression artifacts in quasi-experimental evaluations can mistakenly make compensatory education look harmful. In M. Guttentag & E. L. Struening (Eds.), *Handbook of evaluation research*. Newbury Park, CA: Sage.

Cleveland, W. S. (1985). *The elements of graphing data*. Monterey, CA: Wadsworth.

Fitz-Gibbon, C. T., & Morris, L. L. (1987). How to analyze data. In J. L. Herman (Ed.), *Program evaluation kit* (2nd ed.). Newbury Park, CA: Sage.

Freed, M. N., Ryan, J. M., & Hess, R. K. (1991). Handbook of statistical procedures and computer applications to education and the behavioral sciences. New York: Macmillan.

Goldstein, H. (1987). Multilevel models in educational and social research. London: Oxford University Press.

Hopkins, K. D., & Glass, G. V. (1978). *Basic statistics for the behavioral sciences*. Englewood Cliffs, NJ: Prentice-Hall.

Jaeger, R. M. (1991). *Statistics: A spectator sport*. Newbury Park, CA: Sage.

Journal of Experimental Education. (1993). The role of statistical significance testing in contemporary social science: A special issue.

---

27 Bei der Kovarianzanalyse spricht man von „adjustierten Mittelwerten/Mittelwertdifferenzen" (Anm. d. Ü.).

Thompson, B. (1992). Misuse of ANCOVA and related „statistical control“ procedures. *Reading Psychology, 13*(1), iii-xviii.
Wiersma, W. (1991). *Research methods in education* (5th ed.). Boston: Allyn and Bacon.

G9 Analyse qualitativer Informationen

Standard: Qualitative Informationen einer Evaluation sollten angemessen und systematisch analysiert werden, damit die Fragestellungen der Evaluation effektiv beantwortet werden.

Übersicht

Qualitative Informationen bestehen aus Beschreibungen und Interpretationen, die in Worten und nicht in Zahlen gefaßt sind. Diese Informationen stammen aus vielerlei Quellen: strukturierten und unstrukturierten Interviews, teilnehmenden und nichtteilnehmenden Beobachtungen, Anhörungen, Dokumenten und Aufzeichnungen sowie unaufdringlichen Datenerhebungsmethoden verschiedener Art. Die Informationen können gezielt gesammelt werden oder sie werden einem ganz unerwartet zur Kenntnis gebracht. Sie können sich auf Entscheidungen, Ziele, Pläne, Prozesse und/oder Ergebnisse beziehen und können als Beschreibungen, logische Argumente, Interpretationen und/oder Eindrücke aufgezeichnet werden.

Eine qualitative Analyse in einer Evaluationsstudie ist der Prozeß der Erhebung, Auswertung und Interpretation von qualitativen Informationen über ein Programm, die auf bestimmte Fragestellungen bezüglich dieses Programms eine Antwort liefern werden. Das Ergebnis ist eine Darstellung in erzählender Form, bei der den Informationen nur selten Zahlen zugeordnet werden. Zwar können qualitative Daten manchmal sowohl auf quantitative als auch auf qualitative Weise ausgewertet werden, aber die qualitative Analyse kann den Daten eine Tiefe und einen Blickwinkel verleihen, wie es allein durch eine quantitative Analyse nicht möglich wäre.

Einer der wichtigen Unterschiede zwischen qualitativer und quantitativer Analyse ist, daß für qualitative Analysen die Beobachtungsprotokolle, Informationskategorien und Methoden der Zusammenfassung oft nicht im voraus bestimmt sind. Eine qualitative Analyse schließt oft einen induktiven, interaktiven und iterativen Prozeß mit ein, bei dem sich die Evaluatorin relevanten Adressaten und Datenquellen zuwendet, um die Zwecke der Evaluation selbst bestätigen zu lassen und/oder auszubauen sowie um Folgerungen zu überprüfen. Sie erfordert oft eine intuitive Sichtung der vorgebrachten Anliegen und Bedenken sowie der sachbezogenen Beobachtungen. Sie kann nicht immer so durchgeführt werden, daß vorher festgelegte Regeln zur Datenreduktion angewendet werden, obwohl systematische Verfahren zur Verfügung stehen. Die Evaluatorin muß die Genauigkeit der Ergebnisse sicherstellen, indem sie nach bestätigenden Belegen von mehr als einer Quelle sucht und Schlußfolgerungen einer unabhängigen Überprüfung unterzieht.

Im allgemeinen sind qualitative Informationen richtig analysiert worden, wenn folgende Bedingungen erfüllt sind: Es wurde eine Reihe von Kategorien abgeleitet, welche die entdeckten Informationen angemessen in die Betrachtung einbeziehen und ausreichen, um die Fragestellungen der Evaluation zu dokumentieren, zu erläutern und zu beantworten. Die Informationen wurden in diese Kategorien eingeteilt und die Kategorien selbst wurden auf Validität und Reliabilität hin überprüft. Die Bedeutung der Schlußfolgerungen und Empfehlungen wurde unter Bezugnahme auf diese Kategorien dargestellt.

Das Wesentliche dieses Standards besteht darin, sowohl ein besseres Verständnis der untersuchten Phänomene zu erreichen, als auch falsche Schlußfolgerungen zu vermeiden. Wenn diesem Standard entsprochen wird, sind Evaluatorinnen vor ungeeigneten Analysemethoden geschützt, die zu voreiligem Abschluß oder zu unangemessen gegengeprüften Ergebnissen führen könnten.

Richtlinien

A. Es sollten ein Analyseverfahren und eine Methode der Zusammenfassung gewählt werden, die bezüglich der in der Studie zu behandelnden Fragestellungen und der Art der qualitativen Informationen geeignet sind.
B. Es sollte über mögliche Schwachstellen bei den Daten berichtet werden, z.B. wenn es nur eine einzelne Informationsquelle gibt, die zwar wichtig erscheint, aber nicht gegengeprüft werden konnte, oder wenn widersprüchliche Ergebnisse vorliegen, die nicht in Einklang gebracht werden konnten.
C. Die Analyse sollte sich auf klar formulierte Fragestellungen beziehen, die auf Interesse stoßen, und der Umfang der zu untersuchenden Informationen sollte festgelegt werden, z.B. Zeitraum, finanziell unterstützte Tätigkeiten, Zielgruppe aus Studierenden/Schülern oder anderen Klientengruppen sowie geographischer Bezug.
D. Es sollten aussagekräftige Informationskategorien aufgestellt werden – z.B. Unterstützung durch die Eltern, Konflikte zu Hause/im Beruf, intrinsische (innengeleitete) Belohnungen, Dominanz – indem regelmäßig wiederkehrende Themen in den qualitativen Daten festgestellt werden (siehe G5, Valide Informationen).
E. Nach Möglichkeit sollte die Konsistenz der Ergebnisse überprüft werden, indem man die gleiche Gruppe von Informationen von zwei oder mehr unabhängigen Evaluatorinnen analysieren läßt oder indem man von einer externen Person die Einheitlichkeit der Auswertungen untersuchen läßt (siehe G6, Reliable Informationen).
F. Es sollte häufig Verbindung mit den Vertretern der Beteiligten & Betroffenen aufgenommen werden, um sicherzustellen, daß sie die vorläufigen qualitativen Analysen als geeignet und die versuchsweise formulierten Schlußfolgerungen und Empfehlungen als sinnvoll erachten (siehe N2, Glaubwürdigkeit der Evaluatorinnen).
G. Die Evaluatorinnen sollten sich um eine Bestätigung qualitativer Belege bemühen, indem sie voneinander unabhängige Methoden und Quellen verwenden.
H. Es sollte ermöglicht werden, daß auch erst im Verlauf der Studie auftauchende Fragestellungen die Evaluation und Analyseprozesse mitgestalten.

Häufige Fehler

A. Die qualitative Datenanalyse wird als eine relativ lockere Angelegenheit betrachtet, die auf der Grundlage von Intuition hinreichend erledigt werden kann, ohne daß dazu eine besondere Ausbildung nötig wäre. Es werden Informationen ausgewählt, welche die vorgefaßten Meinungen bestätigen, statt die Gültigkeit dieser Auffassungen oder Arbeitshypothesen zu untersuchen.
B. Alternative Interpretationen der Wirklichkeit und die zahlreichen Wertvorstellungen, die bei einer Evaluationssituation vorliegen mögen, werden nicht berücksichtigt.
C. Es wird nicht zwischen verschiedenen Quellen von qualitativen Informationen in Hinblick auf Kriterien wie z.B. Glaubwürdigkeit, Umfang der Fachkompetenz und Ausmaß der Vereinnahmung unterschieden.
D. Es wird nicht erkannt, daß qualitative und quantitative Daten sich gegenseitig ergänzen und daß Interpretationen auf beide Datenarten gestützt sein sollten.
E. Die Einzelheiten einer Situation werden zu sehr herausgearbeitet, während allgemeiner gefaßte Arbeitshypothesen und Schlußfolgerungen vernachlässigt werden.
F. Das einzigartige Merkmal einer Situation steht so sehr im Mittelpunkt, daß ihre allgemeinen Merkmale nicht untersucht werden.
G. Relevanz wird überbetont, was auf Kosten strenger Verfahrensweisen geht, oder umgekehrt.
H. Die Evaluation wird in eine andere Richtung gelenkt, um neue Fragestellungen aufzugreifen, die sich bei der Analyse ergeben haben, ohne dies vorher mit dem Auftraggeber zu besprechen.
I. Es werden so viele qualitative Daten gesammelt, daß die Kosten und der Zeitaufwand für die Analyse untragbar werden.
J. Es wird versucht, alle qualitativen Daten zu quantifizieren.
K. Antworten werden ‚gewaltsam' zu im voraus festgelegten Kategorien zugeordnet, auch wenn sie dort nicht hinpassen.

◆ Anschauungsbeispiel 1 – Beschreibung

Zwei Mitglieder eines Evaluationsbüros eines Schuldistrikts wurden vom Schulaufsichtsbeamten damit beauftragt, ihm bei der Analyse von qualitativen Daten zu helfen. Die Daten waren erhoben worden, um ein besonderes Präventionsprojekt zur Jugendkriminalität im Distrikt zu evaluieren. Das Projekt hatte Experimentalcharakter – die Projekttätigkeiten änderten sich im Laufe der Zeit, da das Personal einen besseren Einblick und größere Erfahrung erwarb. Der Schulaufsichtbeamte benötigte genaue Informationen über die Art der Projekttätigkeiten für einen Fortschrittsbericht an den Geldgeber. Die Frist zur Übergabe dieses Berichts lief in drei Monaten ab. Der Geldgeber wollte außerdem folgendes wissen: Hatten sich im ersten Projektjahr die Kontakte zwischen den Jugendlichen, die an dem Projekt teilnahmen, und den mit der Einhaltung der Gesetze befaßten Instanzen – Polizei, Gerichte, Jugendgerichtshilfe – verringert?

Für die Analyse stand eine beachtliche Menge von Informationen zur Verfügung. Jeder Mitarbeiter hatte über die Projekttätigkeiten Tagebuch geführt. Viermal im Jahr waren bei Anhörungen, an denen Schüler, Lehrer, Berater, Eltern, Jugendgerichtshelfer, Mitarbeiter des Gesundheitsamts und Vertreter der Geschäftswelt teilnahmen, schriftliche und mündliche Aussagen entgegengenommen worden. Die

Projektmitarbeiter hatten einen Ordner mit relevanten Zeitungsausschnitten angelegt und für eine Gruppe von zehn Jugendlichen detaillierte Fallstudienaufzeichnungen gemacht. Ein Beraterteam der Gemeinde traf sich jeden Monat, um die Fortschrittsberichte des Projekts anzuhören und darüber zu diskutieren. Bei diesen Treffen wurde Protokoll geführt. Die vollständigen Schulakten für sämtliche Jugendlichen, die an dem Projekt teilnahmen, lagen ebenfalls vor, zudem die Akten der Polizei, der Gerichte und der Jugendgerichtshelfer.

Die Evaluatorinnen verbrachten mehr als einen Monat damit, sich mit diesem Material vertraut zu machen und den Inhalt sorgfältig zu prüfen. Sie erstellten eine Reihe von deskriptiven Kategorien, die eine Klassifizierung praktisch jedes Eintrags in den Personalaufzeichnungen, den Protokollen der Anhörungen, den Zeitungsartikeln, den Fallstudienaufzeichnungen und den zusammengekommenen Akten ermöglichte. Sie zählten auch, wie häufig die einzelnen am Projekt teilnehmenden Jugendlichen während des ersten Jahres, in dem das Projekt durchgeführt wurde, und in dem unmittelbar vorangegangenen Jahr mit den drei genannten Instanzen in Berührung kamen. Zwei Ergebnisse stellten sich sehr schnell heraus:

a) Nur ein kleiner Anteil des klassifizierten Materials verhalf zu Einblicken in die Art der Projekttätigkeiten und deren Veränderungen im Laufe des Jahres;
b) Die Anzahl der Kontakte mit den drei genannten Instanzen war in den beiden Vergleichsjahren so gut wie identisch.

Die in Zeitnot geratenen Evaluatorinnen konnten nur noch eine grobe Darstellung der Aktivitäten liefern. Sie teilten dem Schulaufsichtsbeamten mit, daß das Projekt nicht verhindern konnte, daß die Jugendlichen mit dem Gesetz in Konflikt kamen. Als der Schulaufsichtsbeamte dem Geldgeber über diese Ergebnisse berichtete, wurde die finanzielle Unterstützung sofort gestrichen und das Projekt abgebrochen.

Die Projektmitarbeiter waren höchst erstaunt über diese Entwicklung, insbesondere weil die Anzahl der Kontakte mit Justizbehörden die Entscheidung so stark beeinflußt hatte. Sie wiesen darauf hin, daß in dem ersten untersuchten Jahr (das Jahr, das dem Projekt voranging) diese Kontakte vor allem in der Form von Festnahmen und Gerichtsverfahren stattfanden, während in dem zweiten untersuchten Jahr (das erste Jahr, in dem das Projekt lief) die Kontakte vornehmlich aus überwachenden und beratenden Sitzungen mit den Jugendgerichtshelfern bestanden. Die Jugendgerichtshelfer erklärten, daß sie eigentlich sehr zufrieden waren mit den Veränderungen, die sie bei den Einstellungen und dem Verhalten der jugendlichen Projektteilnehmer registrierten.

◆ Anschauungsbeispiel 1 – Analyse

Die Evaluatorinnen, die diese Analyse durchführten, machten zwei grundlegende Fehler. Zum einen übersahen sie die Notwendigkeit, ihre Untersuchung einzugrenzen und verschwendeten somit einen Großteil ihrer Zeit dafür, Daten zu bearbeiten, die für den verfolgten Zweck irrelevant waren. Dieser Fehler hätte vielleicht vermieden werden können, wenn sich die Evaluatorinnen häufiger mit dem Auftraggeber getroffen hätten. Zum anderen ließen sie Häufigkeitsauszählungen an die Stelle von geeigneten Analysen treten, welche die Art der Kontakte zwischen den Jugendlichen in dem Projekt und den Justizbehörden untersuchten. Die Evaluatorinnen hätten sich zunächst mit den Fragestellungen befassen sollen, die sie in jedem Falle beantworten mußten. Sie hätten nur die Aufzeichnungen erfassen sollen, die mit größter Wahrscheinlichkeit die gewünschten Informationen lieferten – z.B. Aufzeichnungen der Fachkräfte, um die Frage zu beantworten, welche Arten von Tätigkeiten initiiert wurden und wie sie sich im Lauf des Jahres veränderten. Außerdem hätten sie weitere Informationsquellen heranziehen sollen, wie zum Beispiel Interviews mit den Teilnehmenden. Sie hätten nicht so voreilig Aufzeichnungen von Kontakten in Zahlen umwandeln sollen, die nicht geeignet waren, Unterschiede bei der Art der Kontakte aufzuzeigen. Schon bei flüchtiger Betrachtung der Art der aufgezeichneten Kontakte hätten die Evaluatorinnen sich veranlaßt sehen sollen, zwischen den Kontakten zu differenzieren. Wenn sie sich diese Mühe gemacht hätten, wären sie schnell zu einer ganz anderen Schlußfolgerung über die Wirksamkeit des Projekts gekommen.

◆ Anschauungsbeispiel 2 – Beschreibung

Seit weit mehr als hundert Jahren wird an rechtswissenschaftlichen Hochschulen in den USA nach der „Fallmethode" unterrichtet. Bei dieser Methode werden Fälle besprochen, die Rechtsgrundsätze und die Entwicklung der Rechtslehre aufzeigen. Somit herrscht als pädagogische Richtschnur an den rechtswissenschaftlichen Hochschulen weiterhin die sokratische Methode vor, durch welche die Studierenden rechtliches Denken und Analysieren, juristische Argumentation und prozessuale Techniken entwickeln sollen. Seit etwa zwanzig Jahren jedoch werden diese traditionellen Methoden in der Rechtslehre von verschiedenen Gruppen von Juristen in Frage gestellt. Es wird behauptet, daß die moderne Rechtspraxis in höherem Maße Fertigkeiten bei der Verhandlung und Mediation erfordert als gegnerschaftlich geprägte Auseinandersetzungstechniken und daß die traditionellen Methoden die angehenden Juristen nicht auf diese veränderten Praxisanforderungen vorbereiten.

Um empirische Daten bezüglich dieser Kontroverse bereitzustellen, erhielt kürzlich eine Rechtsprofessorin finanzielle Mittel, um die Methoden zu analysieren, die von Bundesrichtern in Vergleichsterminen vor Eröffnung eines Gerichtsverfahrens angewendet werden. Die Evaluatorin sammelte Daten durch Beobachtung und Aufzeichnung von Konferenzen mit Richtern und Anwälten der Parteien an Bundesbezirksgerichten sowie durch aufgezeichnete Interviews mit Richtern an Bundesbezirksgerichten.

Die Evaluatorin, die in quantitativen Methoden ausgebildet worden war, stellte einen qualitativen Methodologen ein, der die Analyse der qualitativen Daten anleiten sollte. Der Methodologe arbeitete mit der Evaluatorin zusammen, um detaillierte Verfahren für die systematische Sicherung und Analyse der qualitativen Daten zu entwickeln. Dazu zählte die Vorbereitung von Rohdatenaufzeichnungen und ein Kategoriensystem für die Analyse. Die Evaluatorin war skeptisch, was die Notwendigkeit derart zeitaufwendiger Verfahren betraf und stellte die Zusammenarbeit mit dem Methodologen allmählich ein.

Von den Aufnahmebändern wurden Niederschriften erstellt. Die Evaluatorin überarbeitete diese, um Fehler zu korrigieren und den Erzählfluß zu verbessern. Bei der Analyse wurde ein iteratives, intuitives Verfahren verwendet, und es wurde ein Bericht veröffentlicht, der bestätigte, daß die vorherrschenden Lehrmethoden an den rechtswissenschaftlichen Hochschulen die Anwälte unzureichend darauf vorbereiteten, die Erwartung der modernen Rechtspraxis zu erfüllen.

◆ Anschauungsbeispiel 2 – Analyse

Die Evaluatorin verletzte in diesem Fall vier der sechs Richtlinien für den Umgang mit und die Analyse von qualitativen Informationen. Erstens machte sie sich – ungeschult in den strengen Anforderungen an die Erhebung und Analyse von qualitativen Daten – unsachgemäß an den Rohdaten zu schaffen, um die Erzählqualität der Datenaufzeichnungen zu verbessern. Zweitens verwendete die Evaluatorin eine ungenaue und unsystematische Strategie der Datenanalyse, die sich auf die Annahme stützte, daß qualitative Daten einen anekdotenhaften Charakter haben und daß ihre Analyse rein intuitiv erfolgen könnte. Drittens stellten die Vorschläge des Methodologen bezüglich der systematischen Entwicklung von Analysekategorien zeitaufwendige Aufgaben dar, die weder im Budget noch im Zeitplan des Projekts vorgesehen waren. Diese Überlegungen zur Durchführbarkeit sprachen dagegen, die vom Berater entwickelten Verfahren in vollem Umfang zu beachten. Schließlich wurden bei der Analyse-Strategie keine weiteren Interpretationen der Daten in Betracht gezogen, die sich vielleicht ergeben hätten, wenn zum Beispiel nach negativen Anhaltspunkten gesucht oder eine Diskursanalyse durchgeführt worden wäre. Daher sind die Ergebnisse im Bericht dieser Studie in jeder Hinsicht anzuzweifeln.

Weiterführende Literatur

Crabtree, B. F., & Miller, W. L. (1992). *Doing qualitative research*. Newbury Park, CA: Sage.

Fielding, N. G., & Lee, R. M. (1991). *Using computers in qualitative research*. Newbury Park, CA: Sage.

LeCompte, M., & Goetz, J. (1982). Problems of reliability and validity in ethnographic research. *Review of Educational Research, 52*, 31-60.

Leninger, M. (Ed.). (1985). *Qualitative research methods in nursing*. Orlando, FL: Grune & Stratton.

Miles, M. B., & Huberman, A. M. (1984). *Qualitative data analysis: A source book of new methods*. Newbury Park, CA: Sage.

Patton, M. Q. (1987). How to use qualitative methods in evaluation. In J. L. Herman (Ed.), *Program evaluation kit* (2nd ed.). Newbury Park, CA: Sage.

Patton, M. Q. (1990). *Qualitative evaluation and research methods* (2nd ed.). Newbury Park, CA: Sage.

Strauss, A. L. (1987). *Qualitative analysis for social scientists*. New York: Cambridge University Press.

Tesch, R. (1990). Qualitative research: Analysis types and software tools. New York: Falmer.

Yin, R. K. (1991). *Case study research: Design and methods*. Newbury Park, CA: Sage.

G10 Begründete Schlußfolgerungen

Standard: Die in einer Evaluation gezogenen Folgerungen sollten ausdrücklich begründet werden, damit die Beteiligten & Betroffenen diese einschätzen können.

Übersicht

Die aus einer Evaluation gezogenen Folgerungen, die Beurteilungen und Empfehlungen darstellen, müssen begründet sein und müssen auch tatsächlich gerechtfertigt werden. Wenn die Beteiligten & Betroffenen keine ausreichenden Informationen erhalten, um festzustellen, ob die Schlußfolgerungen berechtigt sind, mißachten sie diese womöglich. Außerdem sind Schlußfolgerungen mit unzureichender Absicherung möglicherweise nicht ganz korrekt, wodurch die Adressaten zu unangebrachten Tätigkeiten verleitet werden können. Schlußfolgerungen müssen sich auf alle gesammelten Informationen stützen, die in der Sache relevant sind. Sie müssen die Ergebnisse gründlicher Analyse und logischer Überlegung enthalten. Es sollten vollständige Informationen darüber mitgeliefert werden, wie die Evaluation durchgeführt wurde (d.h. ein Bericht über die Verfahren, Informationen und zugrundeliegenden Annahmen der Evaluation). Zusammen mit den Schlußfolgerungen sollten möglichst auch plausible andere Erklärungen für die Ergebnisse erörtert werden und es sollte dargelegt werden, warum diese Erklärungen verworfen wurden.

Richtlinien

A. Es sollten Schlußfolgerungen entwickelt werden, die sowohl die Fragestellungen der Adressaten beantworten als auch die Verfahren und Ergebnisse der Evaluation wahrheitsgetreu widerspiegeln.
B. Informationen, die mit den Schlußfolgerungen verbunden sind, sollten dargelegt werden (siehe G5, Valide Informationen).
C. Es sollten plausible andere Erklärungen der Ergebnisse erarbeitet, bewertet und im Bericht dargelegt werden. Wenn möglich sollte erklärt werden, warum diese Erklärungen nicht berücksichtigt werden sollten.
D. Schlußfolgerungen sollten auf die Situationen, Zeiträume, Personen, Zusammenhänge und Zwecke beschränkt werden, für welche die Evaluationsergebnisse anwendbar sind.
E. Den Adressaten sollte empfohlen werden, bei der Interpretation von mehrdeutigen Ergebnissen aus dem Evaluationsbericht vorsichtig zu sein.

F. Vor dem Abschluß des Berichts sollten von vielfältigen Programmteilnehmenden Rückmeldungen über die Glaubwürdigkeit der Interpretationen, Erklärungen, Schlußfolgerungen und Empfehlungen eingeholt werden. Auf typische Fehlinterpretationen und unangemessene Schlußfolgerungen, die aus den gesammelten Informationen gezogen werden könnten, sollte hingewiesen werden.

Häufige Fehler

A. Die Evaluatorinnen konzentrieren sich darauf, die Fragestellungen der Adressaten zu beantworten, ohne die Begrenzungen der Evaluationsverfahren und -daten ausreichend zu berücksichtigen.
B. Bei der Erarbeitung von Schlußfolgerungen über die Wirksamkeit des Programms werden mögliche Nebenwirkungen außer Acht gelassen.
C. Die Schlußfolgerungen stützen sich auf unzureichende oder ungenaue Informationen.
D. Bei der Interpretation der Evaluationsergebnisse wird zu vorsichtig vorgegangen.
E. Die Beschränkungen der Evaluationsstudie werden nicht dargelegt.

◆ Anschauungsbeispiel – Beschreibung

Ein Evaluationsunternehmen wurde beauftragt, ein vom Bund finanziertes K-12-Programm[28] zur Umwelterziehung in der Praxis zu testen. Der Test sollte in drei innerstädtischen Schuldistrikten, vier Schuldistrikten in der Vorstadt und zehn auf dem Land stattfinden.

Beamte der Behörde, welche die Entwicklung des Programms finanzierte, wollten sich vergewissern, ob sie eine weite Verbreitung des Programms befürworten sollten. Insbesondere wollten sie erfahren, ob die teilnehmenden Schüler die Ziele des Programms erreichen würden, ob die das Programm anwendenden Lehrer die umweltbezogenen Ideen des Programms in ihren Unterricht einbauen würden und wie eine Auswahl von Lehrplanexperten das Programm im Vergleich zu anderen Ansätzen für die Umwelterziehung bewerten würde.

Ein Vertreter der Behörde schlug den Evaluatorinnen vor, einen früheren Bericht über die Ergebnisse eines Pilottests zum Programm durchzuarbeiten. Die Evaluatorinnen überflogen den Bericht, bezweifelten aber seinen Nutzen, da der Pilottest durchgeführt worden war, als sich das Programm noch in der Entwicklung befand. Sie beschlossen jedoch, den Bericht zum Pilottest im Anhang ihres eigenen Berichts abzudrucken.

Anschließend führten die Evaluatorinnen über einen Zeitraum von zwei Jahren eine vierteilige Evaluationsstudie durch. Erstens setzten sie in jedem Jahr ein Test-Wiederholungstest-Design ein, wobei zu beiden Testzeitpunkten der Kursabschlußtest des Programms verwendet wurde. Zweitens wurden regelmäßige Gruppendiskussionen mit teilnehmenden Schülern, Lehrern und dem Programmpersonal durch-

---

28 K-12 bezeichnet in den USA die Ausbildungsperiode vom Kindergarten bis zur High-School (Anm. d. Ü.).

geführt, bei denen diese über die Umsetzung des Programms zur Umwelterziehung befragt wurden. Drittens führten sie in jeder der teilnehmenden Schulen jährlich Interviews mit den Lehrern und Lehrplanspezialisten durch. Schließlich fand eine Kostenanalyse des Programms statt.

Die Evaluatorinnen stellten ihre Ergebnisse am Ende der zweijährigen Evaluation in einem Hauptbericht und einem Anhang dar. Der Hauptbericht konzentrierte sich auf die Ergebnisse der Varianzanalyse zu den wiederholten Messungen (unter Berücksichtigung der unterschiedlichen Arten von Distrikten), die für jedes der zwei Jahre durchgeführt worden war. Ihre Analysen führten zu folgenden Ergebnissen: Verbesserte Ergebnisse in den Tests waren während des ersten Jahres für neun von den zwölf Jahrgangsstufen auf einem Niveau von 0,01 signifikant. Während des zweiten Jahres waren entsprechende Verbesserungen für alle zwölf Jahrgangsstufen statistisch ähnlich signifikant. Das Muster der Signifikanz war für alle drei Arten von Distrikten ähnlich. Gestützt auf diese Ergebnisse wurde im Hauptbericht die Schlußfolgerung gezogen, daß das Programm erfolgreich war, und es wurde empfohlen, es weiter zu verbreiten.

Mehrere Mitarbeiter der finanzierenden Behörde kritisierten diesen Bericht über den Feldversuch. Sie beanstandeten, daß die Schlußfolgerungen und -empfehlungen nicht berechtigt waren. Sie hielten es für bedenklich, daß die Evaluatorinnen sich anscheinend vollständig auf eine unzureichende quantitative Analyse verlassen hatten, und wiesen auf Ergebnisse des Pilottests und andere Informationen im Anhang hin, die ernsthafte Zweifel an der Geeignetheit des Programms aufkommen ließen. Diese Informationen deuteten an, daß die Lehrer – sowohl im Pilottest als auch in der Untersuchung durch die Evaluatorinnen – zwar auf die im Programm vorgesehenen Tests hinarbeiteten, aber sich nicht in den vorgesehenen Unterrichtsaktivitäten engagierten. Die Beurteilung des Programms durch die Lehrplanexperten fiel schwach aus, und in beiden Studien bezweifelten die Schulleiter, daß die Programmaterialien mit vertretbarem Kostenaufwand auf dem aktuellen Stand gehalten werden können. Aufgrund der offensichtlichen Unstimmigkeiten zwischen dem Hauptbericht und dem Anhang lehnte die finanzierende Behörde den Bericht über den Feldversuch ab.

◆ Anschauungsbeispiel – Analyse

Die von den Evaluatorinnen erhobenen Daten ermöglichten es ihnen, zu einigen Programmteilen Schlußfolgerungen zu ziehen. Zuzüglich der im Bericht berücksichtigten Teile hätten die Evaluatorinnen jedoch bei der Formulierung ihrer Schlußfolgerungen und Empfehlungen alle vorliegenden relevanten Informationen verwenden sollen. Außerdem hätten sie ihre Schlußfolgerungen und Empfehlungen so formulieren sollen, daß sie alle Ergebnisse des Feldversuchs widerspiegelten – nicht nur die Leistungen der Schüler. Des weiteren wurde auch die durchgeführte Kostenanalyse nicht erwähnt.

Weiterführende Literatur

Hendricks, M., & Papagiannis, M. (1990). Do's and don'ts for offering effective recommendations. *Evaluation Practice, 11* (2), 121-125.
Smith, M. F. (1989). *Evaluability assessment: A practical approach*. Boston: Kluwer Academic.

G11 Unparteiische Berichterstattung

Standard: Die Verfahren der Berichterstattung sollten mittels Vorkehrungen gegen Verzerrungen durch persönliche Gefühle und Vorlieben irgendeiner Evaluationspartei geschützt werden, so daß Evaluationsberichte die Ergebnisse fair wiedergeben.

Übersicht

Berichte können auf vielerlei Art verzerrt sein. Es kann vorkommen, daß der Bericht nicht alle zu berücksichtigenden Sichtweisen widerspiegelt oder daß eine Interpretation anderen vorgezogen wird. Verzerrungen können entstehen durch Unachtsamkeit oder Druck von Auftraggebern/Geldgebern/Adressaten, dem die Evaluatorinnen nicht widerstehen können. Zu Voreingenommenheit kann es kommen, wenn kontinuierlich über die Ergebnisse der Evaluation berichtet wird. Frühere Berichte können spätere Berichte in eine bestimmte Richtung drängen. Wenn die Ergebnisse früherer Berichte dazu verwendet werden, ein Programm zu verbessern, könnten die Evaluatorinnen bei den späteren Berichten voreingenommen sein, weil sie dann zumindest teilweise ihr „eigenes" Programm evaluieren.

Richtlinien

A. Während der Anfangsphase der Evaluation sollten mit dem Auftraggeber Schritte vereinbart werden, welche die Fairneß aller Berichte sicherstellen.
B. Es sollte geklärt werden, wie die Berichte redigiert werden und wer dafür zuständig ist.
C. Es sollte sichergestellt werden, daß der Evaluationsbericht auch Sichtweisen enthält, die nicht den Sichtweisen derjenigen entsprechen, deren Arbeit evaluiert wird.
D. Es sollten alternative, vielleicht sogar widersprüchliche Schlußfolgerungen und Empfehlungen ausfindig gemacht und im Bericht dargestellt werden (siehe G10, Begründete Schlußfolgerungen).
E. Die Evaluatorinnen sollten bemüht sein, bei der Berichterstattung Unabhängigkeit herzustellen und zu bewahren. Hilfreich dafür sind Alternativberichte oder durch konkurrierende Evaluatorinnen erstellte Berichte, Prüfungen durch Dritte oder Rotation der Mitglieder des Evaluationsteams im Laufe verschiedener Begegnungen mit den Adressaten.
F. Die einzelnen unternommenen Schritte sollten, um die Integrität des Berichts zu bewahren, beschrieben und erläutert werden.

Häufige Fehler

A. Es wird angenommen, daß alle Parteien, die an einer Evaluation beteiligt sind, neutral sind.
B. Es wird darauf verzichtet, Berichte vor absichtlichen oder versehentlichen Verzerrungen zu schützen.
C. Die Zuständigkeit für die Bearbeitung von Berichten wird abgegeben.
D. Die Evaluatorinnen versäumen es, die Ergebnisse öffentlich vorzustellen, wenn die Situation dies verlangt.
E. Die Evaluatorin arbeitet so stark isoliert von dem Programmentwickler, daß möglicherweise nützliche Informationen vom Entwickler nicht an die Evaluatorin weitergegeben werden und kein Kommunikationsweg besteht, um Rückmeldungen der Evaluatorin an den Programmentwickler zu übermitteln.
F. Die Evaluatorinnen sind so sehr darum bemüht, den Auftraggeber zufriedenzustellen, daß es ihnen schwerfällt, über negative Ergebnisse zu berichten.

◆ Anschauungsbeispiel 1 – Beschreibung

Ein Schulaufsichtsbeamter eines kleinen Schuldistrikts beschloß, ein bestimmtes Projekt zur Leseförderung evaluieren zu lassen. Das Projekt war drei Jahre zuvor in den Einführungsklassen an einer der drei Grundschulen des Distrikts eingeführt worden. Inzwischen stand die Entscheidung an, ob das Projekt dauerhaft als Lesecurriculum für den ganzen Distrikt eingesetzt werden sollte. Eine Expertin für Leseunterricht aus einem angrenzenden Schuldistrikt erklärte sich bereit, die Evaluation durchzuführen.

Als die Evaluatorin mit der Datenerhebung begann, kam sie zunächst zu der Schlußfolgerung, daß das Projekt nicht erfolgreich gewesen war und sogar bedenkliche und unerwünschte Nebenwirkungen hervorrief. Besonders der von ihr gewonnene Eindruck, daß das Projekt die Leselust der Kinder zerstörte, bereitete ihr Sorge. Sie hielt es für ratsam, diesen Eindruck im Gespräch mit den Projektmitarbeitern zu überprüfen. Diese reagierten auf eine Vorstellung der Ergebnisse sehr defensiv und feindselig. Sie wandten ein, daß die Evaluatorin sich so sehr auf Testergebnisse verlassen hätte, daß ihre Fähigkeit stark eingeschränkt worden wäre, den Sinn und Zweck des Projektes zu begreifen. Weiterhin behaupteten sie, daß die Evaluatorin aufgrund ihrer Voreingenommenheit zugunsten von hochstrukturierten Lese-Lern-Ansätzen nicht in der Lage sei, den Projektansatz zu beurteilen, der nicht sehr strukturiert war. Die Evaluatorin gab dem Druck der Projektmitarbeiter nach: Sie legte dem Schulaufsichtsbeamten einen Bericht vor, in dem sie empfahl, das Projekt als Leseförderungsprogramm für den ganzen Distrikt zu übernehmen.

◆ Anschauungsbeispiel 1 – Analyse

Die Entscheidung der Evaluatorin, ihre Annahme zu dem Programm mit Hilfe der Programmitarbeiter zu überprüfen, war sehr angemessen. Möglicherweise akzeptierte sie jedoch aufgrund von Unerfahrenheit die Kritik der Projektmitarbeiter zu schnell. Wie sich später herausstellte, standen hinter dieser Kritik persönliche Motive. Auf die Kommentare der Projektmitarbeiter hin hätte die Evaluatorin nicht kapitulieren sollen. Statt dessen hätte sie prüfen sollen, in welchem Ausmaß die Beobachtungen des Personals Gültigkeit hatten und nicht lediglich diesem selbst dienen sollten. Es hätten weitere Informationen zusammengetragen werden können, um die Behauptungen der Mitarbeiter zu überprüfen, daß die Testergebnisse die Erfolge des Projekts nicht auf geeignete Weise darstellten – eine Behauptung, die wahrscheinlich zutraf. Die Evaluatorin hätte erkennen können, daß ihre eigenen Vorlieben bezüglich der Methoden beim Leseunterricht ihr Urteil beeinflußt hatten. Um ihr Urteil überprüfen zu lassen, hätte sie andere Fachleute einstellen oder zumindest um Rat fragen sollen, die ihre Einschätzung bestätigt oder zurückgewiesen hätten. Sie hätte sich darüber klar sein müssen, daß die Projektmitarbeiter wahrscheinlich eine sehr starke Identifikation mit ihrer Tätigkeit entwickelt hatten und daß ihren Reaktionen entsprechend weniger Gewicht beigemessen werden sollte. Falls der durch die Reaktionen des Personals entstandene Konflikt nicht hätte gelöst werden können, hätte sie schließlich einen Schlußbericht erstellen können, welcher den Konflikt einschließlich ihrer eigenen Haltung offen dargelegt hätte. Weiter wäre darin darauf hingewiesen worden, daß dieser Konflikt noch nicht gelöst werden konnte. Ein solcher Bericht hätte zwar keinen endgültigen Charakter gehabt, aber er hätte dem Schulaufsichtsbeamten den tatsächlichen Stand der Dinge wiedergegeben. Es wäre dadurch vermieden worden, daß ein Projekt gerechtfertigt wurde, dessen Wirksamkeit noch ungewiß war.

◆ Anschauungsbeispiel 2 – Beschreibung

Eine große medizinische Hochschule eines US-Staates beschloß, eine Videothek mit Videokassetten über Fälle in der Unfallstation einzurichten. Die Videothek sollte auch Begleitmaterial enthalten, anhand dessen Studierende auf die Behandlung von Traumata vorbereitet werden sollten. Gleichzeitig mit der Einrichtung eines Hochschullehrer-Ausschusses zum Aufbau dieser Videothek engagierte die Fakultät der medizinischen Hochschule auch ein Gremium von auswärtigen Fachleuten. Sie sollten sowohl das Verfahren, mittels dessen die Videobeiträge in die Sammlung aufgenommen wurden, als auch die erstellten Lehrmaterialien evaluieren. Das Evaluationsgremium sollte während des ganzen Prozesses des Videothekaufbaus formatives Feedback liefern und einen zusammenfassenden Evaluationsbericht unterbreiten, sobald die Videothek zusammengestellt worden war.

Zwei Jahre später war die Videothek eingerichtet und das Evaluationsgremium erstellte seinen Schlußbericht. Jedes Mitglied des Gremiums war dafür verantwortlich, einen Abschnitt des Berichts zu verfassen. Nachdem das geschehen war, kamen die Mitglieder zusammen, um ihre Arbeit gegenseitig zu überprüfen und gemeinsam das Endprodukt zusammenzustellen. Während dieses Treffens wurde der Leiterin des Gremiums klar, daß ein Teammitglied ihre Rolle als „Vermittlerin formativer Rückmeldungen" zu ernst genommen hatte. Wegen der Fachkenntnisse und der Erfahrung, die dieses Mitglied des Gremiums als Produzentin von nichtgewinnorientierten, naturwissenschaftlichen Fernsehdokumentationen besaß, wurde sie von dem für die Zusammenstellung der Videothek verantwortlichen Ausschuß oft um Rat gebeten. Sowohl aus dem Abschnitt, die dieses Mitglied für den Bericht verfaßt hatte, als auch aus ihren Kommentaren während des Treffens war ersichtlich, daß sie zu sehr an dem Projekt beteiligt war, um eine objektive Evaluatorin zu sein.

Die Leiterin des Gremiums wies das betreffende Mitglied darauf hin und teilte ihr mit, daß es ihrer Meinung nach am besten wäre, wenn sie sich voll von der inhaltlichen Gestaltung des Schlußberichts zurückzöge. Nach einigen Gesprächen mit anderen Mitgliedern des Gremiums, die mehrheitlich einer Meinung mit der Leiterin waren, zeigte die Betroffene sich mit dem Vorschlag einverstanden.

◆ Anschauungsbeispiel 2 – Analyse

Der beschriebene Fall verweist auf eine subtile, aber nicht selten vorkommende Falle, in die Evaluatorinnen geraten können, besonders im Verlauf von formativen Evaluationen. Bei formativen Evaluationen müssen die Mitglieder des Evaluationsteams diese Möglichkeit ständig im Hinterkopf behalten. Die in diesem Fall von dem Evaluationsgremium und dem betroffenen Mitglied getroffenen Maßnahmen waren richtig – nachdem sich herausgestellt hatte, daß ein Mitglied seine Unvoreingenommenheit verloren hatte.

Weiterführende Literatur

Scriven, M. (1976). Evaluation bias and its control. In G. V. Glass (Ed.), *Evaluation studies review annual* (Vol. 1). Beverly Hills, CA: Sage.

G12 Meta-Evaluation

Standard: Die Evaluation selbst sollte formativ und summativ in bezug auf die vorliegenden oder andere wichtige Standards evaluiert werden, so daß die Durchführung entsprechend angeleitet werden kann und damit die Beteiligten & Betroffenen bei Abschluß einer Evaluation deren Stärken und Schwächen gründlich überprüfen können.

Übersicht

Programmevaluationen durchzuführen ist anspruchsvoll, aber sie können eine konstruktive Unterstützung für wirkungsvolle Programme sein oder die Abwandlung oder Absetzung ineffektiver Systeme bewirken. Richtig durchgeführte Programmevaluationen können Entscheidungen gut vorbereiten, mißlungene Programmevaluationen aber können Entscheidungsträger fehlleiten. Deswegen sollte auch die Programmevaluation selbst evaluiert werden.

Meta-Evaluation ist die Evaluation einer Evaluation. Die Programmevaluation sollte von denen evaluiert werden, die sie entwerfen und durchführen. Programmevaluationen unterliegen oft externer Prüfung, Kritik und gesetzlicher Kontrolle, sei es durch Befürworter des Programms, Kritiker oder Meta-Evaluatorinnen. Die separate gleichzeitige Prüfung des Programmevaluationsprozesses durch externe Meta-Evaluatorinnen kann dazu beitragen, daß Programmevaluatorinnen schwerwiegende Fehler vermeiden. Auch Auftraggeber können Meta-Evaluationen durchführen. Die Dokumentation der wirksamen/unwirksamen Anwendung von Programmevaluationsverfahren erleichtert die richtige Interpretation der Daten. Die regelmäßige Durchführung von Meta-Evaluationen wird die Glaubwürdigkeit einzelner Programmevaluationen aber auch die des Berufsstandes der Evaluation erhöhen.

Meta-Evaluationen haben zwei bedeutende Funktionen: Die *formative* Funktion besteht darin, die Planung und Umsetzung einer Programmevaluation anzuleiten. Die formative Meta-Evaluation kommt logischerweise während der Durchführung der Programmevaluation zum Einsatz. Sie sollte idealerweise von einer Evaluatorin vorgenommen werden, die nicht an der Programmevaluation selbst beteiligt ist. Wenn Mittel zur Beauftragung einer externen Evaluatorin fehlen, sollte ein Teammitarbeiter die Programmevaluation meta-evaluieren.

Die *summative* Funktion der Meta-Evaluation besteht darin, die Verwendbarkeit und die Güte einer abgeschlossenen Programmevaluation einzuschätzen. Zu diesem Zweck verfolgt die Meta-Evaluation z.B. folgende Fragen: Waren die Ergebnisse der Programmevaluation eindeutig? Waren der Evaluationsplan und seine Umsetzung für die Studie angemessen? Waren die Schlußfolgerungen durch die Daten gerechtfertigt? Wurden die Ergebnisse auf geeignete Weise verbreitet? Wurden sie genutzt? Summative Meta-Evaluationen können von einer oder mehreren

Personen durchgeführt werden, die in ihrer Arbeit unabhängig sind von dem Team, das für die Programmevaluation zuständig ist. Als Ausweichmöglichkeit kann die Meta-Evaluation von zwei oder mehr Mitgliedern des Teams vorgenommen werden, das die Programmevaluation durchgeführt hat. Sowohl interne als auch externe Sichtweisen sind wünschenswert, ebenso wie multiple externe Sichtweisen. Des weiteren können Meta-Evaluationen sowohl formal als auch informal sein, je nachdem was auf dem Spiel steht. Formale Meta-Evaluationen werden genauso systematisch durchgeführt wie die Programmevaluationen, die von den hier aufgeführten Standards abgedeckt werden. Informale Meta-Evaluationen bestehen vielleicht nur daraus, daß eine Programmevaluatorin während der Evaluation in regelmäßigen Abständen eine Checkliste anwendet (vgl. S. 42).

Zu den Adressaten einer Meta-Evaluation gehören alle, die sich in ihrer Entscheidungsfindung von der Programmevaluation leiten lassen werden oder sich davon leiten lassen sollten. Zusätzliche Adressaten sind alle, die an dem Programm beteiligt sind, zuzüglich der Personen, die für die Durchführung der Programmevaluation zuständig sind.

Eine Meta-Evaluation kann folgende Funktionen erfüllen: möglicherweise verheerende Fehler im Plan für eine Programmevaluation frühzeitig erkennen und korrigieren; die Wahrscheinlichkeit erhöhen, daß die Schlußfolgerungen der Evaluatorin gültig sind und daß die Akzeptanz durch Nutzer und Beteiligte & Betroffene verbessert wird. Außerdem kann sie die Kostenwirksamkeit der Programmevaluation erhöhen. Eine detaillierte Dokumentation des Programmevaluationsprozesses selbst ermöglicht es den Nutzern, die Ergebnisse zutreffend zu interpretieren und kann gegebenenfalls Klagen oder eine fehlgeleitete Nutzung von mangelhaften Programmevaluationsberichten reduzieren. Sie kann die faire Behandlung kompetenter Evaluatorinnen unterstützen, wenn Nutzer die Ergebnisse diskreditieren wollen, weil diese für sie ungünstig sind. Sie können auch Fortschritte einleiten bei Prozessen der Programmevaluation, die dem neuesten Stand der Wissenschaft entsprechen. Meta-Evaluationen können schließlich auch zur Vermeidung oder Beendigung einer noch gar nicht abgeschlossenen Programmevaluation beitragen, wenn deren Ergebnisse voraussichtlich nie genutzt werden würden.

Richtlinien

A. Es sollten ausreichende finanzielle und andere Mittel für die Durchführung angemessener formativer und summativer Meta-Evaluationen veranschlagt werden.
B. Es sollte jemand für die Dokumentation und die Bewertung der Verfahren und der Ergebnisse der Programmevaluation zuständig erklärt werden.
C. Bei umfangreichen Evaluationen sollte erwogen werden, den Leiter für ein Team externer Evaluatorinnen durch einen anerkannten Berufsverband ernennen zu lassen. Wenn dies nicht geschieht, sollte auf eines der beiden folgenden Verfahren zurückgegriffen werden: (a) Es wird ein Team ernannt, das seinen Vorsitzenden selber wählt; (b) Sorgfältig und umsichtig wird eine kompetente und glaubwürdige Person

zum Vorsitzenden gewählt, und in Zusammenarbeit mit dieser Person werden die anderen Teammitglieder ernannt.

D. Es sollte festgelegt und schriftlich festgehalten werden, nach welchen Regeln die Mitglieder des Meta-Evaluationsteams Kompromisse treffen und Minderheitsberichte veröffentlicht werden.
E. Es sollte festgelegt werden, daß es im Ermessen des Vorsitzenden liegt, ein Mitglied des Evaluationsteams zu entlassen, das seinen vertraglichen Pflichten nicht nachkommt.
F. Die Schlußredaktion des Meta-Evaluationsberichts sollte den Meta-Evaluatorinnen vorbehalten sein.
G. Es sollte festgelegt und aufgezeichnet werden, welche Adressaten die Meta-Evaluationsberichte erhalten und wie diese Berichte übermittelt werden (siehe K2, Formale Vereinbarungen).
H. Die Instrumentenentwicklung, die Datenerhebung, der Umgang mit den Daten, die Kodierung und die Analyse im Rahmen der Programmevaluation sollten evaluiert werden, um festzustellen, wie sorgfältig und effektiv diese Schritte ausgeführt wurden.
I. Es sollte damit gerechnet werden, daß auch die Meta-Evaluation widerlegt oder evaluiert werden wird. Daher sollten Aufzeichnungen über alle Tätigkeiten, Informationen und Analysen geführt werden.

Häufige Fehler

A. Die Entscheidung, ob eine Meta-Evaluation durchgeführt werden soll, wird verschoben, bis die Programmevaluation schon weit fortgeschritten oder sogar abgeschlossen ist.
B. Es wird nicht die gesamte Bandbreite von Informationen aufgezeichnet, die notwendig wären, um die Programmevaluation hinsichtlich jedes Standards zu überprüfen, der für ihre Durchführung von Bedeutung ist.
C. Es wird lediglich eine interne Meta-Evaluation durchgeführt, obwohl wegen bestehender Interessenkonflikte oder anderer Faktoren eindeutig die Notwendigkeit zu einer externen Meta-Evaluation besteht.
D. Es wird angenommen, daß jede Programmevaluationsstudie eine formale Meta-Evaluationsstudie erforderlich macht.
E. Es wird zugelassen, daß eine schlecht durchgeführte oder politisch motivierte Meta-Evaluation eine im wesentlichen gute Programmevaluation zunichte macht.
F. Die Verantwortung für eine interne Meta-Evaluation wird einem jungen und unerfahrenen Mitarbeiter übertragen.

◆ Anschauungsbeispiel – Beschreibung

Eine Organisation wollte ihre Trainingskurse verbessern. Sie sah dazu unter anderem vor, daß für jeden Kurs eine „follow-up-Evaluation" stattfinden sollte. Mit „Follow-up" ist gemeint, daß ein Training anhand der Arbeitsleistungen der Teilnehmenden nach Beendigung der Schulung evaluiert wird. Dieses Verfahren leistet eine Kontrolle der Kursentwicklung und belegt, welche Beiträge Arbeitnehmer, die an Schulungsmaßnahmen teilnehmen, später zum Erfolg ihres Unternehmens leisten.

Die Studie wurde vom „Trainingsberatungsausschuß“ (Training Advisory Board, abgekürzt TAB) finanziert. Dieser Ausschuß ist Teil eines Konsortiums von zwanzig Unternehmen aus der Telekommunikationsbranche. Das TAB vergab Projekte an ungefähr 170 Kursträger aus allen zwanzig Unternehmen. Vier Jahre nach seiner Gründung hatte das TAB 95 abgeschlossene Kurse und mehr als fünfzig weitere, die sich noch in verschiedenen Stadien der Entwicklung befanden, gefördert. Jeder Kurs sollte gemäß einer Reihe von „Qualitätsstandards“ entworfen und dokumentiert werden, die das TAB vorbereitet hatte. Dazu zählte auch die Forderung, daß eine „Follow-up-Evaluation“ durchgeführt werden sollte. Die Auflage einer „Follow-up-Evaluation“ wurde jedoch nicht strikt durchgesetzt. Wenn „Follow-up-Evaluationen“ durchgeführt wurden, dann in der Regel von den Kursverantwortlichen, die kaum Erfahrungen mit Evaluationen hatten.

In letzter Zeit war das TAB wegen der Kosten und der Qualität seiner Leistungen kritisiert worden. Der Ausschuß beauftragte daher eine spezielle Arbeitsgruppe damit abzuklären, inwieweit und auf welche Weise Kurse evaluiert wurden. Außerdem sollte sie Verbesserungsvorschläge zu den Verfahren formulieren. Die fünfköpfige Arbeitsgruppe bestand aus zwei Evaluationsfachleuten, einem Trainingsspezialisten und zwei erfahrenen Weiterbildungsmanagern.

Die Arbeitsgruppe befaßte sich mit den folgenden vier Fragen: (a) Wie groß war der Anteil der evaluierten Kurse? (b) Nahmen die Evaluationsberichte auf die „Qualitätsstandards“ Bezug? (c) Auf welche Faktoren ließen sich die festgestellten Mängel zurückführen? (d) Welche Verbesserungsmaßnahmen sollten getroffen werden?

Laut Datenerhebungsplan sollten alle verfügbaren Berichte über die „Follow-up-Evaluationen“ beschafft werden. Es sollte eine Checkliste für die Einschätzung dieser Berichte erstellt werden und die Projektleiter sollten zu den „Follow-up-Evaluationen“ interviewt werden. Die Checkliste war von der Arbeitsgruppe nach Durchsicht von Fachliteratur erstellt worden. Sie umfaßte Projektziele, Verfahren, Interpretationen und Empfehlungen. Die Berichte wurden zunächst anhand einer mehrdimensionalen Matrix durch vier Arbeitsgruppenmitglieder einzeln bewertet. Durch die Diskussionen in der Gruppe wurde anschließend ein Konsens über die Bewertungen erzielt. Die Interviews wurden telefonisch durchgeführt. Von 25 Projektmanagern wurden die zwölf, welche die „Follow-up-Evaluationen“ betreut hatten, befragt (a) über Probleme bei der Planung der „Follow-up-Studie“, bei der Datenerhebung und -analyse sowie beim Verfassen der Berichte und (b) über Reaktionen auf den Evaluationsbericht sowie zur Umsetzung von Empfehlungen. Die übrigen 13 Projektmanager wurden nach den Gründen befragt, warum die einzelnen Kurse nicht evaluiert worden waren.

Zwei Mängel wurden festgestellt. Erstens waren nur zwanzig der 95 veröffentlichten Kurse nach der Schulung auf die Arbeitsleistungen der Teilnehmenden hin evaluiert worden. Dieser Mangel wurde zurückgeführt auf die Konkurrenz zwischen den Projekten um knappe personelle Ressourcen, auf die bisweilen drohenden ungünstigen Konsequenzen von Evaluationen sowie die Unbeständigkeit der Kursinhalte.

Der zweite Mangel bestand aus zahlreichen technischen Unzulänglichkeiten bei den durchgeführten Evaluationen. Es wurde eine Checkliste mit 23 Punkten benutzt, um die Qualität einer Evaluation zu beurteilen. Je mehr Punkte eingehalten wurden desto besser die Evaluation. Die durchschnittliche Anzahl erreichter Punkte betrug

9,13, d.h. vierzig Prozent des maximal Erreichbaren. Die Unzulänglichkeiten wurden neun Kategorien zugeordnet: Evaluationsziele nicht genannt; Stichprobe nicht repräsentativ für die Gesamtgruppe der Trainingsteilnehmenden; geringer Datenrücklauf; Zweifel an der Verläßlichkeit der Daten; unerkannte Mängel bei den Arbeitsleistungen; fehlender Vergleich der Ergebnisse aus der Evaluation mit der Arbeitsleistung vor Projektdurchführung; keine Untersuchung der Probleme bei der Abwicklung und der praktischen Durchführung; unangemessener Detaillierungsgrad im gesamten Bericht; ungenügende Datenbasis für die Empfehlungen. Diese Unzulänglichkeiten wurden auf mangelnde Kenntnisse und ungeeignete Standards für die Erarbeitung von Evaluationsberichten zurückgeführt.

Dem TAB wurden die folgenden sieben Maßnahmen vorgeschlagen:

a) Das Evaluationserfordernis sollte schon im Rahmen des Entwicklungsprozesses durchgesetzt werden.
b) Die Evaluation sollte einer neutralen Partei übertragen werden, soweit dies praktisch möglich ist.
c) Es sollte eine vollzeitig tätige, professionelle Evaluatorin damit beauftragt werden, die Kursleiter in Evaluationstätigkeiten anzuweisen, diese zu überwachen, einzuüben und zu evaluieren.
d) Die Qualitätsstandards für die Entwicklung von Trainings sollten überarbeitet werden, um eine bessere Definition der Konzept- und der Berichtsanforderungen zu erreichen.
e) Es sollte ein Leitfaden für die Durchführung von „Follow-up-Evaluationen" erstellt werden.
f) Der Leitfaden sollte von konkreten Instruktionen begleitet sein.
g) Forschung über Möglichkeiten der Leistungsmessung (performance measurement) sollte finanziell unterstützt werden.

Alle Empfehlungen außer c) wurden umgesetzt. Während der folgenden drei Jahre wurden 54 „Follow-up-Evaluationen" durchgeführt, im Vergleich zu zwanzig in den vorangegangenen vier Jahren. Die Qualitätseinschätzungen wurden besser, besonders bei den Evaluationen, bei denen die Evaluatorinnen den Leitfaden benutzten und sie nicht von dem Unternehmen angestellt waren, das den Kurs entwickelt hatte. Es stellte sich haraus, daß die Verbundenheit der Evaluatorin von Bedeutung war. Evaluatorinnen, die für ein Konsortium tätig waren, das einen Kurs zwar nutzte, ihn aber nicht selbst entwickelt hatte, schlugen fünfmal häufiger eine gründliche Überarbeitung des Kurses vor als solche, die ihre eigenen Kurse evaluierten.

◆ Anschauungsbeispiel – Analyse

Es ist zu beachten, daß der Zweck der Meta-Evaluation darin bestand, ein Evaluationsverfahren zu reformieren und nicht, ein bestimmtes Evaluationsprojekt zu analysieren. Es war beabsichtigt, die zukünftige Praxis zu verbessern, statt lediglich zurückliegende Anstrengungen zu beurteilen. Diese Zukunfts- und Lösungsorientierung reduzierte deutlich den Rechtfertigungszwang, der eine Meta-Evaluation mit dem Auftrag, „gute“ Projekte und „schlechte“ Projekte aufzulisten, stark beeinträchtigt hätte.

Die Studie zeigt die Möglichkeit, durch Meta-Evaluationen Veränderungen zu bewirken. Eine Reihe von Verbesserungsmaßnahmen wurde ergriffen und diese Maßnahmen führten wiederum zu Verbesserungen in der Durchführung der „Follow-up-Evaluationen.

Mehrere Aspekte zu Beginn der Meta-Evaluation haben zum erfolgreichen Ausgang beigetragen: Erstens zeigten der TAB und insbesondere dessen Vorsitzender große Bereitschaft, ihr Handeln nach den Ergebnissen auszurichten. Der TAB konnte die Empfehlungen auch umsetzen, ohne die Zustimmung irgendeiner anderen Stelle einholen zu müssen. Zweitens verlangte der TAB eine Dokumentation der Kursentwicklung und der Evaluationstätigkeiten. Diese Dokumentationen stellten die wichtigste Informationsquelle für die Meta-Evaluation dar. Weiterhin wurden die Mitglieder der Arbeitsgruppe für die Meta-Evaluation sorgfältig nach Kompetenz und Glaubwürdigkeit ausgewählt. Sie vertraten verschiedene Unternehmen innerhalb des Konsortiums sowie verschiedene Sachgebiete, und sie standen nicht in Verbindung mit den untersuchten Projekten. Schließlich beschränkte sich die Meta-Evaluation nicht auf das naheliegende Ziel festzustellen, was schiefgelaufen war, sondern es wurde auch nach den Gründen für die Mängel gesucht. Diese Suche erbrachte eine breitere Spanne von Empfehlungen, als es der Fall gewesen wäre, wenn sich die Analyse auf das Feststellen von Problemen beschränkt hätte.

Es stellt sich die Frage, welche Aspekte der Studie verbessert werden könnten, wenn die Meta-Evaluation wiederholt werden sollte. Zunächst ist festzustellen, daß eine mögliche politische Druckausübung auf den TAB nie untersucht wurde. Die Arbeitsgruppe hätte sich bemühen können herauszufinden, wer Druck auf den TAB ausübte und warum. Diese Untersuchung hätte zusätzliche Nutzungsbereiche für die Evaluationsergebnisse oder Erfordernisse an die Ergebnisse aufzeigen können. Ebenso hätte die Arbeitsgruppe sich nach den örtlichen Unternehmensstrategien erkundigen können, welche die Kursentwicklerteams beeinflußten, insbesondere „Signale“, welche die Unternehmensleitungen bezüglich der Evaluationsfunktion aussendet. Eine solche Untersuchung hätte Zwänge erkennen lassen können, die auf den Evaluatorinnen und den Kursdesignern lasteten. Diese Kenntnis wiederum hätte zu Empfehlungen führen können, welche Evaluationsmethoden bei verschiedenen Restriktionen angemessen sind.

Weiterführende Literatur

Schwandt, T. A., & Halpern, E. S. (1988). Linking auditing and meta-evaluation: Enhancing quality in applied research. Newbury Park, CA: Sage.

Stufflebeam, D. L. (1974). *Metaevaluation.* Kalamazoo: Western Michigan University, The Evaluation Center.

Worthen, B. R., & Sanders, J. R. (1987). Educational evaluation: Alternative approaches and practical guidelines. White Plains, NY: Longman.

Das Joint Committee

Vorsitzender
James R. Sanders

Mitglieder

Ralph Alexander and Robert Baker, vertreten die American Psychological Association

Marsha Berger and Beth Bader, vertreten die American Federation of Teachers

Rolf Blank, vertritt das Council of Chief State School Officers

Oliver W. Cummings and Constance M. Filling, vertreten die American Evaluation Association

Esther E. Diamond, vertritt die Association for Assessment in Counseling

Joy Frechtling, vertritt die American Educational Research Association

Philip Hosford, vertritt die Association for Supervision and Curriculum Development

Thomas Houlihan and Henry Johnson, vertreten die American Association of School Administrators

Edgar A. Kelley and W. Eugene Werner, vertreten die National Association of Secondary School Principals

William Mays, Jr., vertritt die National Association of Elementary School Principals

Diana Pullin, Sondermitglied

Rodney Riffel, Sheila Simmons, and Gerald Bracey, vertreten die National Education Association

W. Todd Rogers, vertritt die Canadian Society for the Study of Education

Daniel L. Stufflebeam, Sondermitglied

Bruce Thompson and Ross E. Traub, vertreten das National Council on Measurement in Education

Jeffrey W. Wadelin and Thurston E. Manning, vertreten das Council on Postsecondary Accreditation

Barbara M. Wheeler, vertritt die National School Boards Association

Danksagungen

Mehrere Organisationen und viele Personen trugen bei zur Veröffentlichung der 1994er *Program Evaluation Standards* und ihrer Vorgänger, der 1981er *Standards for Evaluations of Educational Programs, Projects and Materials*. Der 1994er Ausgabe haben finanziell und durch andere Leistungen zur Seite gestanden: Die Unterstützungsorganisationen des Joint Committee, die W. K. Kellog Foundation und das Evaluation Center der Western Michigan University. Für die 1981er Ausgabe waren dies die Unterstützungsorganisationen des Joint Committee, das Evaluation Center und Beiträge des Lilly Endowment, des National Institute of Education, der National Science Foundation sowie der Weyerhaeuser Company Foundation. Die Einzelpersonen, welche zur Entwicklung der 1981er und 1984er Standards beigetragen haben, sind in der Liste der unterstützenden Gruppen im Anhang angeführt[29]. Trotzdem ist klar, daß das Joint Committee on Standards for Educational Evaluation alleine die Verantwortung für den Inhalt dieses Buches trägt.[30]

Die Mitglieder des Joint Committee und die verschiedenen Unterstützergruppen sind eine starke Kraft, um die Praxis von Programmevaluation im Bereich Bildung und Erziehung und in der Folge auch die Praxis selbst in diesen Bereichen zu verbessern. Das Joint Committee steht in der Schuld jener, die zu diesem Werk beigetragen haben.

29 Diese Liste ist in der amerikanischen Originalausgabe enthalten, nicht aber in der vorliegenden Publikation (Anm. d. Ü.).

30 Diese Aussage bezieht sich auf Teil A der deutschen Ausgabe (Anm. d. Ü.).

Bezeichnungen der Standards Deutsch – Englisch

N1	Ermittlung der Beteiligten & Betroffenen	U1	Stakeholder Identification
N2	Glaubwürdigkeit der Evaluatorin	U2	Evaluator Credibility
N3	Umfang und Auswahl der Informationen	U3	Information Scope and Selection
N4	Feststellung von Werten	U4	Values Identification
N5	Klarheit des Berichts	U5	Report Clarity
N6	Rechtzeitigkeit und Verbreitung des Berichts	U6	Report Timeliness and Dissemination
N7	Wirkung der Evaluation	U7	Evaluation Impact
D1	Praktische Verfahren	F1	Practical Procedures
D2	Politische Tragfähigkeit	F2	Political Viability
D3	Kostenwirksamkeit	F3	Cost Effectiveness
K1	Unterstützung der Dienstleistungsorientierung	P1	Service Orientation
K2	Formale Vereinbarungen	P2	Formal Agreements
K3	Schutz individueller Menschenrechte	P3	Rights of Human Subjects
K4	Human gestaltete Interaktion	P4	Human Interactions
K5	Vollständige und faire Einschätzung	P5	Complete and Fair Assessment
K6	Offenlegung der Ergebnisse	P6	Disclosure of Findings
K7	Deklaration von Interessenkonflikten	P7	Conflict of Interest
K8	Finanzielle Verantwortlichkeit	P8	Fiscal Responsibility
G1	Programmdokumentation	A1	Program Documentation
G2	Kontextanalyse	A2	Context Analysis
G3	Beschreibung von Zielen und Vorgehen	A3	Described Purposes and Procedures
G4	Verläßliche Informationsquellen	A4	Defensible Information Sources
G5	Valide Informationen	A5	Valid Information
G6	Reliable Informationen	A6	Reliable Information
G7	Systematische Informationsüberprüfung	A7	Systematic Information
G8	Analyse quantitativer Informationen	A8	Analysis of Quantitative Information
G9	Analyse qualitativer Informationen	A9	Analysis of Qualitative Information
G10	Begründete Schlußfolgerungen	A10	Justified Conclusions
G11	Unparteiische Berichterstattung	A11	Impartial Reporting
G12	Meta-Evaluation	A12	Metaevaluation

Evaluationsgegenstand	Object of the evaluation	Das, was evaluiert wird. In diesem Text wird der Begriff →Programm durchgängig benutzt, um ein →Programm, Projekt oder →Material zu repräsentieren, auf die in diesen →„Standards" als Evaluationsgegenstand Bezug genommen wird.
Evaluationsplan	Design (evaluation)	Ein Plan, um eine →Evaluation auszuführen (beispielsweise Datenerhebungspläne, Berichtspläne, Fragestellungen, die angesprochen werden sollen, Auswertungsplan oder Managementplan für die →Evaluation). Evaluationspläne können entweder im voraus festgelegt oder emergent [→emergentes Design] sein.
Evaluatorin	Evaluator	Eine Person, die aktiv Evaluationshandlungen ausführt.
Exekutivbericht	Executive report	Ein verkürzter →Bericht, der spezifisch auf die Anliegen und Fragen einer Person zugeschnitten ist, die ein →Programm verantwortlich organisiert.
Experimentalgruppe	Experimental group	Eine Gruppe von Personen, die einer bestimmten Experimentalhandlung (unabhängige →Variable) ausgesetzt werden, deren Effekte (auf die →abhängige →Variable) gemessen werden sollen. Oft werden Vergleiche zwischen diesen Effekten und solchen gemacht, die bei einer →Vergleichs- oder →Kontrollgruppe (ohne Experimentalhandlung) gemacht werden.
experimentelle Forschung	Experimental research	Wissenschaftliche Untersuchung, in der ein Forscher eine oder mehrere unabhängige →Variablen manipuliert und kontrolliert, um deren Auswirkungen auf die beeinflußte (→abhängige) →Variable zu bestimmen.
experimentelles Design	Experimental design	Der Plan eines Experimentes, einschließlich der Auswahl von Personen, der Anordnung der Ausführung der Experimentalhandlung, der Art und Weise der Experimentalhandlung, der Prozeduren, wie dieses überwacht wird, und der Erhebung der →Daten (mit besonderer Berücksichtigung der spezifischen statistischen Analysen, die durchgeführt werden sollen).
externe →Evaluatorin	External evaluator	Eine →Evaluatorin außerhalb der Organisation, in der sich der →Evaluationsgegenstand befindet.
extrapolieren	Extrapolate	Von Bekanntem auf Unbekanntes schließen (statistische Definition – →Einschätzung des Wertes einer →Variablen außerhalb des beobachteten Bereichs).
Fallstrick	Pitfall	Eine nicht einfach zu erkennende Schwierigkeit, von der angenommen wird, daß sie häufig mit einem bestimmten →Standard verbunden ist. Dies sind Fehler, die gemacht werden, wenn man die Bedeutung oder den Inhalt eines →Standards vernachlässigen würde.
Fallstudie	Case study	Eine intensive, detaillierte Beschreibung und Analyse eines einzelnen Projektes, →Programms oder →Materials im →Kontext seiner jeweiligen Umwelt.
Feldtest	Field test	Untersuchungen von →Programmen, Projekten oder →Material unter realen Bedingungen. Feldtests können von vorläufigen, behelfsmäßigen Untersuchungen bis hin zu umfassenden →summativen Studien reichen.
Fokusgruppe	Focus group	Eine hinsichtlich der Erfordernisse einer →Evaluation zusammengestellte Gruppe, die durch einen speziell ausgebildeten Moderator über eine Reihe von Diskussionen begleitet wird. Die Diskussionen sind so zugeschnitten, daß die Teilnehmenden Erfahrungen, Ideen und Beobachtungen im Bezug auf ein interessierendes Thema austauschen.

formative →Evaluation / Gestaltungsevaluation	Formative evaluation	Eine solche →Evaluation wird geplant und eingesetzt, um einen Gegenstand zu verbessern, speziell, wenn sich dieser noch in der Entwicklungsphase befindet.
Gegnerschaftliches / anwaltschaftliches Team	Adversarial/advocacy group	Eine Gruppe oder Personen, die eine kreuzverhörartige Untersuchung vornehmen, sei es in Bezug auf Alternativpläne, Strategien oder Ergebnisse.
Geldgeber	Sponsor	Das Individuum, die Gruppe oder die Organisation, welche die Finanzmittel für die →Evaluation bereitstellt.
Genauigkeit	Accuracy	Das Ausmaß, in dem eine →Evaluation wahrheitsgetreu oder gültig ist in Bezug auf das, was sie über das →Programm, Projekt oder →Material aussagt.
generische Rechte	Generic rights	Rechte, über die alle Mitglieder einer Gruppe verfügen.
Geschichtete →Zufallsauswahl	Stratified random sample	Eine Gruppierung von →Untersuchungseinheiten, die dadurch erreicht wird, daß die →Population in eine bestimmte Zahl sich nicht überschneidender (sich gegenseitig ausschließender) Klassen oder Kategorien aufgeteilt wird, die zusammen alle Fälle einschließen; auf diesen Schritt folgt eine →Zufallsauswahl von Fällen innerhalb der gebildeten Kategorien.
Globalziel	Goal	Ein (weiter gestecktes) Ziel, das man zu erreichen sucht.
Gültigkeit/Validität	Validity	Die Fundiertheit von Schlüssen, die aus den Resultaten eines Datenerhebungsprozesses gezogen werden [Inwieweit mißt ein Test, erhebt eine Untersuchung etc. das, was sie zu messen vorgibt (und nichts anderes)].
Güte	Merit	Die Vorzüge eines Gegenstandes, wie sie sich aus einer Abschätzung seiner intrinsischen Qualitäten oder Leistungen ergeben [im Unterschied zu →Verwendbarkeit – worth][32]
Hardware (Datenverarbeitung)	Hardware (data processing)	Die physischen Komponenten, wie Computer oder Lochkartenschreiber, eines Datenverarbeitungssystems; im Gegensatz zu den Verfahrensanweisungen inhaltsorientierter Komponenten (Software)
Information(en)	Information	Numerische und nicht-numerische Befunde, Wiedergaben oder Präsentationen – diese umfassen Tatsachen, Fakten, Erzählungen, Grafiken, Bilder, Pläne, Auslagen, →Statistiken und mündliche →Berichte. Sie helfen, interessegeladene Themen aufzuhellen, Fragen zu beantworten und das Wissen und das Verständnis über ein →Programm oder über einen anderen →Evaluationsgegenstand zu mehren.
Informationsbedürfnisse	Information needs	Informationserfordernisse der →Evaluatorin oder des →Auftraggebers bzw. anderer Adressaten/Publika, die durch die →Evaluation erfüllt werden sollen.
Informationsquellen	Information sources	Personen, Gruppen und Dokumente, die →Daten zur Verfügung stellen.
informiertes Einverständnis	Informed consent	Vereinbarung mit den an einer →Evaluation Beteiligten, wie ihre Namen und / oder vertrauliche →Informationen durch sie selbst in festgelegter Art und Weise zur Verfügung gestellt werden, bestimmt für ausgewiesene →Zwecke, in voller Kenntnis möglicher Konsequenzen, und zwar bevor die Datensammlung beginnt und / oder gewonnene →Informationen in →Evaluationsberichten weitergegeben werden.

32 ‚Merit & Worth‘ wird hier als idiomatische Bezeichnung der Evaluationstheorie mit „Güte & Verwendbarkeit“ übersetzt; mehr zum begrifflichen Hintergrund in Beywl 1988, S. 147ff.

Inhaltsanalyse	Content analysis	Der Prozeß der Identifizierung und Erfassung – von Kategorien, die in einer Vielfalt von →Informationen enthalten sind. Dies geschieht in Abstimmung mit einem möglichst sparsamen Klassifizierungssystem.
Instrument	Instrument	Ein Einschätzungsverfahren, das übernommen, angepaßt oder speziell für die →Zwecke einer →Evaluation entwickelt wird.
interne →Evaluatorin	Internal evaluator	Eine Mitarbeiterin oder eine Organisationseinheit innerhalb einer Organisation, innerhalb derer sich der →Evaluationsgegenstand befindet.
Jury-Verfahren für Projekte	Jury trial for projects	Projektevaluationen, die im Muster eines Schöffen- / Laiengerichtes vorgehen, um Spannungsthemen zu klären, Beweise einzuführen und abzuschätzen, und um zu →Schlußfolgerungen zu kommen. Dieses Modell ist auch als gegnerschaftsorientiertes Modell der →Evaluation bekannt.
kein →signifikanter Unterschied	No significant difference	Eine Entscheidung, daß ein beobachteter Unterschied zwischen zwei →Statistiken auf Zufall beruht.
klassisches Konditionieren	Conditioning	[behavioristische Lerntheorie] Verknüpfung eines bis dahin unverbundenen Reizes mit einem unbedingten [angeborenen] Reflex [in der Art, daß bei Auftreten des Reizes der Reflex oder eine mit dem Reflex verbundene Reaktion gezeigt wird].
Koeffizient	Coefficient	Dieser Wert drückt aus, in welchem Ausmaß ein Merkmal oder eine Beziehung in bestimmten Situationen vorliegt. Zum Beispiel handelt es sich beim →Korrelationskoeffizienten um einen Wert, der ausdrückt, wie stark zwei →Variablen miteinander variieren.
kognitive Fähigkeit	Cognitive ability	Das psychologische Konzept, das sich auf solche Prozesse bezieht wie Wahrnehmen, Wissen, Erinnern, Konzeptualisieren, Urteilen und Nachdenken.
Kontext (einer →Evaluation)	Context (of an evaluation)	Die Kombination der Faktoren, welche die Studie begleiten und die möglicherweise ihre Ergebnisse beeinflussen. Diese Faktoren beinhalten z.B. Ort und Zeit der Studie, das herrschende politische und soziale Klima, andere laufende professionelle Aktivitäten und auch einschlägige ökonomische Rahmenbedingungen.
Kontrakt	Contract	Eine schriftliche oder mündliche Vereinbarung zwischen der →Evaluatorin und dem →Auftraggeber, die rechtlich bindend ist. Sie gibt das beiderseitige Einverständnis über →Erwartungen und Verantwortlichkeiten beider Parteien wieder.
Kontrollgruppe	Control group	Eine Gruppe, die soweit wie möglich hinsichtlich der relevanten Merkmale mit denen einer →Experimentalgruppe (die einem →Programm, Projekt oder →Material ausgesetzt ist) übereinstimmt und die auch allen Bedingungen der Untersuchung ausgesetzt ist, mit Ausnahme des →Programms, Projektes oder des →Materials, das evaluiert wird.
Konvergenzgruppe	Convergence group	Diese Gruppe ist verantwortlich dafür, daß die wichtigen Gesichtspunkte alternativer Strategien, die →anwaltschaftliche Teams einbringen, in eine Kompromißstrategie integriert werden.
Korrektheit	Propriety	Der Grad, in dem eine →Evaluation so durchgeführt worden ist, daß sie in keiner Weise die höchsten Prinzipien und Ideale verletzt (einschließlich der professionellen Ethik, des Zivilrechtes, moralischer Vorstellungen und vertraglicher Vereinbarungen).

Korrelation[skoeffizient]	Correlation [coefficient]	Eine statistische Maßzahl für die Stärke der Beziehung zwischen →Variablen. Sie wird in der Form eines →Koeffizienten ausgedrückt, der zwischen -1.00 und + 1.00 variieren kann.
Kosten-Wirksamkeit	Cost effectiveness	Das Ausmaß, in dem ein →Programm, Projekt oder →Material gleiche oder bessere Ergebnisse produziert als ‚Mitbewerber', die in etwa das Gleiche an Zeit, Aufwand und Ressourcen erfordern; oder das Ausmaß, in dem ein bestimmter →Evaluationsgegenstand bei geringeren Kosten dieselben Resultate wie ein ‚Mitbewerber' produziert.
Kovariate	Covariate	Eine Zufallsvariable, die gleichzeitig mit der primär interessierenden Zufallsvariable auftritt und die gemessen wird, um abgestimmte Anpassungen an die primär interessierende Zufallsvariable vorzunehmen (beispielsweise indem man die Vortest-Leistung zweier Gruppen mißt, um ihre Post-Test-Werte anzupassen, so daß sie die Unterschiede zwischen den beiden Gruppen in Betracht ziehen, die bereits existierten, bevor das Treatment auf die eine Gruppe angewandt wurde).
Kriterium	Criterion	Ein →Standard, an dem etwas beurteilt werden kann.
Kriteriums-basierter Test	Criterion-referenced tests	Tests, deren Werte in Bezug auf gut definierte Gegenstands- oder Verhaltensdimensionen und nicht bezüglich der Leistungen vergleichbarer Personengruppen interpretiert werden.
Lernen	Learning	Der Erwerb von Wissen, Fertigkeiten, Denkprozessen, Persönlichkeit usw.
Material[-Evaluation]	Materials evaluation	inhaltsbezogene physische Gegenstände, wie beispielsweise Bücher, Lehrerbegleithefte, Filme, Tonaufzeichnungsträger u.a. gegenständliche (z.B. didaktische...) Produkte [die Gegenstand von →Evaluationen sind, welche deren →Güte oder →Verwendbarkeit überprüfen.]
Meßgröße	Variate	Das quantitative Maß einer →Variable.
Meta-Evaluation	Metaevaluation	→Evaluation einer →Evaluation
Mittelwert (arithmetisch)	Mean (arithmetic)	Ein Maß der zentralen Tendenz, das berechnet wird, indem man die Summe aller Werte durch die Anzahl der Werte teilt.
Modus operandi-Analyse	Modus operandi analysis	Das Ableiten der Ursachen von Effekten aufgrund einer Analyse der Ereignisse, Prozesse oder Eigenschaften, die mit den Effekten verbunden sind; analog zu Verfahren, wie sie von Detektiven eingesetzt werden.
Nachher-Untersuchung/Messung	Posttest	Ein Test, der die Leistung erfassen soll, nachdem ein →Programm, Projekt oder →Material durchgeführt/eingesetzt wurde.
non-reaktive Meßverfahren	Nonreactive measures	→Einschätzungen, die vorgenommen werden, ohne daß sich diejenigen, die eingeschätzt werden, dessen bewußt sind.
Norm	Norm	Ein einzelner Wert oder eine Verteilung von Werten, welche die typische Leistung einer bestimmten Gruppe bezeichnen.
Null-Hypothese	Null hypothesis	Die Hypothese, daß es keinen Unterschied oder keine unterschiedlichen Effekte gibt [bzw. daß Unterschiede in empirischen →Daten →zufällig bedingt sind].
Nützlichkeit	Utility	Das Ausmaß, in dem eine →Evaluation →Berichte bereitstellt und verbreitet, die relevante Adressaten / Publika informieren und deren Arbeit günstig beeinflussen.

Operationale Definition	Operational definition	Eine Definition eines Begriffes oder Gegenstandes, die dadurch bestimmt ist, daß die Operationen oder Verfahren angegeben werden, die eingesetzt werden, um diese von anderen zu unterscheiden, um das betreffende Merkmal zu erheben].
Panelmortalität	Attrition	Abgang von Personen aus der ursprünglich festgelegten →Stichprobe im Verlauf einer Panelstudie.
Parallelisierung (matching)	Matching	Ein experimentelles Verfahren, in dem die Personen nicht in einem Zufallsverfahren, sondern so zugeteilt werden, daß die entstehenden Gruppen für die gegebene →Zwekke als gleich gut oder gleich fähig angesehen werden können (oft werden parallelisierte Gruppen so zusammengestellt, daß sichergestellt ist, daß sie gleich oder nahezu gleich sind in Bezug auf →Variablen wie Geschlecht, Alter, Notendurchschnitte und Ergebnisse früherer Tests)
Paralleltests	Parallel forms	Erhebungsbogen für einen Test liegen in mehrfacher Ausgabe vor. Sie sind so konstruiert, daß sie bezüglich ihres Inhalts, ihrer Länge und der Organisationsverfahren sowie in den Werten und Testeigenschaften (z.B. →Mittelwerte, Varianzen und Reliabilitätsindizes) möglichst vergleichbar und austauschbar sind [d.h. prinzipiell das Gleiche messen].
Pilot-Studie	Pilot test	Eine kurze und einfache Voruntersuchung, um Methoden auszuprobieren, mit denen festgestellt wird, ob ein vorgeschlagenes Projekt oder →Programm voraussichtlich wertvolle Ergebnisse bringen wird.
Population	Population	Alle Personen in einer bestimmten Gruppe
Programm	Program	→Evaluationsgegenstand
Programm-Evaluationen	Program evaluations	→Evaluationen, die andauernde, mit einer Leistungserbringung verbundene Aktivitäten einschätzen. Beispiele aus den Bereichen →Erziehung und Bildung sind: Das →Programm eines Schulbezirks /-kreises zur Leseförderung; ein sonderpädagogisches →Programm eines Bundesstaates; das Weiterbildungsprogramm einer Universität in einem speziellen Bereich wie z.B. in der Ophthalmologie (Augenheilkunde) oder ein Kurs zur Vermittlung von Fertigkeiten für Beschäftigte bei staatlichen Einrichtungen, Dienstleistungs- oder Industrieunternehmen.
Projekt-Evaluationen	Project evaluations	→Evaluationen, die zeitlich begrenzte, in Hinblick auf bestimmte →Zwecke geförderte Aktivitäten einschätzen. Einige Beispiele (aus den Bereichen →Erziehung und Bildung) sind: Ein dreitägiger Workshop zu verhaltensbezogenen Lernzielen, ein zweijähriges Entwicklungsprojekt oder die Präsentation einer dreijährigen berufsbezogenen Weiterbildung.
Punktveränderung	Gain scores	Die Differenz zwischen einer Schülerleistung, die in einem Test erzielt wurde, gegenüber einer Leistung in einem vorangegangenen gleichen oder parallelen Test [→Paralleltests].
qualitative →Informationen	Qualitative information	Tatsachen und Aussagen, die in einer narrativen (erzählerischen), nicht-numerischen Form präsentiert werden.
quantitative →Informationen	Quantitative information	Tatsachen und Aussagen, die durch Zahlen repräsentiert sind.
Redaktionsrecht	Editorial authority	Das Ausmaß, in dem die →Evaluatorin das Recht hat, →Evaluationsberichte zu redigieren, bevor sie verbreitet werden.

Regressionseffekt	Regression effect	Die Tendenz von untersuchten Personen, die in der →Vorher-Untersuchung über bzw. unter dem →Mittelwert einer Verteilung lagen, sich in einem Post-Test dem →Mittelwert anzunähern.
Richtlinie	Guideline	Ein Vorschlag zum Vorgehen, der →Evaluatorinnen und ihre Adressatengruppen darin unterstützen soll, die Erfordernisse der →Evaluationsstandards zu erreichen; eine Strategie, um Fehler bei der Anwendung der →Standards zu vermeiden.
Schlußfolgerungen (einer →Evaluation)	Conclusions (of an evaluation)	Abschließende Beurteilungen und Empfehlungen
Schulprofil	School profile	Eine graphische, numerische oder andersartige Beschreibung einer Schule im Hinblick auf eine Reihe von Konzepten oder →Variablen.
Sekundärdatenanalyse	Secondary data analysis	Eine erneute Analyse von →Daten, in denen dieselben oder andere angemessene Verfahren eingesetzt werden, um die →Genauigkeit der Ergebnisse einer ersten Analyse zu überprüfen oder mit der Absicht, andere Fragestellungen zu beantworten.
Selbstberichtsinstrument	Self-report instrument	Ein →Instrument, mittels dessen eine Person ein Urteil über das Funktionieren des eigenen →Programms, Projektes oder eigenen →Materials vornimmt und darüber berichtet.
signifikanter Unterschied (statistisch)	Significant difference (statistically)	Eine Entscheidung, daß eine beobachtete Differenz zweier →Statistiken nicht auf einen Zufall zurückgeht [auch einen realen Unterschied in der →Population darstellt].
Signifikanzniveau	Level of significance	Die Wahrscheinlichkeit, daß beobachtete Unterschiede →zufällig auftreten. [Gezielt oder durch Konventionen festgesetztes Restrisiko, eine Meßwertdifferenz für überzufällig zu halten, obwohl sie tatsächlich →zufällig ist].
Simulationsstudie	Simulation study	Mittels einer Studie werden die wahrscheinlichen Effekte alternativer Lösungsansätze für ein Problem festgestellt, indem symbolische Repräsentationen von realen Aktivitäten, Situationen oder Rahmenbedingungen genutzt werden.
Sozio-Drama	Sociodrama	Dramatisierung und Rollenspiel, das genutzt wird, um Adressaten/ein Publikum über die Befunde einer →Evaluation zu informieren und um mögliche Anwendungen zu veranschaulichen.
Spezifikationstabelle	Table of specification	Eine Kreuztabelle, die manchmal auch Testentwurf genannt wird. Sie listet in den Spaltenüberschriften Hauptinhaltsbereiche auf, die durch den Test abgedeckt werden sollen und in den Zeilentiteln Hauptgruppen von Fähigkeiten, die entwickelt und überprüft werden sollen.
Standard	Standard	Ein von Experten allgemein anerkanntes Prinzip, das bei der Durchführung und Nutzung von →Evaluationen als Maßstab genutzt wird, um den Wert oder die Qualität einer →Evaluation einzuschätzen.
standardisierter Test	Standardized test	Eine Auswahl von Aussagen oder Situationen mit eindeutiger Anleitung zu Einsatz und Auswertung, meist auch begleitet durch Angaben zur →Zuverlässigkeit (Reliabilität) und →Gültigkeit (Validität) sowie teilweise auch durch →Norm-Informationen zum Test..
Statistik	Statistic	Eine zusammenfassende Zahl die typischerweise benutzt wird, um ein Merkmale einer →Stichprobe zu beschreiben.
Stichprobe	Sample	Ein Teil einer →Population

summative →Evaluation/Bilanzevaluation	Summative evaluation	Eine →Evaluation, die so konzipiert ist, daß sie →Schlußfolgerungen über die →Güte oder →Verwendbarkeit eines →Evaluationsgegenstandes hervorbringt und außerdem Empfehlungen darüber, ob das →Programm, Projekt oder →Material beibehalten, erweitert oder reduziert oder zurückgezogen werden soll.
Triangulation	Triangulation	Die Nutzung multipler Quellen und Methoden [sowie Theorien und Konzepte], um →Information zu demselben Thema zu erhalten.
Überblick	Overview	Ein konzeptioneller oder einführender Abschnitt, der wesentliche Definitionen, generelle Vorgehensweisen und außerdem zusammenfassend Verfahren darlegt sowie Hinweise auf übliche Probleme und spezifische Schwierigkeiten enthält, die vorkommen können.
Untersuchungseinheit	Unit of analysis	Das kleinste, nicht mehr teilbare Element, zu dem Messungen und Analysen durchgeführt werden.
Variable	Variable	Ein Merkmal, das verschiedene Werte annehmen kann.
Verallgemeinerbarkeit / Generalisierbarkeit	Generalizability	Das Ausmaß, in dem die unter spezifischen Rahmenbedingungen gesammelten →Informationen über ein →Programm, Projekt oder →Material genutzt werden können, um ein gültiges Urteil darüber zu erzielen, wie diese unter anderen Rahmenbedingungen funktionieren.
Verbreitung	Dissemination	Die Kommunikation der Handlungen – durch schriftliche, mündliche oder audiovisuelle Berichterstattung -, die →Evaluatorinnen vornehmen, um die Kenntnisse über die Evaluationsergebnisse bei den berechtigten Adressatengruppen zu erweitern.
Vergleichende Experimentalstudien	Comparative experimental studies	Studien, bei denen eine Gruppe von Personen einem →Programm, Projekt oder →Material ausgesetzt wird, um anschließend deren Leistungen bezüglich einer strukturierten Aufgabe mit jenen einer anderen Gruppe, die dem →Programm, dem Projekt oder dem →Material nicht ausgesetzt war, zu vergleichen.
Vergleichsgruppe (im Experiment)	Comparison group (in experimentation)	Eine Gruppe, die eine Basis für den Vergleich mit der →Experimentalgruppe liefert (das heißt die Personengruppe, die an dem zu evaluierenden →Programm oder Projekt teilnehmen). Die Vergleichsgruppe wird der Experimentalhandlung (Treatment) (der unabhängigen →Variablen) nicht ausgesetzt. Damit ist ein Vergleich mit der →Experimentalgruppe möglich, die das Treatment erhält.
verstärken	Reinforce	Belohnung eines bis dahin neutralen Verhaltens, mit der Folge, das dessen Auftretenswahrscheinlichkeit erhöht wird. Verstärktes Verhalten wird gelernt.
Vertrauensstelle	Escrow agent	Eine dritte Partei, die gemäß Vereinbarung bestimmte →Informationen unter Verschluß hält. Hierbei kann es sich beispielsweise um die Namen von Testpersonen handeln, die von einer ersten Partei zur Verfügung gestellt werden, ohne daß eine zweite Partei Zugang zu diesen →Informationen erhalten kann.
Verwendbarkeit	Worth	Der Wert eines Objektes in Bezug auf sein →Zweck.
Verzerrung	Bias	Die konsistente Übernahme einer der möglichen Sichtweisen.
Vorher-Untersuchung/Messung	Pretest	Ein Test, der die Leistung bestimmen soll, bevor ein →Programm, ein Projekt oder ein →Material durchgeführt/eingesetzt wurde.

Wert-Klärungs-Techniken	Values clarification techniques	Verfahren, die eingesetzt werden, um Gruppen dabei zu unterstützen, die verschiedenen in der Gruppe verbreiteten Werte zu erkennen, die Konflikte zwischen diesen Werten wahrzunehmen und zu überlegen, wie diese Konflikte gelöst werden können.
wiederholen [einer →Evaluation]	Replicate	Eine →Evaluation mit allen wichtigen Bestandteilen unverändert zu wiederholen.
Wiederholungszuverlässigkeit	Test-retest reliability	Das Ausmaß, in dem zwei Durchführungen desselben Tests bei der gleichen Gruppe von Personen zu identischen Resultaten führen.
Zeitreihenstudie	Time series study	Eine Studie, bei der vor, während und nach der Einführung einer Intervention oder einer Experimentalhandlung periodisch Messungen durchgeführt werden, mit dem Ziel, →Schlußfolgerungen über die Interventionseffekte zu erhalten.
zielfreie →Evaluation	Goal-free evaluation	Eine Wirkungsevaluation, welche die →Evaluatorin nicht im Hinblick auf spezifische →Zweck- und Zielsetzungen [des →Evaluationsgegenstandes] durchführt.
zufällig	Random	Durch Zufall bedingt
Zufallsauswahl	Random sampling	Aus einer größeren Menge eine bestimmte Anzahl von Einheiten ziehen (auswählen), und zwar auf die Art und Weise, daß jedes Element die gleiche Wahrscheinlichkeit besitzt, auch tatsächlich gezogen zu werden.
zusammenfassender →Bericht	Executive summary	Eine nichttechnische Kurzfassung, die einen schnellen Überblick über den ausführlichen Gesamtbericht gibt, auf dem sie basiert.
Zuverlässigkeit/Reliabilität	Reliability	Konsistenz im Auffassen eines Objektes (siehe auch →Verallgemeinerbarkeit)
Zweck	Purpose	Etwas, was man tun will; Intention; Handlungsziel.
Zwecke (einer Evaluationsstudie)	Purposes (of an evaluation study)	Die →Detailziele einer →Evaluation (z.B. die relative →Güte verschiedener Lehrbücher zu bestimmen/zu dokumentieren, darüber zu berichten, wie gut ein bestimmter Projektplan umgesetzt worden ist) sowie die beabsichtigte Nutzung ihrer →Berichte (z.B. um Lehrern bei der Auswahl eines Lehrbuches zu helfen oder einen Schulbezirk beim Vollzug eines bestimmten Projektes zu unterstützen).

Teil B

Ergänzungen zur deutschsprachigen Ausgabe

Aspekte der Entwicklung und Verbreitung der Evaluationsstandards

James R. Sanders

Die erste Auflage der Program Evaluation Standards (1994) ist 1981 unter dem Titel „Standards for evaluation of educational programs projects and materials" veröffentlicht worden. Sie sind durch das *Joint Committee on Standards for Educational Evaluation* entwickelt worden. Zwölf Fachorganisationen in den Vereinigten Staaten von Amerika haben zur Erarbeitung von Kriterien, anhand derer die Qualität von Programmevaluationen beurteilt werden kann, das Joint Committee gegründet. Das Joint Committee war damals wie heute hauptsächlich aus Bildungsfachleuten zusammengesetzt und die Standards waren für den Einsatz in Bildung und Erziehung vorgesehen.

Im Jahr 1981 legte das Joint Committee vier Eigenschaften für gute Evaluationspraxis fest, die auf alle Arten von Evaluation anwendbar sind:

1.	Nützlichkeit	Evaluation dient den praktischen Informationsbedürfnissen bestimmter Adressaten.
2.	Durchführbarkeit	Evaluation ist realistisch, wohlüberlegt, diplomatisch und kostenbewußt
3.	Korrektheit	Evaluation wird rechtlich und ethisch korrekt durchgeführt und schenkt dem Wohlergehen der an der Evaluation beteiligten wie auch durch deren Ergebnisse betroffenen Personen die gebührende Aufmerksamkeit
4.	Genauigkeit	Evaluation stellt zur Güte und/oder Verwendbarkeit des Evaluationsgegenstandes systematisch gewonnene Informationen bereit.

Diese Definitionen leiten – mit wenigen Veränderungen – die Praxis von Evaluation weiterhin an. Die Standards werden als Mittel angesehen, um diese Ziele zu erreichen. Da wir fortwährend aus der Evaluationspraxis lernen und da sich die Evaluationsmethodologie laufend weiterentwickelt, müssen sich auch die Standards wandeln und werden dies auch weiterhin tun, um jeweils aktuell die allgemein anerkannten Leitprinzipien einer guten Praxis, die zu den vier Eigenschaften einer guten Evaluation beitragen können, wiederzugeben.

Das Joint Committee hat die Nutzung der Standards außerhalb von Bildung und Erziehung und auch außerhalb der USA unterstützt. Es hat zu diesem Zweck dazu aufgefordert, die Erfahrungen von Evaluatorinnen, welche die Standards in verschiedenen Umfeldern nutzen, mit dem Joint Committee und der professionellen Evaluationsgemeinschaft auszutauschen. In solchen Fällen, in denen die Standards auf bestimmte Art und Weise angewendet worden sind, haben die Erfahrungen gezeigt, daß sie sich als wertvolle Leitlinien für Evaluation in internationalen und in professionsübergreifenden Anwendungen erwiesen haben. Im Speziellen haben die Korrekheitsstandards interkulturelle Thematisierungen unterstützt und haben ein nützliche Rolle dabei gespielt, Diskussionen über die Unterschiede bezüglich kultureller Werte auszulösen, wenn es darum geht, Korrektheit in Evaluationen zu erreichen. Die Anschauungsbeispiele, die in den 1994er Program Evaluation Standards enthalten sind, geben Anwendungen der Standards in Bereichen von Bildung und Erziehung wieder. Es werden darüber hinausgehend neue Fälle benötigt, um die Anwendung jedes Standards auf Evaluationen auch außerhalb von Bildung und Erziehung zu illustrieren. Das Joint Committee ermutigt die Entwicklung solcher Fallbeispiele und bittet um die Zusendung von Unterlagen, wann immer diese erhältlich sind.

Die Entwicklung der Standards for Program Evaluation

Es ist wichtig, sich den Prozeß der Festlegung der Standards zu vergegenwärtigen, wenn es um deren Beitrag zur Anleitung von Designerstellung, Umsetzung und Berichterstattung einer Evaluation geht. Standards, die von einem Autor festgelegt sind oder auch von einem Komitee, das in nicht-öffentlichen Sitzungen arbeitet, weisen weniger Glaubwürdigkeit auf als solche, die unter extensiver Einbeziehung sowohl von Evaluatorinnen als auch von Nutzern von Evaluationen entwickelt worden sind. In die Entwicklung der ursprünglichen Standards sind viele Fachleute einbezogen worden. Sie haben sie überprüft, in Feldversuchen getestet und ihren Gehalt abgesichert.

Das Joint Committee anerkennt, daß die Standards – auch wenn sie veröffentlicht sind – von Zeit zu Zeit der Überarbeitung und Revision bedürfen, insbesondere wenn Nutzer zusätzlichen Klärungsbedarf identifizieren, wenn es zu Veränderungen in den Evaluationsgrundlagen kommt oder wenn neue Methoden in künftigen Auflagen aufgenommen werden sollten. Als solche sind die Standards ein lebendiges Dokument, das durch die Mitglieder der Evaluationsgemeinschaft weiterentwickelt wird. Die Entwicklung der Standards für Programmevaluation war und wird auch in Zukunft ein offener, partizipativer Prozeß sein. Nachfolgend wird die Vorgehensweise des Joint Committee bei der Entwicklung der Standards dargestellt (vgl. Sanders 1994).

Initiierung von Projekten

Das Joint Committee wird jede berechtigte Empfehlung, neue Standards zu entwickeln oder bereits veröffentlichte Standards zu revidieren, beachten. Die Zustimmung des Joint Committee ist erforderlich, um die Entwicklung von Standards zu initiieren.

Entwicklung einer ersten Fassung

Das Joint Committee wählt eine Gruppe von Verfassern aus, stellt sie zusammen und versorgt diese mit Informationen. Die Gruppe besteht aus ungefähr fünfzig Experten aus den Feldern, die durch die Standards behandelt werden sollen. Die Gruppe wird aufgefordert, erste Versionen der Standards zu erarbeiten. An jedes Gruppenmitglied wird das Thema für einen möglichen Standard (begleitet von einer Vorgabe, wie die schriftliche Fassung erstellt werden soll) vergeben. Normalerweise wird jeder Verfasser zu wenigsten drei Themen zugeordnet und es wird ihm eine vollständige Liste der Themen übergeben, aus der er zusätzliche Themen auswählen kann. Für den Fall, daß sie wichtige Lücken entdecken, sollen die Verfasser die Themenliste ergänzen. Das Joint Committee versucht, drei verschiedene Verfasser für jedes Thema zu gewinnen, so daß alternative Vorschläge von Standards genutzt werden können, um die erste Fassung der Standards zu erstellen.

Nationale und internationale Überprüfungspanels

Es werden zwei Panels durch das Joint Committee berufen, um die erste Fassung der Standards zu überprüfen. Jedes Panel umfaßt etwa sechzig Personen, die durch die Berufsorganisationen nominiert werden, die das Joint Committee fördern. Die Teilnehmenden dieses Panels werden aufgefordert, die erste Fassung der Standards zu kritisieren, indem sie folgende Kriterien nutzen:

1. Erforderlichkeit des Dokuments
2. Responsivität gegenüber den Erfordernissen im Feld
3. Reichweite der Standards
4. Inhaltliche Gültigkeit in den Erstfassungen der Standards
5. Praktikabilität, politische Tragfähigkeit, Legalität, Klarheit und inhaltliche Tiefe
6. Angemessenheit der Sprache

Das Joint Committee nutzt die kritischen Stellungnahme, um eine zweite Fassung der Standards zu erstellen.

Felderprobungen

Felderprobungen der zweiten Fassung der Standards werden genutzt, um den Inhalt der Standards zu präzisieren und um Fallbeschreibungen erster Anwendungsversuche des Standardentwurfes zu erhalten. Das Joint Committee bemüht sich darum, ungefähr vierzig Felderprobungen in unterschiedlichen Umfeldern zu bekommen, die über einen geschichteten Auswahlplan bestimmt werden. Empfehlungen für Felderprobungen werden von den Berufsorganisationen eingefordert, die das Joint Committee unterstützen. Das Komitee nutzt die Berichte der Feldversuche, um eine dritte Fassung der Standards vorzubereiten.

Öffentliche Anhörung

Das Joint Committee legt Zeitpunkte für öffentliche Anhörungen fest und richtet damit ein offenes Forum für Diskussion und Kritik der dritten Fassung der Standards ein. Diese Anhörungen ermöglichen es den Mitgliedern des Joint Committee, mit den Angehörigen der Evaluationsgemeinschaft zu kommunizieren. Die Veranstaltungsorte und Termine der Anhörungen werden in Fachzeitschriften bekannt gegeben und alle interessierten Personen oder Gruppen werden aufgefordert teilzunehmen. Wer nicht in der Lage ist, zu den Anhörungen anzureisen, wird eingeladen, seine Stellungnahme schriftlich beim Joint Committee einzureichen. Die während der Hearings eingegangenen Kommentare werden dazu genutzt, eine vierte Fassung der Standards zu erstellen.

Endfassung der Standards

Die vierte Fassung der Standards wird durch Mitglieder des Joint Committee kritisch untersucht und jeder Standard wird in seiner Endfassung einer formalen Abstimmung unterworfen. Das Abstimmungsergebnis des Komitees wird für jeden Standard in der Dokumentation der Verhandlungen festgehalten. Alle abwesenden Mitglieder des Komitees erhalten Stimmzettel zugeschickt, auf denen sie ihre Voten abgeben können. Die Treffen des Joint Committee sind öffentlich. Diejenigen, die bestimmte Aspekte der Standards thematisieren möchten, sind eingeladen, ihre Sichtweisen zur Diskussion zu stellen. Die letzte Fassung der Entwurfs-Standards wird beim *American National Standards Institute* (ANSI) zwecks Anerkennung eingereicht. Alle direkt oder materiell betroffenen Personen, die der Auffassung sind, daß sie durch einen Standard nachteilig betroffen sind, oder daß dies in Zukunft der Fall sein könnte, oder daß diese Nachteile durch ein Fehlen eines Standards auftreten können, haben ein Einspruchsrecht, um über das ANSI eine inhaltliche oder prozedurale Tätigkeit oder Unterlassung durch das Joint Committee einzufordern. Einsprüche erfordern eine zeitgerechte Antwort des Joint Committee und es kann sein, daß die Betroffenen durch das ANSI in ein Mediationsverfahren einbezogen werden.

Validierung

Zu Beginn des Standard-Setzungsprozesses beruft das Joint Committee ein Validierungspanel von Experten (aus dem jeweiligen Feld der Standards), um die Arbeiten zu überwachen. Das Validierungspanel hat zur Aufgabe,

1. die Annahmen, die der Arbeit des Joint Committee zugrunde liegen, zu identifizieren und zu prüfen,
2. den Validierungsprozeß des Joint Committee zu kritisieren und darüber zu berichten,
3. die Anwendbarkeit der Standards in Bezug auf verschiedene US-amerikanische und internationale Kontexte einzuschätzen,

4. das Joint Committee mit Themen und Ideen zu konfrontieren, die aus einschlägigen theoretischen Analysen und empirischen Untersuchungen stammen,
5. über die Ergebnisse dieser Validierungsprüfung öffentlich zu berichten.

Das Validierungspanel besteht aus sechs Personen. Diese werden nominiert und ausgewählt durch die Vereinigungen, die das Joint Committee unterstützen.

Zusammenfassung

Die Entwicklung der Standards für Evaluation ist eine Aufgabe, die durch das Joint Committee keinesfalls leicht genommen wird. Durch den beschriebenen Prozeß erhalten die Mitglieder der Evaluationsgemeinschaft die Gelegenheit, an der Entwicklung der Standards teilzunehmen und diese maßgeblich mitzugestalten. Die Statuten des Joint Committee schreiben vor, daß alle fünf Jahre ein formaler Überprüfungsprozeß der veröffentlichten Standards durchgeführt wird. Auf diese Art und Weise sind die Standards einem offenen und kontinuierlichen Verbesserungsprozeß durch die Evaluationsgemeinschaft zugänglich.

Das Joint Committee fordert alle Nutzer der Standards auf, schriftliche Beschreibungen ihrer Erfahrungen einzusenden, so daß künftige Auflagen der Standards davon profitieren können (siehe die entsprechenden Angaben auf Seite 18 der vorliegenden Publikation).

Übersetzung: Wolfgang Beywl und Thomas Widmer

Die Übertragbarkeit der Evaluationsstandards auf unterschiedliche Anwendungsfelder

Thomas Widmer und Wolfgang Beywl

1. Einleitung und Fragestellung

Anschließend an die Veröffentlichung der übersetzten ‚Program Evaluation Standards' (nachfolgend kurz ‚Standards' genannt) des ‚Joint Committee on Standards for Educational Evaluation' (kurz ‚Joint Committee') wird die Fachwelt erörtern, ob, mit welchen Einschränkungen und welchen Ergänzungen die ‚Standards' auf konkrete Evaluationen in unterschiedlichen Politikbereichen im deutschsprachigen Raum anwendbar sind. Ohne den Ergebnissen dieser Diskussion vorgreifen zu wollen, möchten wir im folgenden Argumente anführen und Quellen benennen, die sich mit den Fragen der Anwendbarkeit und Übertragbarkeit der ‚Standards' beschäftigen und eine eigene Position formulieren.

Diese Thematik soll entlang folgender vier, in ihrer Abfolge zunehmend weiter greifenden Fragen erörtert werden, wobei wir den beiden letzten Fragen eigene Abschnitte widmen:

1. Wie lassen sich die ‚Standards' auf konkrete, oft einzigartige Evaluationen anwenden? (Anwendbarkeit auf spezifische Evaluationen)
2. Auf welche Gegenstandsarten (Programme, Projekte, Materialien usw.) sind die ‚Standards' gemäß ihrem Selbstverständnis anwendbar? (Anwendbarkeit auf verschiedene Gegenstandsarten)
3. Wie ist die Anwendbarkeit der ‚Standards' über ihren Entstehungskontext, den Bereich „Bildung und Erziehung" hinaus auf andere Gegenstandsfelder zu sehen? (intersektoriale Übertragbarkeit)
4. Welche Möglichkeiten und Grenzen gibt es bei der Übertragung aus der US-amerikanischen auf europäische und speziell deutschsprachige Gesellschaften? (internationale Übertragbarkeit)

Vorrangig geht es in diesem Beitrag (siehe Übersicht 1) um Anwendungskontext B (Diese Frage wird in Abschnitt 4 diskutiert) und um Anwendungskontext C (siehe Abschnitt 5). In Abschnitt 6 wenden wir uns der Frage einer generellen, also gleichzeitig internationalen wie intersektorialen Übertragbarkeit der ‚Standards' zu. Es wird erörtert, ob die ‚Standards' auch im Anwendungskontext D eingesetzt werden können. Dabei werden wir uns einerseits auf theoretische Überlegungen und andererseits auf empirische Evidenz stützen. Abschnitt 7 enthält schließlich eine Zusammenfassung der Resultate aus den vorangehenden Überlegungen.

Übersicht 1: Anwendungsfelder der ‚Standards'

	Bildung und Erziehung	*Andere Gegenstandsfelder*
USA	Entstehungskontext A	Anwendungskontext B
Andere Staaten (bes. D, A & CH)	Anwendungskontext C	Anwendungskontext D

Wenn wir im folgenden von den ‚Standards' sprechen, meinen wir den kompletten Inhalt des Buches der amerikanischen Originalversion; in dieser Publikation ist dies der Teil A.

Kernbereich sind die 30 Standard-Kapitel. Diese bestehen jeweils aus sechs Teilen: der Standard-Bezeichnung, einer in einem Satz formulierten Soll-Aussage (zusammengefaßt von uns als „Standard im engeren Sinne" bezeichnet), dem „Überblick", den „Richtlinien", den „Häufigen Fehlern" und den „Anschauungsbeispielen" (vgl. genauer oben, S. 25)

Zuerst werden wir anschließend kurz darauf eingehen, welche Reaktionen die ‚Standards' im allgemeinen hervorgerufen haben. Dabei wird also thematisiert, wie die ‚Standards' in der Fachwelt aufgenommen wurden, wobei der Schwerpunkt dieser Ausführungen auf der Akzeptanz im Entstehungskontext A, also dem US-amerikanischen Bildungs- und Erziehungsbereich, liegen wird.

2. Rezeption und Bewährung der ‚Standards' in ihrem Entstehungskontext

Voraussetzung für die ernsthafte Diskussion darüber, die ‚Standards' auf Anwendungsfelder *außerhalb* ihres Entstehungskontextes zu übertragen, ist, daß sich die ‚Standards' *in* ihrem Entstehungskontext bewährt haben. Dem vorausgesetzt ist eine hinreichend breite und positive Rezeption der ‚Standards' in der Fachwelt.

Die ‚Standards' sind seit ihrem Erscheinen in Evaluationsfachkreisen auf große Beachtung gestoßen. Sie werden in einschlägigen Lehrbüchern (Weiss 1998:110, Patton 1997:17, Posavac und Carey 1997:86, Worthen et al. 1997:441-5, Owen and Rogers 1999:151-69), Nachschlagewerken (Scriven 1991:155 und 230), Handbüchern (Greene 1994:535, Hatry et al. 1994: 592) und weiteren Hauptwerken der Evaluationsliteratur (House 1993:164-5, Guba und Lincoln 1989:229-33; vgl. auch die Beiträge in Stark and Thomas 1994) diskutiert. Sie werden genutzt zur Schwachstellenanalyse (Newman and Brown 1986), aber auch als Leitlinie zur Verbreitung von Evaluationsergebnissen (Torres et al. 1996:57, 66 & 158), als Bewertungskriterien im Rahmen von Meta-Evaluationen (Horvath 1995, Halpern 1988:39-40), zur Bewertung der Evaluationen der Jahrestagungen der American Evaluation Association (Foley and Newell 1995) oder zur Einschätzung neuerer Entwicklungen der Evaluationsmethodologie (Sanders 1997:402, Fetterman 1996:3

und 1995, Stufflebeam 1994). Worthen (1994:11) deutet sie als wichtigen Indikator der Professionalisierung der Evaluation. Verschiedene Buchbesprechungen weisen auf die Bedeutung der ‚Standards' hin (Hansen 1994, Patton 1994a&b). Wie diese – längst nicht vollständige – Übersicht zeigt, nimmt die Evaluationsliteratur die ‚Standards' intensiv zur Kenntnis und nutzt sie rege für Zwecke der Evaluationsausbildung, der Steuerung von Evaluationen und schließlich auch der Meta-Evaluation. Die Reaktionen sind großmehrheitlich positiv. Es gibt einige etwas kritischere Stimmen, die sich meist auf bestimmte Aspekte der ‚Standards' beziehen (Stake 1981, Hansen 1994: 560-1, Love 1994: 32-3, punktuell Patton 1994a). Die ‚Standards' finden nun auch im vielbeachteten Lehrbuch von Rossi, Freeman und Lipsey (1999: 425-6) Erwähnung. Die Autorengruppe mit dem inzwischen emeritierten Nestor der Programmevaluationsforschung, dem international angesehenen Soziologieprofessor Peter H. Rossi, sieht ein verbindliches und wirksames Set von Evaluationsstandards und ethischen Leitprinzipien noch in Entwicklung begriffen, auf der Basis der ‚Standards' einerseits, der Leitprinzipien der American Evaluation Association andererseits. Allerdings bedürfe es aus ihrer Sicht zusätzlich einer auf ‚Fallrechtsprechung' (*adjudicated case law*) beruhenden Schiedspraxis, die einen verbindlichen und sanktionsbewehrten Rahmen für gute Praxis von Evaluatorinnen darstellen. Bis dieses Schieds- und Sanktionssystem aufgebaut sei, wofür sich gegenwärtig weder im Joint Committee noch bei der AEA Ansätze fänden, müßten Evaluatorinnen sich auf die eher allgemeinen Grundsätze beziehen, wie sie in den ‚Leitlinien' und den ‚Standards' formuliert sind.

Die ‚Standards' fließen auch zunehmend bei öffentlichen Stellen in die Evaluationsgestaltung mit ein. So setzen die US-Bundesstaaten Louisiana, Hawaii und Florida die ‚Standards' als Leitfaden für Evaluationen in Bildung und Erziehung, aber auch im öffentlichen Sektor im allgemeinen ein (Worthen/Sanders/Fitzpatrick 1997:445).

Zur insgesamt positiven Aufnahme der ‚Standards' haben unseres Erachtens die folgenden Aspekte wesentlich beigetragen (vgl. dazu auch Widmer 1996:9-10):

- *Method(olog)ische Offenheit*: Die ‚Standards' sind nicht einer spezifischen methodologischen und methodischen Schule verpflichtet, sondern folgen einer offenen, integrativen Perspektive. So sind z.B. weder hypothesen-/theoriegeleitete noch naturalistische Ansätze, weder qualitative noch quantitative Methoden diskriminiert oder gar ausgeschlossen.
- *Umfassender Ansatz*: Die ‚Standards' sind darauf ausgerichtet, die Qualität einer Evaluation als Ganzes zu erfassen. Sie konzentrieren sich nicht auf spezifische Aspekte einer Evaluation, wie etwa die Qualifikationen oder das ethische Handeln der Evaluatorinnen, die methodische Qualität von Datenerhebungsinstrumenten oder die Sicherung der Prozeßqualität einer Evaluation.
- *Breite institutionelle Abstützung*: Durch die aktive Mitwirkung einer Reihe bedeutender Fach- und Berufsorganisationen sowie durch den breit angelegten Erarbeitungsprozeß unter Einbezug einer Vielzahl von fachkundigen Personen konnte eine hohe Akzeptanz bei den Adressaten der ‚Standards' erreicht werden.

- *Hoher Detaillierungsgrad*: Die ‚Standards' verfügen mit insgesamt dreißig Einzelstandards, darunter jeweils mehreren „Richtlinien" und aufgeführten „Häufigen Fehlern", über eine hohe Differenziertheit, die es ermöglicht, Evaluationen in zahlreichen Facetten zu betrachten. Die ‚Standards' bieten damit detaillierte Kriterien, um fundierte Aussagen zur Qualität einer Evaluation zu machen. Sie können bei der Durchführung von Evaluationen für viele der erforderlichen Teilschritte handlungsleitend sein und bei der Lösung kritischer Probleme Orientierung bieten.
- *Praktische Verwendbarkeit*: Die ‚Standards' fallen zwar mit über 200 Druckseiten recht umfangreich aus. Die Zahl von dreißig Einzelstandards und der Umfang des jeweiligen Textes scheinen akzeptiert zu werden und die Praktikabilität der ‚Standards' nicht einzuschränken. Dies wird erleichtert durch die vorhandenen Find- und Verweissysteme (wie z.B. das funktionale Inhaltsverzeichnis).

Diese Charakteristika in der Erarbeitung und konzeptionellen Gestaltung treffen offensichtlich – zumindest in ihrem Entstehungsland – auf einen hohen Bedarf an Bewertungsmaßstäben für Evaluationen, die bei der Politikgestaltung und in vielen Politikfeldern an der Schwelle zum 21. Jahrhundert eine erhöhte Relevanz zugemessen bekommen:

„... evaluation – not only for the purposes of accountability and good management, but also for knowledge building and sharing, for institutional learning and development, for governmental and democratic reform through the serious examination of public policy – has become a precious and unique tool as we prepare to deal with the new socioeconomic, political and infrastructure needs of the next century." (Chelimsky 1997: 6).

An den vielfältigen positiven Reaktionen auf die ‚Standards' läßt sich erkennen, daß die US-amerikanische ‚Evaluationsgemeinde' die ‚Standards' als ein Instrument anerkennt, das einen maßgeblichen Beitrag zur Professionalisierung der Evaluation leisten kann.

3. Anwendbarkeit auf spezifische Evaluationen und auf verschiedene Gegenstandsarten

Wie sind die ‚Standards' auf den je spezifischen Fall einer Evaluation oder auf eine Gruppe von Evaluationsstudien (bspw. zu verschiedenen lokalen Programmen im Rahmen eines landesweiten Modellprogramms) abzustimmen? Im Kapitel ‚Anwendung der Standards' wird deutlich darauf hingewiesen, daß die ‚Standards' auf die Bedürfnisse angepaßt werden müssen, die im konkreten Einzelfall bestehen (vgl. oben S. 32). Das heißt, daß die ‚Standards' auch in ihrem Entstehungskontext – Bildung und Erziehung in den USA – nicht ohne Anpassungen auf die konkrete Evaluationsstudie eingesetzt werden können. Aus ihrem Selbstverständnis stellen die ‚Standards' somit einen verbindlichen Rahmen dar, innerhalb dessen notwendige Adaptionen an spezifische Evaluationsgegenstände, kulturelle, regionale, organisatorische oder finanzielle Bedingungen konzeptionell vorgesehen sind.

Dies stellt eine gute interne Voraussetzung dafür dar, die ‚Standards' auch auf andere Gegenstandsfelder oder politische Systeme zu übertragen. Von einer Anwendung der ‚Standards' in anderen Kontexten müßte allerdings dann Abstand genommen werden, wenn spezifizierte Gründe bestünden, die gegen eine solche Übertragung sprechen. Es sei darauf hingewiesen, daß die in den ‚Standards' enthaltenen Anschauungsbeispiele (Fallbeispiele und -analysen) in anderen Kontexten darauf zu prüfen sind, ob die Bedingungen zu ihrer analogen Übertragung gegeben sind. Häufig beziehen sie sich auf Evaluationen im öffentlichen Schulsystem der USA, welches sich von dem in Deutschland, Österreich oder der Schweiz in vielerlei Hinsicht unterscheidet, insbesondere was seine Finanzierung und die Gestaltung der Schulaufsicht betrifft (vgl. Hadden 1992: 605)[33]. Insbesondere, wenn gesetzliche Regelungen betroffen sind, ist die Übertragbarkeit der Fallbeispiele erheblich begrenzt.

Zunächst sei ein mögliches Mißverständnis angesprochen, das sich aus der Benennung „Standard" ergeben kann. Owen und Rogers (1999:163) weisen darauf hin, daß die Bezeichnung „Standards" in vielen Zusammenhängen mit einzuhaltenden (Minimal-)Kriterien verbunden ist. Solche (Minimal-)Standards müssen operational definiert sein, um entscheiden zu können, ob die Vorgabe eingehalten wurde oder nicht. Ein ganz ähnliches Verständnis von „Standards" hat das Qualitätsmanagement: Ein Qualitätsstandard ist dort eine nicht zu unterschreitende Qualitätsforderung an die Beschaffenheit eines materiellen oder immateriellen Produktes (Dienstleistung). Die Deutsche Gesellschaft für Qualität weist in ihren Begriffsbestimmungen zum Qualitätsmanagement ausdrücklich darauf hin, daß diese Qualitätsforderungen verbindlich sind (DGQ 1995:26). Grillenberger (1996: 24) nennt in einem Owen und Rogers analogen Verständnis als Beispiel eines Qualitätsstandards: „95% aller zugestellten Pakete sollen pünktlich zugestellt sein."

Keinesfalls stellen die ‚Standards für die Evaluation von Programmen' in diesem Sinne operationalisierte, rigide, in unterschiedlichen Kontexten einzuhaltende Normen dar. Sie entsprechen eher dem in Fuchs u.a. (1975: 651) dargestellten Verständnis von „Standard" als einem „Maßstab zur Bewertung eines Verhaltens als gut, wünschenswert o.ä.", also einer sozialen, in Aushandlungsprozeßen zu konkretisierenden Richtlinie. Ähnlich lautet die Definition aus dem Glossar der ‚Standards': „Ein von Experten allgemein anerkanntes Prinzip, das bei der Durchführung und Nutzung von Evaluationen als Maßstab genutzt wird, um den Wert oder die Qualität einer Evaluation einzuschätzen." (s. o. S. 232)

Die künftige Fachdiskussion wird zu klären haben, ob sie auch im deutschsprachigen Raum bei der – sicher mißverstehbaren – Bezeichnung „Standards" bleiben will oder andere Bezeichnungen vorzieht.[34]

---

33 Die Unterschiede zwischen Deutschland und der Schweiz sind hier jedoch oft nicht minder gering; (s.u., Abschnitt 4).

34 Owen und Rogers (1999: 163) plädieren z.B. für den Begriff „*Codes of Behaviour*", ins deutsche vielleicht als „Verhaltenskodizes" zu übersetzen, wobei mit dieser Bezeichnung wieder-

Ein weiteres mögliches Mißverständnis birgt der Untertitel der ‚Standards': „How to Assess Evaluations of Educational Programs". Hieß es in der ersten Auflage aus dem Jahre 1981 noch „Standards for Evaluations of Educational Programs, Projects and Materials", so sind im neuen Untertitel lediglich noch ‚Programme' aufgeführt. Weist dies auf eine Einschränkung *des zu evaluierenden Gegenstandes* (nachfolgend auch Evaluandum genannt) auf die Gegenstandsart „Programm", die Ausgrenzung z.B. von Maßnahmen, Projekten, Materialien oder ganzer Policies hin?

Zu dieser Frage sind unsererseits keine umfangreichen Ausführungen erforderlich, enthalten doch die ‚Standards' dazu klärende Hinweise. In der Einführung zu den ‚Standards' (vgl. oben, 23ff) weist das ‚Joint Committee' deutlich darauf hin, daß sich die ‚Standards' auf Evaluation von Programmen, Projekten und Materialien beziehen. Der Terminus „Programm" wird also als übergreifende Bezeichnung genutzt, die auch andere durch ein Konzept gesteuerte Bündel von Interventionen, Prozessen, Ergebnissen einschließt.[35] Explizit ausgeschlossen werden lediglich Evaluationen, die sich mit Personen befassen. Für diesen Typ von Evaluationen hält das ‚Joint Committee' eine andere Publikation bereit, nämlich ‚The Personnel Evaluation Standards', die im Jahre 1988 vom ‚Joint Committee' herausgegeben wurden (Joint Committee 1988).

4. Intersektoriale Übertragbarkeit der ‚Standards'

Die Frage, der wir uns in diesem Abschnitt detaillierter zuwenden, betrifft den *sachlichen Geltungsbereich* der ‚Standards'. Das ‚Joint Committee', das sich – wie dies in der Bezeichnung ‚The Joint Committee on Standards for Educational Evaluation' explizit zum Ausdruck kommt – mit ‚Standards' für Evaluationen im Bereich Bildung und Erziehung befaßt, hat die ‚Standards' entwickelt. Während sie in der ersten Auflage aus dem Jahre 1981 noch den Titel ‚Standards for Evaluations of Educational Programs, Projects, and Materials' trugen, wurde die 1994 erschienene zweite Ausgabe mit dem Haupttitel ‚The Program Evaluation Standards' überschrieben. Die Einschränkung auf Bildung und Erziehung ist in der zweiten Ausgabe nur noch in dem Untertitel ‚How to Assess Evaluations of Educational Programs' enthalten. Es stellt sich nun die Frage, inwiefern die ‚Standards' auch auf Evaluationen außerhalb des Erziehungs- und Bildungsbereichs angewandt werden können.

Betrachtet man die ‚Standards' als Ganzes, ist – wie bereits erwähnt – zwischen den Abschnitten Standard, Überblick, Richtlinien und ‚Häufige Fehler' einerseits

---

um die Gefahr einer akteurorientierten Deutung besteht (vgl. dazu den Beitrag „Die ‚Standards' im Vergleich mit anderen Regelwerken zur Qualität fachlicher Leistungserstellung" in diesem Band).

35 Verwiesen sei auf die häufig zitierte Definition von Smith (1989) für ein Programm: „Set of planned activities directed toward bringing about specified change(s) in an identified and identifiable audience."

und den illustrierenden Fallbeschreibungen und -analysen andererseits zu unterscheiden. Letztere sind durchwegs im Bildungs- und Erziehungsbereich in einem weiteren Sinne lokalisiert und sind auch bezüglich der genutzten Sprache und den fachlichen Perspektiven diesem Kontext verhaftet.

Die Übersicht 2 listet differenziert auf, aus welchen Gegenstandsfeldern die insgesamt 53 Anschauungsbeispiele aus der ‚Standards'-Publikation stammen: Dominant ist die Schule (Elementar- und Sekundarschule), gefolgt von der Hochschule, der betrieblichen Bildung und der sozialen Arbeit.

Übersicht 2: Gegenstandsbereiche in den Anschauungsbeispielen der ‚Standards'*

Gegenstandsbereich	Anschauungsbeispiele der ‚Standards'
Elementarschulen	N1.1, N4.1, N7.1, D1.1, D2.1, D3.1, K3.1, K7.1, G6.1, G8.1 und G11.1
Sekundarschulen	N3, N5.1, N6.1, K1, K2.1, K5.1, K6.1, G1.1, G2.1, G3, G5.1, G7.1, G8.1 und G10
Colleges/Universitäten	N1.2, N2.1, N2.2, N6.2, D3.2, K3.2, K4.1, K5.2, K6.2, K7.2, K8, G4, G6.2, G7.1, G9.2 und G11.2
Betriebliche Bildung	N5.2, N7.2, K2.2, K4.2, G1.2, G2.2 und G12
Soziale Arbeit	N4.2, D2.2, G5.2 und G9.1

* Die Ziffer hinter dem Punkt bezeichnet jeweils die Nummer des Anschauungsbeispiels innerhalb eines ‚Standard'-Kapitels im Teil A dieses Buches.

Auch wenn sich immerhin vier Anschauungsbeispiele mit sozialer Arbeit und nicht mit Bildung und Erziehung im engeren Sinne befassen, überwiegt der Entstehungskontext Schule/Hochschule doch eindeutig. In bezug auf die Anschauungsbeispiele kann also höchstens von einer Übertragbarkeit gesprochen werden, wenn sich die beispielhaft dargestellte Grundproblematik des jeweiligen Falles in anderen Kontexten nachweislich analog stellt.

Die Frage der Übertragbarkeit auf andere Politik- oder Gegenstandsfelder sehen wir hingegen bei den anderen fünf Teilen der Standard-Kapitel als offen an. Dies gilt besonders für die „Standards im engeren Sinne", jeweils bestehend aus einer Standard-Bezeichnung und einer kurzen Soll-Aussage zur Ausgestaltung von Evaluationen. Inwiefern setzen sie Annahmen und Bedingungen voraus, die bildungs- oder erziehungsspezifisch sind?

Wie eine Durchsicht der Kurzfassung der ‚Standards', welche aus den insgesamt 30 „Standards in engeren Sinne" besteht, ergibt, werden hier keine bildungs- oder erziehungsspezifischen Begriffe benutzt. Weder die Bezeichnungen von Personen noch solche von Strukturen, Prozessen oder Produkten lassen auf die Bereiche Bildung oder Erziehung schließen. „Evaluatorinnen" oder „Beteiligte & Betroffene" gibt es auch in allen anderen Feldern, in denen Evaluation stattfindet. Es wird nicht von „Schülern" oder „Studierenden" sondern von „Zielgruppen", nicht vom „Lehrkörper" sondern von den „Mitarbeitenden" gesprochen. Dieser Wortgebrauch läßt die ‚Standards' offen für Anwendungen über den Bereich Bildung und Erziehung hinaus.

Eine Ausnahme bildet die Richtlinie A) des Standards K1 „Unterstützung der Dienstleistungsorientierung":

„A. Es sollten Evaluationen geplant werden, welche die Qualität von Programmen zur Erziehung, Aus- und Weiterbildung fördern."

An dieser Stelle wird deutlich, daß dieser ‚Standard' dem Gegenstandsfeld Bildung und Erziehung entstammt. Eine Übertragung der in dieser Richtlinie enthaltenen Aussage fällt jedoch nicht allzu schwer. Die Richtlinie hat ja zum Zweck, die Evaluation nach den Zielsetzungen des Evaluationsgegenstandes (bzw. des Programms) auszurichten. So soll die Evaluation einen Beitrag zur Förderung der Qualität des Evaluationsgegenstandes leisten. Dieser Grundsatz läßt sich genauso auf Programme außerhalb von Bildung und Erziehung anwenden, insbesondere bei anderen personenbezogenen Dienstleistungen.

Übersicht 3: Im ‚Joint Committee' vertretene Organisationen, 1981 und 1994

1981	1994
American Association of School Administrators	American Association of School Administrators
American Educational Research Association	American Educational Research Association
	American Evaluation Association
American Federation of Teachers	American Federation of Teachers
American Personnel and Guidance Association	
American Psychological Association	American Psychological Association
	Association for Assessment and Counseling
Assoc. for Supervision and Curriculum Development	Assoc. for Supervision and Curriculum Development
	Canadian Society for the Study of Education
Council for American Private Education	
Education Commission of the States	
	Council of Chief State School Officers
	Council on Postsecondary Accreditation
National Association of Elementary School Principals	National Association of Elementary School Principals
	National Association of Secondary School Principals
National Council on Measurement in Education	National Council on Measurement in Education
National Education Association	National Education Association
National School Boards Association	National School Boards Association

Quelle: ‚Joint Committee' 1981: viii und 1994: xi-xii

Betrachtet man die institutionelle Abstützung der ‚Standards', ist zunächst die Frage von Interesse, welche Organisationen sich an der Ausarbeitung der ‚Standards' beteiligt haben. Die Übersicht 3 listet die Organisationen auf, welche im ‚Joint Committee on Standards for Educational Evaluation' bei der Ausarbeitung der ersten und zweiten Fassung der ‚Standards' (1981 resp. 1994 veröffentlicht) vertreten waren.

Wie die Übersicht zeigt, sind viele der beteiligten Organisationen im Bildungs- und Erziehungsbereich verankert. Es sind aber auch einige Organisationen vertreten, die nicht ausschließlich in Bildung und Erziehung tätig sind. In erster Linie sind dies die ‚American Psychological Association' (APA) und, bei der Erarbeitung der zweiten Auflage, die ‚American Evaluation Association' (AEA). Bei der APA handelt es sich um eine etablierte, disziplinär orientierte Wissenschaftsvereinigung. Die AEA stellt mit 2200 Mitgliedern die größte Evaluationsgesellschaft in den USA (und damit weltweit) dar, deren Mitglieder zwar häufig, aber bei weitem nicht immer im Bereich Bildung und Erziehung beschäftigt oder dort als externe Evaluatorinnen tätig sind. In einem ihrer Publikationsorgane ‚The American Journal of Evaluation' (vormals ‚Evaluation Practice') wird eine Kolumne zur Diskussion ethischer Herausforderungen geführt. Darin wird explizit großen Wert darauf gelegt, daß auf die ‚AEA Guiding Principles' (siehe Shadish et al. 1995 und weiter unten, S. 282f) und auf die ‚Standards' Bezug genommen wird (siehe Morris 1998).

Vergleicht man schließlich die Fassung von 1981 mit der von 1994, fällt hinsichtlich der institutionellen Abstützung auf, daß die Ausgabe aus dem Jahre 1994 durch das American National Standards Institute (ANSI, siehe http:\\www.ansi.org) als ‚American National Standard' anerkannt wurde. Zwar bezieht sich diese Anerkennung explizit auf den zentralen Geltungsbereich der Standards, also Bildung und Erziehung. Da die ‚Standards' aber die einzigen Evaluationsnormen im sozialwissenschaftlichen Bereich sind, die durch das ANSI anerkannt wurden, entfaltet dies Wirkungen über den Bildungsbereich hinaus.

Eine Studie, welche der Frage nachging, inwiefern die ‚Standards' für Evaluationen in der US-amerikanischen Geschäftswelt angemessen sind, kommt zu eindeutigen Ergebnissen. Die beigezogenen Expertenmeinungen aus Bildung/Erziehung sowie Geschäftswelt weisen in ihren Einschätzungen der ‚Standards' keine Differenzen auf (Stockdill 1986). Eine weitere Untersuchung, die sich mit der Entwicklung von Qualitätskriterien für Evaluationen in den unterschiedlichsten Gegenstandsfeldern befaßt, zieht die ‚Standards' bei, ohne auf Probleme bei der Anwendung auf Bereiche außerhalb von Bildung und Erziehung zu stoßen (Caracelli and Riggin 1994).

In diesen Anwendungen, die nicht speziell im Bereich Bildung und Erziehung sondern in anderen Gegenstandsfeldern erfolgen, sind Hinweise darauf ausgeblieben, daß die ‚Standards' nicht einsetzbar wären. Zwar waren in allen diesen Fällen Anpassungen der ‚Standards' erforderlich. Da dies jedoch auch für Evaluationen im Entstehungskontext nötig ist (s.o.), bestehen keinerlei Hinweise, die grundsätzlich gegen eine Anwendung der ‚Standards' außerhalb des Bildungs- und Erziehungsbereichs sprechen.

Aufgrund der uns vorliegenden Erkenntnisse theoretischer und empirischer Art kann die Übertragbarkeit der ‚Standards' von dem Entstehungskontext Bildung und

Erziehung auf andere thematische Anwendungsfelder somit als grundsätzlich gegeben eingeschätzt werden.

5. Internationale Übertragbarkeit der ‚Standards'

Hier soll die Frage erörtert werden, inwiefern die im US-amerikanischen Kontext entwickelten ‚Standards' in anderen Regionen, wie beispielsweise in Deutschland, Österreich oder der Schweiz, anwendbar sind. Es geht also um die *internationale Übertragbarkeit* der ‚Standards'. Diese Thematik ist schon bei der rein sprachlichen Übertragung der ‚Standards' vom Amerikanischen ins Deutsche allgegenwärtig – für viele Termini der amerikanischen Evaluationsfachsprache gibt es keine unmittelbaren Entsprechungen im Deutschen.[36] Zur Klärung dieser Frage ist aber auch zu prüfen, ob sich aufgrund unterschiedlicher Kontextbedingungen Anpassungen der ‚Standards' aufdrängen oder gar generell von einer Anwendung der ‚Standards' in den deutschsprachigen Ländern abzusehen ist.

In den allgemeinen Teilen der 30 Standard-Kapitel (also den jeweils ersten fünf Teilen ohne die Anschauungsbeispiele) ist uns in der Gruppe der Korrektheitsstandards eine Aussage aufgefallen, die auf eine US-amerikanische Besonderheit verweist: Der Standard K6 – Offenlegung der Ergebnisse – thematisiert das „Recht auf Informationen („right-to-know"), ein mit dem Freedom of Information Act zusammenhängendes Recht z.B. auf Akteneinsicht bei Behörden[37]. Hier ist somit eine leichte Einschränkung gegeben.

Wie aus der Übersicht 3 (siehe oben) ersichtlich, handelt es sich bei den Organisationen, die bei der Erarbeitung der ‚Standards' im ‚Joint Committee' vertreten waren, nahezu ausschließlich um in den USA ansässige Organisationen. Eine Ausnahme bildet dabei im Jahre 1994 die ‚Canadian Society for the Study of Education'. Neben einigen Personen aus internationalen Organisationen nahmen im Rahmen eines „International Validation Panel" (vgl. Joint Committee 1994:197) unter anderem Experten aus Australien, Hongkong, Ägypten, Israel und Spanien an den Überarbeitungen für die Neuauflage teil. Offensichtlich liegt ein Bemühen des Joint Committee vor, die internationale Übertragung der ‚Standards' wenn nicht zu sichern, so doch zu erleichtern.

Außerhalb der USA wird in letzter Zeit auch in anderen Weltregionen vermehrt auf die ‚Standards' des ‚Joint Committee' verwiesen:

- So hat die Australasian Evaluation Society (AES) die ‚Standards' im August 1996 gutgeheißen. Die AES bezieht sich auch im Zusammenhang mit ihren Ethik-Richtlinien auf die ‚Standards' (http:\\www.parklane.com.au/aes/ethics. htm).

36 Z.B. stakeholder, formative, summative, merit, worth, outcome, impact.

37 Vgl. dazu die Ausführungen von Weiss (1990:100) und die Hinweise unter http://www.aclu.org und http://www.spj.org

– Das Handbuch der Europäischen Union zu Qualitätsbewertungen von Evaluationsberichten zur Strukturpolitik enthält ebenfalls einen Hinweis auf die ‚Standards' (European Union 1996).

In der Literatur finden sich einige Hinweise zur Übertragbarkeit der ‚Standards' auf Evaluationen in anderen Ländern (vgl. dazu auch Hendricks and Conner 1995): Für Schweden wird die Anwendbarkeit der ‚Standards' nicht in Frage gestellt, auch wenn auf einige spezifische Aspekte hingewiesen wird, die für leichtere Anpassungen sprechen (Marklund 1985:356). Auch in Israel scheinen sich die ‚Standards' grundsätzlich anwenden zu lassen. Die Autoren weisen aber ebenfalls darauf hin, daß sie gewisse (übrigens nicht identische) Revisionen für erforderlich halten (Lewy 1984, Nevo 1985). Weitergehende Überlegungen zur Übertragbarkeit der ‚Standards' auf andere Gesellschaften enthält ein Artikel, der sich mit der Anwendbarkeit der ‚Standards' in Indien und Malta befaßt (Smith et al. 1993). Auch wenn dort weitergehende Anpassungen empfohlen werden, wird die Anwendung der ‚Standards' nicht grundsätzlich abgelehnt. Die Vorbehalte sind aber deutlich stärker als für andere untersuchte Länder (Smith et al. 1993:9-11). Die Autoren führen dies auf drei Faktoren zurück: Erstens zeichnen sich die Kulturen in den beiden Länder Indien und Malta dadurch aus, daß sie deutlich kollektivistischer orientiert sind, als die durch individualistische Werte geprägte US-Kultur. Zweitens sehen sie einen Unterschied darin, daß die Kulturen der beiden Länder eher assoziativ geprägt sind, im Gegensatz zur stärker abstrahierenden Kultur der USA (Smith et al. 1993:12). Ein dritter Punkt bezieht sich auf die Rolle in der fachlichen Urteilsbildung, welche Standards in Malta oder Indien zukommt – also in Kulturen, die ein deutlich von den USA zu unterscheidendes Bild von Professionalität aufweisen (Smith et al. 1993:7). Im Gegensatz zu den USA, wo Expertise als Ergebnis transparenter spezialisierter Verfahrensweisen den Kernbestandteil von Professionalität darstellt (vgl. dazu auch Worthen 1994), spielt diese in den Vergleichsländern Indien und Malta eine viel geringere Rolle. Dort steht die Glaubwürdigkeit der Person klar an erster Stelle. Sie vermag auch schwerwiegende Mängel im Bereich des systematischen, datenbasierten Nachweises aufzuwiegen.

Vergleichen wir nun die kulturellen Prämissen in den USA mit jenen in den deutschsprachigen Ländern Deutschland, Österreich und Schweiz im Hinblick auf die drei genannten Dimensionen kollektivistisch-individualistisch, assoziativ-abstrahierend und Professionalitätsauffassung, lassen sich keine wesentlichen Differenzen feststellen. Damit sprechen die Gegebenheiten in den drei genannten Dimensionen nicht gegen eine Anwendung der ‚Standards' im deutschsprachigen Raum, im Gegensatz zu anderen, nicht westlich geprägten Kulturräumen, wo Vorbehalte bestehen können.

Es finden sich einige praktische Anwendungen der ‚Standards' außerhalb der USA[38]. So ist mit den ‚Standards' bei einer Qualitätsbewertung von Evaluationen in der schwedischen Entwicklungszusammenarbeit gearbeitet worden (Forss and Carlsson 1997).

---

38 Für Anwendungen der ‚Standards' im deutschsprachigen Raum, siehe auch die Hinweise im Abschnitt 6, S. 259f.

In Vergleichen zwischen der Evaluation in den USA und jener in Europa und im speziellen in den deutschsprachigen Staaten wird in der Literatur auf folgende Unterschiede hingewiesen:[39]

- Größenverhältnisse,
- Politisches System (Föderalismus, direkte Demokratie, Rechtstradition und Stellung der Justiz, experimentelle Gesetzgebung),
- Entwicklungsstand der Sozialwissenschaften,
- Evaluationskultur.

Diese Aspekte verweisen sicherlich zunächst auf Unterschiede, die weniger auf die *anzustrebende* Qualität von Evaluationen ausgerichtet sind, sondern vielmehr auf die *bestehende* Qualität (und Quantität). Daß in den deutschsprachigen Ländern weniger evaluiert wird, als dies in den USA der Fall ist, braucht an dieser Stelle nicht betont zu werden. Daß die Häufigkeit von Evaluationen (etwa pro Milliarde Dollar Ausgaben der öffentlichen Haushalte) einen Einfluß auf die erreichte Evaluationsqualität haben kann, wird ebenfalls nicht bestritten – auch wenn sich dieser Zusammenhang sicherlich nicht in jedem Einzelfall wird erkennen lassen. Aber die hier zu beantwortende Frage ist eine andere: Führen die genannten Faktoren dazu, daß sich die Ansprüche an eine qualitativ hochstehende Evaluation grundsätzlich anders gestalten? Sind die Kriterien für die Qualität einer Evaluation – und damit auch die Gütekriterien – aus den angeführten Gründen grundlegend anders zu definieren? Oder anders ausgedrückt: Hier zu diskutieren gilt es nicht die Frage, ob die oben genannten Faktoren dazu führen, daß Evaluationen in den verschiedenen Ländern auf den identischen Qualitätsdimensionen andere Ausprägungen erreichen (können), sondern es geht darum, zu klären, ob andere Bewertungsdimensionen zugrunde gelegt werden sollten.

In einem Vergleich der Bildungspolitiken in Deutschland, Japan und der Schweiz, bei dem teilweise auch die USA als Vergleichsfall beigezogen werden, kommt Heidenheimer (1997:315-6) unter anderem zum Schluß, daß sich die Schulsysteme Deutschlands und der Schweiz in gewissen Aspekten deutlich voneinander unterscheiden, während das schweizerische durchaus mit jenem der USA vergleichbar ist und Japan eine Mittelstellung einnimmt. Dieses auf Anhieb überraschende Resultat zeigt, daß die Vermutung, es bestünden zwischen den Schulsystemen im deutschsprachigen Raum und jenen in den USA grundlegende Differenzen, bei einer differenzierteren Betrachtungsweise relativiert werden muß.

---

39 Siehe dazu ausführlicher Derlien 1997, Bussmann 1995, 1996 und 1997, sowie die Beiträge in Wagner et al. 1991, Horber 1990 und Rist 1990. Die in diesen Texten angeführten Auffassungen zu den Auswirkungen bspw. des politischen Systems auf die Evaluation teilen wir nicht in allen Fällen. Im Gegensatz zur dort postulierten Auffassung sind wir der Ansicht, daß der Evaluation in der direkten Demokratie die Aufgabe zukommt, zur Vorbereitung eines Plebiszites Informationen bereitzustellen. Weiter verfügen Abstimmungsresultate, die gemäß der in der zitierten Literatur vorgebrachten Auffassung auch die Funktion der Evaluation abdecken können, zumeist nicht über die zur zukünftigen Politikgestaltung erforderliche Informationsdichte.

In den Bereichen Bildung und Erziehung sind in Deutschland die ‚Standards' bislang nicht in nennenswertem Umfang eingesetzt worden. Vereinzelt wird auf sie Bezug genommen, z.B. bei Allgäuer (1997:41) auf die Definition von Evaluation. Die beiden an deutschen Hochschulen entstandenen Lehrbücher, die „Evaluation" im Titel tragen, beschäftigen sich in einem Fall gar nicht mit den ‚Standards' (Bortz und Döring 1995); Wottawa und Thierau (1998:165-8) führen sie zwar im Literaturverzeichnis auf, ziehen sie jedoch im Kapitel „Bewertung sozialwissenschaftlicher Evaluation" nicht bei. Auch Grohmann (1997), der eine umfassende Darstellung des „Problems der Evaluation in der Sozialpädagogik" vornimmt und dabei auch zahlreiche amerikanische Quellen nutzt, übersieht die ‚Standards' als möglichen Bezugspunkt einer kriteriengeleiteten Bewertung von Evaluation.

In der Schweiz wäre etwa auf die Nutzung der ‚Standards' im ‚Programm zur Internen Qualitätsevaluation' (PIQ) hinzuweisen (Stamm 1998, bes. 42-45). Zwar wurden auch hier einige wenige Anpassungen vorgenommen, generelle Einwände gegen eine Anwendung der ‚Standards' auf Evaluationen von schweizerischen Schulen bestehen aber keineswegs.

Zusammenfassend läßt sich somit festhalten, daß sich die ‚Standards' in kulturellen Umfeldern, die mit jenem der USA vergleichbar sind, durchwegs als anwendbar erwiesen haben. Dies gilt insbesondere auch für die hier im Zentrum stehenden Länder Deutschland, Österreich und Schweiz. Etwas anders verhält es sich in Regionen, die eine größere kulturelle Distanz zu den USA aufweisen. In diesen Fällen kann nicht von vornherein von einer generellen Anwendbarkeit der ‚Standards' ausgegangen werden.

6. Anwendung der ‚Standards' außerhalb von Bildung und Erziehung im deutschsprachigen Raum

Wir haben die ‚Standards' in eigenen Forschungen[40] dahingehend überprüft, inwiefern eine empirische Anwendbarkeit in Feldern außerhalb des Bildungs- und Erziehungsbereichs in der Schweiz gegeben ist. Dabei wurden Evaluationen aus den unterschiedlichsten Themenbereichen berücksichtigt. Die Studien stammten aus Bereichen wie Umwelt-, Verkehrs- und Energiepolitik, Wirtschaftsförderung, Sozialpolitik, öffentliches Beschaffungswesen, Kulturpolitik, Agrarpolitik, europäische Integration. Mit dieser breiten Themenstreuung sollten die ‚Standards' auf ihre gegenstandsfeldunabhängige Anwendbarkeit überprüft werden. Die praktische Umsetzung der ‚Standards' erfolgte in der Form retrospektiver Meta-Evaluationen. Die beigezogenen Evaluationsstudien – insgesamt 15 – wurden dabei in detaillierten

40 Dabei handelt es sich um zwei Forschungsprojekte, die durch den Schweizerischen Nationalfonds (SNF) im Rahmen des Nationalen Forschungsprogramms ‚Wirksamkeit staatlicher Massnahmen' (NFP 27) finanziell unterstützt wurden (siehe Widmer 1996a-h sowie Widmer et al. 1996).

Fallstudien einer Qualitätsüberprüfung unterzogen. Die hier relevanten Ergebnisse[41] aus diesen Studien sollen nun kurz zusammengefaßt werden: In keinem der fünfzehn Fälle stießen wir auf Hinweise, die gegen eine Anwendbarkeit außerhalb des Bildungs- resp. Erziehungssektors sprechen würden. Die ‚Standards' eigneten sich durchweg zur Beurteilung der Qualität der untersuchten Evaluationsstudien. Die für die analysierten Evaluationen zuständigen Evaluatorinnen waren nicht in allen Fällen mit der vorgenommenen Beurteilung einverstanden, wobei sich die Kritik[42] jedoch in keinem der Fälle darauf bezog, daß ein sachfremdes Kriterienraster für die Meta-Evaluation beigezogen worden sei. Die Untersuchungen haben auch keinerlei Hinweise erbracht, daß sich die ‚Standards' nicht auf den schweizerischen Kontext übertragen ließen.

Aufgrund der Ergebnisse der genannten Forschungsprojekte sind bereits einige Anwendungen der ‚Standards' in der Schweiz zu beobachten. So verwendet die Eidgenössische Finanzkontrolle (EFK) eine leicht an die spezifische Situation adaptierte Fassung der ‚Standards' zur internen Qualitätsüberprüfung ihrer Wirtschaftlichkeitsprüfungen. Diese Qualitätsüberprüfung hat zum Ziel, die Qualität der durch die EFK erarbeiteten Evaluationen weiter zu verbessern. Zudem soll sie auf bestehende Schwachstellen hinweisen, um eine zielgerichtete interne Weiterbildung realisieren zu können. Die Wirtschaftlichkeitsüberprüfungen der EFK befassen sich mit allen Bereichen der Staatstätigkeit auf Bundesebene. Ein weiteres Kontrollorgan des Bundes, die Verwaltungskontrolle des Bundesrates (VKB), zieht die ‚Standards' in einer, ihren Bedürfnissen angepaßten Form ebenfalls für ihre Arbeit bei. Das schweizerische Bundesamt für Gesundheit (BAG) stützt sich in seinem ‚Leitfaden für die Planung von Projekt- und Programmevaluationen' auch auf die ‚Standards' (BAG 1997; vgl. dazu auch den Beitrag „Die ‚Standards' im Vergleich zu weiteren Regelwerken zur Qualität fachlicher Leistungserstellung" in diesem Band). Eine vor kurzem in der Schweiz erschienene Einführung in die Politikevaluation nimmt ebenfalls Bezug auf die ‚Standards' (Klöti 1997:55-7, Widmer und Binder 1997:253-4). Weiter hat sich eine Arbeitsgruppe der Schweizerischen Evaluationsgesellschaft (SEVAL) mit der Erarbeitung von schweizerischen Evaluationsstandards befaßt und diese der SEVAL zur Beschlußfassung vorgeschlagen. Die Arbeitsgruppe, die sich aus Vertretern des Bundes, der Kantone, der Evaluationspraxis und der Wissenschaft zusammensetzt, hat als Grundlage für die Entwicklung der schweizerischen Evaluationsstandards ebenfalls die ‚Standards' beigezogen (Widmer/Landert/Bachmann 1999). Ein mit ähnlicher Zielsetzung 1998 gegründeter Arbeitskreis der Deutschen Gesellschaft für Evaluation (DeGEval) prüft ebenfalls die Nutzung der ‚Standards' für die Entwicklung eines Regelwerkes für die Evaluation (Beywl 1999).

---

41 Für weitere Untersuchungsergebnisse verweisen wir auf die ausführlichen Publikationen zu den beiden Forschungsprojekten (Widmer 1996a-h und Widmer et al. 1996).

42 Die für die evaluierten Evaluationen zuständigen Evaluatorinnen erhielten in den beiden Forschungsprojekten Gelegenheit, zu den in den Fallstudien enthaltenen Bewertungen Stellung zu nehmen. Diese Stellungnahmen sind als integraler Bestandteil der Fallstudien publiziert worden (siehe Widmer 1996a-h und Widmer et al. 1996).

7. Zusammenfassung

Aufgrund der dargestellten Überlegungen kommen wir zum Schluß, daß sich die ‚Standards' sowohl auf Evaluationen in Kontexten außerhalb des Bildungsbereichs wie auch auf solche außerhalb der USA anwenden lassen. Dabei ist die internationale Übertragbarkeit der ‚Standards' nur mit Einschränkungen gegeben. Während in demokratischen Industriestaaten westlicher Prägung mit ausreichenden rechtsstaatlichen Garantien einer Anwendung der ‚Standards' nichts entgegensteht, trifft dies für andere Staaten und Weltregionen nur bedingt zu.

Daß die ‚Standards' nicht unbesehen ohne Anpassungen an die konkrete Situation anwendbar sind, darüber besteht Einigkeit. Dies gilt nicht nur für den Einsatz der ‚Standards' in ‚fremden' Anwendungskontexten, sondern – wie dies das ‚Joint Committee' selbst festgehalten hat – auch für den Entstehungskontext der ‚Standards', Bildung und Erziehung in den USA. Insgesamt sind jedoch die Anpassungen, die in konkreten Anwendungsfällen vorgenommen wurden, eher geringfügiger Art. Die Grundstruktur der ‚Standards' mit den vier Hauptgruppen ‚Nützlichkeit', ‚Durchführbarkeit', ‚Korrektheit' und ‚Genauigkeit' ist in keinem der uns bekannten Fälle verändert worden. Auch die überwiegende Mehrheit der einzelnen ‚Standards' ist in allen Anwendungen beibehalten worden. Die vorgenommen Änderungen betreffen jeweils einige wenige Einzelstandards, die geändert, mit anderen Standards zusammengeführt oder im Einzelfall ganz gestrichen wurden.

Zusammenfassend empfehlen wir aufgrund der bisherigen Erfahrungen die Anwendung der ‚Standards' auf Evaluationen in Deutschland, Österreich und der Schweiz, und zwar auch dann, wenn Evaluationen außerhalb des Bereiches Bildung und Erziehung durchgeführt werden.

Die ‚Standards' im Vergleich mit weiteren Regelwerken zur Qualität fachlicher Leistungserstellung

Wolfgang Beywl und Thomas Widmer

I. Einleitung

Evaluation verfügt bislang in Deutschland und Österreich, vielleicht etwas weniger ausgeprägt gilt dies auch für die Schweiz, über eine schmale Professionalisierungsbasis. Es gibt z.B. keinen Ausbildungsschwerpunkt an einer Hochschule, keine Fachzeitschrift, kein verbreitetes Standardwerk[43], keinen Ansatz eines Berufsbildes Evaluatorin. Methodologische, methodische und ethische Fragen der Evaluation sind im deutschsprachigen Raum bislang wenig diskutiert.

Im Unterschied zu Nordamerika (oder auch Australien), wo Evaluation über Jahrzehnte als Disziplin gewachsen ist, an deren Reifepunkt sich die Profession Regelwerke gegeben hat, wird dies im deutschsprachigen Raum in umgekehrter Reihenfolge verlaufen: Die Regelwerke stehen hier chronologisch am Anfang einer professionellen Entwicklung und werden diese vermutlich stark mitprägen.

Für die im deutschsprachigen Raum zu leistende Entwicklungs- und Adaptionsarbeit von Regelwerken für die Evaluation hat dies auch Vorteile: Man kann dabei auf die vorliegenden evaluationsspezifischen Regelwerke vorrangig aus den USA zurückgreifen, darunter insbesondere auf die Evaluationsstandards des ‚Joint Committee on Standards for Educational Evaluation, (nachfolgend kurz ‚Standards' genannt), zum anderen auf nicht (oder lediglich partiell) auf Evaluation bezogene Regelwerke sowohl englischsprachiger als auch deutschsprachiger Fachzusammenschlüsse. Während amerikanische Ethikrichtlinien oft schon in den siebziger Jahren vorgelegt wurden, sind die deutschsprachigen überwiegend in den neunziger Jahren entstanden. Diese bieten zahlreiche Anknüpfungspunkte für rechtliche, ethische und kulturelle Anpassungen, die bei der Übertragung evaluationsspezifischer Standards in deutschsprachige Länder zu leisten sind.[44]

Ein zentrales Anliegen dieses Kapitels besteht darin, die Optionen zu verdeutlichen, die bei der Abfassung von Regelwerken für Evaluationen und Evaluatorinnen bestehen. Das Beispiel der ‚Standards' ist zwar aus unserer Sicht vorbildlich und bietet weite Anwendungsfelder (siehe das vorausgegangene Kapitel „Die Übertragbarkeit der Evaluationsstandards auf unterschiedliche Anwendungsfelder"), doch sollen

43 Einen ersten Schritt dahin markiert das „Lehrbuch Evaluation" von Heinrich Wottawa und Heike Thierau, 1998 in vollständig überarbeiteter Neuauflage erschienen.

44 So erfolgte die Erarbeitung der durch die Schweizerische Evaluationsgesellschaft (SEVAL) empfohlenen Evaluationsstandards (Widmer/Landert/Bachmann 1999) als Adaption der Program Evaluation Standards (Joint Committee 1994).

mögliche alternative Schwerpunktsetzungen verdeutlicht werden, so daß Entscheidungen auf breiter disziplinärer und kultureller Basis getroffen werden können.

Zu diesem Zweck gibt dieses Kapitel dem Leser einen Überblick über Qualitätsnormen der Evaluation oder verwandter Gebiete, welche die Standards ergänzen, mit ihnen in Konkurrenz stehen oder sie ersetzen könnten. Dabei kann keine vollständige Übersicht angeboten werden. Zu groß ist dafür die Zahl bestehender Regelwerke. Besonders bei denjenigen außerhalb der Evaluation mußten wir uns auf eine exemplarische Auswahl beschränken. Hingegen haben wir uns darum bemüht, bestehende Regelwerke der Evaluation im engeren Sinne möglichst breit abzudecken.

Folgende Dimensionen stehen im Mittelpunkt des Vergleiches:[45]

1. Inhaltlicher Schwerpunkt – Was soll vorrangig durch das jeweilige Normenset reguliert werden?
2. Qualitätsträger – Wer oder was ist Träger der Qualitätsmerkmale? Sind es fachliche Leistungsprozesse oder die Fachpersonen?
3. Regelsetzer – Welche Organisation oder welches Gremium stellt das Regelwerk auf?
4. Sanktionsgehalt – Legen die Regelwerke Selbstverpflichtung auf freiwilliger Basis nahe oder sehen sie implizite oder explizite Sanktionsmöglichkeiten bei Verstößen oder Nichtbeachtung vor?
5. Umfang – Wie umfangreich sind die Regelwerke? Wie weit sind sie ausgearbeitet, dokumentiert, kommentiert und spezifiziert?

Die nachfolgenden Ausführungen sind gemäß der Übersicht in Tabelle 1 strukturiert. Darin werden zwei Ordnungsdimensionen eingeführt. Zum ersten wird danach unterschieden, ob die Regelwerke auf den Leistungsprozeß Bezug nehmen oder ob sie sich auf die Fachperson beziehen, welche Leistungen erstellt. Das zweite Merkmal unterscheidet danach, ob die Regelwerke explizit auf Evaluationen ausgerichtet sind, oder ob sie sich (auch) mit benachbarten Professionen befassen. Demzufolge ergeben sich vier Konstellationen, die in den nachfolgenden Abschnitten nacheinander thematisiert werden. In der Tabelle werden die jeweils diskutierten Regelwerke in Kurzform genannt. In den folgenden Abschnitten finden sich Erläuterungen zum einzelnen Regelwerk. Dort werden die verschiedenen Regelwerke auch mit den ‚Standards' verglichen. Dies gilt insbesondere bei jener Gruppe von Regelwerken, die sich – wie die ‚Standards' – auf evaluationsspezifische Leistungsprozesse beziehen.

Im sechsten Abschnitt werden die Ergebnisse des Vergleichs aus den vorangegangenen Überlegungen zusammengefaßt. Die Literaturhinweise zur zitierten Sekundärliteratur sind im allgemeinen Literaturverzeichnis am Schluß dieser Publikation enthalten – die Angaben zu den Regelwerken selbst finden sich direkt im Text. Verweise auf Internet-Seiten, auf denen die Regelwerke mit Stichtag 1. Mai 1999 zur Verfügung gehalten werden, sind in den Übersichtstabellen im Anhang zu diesem Kapitel enthalten.

---

45 Siehe auch die im Anhang zu diesem Kapitel abgedruckten Tabellen 2-5, S. 295-9.

Tabelle 1: Übersicht über die diskutierten Regelwerke nach Qualitätsträger und Evaluationsbezug

	Qualitätsträger	
	Leistungsprozeß (Evaluation, Supervision, Umfrageforschung ...)	*Fachperson* (Evaluatorin, Psychologe, Supervisor ....)
evaluationsunspezifisch	1. CDEP-Standards 2. DFG-Kriterien 3. DGSv-Standards 4. dv-Empfehlungen 5. GA-Standards 6. SMS-Normen	1. AERA-Standards 2. APSA-Guide 3. CMC-Kodex 4. DBSH-Prinzipien 5. DGPs/BDP Richtlinien 6. DGS/BDS-Kodex 7. DGSv-Berufsordnung 8. DGVT-Richtlinien
evaluationsspezifisch	1. AR-Normen 2. BAG-Leitfaden 3. ERS-Standards 4. MEANS-Handbuch 5. Ontario-Principles 6. PUMA-Guidelines 7. SWR-Prinzipien	1. AEA-Principles 2. AES-Guidelines 3. CES-Guidelines

II. Evaluationsunspezifische Regelwerke, die auf Leistungsprozesse gerichtet sind

1. Standards für pädagogisches und psychologisches Testen. Ausgearbeitet vom Committee to Develop Standards for Educational and Psycological Testing; deutsche Fassung, herausgegeben von Hartmut Häcker, Detlef Leutner und Manfred Amelang; veröffentlicht im Supplementum 1,1998 der Diagnostica und der Zeitschrift für Differentielle und Diagnostische Psychologie. (CDEP-Standards)

Die CDEP-Standards sind die deutsche Übersetzung der genannten amerikanischen Standards, die 1985 veröffentlicht wurden (es gab mehrere Vorgängerversionen, zurückdatierend bis ins Jahr 1954). Einführend wird die wachsende Relevanz von Tests insbesondere an Schulen, Hochschulen, Betrieben und Behörden herausgestellt. Wichtige an Tests Beteiligte werden aufgelistet (Entwickler, Anwender, Sponsoren, Leiter, Rezensenten und schließlich Probanden). Zweck der CDEP-Standards, ist es, „Kriterien für die Evaluation von Tests, Test-Praktiken und die Effekte der Testanwendung bereitzustellen."

Die CDEP-Standards gelten in ihrer Gesamtheit, unterschieden wird nach Grad der (Un)Bedingtheit ihrer Anwendung:

- Primäre Standards, in jedem Falle anzuwenden
- Sekundäre Standards, wünschenswert aber oft zurückzustellen
- Situationsabhängige Standards, die je nach Kontext primär oder sekundär sein können.

Anzuwenden sind die CDEP-Standards auf Leistungstests, Einstellungsfragebogen, Inventare sowie „strukturierte Verhaltensproben", darüber hinaus auf den gesamten Bereich der Erhebungsverfahren. Im Mittelpunkt stehen jedoch Tests im Sinne von Leistungsaufgaben sowie die Testdurchführung.

Es folgen vier Teile mit jeweils zwei bis sieben Kapiteln. Jedes der Kapitel enthält einen einführenden Text mit Hintergrundinformationen. Insgesamt gibt es 180 Standards, die aus einem oder mehreren Sätzen bestehen. Teilweise sind diese Standards kommentiert. Bei den Standards selbst handelt es sich um Aufforderungen, z.T. als Sollaussagen formuliert.

- Teil I umfaßt methodische Standards für die Test-Konstruktion und -Evaluation, in Kapiteln wie „Validität", „Reliabilität und Meßfehler" oder „Testveröffentlichung".
- Teil II enthält die Standards für eine fachlich kompetente Testanwendung, insbesondere in unterschiedlichen Feldern wie klinisches Testen, Tests an Schulen, in der Beratung oder Berufseignungsdiagnostik. Hier ist auch ein Kapitel zur Programmevaluation enthalten.
- Teil III enthält Kapitel zum Testen bei sprachlichen Minderheiten und bei Personen mit Behinderungen.
- Teil IV enthält Standards für Vorgehensweisen, insbesondere „Test-Durchführung, -Auswertung und Ergebnisdarstellung" sowie zum Schutz der Rechte der Probanden.

Es gibt außerdem ein acht Seiten umfassendes Glossar sowie einen aktuellen Aufsatz zum laufenden Revisionsprozeß der CDEP-Standards; mit einer Neuauflage des amerikanischen Originals ist im Jahr 2000 zu rechnen. Hervorzuheben sind die zahlreichen Bezüge der CDEP-Standards zur Programmevaluation. Das Kapitel 12 im Teil II enthält hierzu insgesamt acht Standards. Im Zusammenhang mit Evaluation wird grundsätzlich ein multimethodisches Vorgehen eingefordert – ein eventuell vorhandener Zusammenhang mit politischen und Finanzentscheidungen müsse sehr deutlich berücksichtigt werden. Es fällt überdies auf, daß mit George F. Madaus ein Evaluationstheoretiker Mitglied im Kernkommitee zur Erarbeitung der CDEP-Standards war – unter den Beratern finden sich so bekannte Evaluatoren wie Lee J. Cronbach, James Popham, Lee P. Sechrest und Daniel Stufflebeam. Schließlich werden die Standards des Joint Committee on Standards for Educational Evaluation von 1981 in der mit dreißig Titeln recht knappen Bibliographie aufgeführt.

Auffallend ist das Bemühen der CDEP-Standards um eine relativ hohe Allgemeinverständlichkeit: Auch Nicht-Testspezialisten sollen die formulierten Anforderungen nachvollziehen können. Mit 180 sind sechsmal so viele Standards formuliert wie in den ‚Standards'. Die Tatsache, daß sehr viele als „primäre Standards" ausgewiesen sind, verweist auf das Bemühen um eine vergleichsweise hohe Verbindlichkeit. Ein weiterer Unterschied besteht darin, daß im Teil II Standards für Tests in jeweils verschiedenen Anwendungsfeldern aufgeführt sind. Während ethische Standards in den Teilen III und IV größere Berücksichtigung finden, wird auf die Frage der Durchführbarkeit von Tests (Finanzeinsatz, ‚Störung' laufender Prozesse ...) nicht eingegangen.

Die CDEP-Standards sind eine wichtige Ergänzung der ‚Standards', in bezug auf den Einsatz von Tests als Datenerhebungsmethode in der Evaluation. Umgekehrt ergänzen die ‚Standards' die CDEP-Standards in bezug auf deren Einsatz im Kontext von Programmevaluationen.[46]

2. Deutsche Forschungsgemeinschaft. Qualitätskriterien der Umfrageforschung. Denkschrift, 1999 (im Erscheinen) (DFG-Kriterien)[47]

Gegenstand dieses insgesamt ca. 200 Seiten umfassenden Buches ist die Umfrageforschung, insbesondere die Wahl- und politische Meinungsforschung. Anlaß für diese Denkschrift sind (1) die durch die Möglichkeit von Telefoninterviews und die technische Realisierbarkeit von elektronischen Befragungen mittels des Internet veränderten technologischen Grundlagen der repräsentativen Umfrageforschung, (2) die mit den technologischen Möglichkeiten sinkenden Gründungskosten für Unternehmen, die bundesweit repräsentativ Umfragen durchführen können (schrumpfende Mindestbetriebsgrößen und damit verbundene Qualitätsprobleme), (3) das, wegen der erhöhten Taktgeschwindigkeit von Umfragen und ihrer massenmedialen Verbreitung, noch einmal verstärkte Interesse der Medien an solchen Ergebnissen und aufgrund der Rückwirkung auf die politische Meinungsbildung erhöhten Verantwortung des Gesamtsystems „Umfrageforschung und deren Verbreitung".

Die Denkschrift richtet sich vorrangig an Umfrageforscher in Hochschuleinrichtungen und in privatwirtschaftlichen Umfrageinstituten, aber auch an die Massenmedien als Verbreitungsorgan sowie die universitären Ausbildungsstätten als für die Qualifikation des (künftigen) Forschungspersonals zuständig.

In dieser Denkschrift werden zahlreiche auch internationale Erfahrungen zusammengetragen, um Qualitätsstandards insbesondere für den Methodeneinsatz in der Umfrageforschung zu formulieren. Neben Begriffsdefinitionen finden sich insbesondere Qualitätskriterien zu Elementen wie Stichprobe, Offenlegung der Stichprobenrealisierung, Interviewerkontrollen. Auch Möglichkeiten prozeßorientierter Qualitätskontrollen (z.B. nach ISO 9000ff.) werden diskutiert.

Zum gegenwärtigen Zeitpunkt ist nicht absehbar, ob die Arbeitsgruppe eher Materialien zur Entwicklung von Qualitätskriterien im Bereich der Umfragefor-

46 Seit etwa 1995 läuft – von BDP und DGPs initiiert – ein Antrag beim Deutschen Institut für Normung, mit dem Ziel, etwa 2000 eine DIN-Norm für psychodiagnostische Instrumente zu verabschieden – eine Parallele zu den als ANSI-Normen anerkannten ‚Standards'.

47 Zu dieser Denkschrift existieren zum Zeitpunkt des Redaktionsschlusses dieses Beitrages lediglich Entwürfe, die den Verfassern nur in Teilen zur Verfügung stehen.

schung bereitstellt oder ob zumindest ein Teil dieser Publikation auch konsensual verabschiedete Standards oder Anforderungen an Umfrageforschung und ihre Verbreitung darstellt.

Im Unterschied zu den ‚Standards' werden methodische Aspekte viel ausführlicher und differenzierter behandelt. Dies betrifft überwiegend quantitative, nach dem repräsentativen Zufallsstichprobenverfahren arbeitende Befragungen. Auch ethische Gesichtspunkte, insbesondere demokratietheoretische Fragen werden ausführlich behandelt (offensichtlich aber weniger solche, welche die Interaktion in der Befragungssituation betreffen). Fragen der Durchführbarkeit (z.B. Kostenaspekte) werden vergleichsweise kurz angesprochen. Aspekte der Vorbereitung von Nutzung, des Einbezugs von Beteiligten & Betroffenen fehlen – ggf. erklärbar durch den eindeutigen Schwerpunkt auf Umfrageforschung für Auftraggeber, die durch die exklusive Überlassung von Ergebnissen marktliche oder politische Vorteile erringen möchten. Umfrageforschung weist im Unterschied zur Evaluation keine Tradition in Programm-Kontexten auf, sondern agiert auf einem ökonomischen Markt von Produktanbietern und -nachfragern oder einem politischen Markt von Parteien und Wählern.

Es ist zu erwarten, daß sich aus dieser Denkschrift zahlreiche Anregungen ergeben, sowohl zur Ergänzung der Genauigkeits-‚Standards', insbesondere bezüglich quantitativer Methoden, als auch zur „Übersetzung" der Korrektheitsstandards in deutschsprachige Demokratietraditionen.

3. Standards für die Weiterbildung zum/zur Supervisor/in, Deutsche Gesellschaft für Supervision e.V., Köln (1998) (DGSv-Standards)

Eine wichtige Funktion der Deutschen Gesellschaft für Supervision besteht darin, Ausbildungsgänge freier Institute (ca. dreißig sind dem Verband angeschlossen) zum Supervisor/zur Supervisorin anzuerkennen. Die Standards beschreiben Mindestanforderungen an solche Ausbildungen.

Als Eingangsvoraussetzungen sind an Teilnehmende solcher Ausbildungen zu stellen: ein einschlägiger Hochschulabschluß, minimal fünfjährige Berufserfahrung, dreißig Sitzungen Supervision sowie nachgewiesene Kenntnisse durch längerfristige Zusatzausbildungen – außerdem werden Ausnahmeregelungen aufgelistet.

Abschlußvoraussetzungen sind u.a. Teilnahme an Supervisions-Ausbildungskursen im Umfang von mind. 500 Unterrichtsstunden, drei eigene Lernsupervisionen à 15 Sitzungen, ca. fünfzig Stunden Teilnahme an Lehrsupervisionen sowie schriftliche und mündliche Leistungen.

An konzeptionellen Voraussetzungen wird die durchgängige Leitung der Supervisionsausbildungen durch DGSv-anerkannte Supervisoren/-innen gefordert, das Vorhandensein einer schriftlichen Ausbildungskonzeption mit persönlichkeitstheoretischen und didaktischen Festlegungen, sowie bestimmte Anforderungen an Mindestdauer und Elemente solcher Ausbildungskurse.

Die DGSv-Standards regulieren insbesondere die Zulassung von Ausbildungskonzepten, die im Rahmen der DGSv anerkannt werden können, die Mindesteingangsvoraussetzungen für Teilnehmende, den Mindestumfang der Teilnahme. Bei gleichzeitig gegebener möglicher Vielfalt persönlichkeitstheoretischer Zugänge wird eine formale Standardisierung der Ausbildungsprozesse mit gezielten Eingangshürden (Hochschulabschluß sowie Erfahrung als Supervisand bei verbandsanerkannten Supervisoren/innen) geschaffen.

Im Vergleich zu den ‚Standards' handelt es sich um typische Minimalstandards, die klar operationalisiert sind und deren Einhaltung fortlaufend überwacht wird. Die Standardisierung zielt auf die Kompetenzen der Ausgebildeten; die Steuerung erfolgt über die Zulassung von Ausbildungsinstituten. Die Sanktionsmöglichkeiten des Verbandes sind vergleichsweise hoch, insofern Nicht-Einhaltung der Ausbildungsrichtlinien zur Annullierung der Anerkennung führen kann, was einen erheblichen Marktnachteil für die Institute darstellt.

4. Empfehlungen zur Supervision – Bedeutung und Organisation. Herausgegeben vom Deutschen Verein für öffentliche und private Fürsorge in seinem Nachrichtendienst, 73. Jahrgang 1993, Heft 3, S. 89-92 (dv-Empfehlungen).

Die Empfehlungen wurden durch den Vorstand des Deutschen Vereins für öffentliche und private Fürsorge (dv) im Dezember 1992 verabschiedet. Der dv ist der zentrale Zusammenschluß der öffentlichen und freien Träger der sozialen Arbeit in der Bundesrepublik Deutschland. Die dv-Empfehlungen wenden sich in erster Linie an die Anstellungsträger von Fachkräften in der sozialen Arbeit. Für erforderlich werden diese Empfehlungen gehalten, da sich soziale Arbeit „weitgehend den klassischen Instrumenten einer Wirksamkeitsprüfung entzieht" und damit „Supervision *ein* geeignetes und bewährtes Instrument der Steuerung und mittelbar der Überprüfung der fachlichen Arbeit" ist. Mit diesen Empfehlungen wird Supervision in gewisser Weise als zur Evaluation alternatives Qualitäts-Steuerungsverfahren für die soziale Arbeit beschrieben.

Supervision wird definiert als das berufliche Handeln begleitender, begrenzter, kontinuierlicher Lehr- und Lernprozeß. Unterschieden werden interne und externe Supervision.

Gefordert wird, zur Inanspruchnahme von Supervision als „fester Bestandteil sozialer Arbeit" zu motivieren. Damit dies gelingt, ist hoher Vertrauensschutz zu gewährleisten. Außerdem soll zwischen Träger, Supervisanden und Supervisor eine Vereinbarung zur Supervision getroffen werden, für die wünschbare Bestandteile aufgeführt werden. Qualität von Supervision wird gewährleistet (1) durch verantwortliches Leitungshandeln des Auftraggebers, (2) durch qualifiziert ausgebildete Supervisoren/Supervisorinnen mit Verweis auf die DGSv-Standards (siehe oben).

Im Unterschied zu den ‚Standards' liegt der Schwerpunkt auf Definitionen verschiedener Arten des Leistungsprozesses (Supervision). Auch die Forderung nach einer zertifizierten Supervisionsausbildung und der Verzicht auf Schriftlichkeit von Auswertungen markieren Differenzen. Überschneidungen gibt es beim Schließen von Vereinbarungen oder der Vertraulichkeit.

5. Government Auditing Standards, 1994 Revision. United States General Accounting Office, Comptroller General of the United States. June. Washington: GAO, June 1994 (GA-Standards)

Die ‚Government Auditing Standards' (GA-Standards) sind vom ‚General Accounting Office' (GAO), der Kontroll- und Aufsichtsbehörde des US-Kongresses herausgegeben und auch unter der Bezeichnung ‚the yellow book' bekannt. Das gelbe Buch umfaßt in der Fassung aus dem Jahre 1994 insgesamt 111 Seiten. Es enthält Vorschriften zur Durchführung von zwei Typen von Überprüfungen (‚audits'): von Finanzkontrollen (‚financial audits') und von Leistungskontrollen (‚performance audits'). Erstere orientieren sich an den Regeln der Rechnungsprüfung bzw. Rechnungslegung und beschränken sich auf finanzielle Aspekte. Die Normen zu den Leistungsüberprüfungen entstammen zwar auch der Kultur der Rechnungsprüfung, liegen aber in ihrem Gehalt der Evaluation deutlich näher (vgl. dazu Davis 1990). Die Bindung an die Kultur des Rechnungswesens zeigt sich etwa daran, daß Kriterien der Wirtschaftlichkeit, Effizienz und Ordnungsmäßigkeit deutlich stärker vertreten sind, als dies bei den ‚Standards' der Fall ist.

Die GA-Standards umfassen sowohl allgemeine Standards, die sich auf Finanz- und Leistungsüberprüfungen beziehen als auch spezifische Normen für die beiden Untersuchungstypen. Allgemeine Normen sind u.a.: Qualifikation und Unabhängigkeit des eingesetzten Personals, gebührende professionelle Sorgfalt und Qualitätskontrolle. Die für die Leistungsüberprüfungen spezifischen Normen sind unterteilt in solche, die sich mit der Durchführung und solche, die sich mit der Berichterstattung befassen. Für die Durchführung lauten sie: Adäquate Planung, Aufsicht, Einhalten der Gesetze und Vorschriften, Managementkontrolle sowie ausreichende, kompetente und relevante Evidenz. Die Normen zur Berichterstattung heißen: Form (Schriftlichkeit), Rechtzeitigkeit, Vorgaben zum Berichtsinhalt, Präsentation des Berichts, Verbreitung des Berichts.

Vergleicht man die GA-Standards mit den ‚Standards' ist in erster Linie darauf hinzuweisen, daß die GA-Standards nicht nur Leistungsüberprüfungen regeln, sondern auch Finanzprüfungen. Beschränken wir den Vergleich auf den Bereich der Leistungskontrolle, sind einige Parallelen, aber auch deutliche Differenzen feststellbar. Die Vorgaben zur Aufsicht und zur Qualitätskontrolle erinnern an den Standard zur Meta-Evaluation. Sehr ähnlich sind die allgemeinen Vorgaben zur Rechtzeitigkeit oder zur Berichterstattung. Betrachtet man die Vorgaben der GA-Standards zur Berichterstattung genauer, fällt auf, daß sie deutlich präskriptiver sind. So bestimmen die GA-Standards detailliert, welche Themen im Bericht enthalten sein müssen. Einen deutlichen Kontrapunkt zur Orientierung der ‚Standards' an den Beteiligten & Betroffen bildet das Gebot der Neutralität/Unabhängigkeit der GA-Standards. Die ‚Standards' fordern zwar von der Evaluatorin eine gewisse Distanz zum Evaluationsgegenstand, aber viel weniger strikt als die GA-Standards. Bezüglich der Untersuchungsmethodik sind die ‚Standards' deutlich detaillierter und zudem methodologisch offener als die GA-Standards. Eine weitere wichtige Differenz betrifft die Geltungskraft der beiden Regelwerke: Die GA-Standards stellen verbindliche Vorschriften der obersten Kontrollinstanz der USA dar (Comptroller General of the United States). Dadurch kommt ihnen eine deutlich höhere Verbindlichkeit zu als den ‚Standards'.

6. Berufsethische Normen. Vereinigung Schweizer Markt- und Meinungsforschungsinstitute (Swiss Interview)/Verband Schweizer Marketing- und Sozialforscher (SMS), o.J., (SMS-Normen)
und
Richtlinien zur Durchführung von abstimmungs- und wahlbezogenen Umfragen, die zur Veröffentlichung vor dem Urnengang bestimmt sind. Vereinigung Schweizer Markt- und Meinungsforschungsinstitute (Swiss Interview), 12. Mai 1993. (Swiss Interview-Richtlinien)

Die berufsethischen Normen des SMS und der Swiss Interview (SMS-Normen) sowie die Richtlinien der Swiss Interview für spezifische Umfragen (Swiss Interview-Richtlinien) sind in zwei separaten Texten festgehalten.

Bei den *SMS-Normen* handelt es sich um ein Merkblatt im Umfang von zwei Seiten. Es werden folgende Aspekte behandelt: Pflichten des Forschers gegenüber den Auftraggebern, Forschungsvorschläge und Offerten, Berichterstattung und Präsentation von Untersuchungsergebnissen, Pflichten des Forschers gegenüber den Befragten, Allgemeine Bestimmungen für Offertstellung. Die Verbandsmitglieder sind durch diese Normen gebunden und haben sich dazu verpflichtet, sie zu befolgen. Die Normen befassen sich vor allem mit dem Verhältnis des Forschers zu Auftraggeber und Befragten. Dabei handelt es sich primär um Vorgaben, die ein redliches Geschäftsgebaren oder ethische Fragen betreffen. Ein drittes Hauptthema bildet die Berichterstattung, wobei hier detaillierte Angaben über die einzuhaltenden, minimalen Anforderungen enthalten sind. Besonderes Augenmerk gilt – im Vergleich zu anderen, hier präsentierten Regelwerken wie auch zu den ‚Standards' – der Regelung von Publikationsrechten an Ergebnissen. Die SMS-Normen übertragen dem Auftraggeber das alleinige Recht, über eine Publikation der Resultate zu entscheiden. Der Auftragnehmer hat demnach ohne explizite Einwilligung des Auftraggebers auf eine Publikation der Ergebnisse zu verzichten.

Die *Swiss Interview-Richtlinien* regeln einen spezifischen Bereich der Aktivitäten der Verbandsmitglieder. Sie beziehen sich ausschließlich auf allgemeine Bevölkerungsbefragungen zu Abstimmungen und Wahlen, die zudem vor dem Urnengang veröffentlicht werden sollen. Die Richtlinien bilden einen festen Bestandteil für Offerten, Verträge und Berichte der Mitglieder. Die Richtlinien enthalten verbindliche Angaben zu den folgenden Themen: Stichprobengröße, Art der Umfrage, obligatorische Informationen (an den Auftraggeber), Selbstbeschränkung bei der Durchführung (terminliche Vorgaben in Relation zum Urnengang).

Sowohl die berufsethischen SMS-Normen wie auch die Swiss Interview-Richtlinien werden zur Zeit überarbeitet. Die Organisation Swiss Interview existiert heute nicht mehr selbständig, sondern ist Teil der SMS. Swiss Interview soll hingegen künftig eine sog. Kollektivmarke der SMS-Institute darstellen. Mit der Signalisierung als geschützter Markenartikel nach außen wird die Verbindlichkeit der Normen für die Mitglieder erhöht. Bei den Arbeiten an diesen neuen Grundlagen stützt sich die SMS auf Normen der European Society for Opinion and Marketing Research (ESOMAR)[48] sowie auf Unterlagen des Arbeitskreises Deutscher Markt- und Sozialforschungsinstitute e.V. (ADM)[49].

Die Swiss Interview-Richtlinien haben, im Vergleich zu den ‚Standards', einen engen, sehr spezifischen Geltungsbereich. Sie beziehen sich ausschließlich auf standardisierte Befragungen (und nicht auf andere Methoden der Datenerhebung) zu politischen Themen, über die eine Volksabstimmung erfolgen wird, und zwar nur auf solche Umfragen, bei denen auch eine Publikation der Ergebnisse vor dem entsprechenden Urnengang erfolgen soll. Diese Einschränkungen haben nicht nur zur Folge, daß der Geltungsbereich eingeschränkt wird, sondern auch, daß äußerst präzise Angaben für ein korrektes Verhalten der Verbandsmitglieder möglich sind.

III. Evaluationsunspezifische Regelwerke, die auf Fachpersonen gerichtet sind

1. Ethical Standards of the American Educational Research Association. American Educational Research Association, June 1992 (AERA-Standards)

Die Ethik-Standards der ‚American Educational Research Association' (AERA-Standards) haben einen Umfang von sieben Seiten. Darin werden Leitlinien in sechs Themengruppen aufgeführt: 1. Verantwortung gegenüber dem Forschungsfeld; 2. Untersuchungsgruppen, Bildungsinstitutionen und Öffentlichkeit; 3. Urheberrechte; 4. Herausgabe, Begutachtung und Beurteilung von Forschung; 5. Sponsoren, politische Entscheidungsträger und andere Nutzer der Forschungsresultate; 6. Studierende und Jungforscher. Die AERA-Standards wollen eine Selbstreflexion der Mitglieder anregen, kollegiale Debatten stimulieren und eine freiwillige Einhaltung durch Überzeugung erreichen. Die AERA-Standards sind sehr vielfältig. Die sechs Themengruppen enthalten jeweils eine größere Zahl von kurzgefaßten Einzelstandards.

Im Gegensatz zu disziplinär ausgerichteten Regelwerken sind die Standards der AERA disziplinenübergreifend angelegt, der breiten Rekrutierung ihrer Mitgliedschaft entsprechend. Die Gemeinsamkeit bildet der Untersuchungsgegenstand „Bildung und Erziehung".

---

48 Siehe http://www.esomar.nl/, bes. die ESOMAR Guidelines.

49 Siehe dazu http://www.adm-ev.de/. Dabei ist im Zusammenhang mit den ‚Standards' besonders auf die „Standards zur Qualitätssicherung in der Markt- und Sozialforschung" des ADM hinzuweisen.

Inhaltlich fällt bei den AERA-Standards das große Gewicht auf, das den Beziehungen zu Personen und Institutionen im Untersuchungsfeld zugemessen wird. Eine weitere Spezialität sind die Themen Herausgabe, Begutachtung und Beurteilung von Forschungsresultaten, die sich vornehmlich auf AERA-eigene Publikationen beziehen. Die Adressaten der AERA-Standards sind primär die Mitglieder der AERA, wobei einzelne Vorgaben auch beispielsweise die Zeitschriften der AERA binden. Die AERA hat keine Vorkehrungen zur Überwachung getroffen und nimmt auch keine Abklärungen vor, wenn ein Verdacht auf einen Verstoß gegen ihre Standards besteht.

Insgesamt markiert die Ausrichtung auf die Mitglieder bzw. die Publikationen der AERA einen deutlichen Unterschied zu den ‚Standards', bei denen eine solche Basis nicht (oder nur beschränkt – vermittelt über die unterstützenden Organisationen) besteht. Ebenso von Bedeutung ist der unterschiedliche Geltungsbereich der beiden Regelwerke. Die AERA-Standards beschränken sich auf ethische Fragen, während die ‚Standards' auch andere Themengebiete, wie etwa die Methodik abdecken.

2. A Guide to Professional Ethics in Political Science. 2nd Edition. American Political Science Association, Committee on Professional Ethics, 1991 (APSA-Guide).

Der APSA-Guide stellt den ‚Ethik-Führer' der amerikanischen politikwissenschaftlichen Vereinigung dar, also einer disziplinären Fachvereinigung mit ausgeprägter akademischer Orientierung. Er ist 1991[50] in zweiter Ausgabe erschienen (Publikation der Erstfassung: 1968). Der Guide umfaßt insgesamt 35 Seiten und bildet die Arbeitsgrundlage für eine durch die Organisation eingesetzte Kommission, die sich mit Verstößen gegen die ethischen Prinzipien befaßt.

Da die Mitglieder der APSA überwiegend an Hochschulen arbeiten, enthält der Guide umfangreiche Vorgaben zum universitären Tätigkeitsfeld. Integraler Bestandteil des Guide sind die Bestimmungen zur professionellen Ethik der American Association of University Professors. Inhaltliche Schwerpunkte liegen bei Themen aus dem Universitätsbetrieb wie Lehre, Personalfragen, Publikationen und Forschung, wobei den Forschungstätigkeiten im engeren Sinne ein verhältnismäßig kleiner Teil gewidmet ist.

Die Konzentration auf die Hochschule und die geringe Berücksichtigung von Forschungs- oder Untersuchungsaktivitäten markieren deutliche Unterschiede zu den ‚Standards'. Die Normen des Guide richten sich an den (universitären) Politikwissenschaftler als Person (oder an politikwissenschaftliche Abteilungen als Organisationen). Damit umschreiben sie ein ethisch wünschbares Verhalten dieser Akteure, nicht die ethische Qualität der Politikwissenschaft als Fach oder Disziplin

50 Der APSA-Guide ist seither mehrfach in einzelnen Punkten revidiert worden – eine Broschüre mit der aktuellen Fassung soll demnächst erscheinen. Der APSA-Guide findet sich in aktueller Fassung im WWW unter der Adresse http://www.apsanet.org.

bzw. politikwissenschaftlicher Studien. Schließlich fokussiert der Guide ethische Fragen, während diese bei den ‚Standards' lediglich einen kleinen Teil ausmachen (insbesondere Standardgruppe „Korrektheit"). Der Guide enthält deutlich spezifischere Angaben zu ethischen Anforderungen. Ein weiterer Unterschied liegt darin, daß der APSA-Guide nicht nur Prozeduren zu dessen Weiterentwicklung vorsieht, sondern auch zu dessen Durchsetzung bei den Angehörigen der Fachdisziplin.

3. Verhaltenskodex für zertifizierte Unternehmensberater „CMC". Schweizerische Vereinigung der Unternehmensberater (ASCO), Zertifizierungskommission „CMC" (Certified Management Consultant). Zürich, September 1996. (CMC-Kodex)

Der CMC-Kodex wurde von der Zertifizierungskommission der Schweizerischen Vereinigung für Unternehmensberater (Association Suisse des conseils en organisation et gestion, ASCO) erarbeitet. Der Inhalt des CMC-Kodex bildet einen Bestandteil der Zertifizierungsüberprüfung. Verstöße gegen den Kodex können dazu führen, daß einem Berater das Zertifikat entzogen wird. Der Kodex soll regelmäßig überarbeitet resp. ergänzt werden.

Der CMC-Kodex enthält insgesamt zehn Abschnitte zu den folgenden Themen: Vertraulichkeit, unrealistische Erwartungen, Kommissionen/finanzielle Interessen, Aufträge, unverträgliche Aufträge, Verhandlungen mit dem Klienten, Rekrutierung, Vorgehen, andere Unternehmensberater und zusätzliche Interpretationen. Diese Abschnitte enthalten jeweils einen bis fünf Unterabschnitte (Interpretationen genannt), in denen der Gehalt der verschiedenen Normen verdeutlicht und spezifiziert wird. Insgesamt umfaßt der CMC-Kodex vier Seiten Text.

Im Vergleich des CMC-Kodex mit den ‚Standards', fällt vor allem auf, daß dieser

- Bestandteil eines Zertifizierungsprozesses ist;
- großes Gewicht auf die Beziehung zum Auftraggeber sowie auf potentielle Interessenkonflikte legt;
- auf Normen zur Methodik der Vorgehensweise verzichtet und sich auf ethische Fragen beschränkt.

4. Berufsethische Prinzipien des Deutschen Berufsverbandes für Sozialarbeit, Sozialpädagogik und Heilpädagogik e.V., Essen 1997 (DBSH- Prinzipien)

Die knapp zwanzig Seiten umfassende Broschüre des Deutschen Berufsverbandes für Sozialarbeit, Sozialpädagogik und Heilpädagogik e.V. (DBSH; ca. 6.000 Mitglieder) enthält neben den eigenen, im November 1997 beschlossenen DBSH-Prinzipien den Abdruck zweier weiterer Normenwerke für Sozialarbeiter/innen, Sozialpädagogen/-innen und Heilpädagogen/-innen. Zum einen ist dies ein Ausschnitt aus dem „Internationalen Ethikkodex für die beruflichen SozialarbeiterInnen", der bereits 1976 von der International Federation of Social Workers verabschiedet wurde (IFSW-Standards). Das dritte Dokument gibt einen 1994 aktualisierten Abschnitt aus den älteren IFSW-Standards wieder: Die „Ethischen Grundlagen der sozialen Arbeit – Prinzipien und Standards" (IFSW-Prinzipien).

Das Besondere der DBSH-Prinzipien liegt darin, daß sie explizit im Zusammenhang mit den Prinzipien einer internationalen Berufsvereinigung erarbeitet worden sind. So verpflichten die IFSW-Prinzipien die einzelnen nationalen Mitgliedsverbände darauf, in ihrem jeweiligen Zuständigkeitsbereich Ethikforen für Streitfragen und Probleme einzurichten und eigene ethische Standards insbesondere für Arbeitsbereiche zu entwickeln, bei denen komplizierte ethische Probleme zu erwarten sind.

Die DBSH-Prinzipien formulieren unter der Überschrift „Allgemeine Grundsätze beruflichen Handelns" wertgebundene Positionen, die Sozialarbeiter einnehmen und für die sie sich einsetzen sollen: Dies gilt beispielsweise für das Prinzip des freien Zugangs zu allen Sozialleistungen ohne Diskriminierung, die Bekämpfung strukturell bedingter Ursachen sozialer Not oder das Eintreten für die Rechte sozial Benachteiligter. Die nachfolgenden Hauptabschnitte richten sich – in ‚konzentrischen Kreisen' aufgebaut – auf das Verhalten (a) gegenüber der eigenen Klientel, (b) gegenüber BerufskollegInnen, (c) gegenüber Angehörigen anderer Berufe, (d) gegenüber ArbeitgeberInnen und schließlich (e) in der Öffentlichkeit.

Bezüglich der Klientel wird insbesondere darauf hingewiesen, daß personenbezogene Daten nur soweit nötig gespeichert werden dürfen, daß mit Ihnen strikt vertraulich umzugehen ist und daß Klienten möglichst weitgehend Zugang zu den Unterlagen haben sollen (deutliche Unterschiede etwa gegenüber den DGBS/BDP-Richtlinien).

Es wird von den Mitgliedern gefordert, daß sie die in Ausübung ihres Berufes gewonnenen Erkenntnisse und getroffenen Maßnahmen dokumentieren und zur Planung und Reflexion des Arbeitsprozesses einsetzen. Bezüglich eines auch für Außenstehende nachvollziehbaren Verfahrens der Qualitätsentwicklung bleiben die DBSH-Prinzipien damit hinter den IFSW-Standards zurück, welche fordern: „Legen Sie Rechenschaft ab gegenüber KlientInnen und der Gesellschaft in Form von Tätigkeitsberichten, welche die Wirtschaftlichkeit und Wirksamkeit der professionellen Dienstleistung aufzeigt."

Kennzeichnend für alle drei Regelwerke ist die starke Wertorientierung, die Positionsnahme für sozial Schwache und Benachteiligte und das Eintreten für soziale Gerechtigkeit.

5. Ethische Richtlinien der Deutschen Gesellschaft für Psychologie e.V. und des Berufsverbandes Deutscher Psychologinnen und Psychologen e.V. 1998 (DGPs/BDP-Richtlinien)

Dieses Papier ist aus einer gemeinsamen Initiative der akademisch orientierten Deutschen Gesellschaft für Psychologie und des berufsständische Interessen vertretenden Berufsverbandes hervorgegangen. Während die Mitgliederversammlung der DGPs sie bereits im September 1998 verabschiedet hat, stand zum Redaktionsschluß die Bestätigung durch die Delegiertenkonferenz des BDP noch aus. Von besonderer Bedeutung ist, daß diese Ethikrichtlinien zugleich Berufsordnung des BDP sind.

In der Präambel wird als primäres Ziel der Richtlinien genannt: „Der Schutz und das Wohl der Menschen, mit denen Psychologen arbeiten." Es werden breite Geltungsbereiche aufgeführt, angefangen bei Lehre und Forschung, über Diagnostik, Psychotherapie, Beratung, Supervision u.a.

Kennzeichnend für diese Ethikrichtlinien ist eine doppelte Orientierung: Einerseits an dem neuesten Stand der wissenschaftlichen Erkenntnisse, an denen sich alle beruflichen Handlungen von Psychologen ausrichten sollen, andererseits an einem Berufsleitbild für Psychologen, das dem ‚freien Beruf' verpflichtet ist und die Nähe zum Berufsbild des Arztes sucht. So findet sich in den allgemeinen Bestimmungen die Verpflichtung auf ein abgeschlossenes Hauptfachstudium in Psychologie als Eingangsvoraussetzung in den Berufsstand. Entsprechend der hohen personalen und professionellen Anforderungen werden Psychologen auf fortwährende Fortbildung verpflichtet.

In seinen zahlreichen Abschnitten und Unterabschnitten sind oft sehr genaue Soll-Aussagen formuliert, die ein erwünschtes ethisches Verhalten von Psychologen[51] bisweilen hochgradig operationalisiert beschreiben. So werden z.B. präzise Aussagen zur Schweigepflicht, zum Umgang mit Daten, zu den Grundsätzen der Werbung und dem erwünschten Verhalten von Psychologen bei Auftritten in der Öffentlichkeit gemacht.

Im Hauptabschnitt „Psychologie und Forschung/Lehre" wird das Idealbild eines von Fremdbestimmung und wissenschaftsfremder Parteilichkeit frei handelnden Psychologen gezeichnet, u.a. mit Verweis auf das Grundrecht der Wissenschaftsfreiheit (Artikel 5 des Grundgesetzes). Das Stichwort „Redlichkeit" erinnert an die Gruppe der Korrektheits-‚Standards'. So wird z.B. gefordert, daß Forschungsergebnisse nicht nur dokumentiert, sondern umfassend zugänglich gemacht werden, daß auch den eigenen Auffassungen widersprechende Daten veröffentlicht werden und Korrekturen eingeleitet werden, wenn nachträglich bedeutsame Fehler in veröffentlichten Werken festgestellt werden.

Der Hauptabschnitt „Psychologie in der Anwendung" gilt zwar für klinisch tätige, insbesondere heilkundlich tätige Psychologen. Stichworte wie „Vertrauensverhältnis", „Aufklärung und Einwilligung", „Wahrung der Unabhängigkeit" zeigen jedoch an, daß diese Anforderungen auch für in der Forschung tätige Psychologen Relevanz haben.

Die Ethikrichtlinien sind in einer Spannung zwischen ausgeprägter Wissenschaftsorientierung einerseits und den zur Durchsetzung berufsständischer Interessen notwendigen Regulierungen andererseits entstanden. Sie zeichnen beispielhaft

---

51 Auf ein wichtiges europäisches Regelwerk wird in diesem Artikel nicht Bezug genommen, den „European Meta-Code of Ethics and Carta Ethica" der European Federation of Professional Psychologists Associations, 1995 in Athen durch die Generalversammlung der EFPPA verabschiedet.

vor, welche Festlegungen getroffen werden müssen, wenn eine Profession über operationale Ein- und Ausschlußkriterien von Mitgliedern konstituiert wird. Eventuelle Überlegungen, im Bereich von „Evaluation" berufsständische Bestimmungen oder Zertifizierungen einzuführen, sollten sich mit diesen Ethikrichtlinien intensiv auseinandersetzen. Zahlreiche Differenzierungen finden sich zu Aspekten, die in den ‚Standards' unter den Stichworten „Schutz individueller Menschenrechte" (K3) sowie „Human gestaltete Interaktionen" (K4) angesprochen sind.

6. Ethik-Kodex der Deutschen Gesellschaft für Soziologie (DGS) und des Berufsverbandes Deutscher Soziologen (BDS). In: Sozialwissenschaften und Berufspraxis, Jg. 16, Nr. 1 (Januar/März 1993): 61-66, (DGS/BDS-Kodex)
Ethik-Kodex der Deutschen Vereinigung für Politische Wissenschaft. DVPW, o.J. (DVPW-Kodex) und
Ethik-Kodex der Schweizerischen Vereinigung für Politische Wissenschaft. Schweizerische Vereinigung für Politische Wissenschaft (SVPW), 1995. In: SVPW-Bulletin 90, April 1996. (SVPW-Kodex)

Die drei genannten Ethik-Kodizes sind in der angeführten Reihenfolge entstanden und stützen sich stark aufeinander ab. Der zuerst geschaffene Kodex der deutschen soziologischen Profession ist in einer gemeinsamen Arbeitsgruppe der Deutschen Gesellschaft für Soziologie (DGS), des Berufsverbandes Deutscher Soziologen (BDS) und der Gesellschaft für Soziologie (GfS) entstanden. Die GfS ist Ende 1992 aufgelöst worden – es handelte sich bei ihr um die Vereinigung der Soziologen aus der DDR. Der Kodex umfaßt einen Text von sechs Seiten mit den folgenden Abschnitten: Präambel; Forschung; Publikationen; Begutachtung; Der berufliche Umgang mit Studierenden; Mitarbeiter/innen und Kollegen/innen; Die Ethik-Kommission. Wie diese Inhaltsübersicht zeigt, ist dieser Ethik-Kodex im Vergleich zum vorher diskutierten APSA-Guide weniger stark auf das universitäre Leben ausgerichtet. Er enthält zwar einige Normen, die sich insbesondere auf die Lehrtätigkeit beziehen; im Vergleich zum umfangreichen Abschnitt zum Forschungsbereich kommt diesen aber ein kleineres Gewicht zu. Der DGS/BDS-Kodex sieht die Schaffung einer Ethik-Kommission vor, die einerseits die Aufgabe hat, zur Einhaltung der im Ethik-Kodex enthaltenen Vorgaben beizutragen und andererseits, gegebenenfalls Vorschläge zur Weiterentwicklung der Normen zuhanden der Verbände zu formulieren.

Der Ethik-Kodex der Deutschen Vereinigung für Politische Wissenschaft (DVPW-Kodex) lehnt sich stark an den DGS/BDS-Kodex an. Ein Vergleich der beiden Papiere ergibt geringe Differenzen. So verzichtet der DVPW-Kodex auf die im DGS/BDS-Kodex enthaltene Forderung, daß die Forschungsergebnisse wenn immer möglich veröffentlicht werden sollen.

Der Ethik-Kodex der Schweizerischen Vereinigung für Politische Wissenschaft (SVPW-Kodex) stützt sich seinerseits auf den DVPW-Kodex ab und übernimmt dessen Grobstruktur. Die vorgenommenen Änderungen gehen etwas weiter als bei der DVPW. Es sind insbesondere folgende Anpassungen vorgenommen worden:

- Generell formuliert der SVPW-Kodex knapper als jener der DVPW; mehrere Normen des DVPW wurden verkürzt übernommen.
- Die bei der DVPW durch eine Ethik-Kommission wahrgenommenen Aufgaben werden im SVPW-Kodex dem Vorstand dieser Vereinigung übertragen.
- Der Begriff der ‚Objektivität', der sowohl im DGS/BDS-Kodex wie auch beim DVPW-Kodex Verwendung findet, wird im SVPW-Kodex durch den Begriff ‚Sachlichkeit' ersetzt.

Vergleicht man diese drei Kodizes mit den ‚Standards', sind insbesondere folgende Unterschiede festzustellen:

- Die drei beschriebenen Ethik-Kodizes befassen sich ausschließlich mit ethischen Fragen, im Gegensatz zu den ‚Standards', die auch andere Themenfelder ansprechen.
- Die Ethik-Kodizes nehmen explizit Bezug auf die universitäre Lehrtätigkeit, wenn auch nicht so stark, wie dies beim APSA-Guide der Fall ist. Die ‚Standards' befassen sich dagegen nicht mit Fragen der Lehre (als Tätigkeit von Evaluationsfachleuten).
- Die Ethik-Kodizes enthalten im Gegensatz zu den ‚Standards' Angaben zur Durchsetzung der Normen.

7. Berufsordnung der Deutschen Gesellschaft für Supervision e.V., Köln (1997) (DGSv-Berufsordnung)

Die Berufsordnung der Deutschen Gesellschaft für Supervision (DGSv) umfaßt eine Präambel sowie zehn recht kurz gehaltene Paragraphen. Einleitend wird der Gegenstand von Supervision umrissen. Die Mitglieder der DGSv sind aufgefordert, sozial- und rechtsstaatlich verantwortlich zu handeln und für die Menschenwürde einzutreten. Sie sollen emanzipatorische Entwicklungen unterstützen und aufklärend insbesondere in bezug auf Macht und Konflikte im Bereich von Arbeitsbeziehungen wirken. Die ca. 2500 Mitglieder der DGSv werden auf ein Handeln im Rahmen der professionellen Standards und Einhaltung von Rechtsvorschriften verpflichtet. Als Mitglied dürfen sie die Bezeichnung Supervisor/-in DGSv führen. Kontraktschluß und Vertrauensschutz sind ebenso zu sichern wie kollegialer Umgang. Es werden minimale Regelungen bezüglich Fortbildung und regelmäßiger fachlicher Kontrolle sowie Werbung genannt. Bei angezeigten Verstößen gegen die Berufsordnung benennt der Verbandsvorstand einen Konfliktmoderator, der einvernehmliche Lösungen vorbereitet. Auffallend an diesem Regelwerk ist die Kürze trotz vorgesehenem Konfliktregelungsmechanismus, der sehr unbürokratisch konzipiert ist.

8. Ethische Rahmenrichtlinien der DGVT und deren Kommentare. Deutsche Gesellschaft für Verhaltenstherapie, 1996 (DGVT-Richtlinien)

Die DGVT-Rahmenrichtlinien schaffen Orientierung für die ca. 5000 Mitglieder dieses in psychosozialen Arbeitsfeldern angesiedelten Verbandes. Sie bestehen aus insgesamt sieben kurzen Absätzen, zu denen jeweils Kommentare bis zum Umfang einer Textseite gegeben werden.

Die Präambel weist aus, daß die Rahmenrichtlinien vorrangig zu einem Selbstvergewisserungsprozeß über gute psychosoziale Praxis beitragen sollen, wobei sie gleichzeitig als veränderlich und auf westeuropäische Kultur und Denkweise begrenzt angesehen werden.

Prozeßorientierung, ständiges Lernen und kritische Haltung gegenüber sich selbst kennzeichnen die Rahmenrichtlinien, erkennbar an Stichworten wie „Offenheit in der Auseinandersetzung und Begegnung", „Bewußtheit über die Grenzen der Wahrnehmung", „ständige Reflexion von Rolle, Auftrag oder Gestaltung in Wechselbeziehungen". Gefordert wird Klarheit und Transparenz im professionellen Kontakt. Dem Dialog der Lebenswelten und Kulturen ist einer der Absätze gewidmet.

Die DGVT-Rahmenrichtlinien sind insgesamt ein visionäres, auf ständige Entwicklung angelegtes Leitbild, das deutlich wertgebundene Positionsbestimmungen enthält (z.B. die Betonung interkultureller, geschlechtspezifischer Perspektiven, die Forderung nach einer „Fähigkeit der Parteilichkeit ohne Schuldzuweisung" oder die Norm, wann immer möglich Mitwirkungsbereitschaft und Einverständnis der Klienten einzufordern).

Der „Qualitätssicherung" ist ein eigener Absatz gewidmet. Als Instrumente werden insbesondere genannt: Fortbildungsmöglichkeiten, Supervision und interdisziplinäre Zusammenarbeit. Folgender Satz im Kommentar bietet eine Brücke zur Evaluation, die in anderen deutschsprachigen Ethikrichtlinien so deutlich nicht zu finden ist: „Es ist notwendig, Kriterien zu entwickeln, die die Qualität der Arbeit prüfen. Solche Kriterien könnten sein: Zufriedenheit der KundInnen, Wirtschaftlichkeit, regelmäßige Überprüfung vereinbarter Ziele und der Grad ihrer Verwirklichung."

IV. Evaluationsspezifische Regelwerke, die auf Leistungsprozesse gerichtet sind

1. Normen van de Algemene Rekenkamer voor de beoordeling van rapporten. Den Haag: Algemene Rekenkamer, 6 juni 1996: 5-6. (AR-Normen)

Die Normen der Algemene Rekenkamer, dem unabhängigen niederländischen Rechnungshof, sind im Zusammenhang mit einem konkreten Überprüfungsprojekt entstanden. Im Unterschied zu den anderen hier vorgestellten Normen stellen sie keine selbständige Publikation dar. In dem erwähnten Projekt (Algemene Rekenkamer 1996) ging es darum, die Qualität von insgesamt 49 Evaluationen zu überprüfen, die im holländischen Wirtschaftsministerium entstanden sind. Die Meta-Evaluation kommt zum Ergebnis, daß die technische Qualität der Berichte deutlich weniger überzeugt als ihre Nützlichkeit (vgl. dazu auch Widmer 1996a: 305). Die Kriterien sind in die zwei Gruppen der technischen Qualität und der Brauchbarkeit unterteilt. In der ersten Gruppe enthalten sind folgende Kriterien: Aktualität und Relevanz, Auswahl der Untersuchungseinheiten (Stichprobenziehung, Falldefinition, Repräsentativität etc.), Validität und Reliabilität der Instrumente sowie die Qualität der Datenanalyse. Die Gruppe der Brauchbarkeit besteht aus den folgenden Kriterien: Klarheit der Fragestellung (Definition des Untersuchungsfeldes inkl. Zieldefinition), Eindeutigkeit der Resultate, konkrete und fundierte Schlußfolgerungen, Beachtung alternativer Interpretationsmöglichkeiten. Die Ausführungen zu den Qualitätskriterien sind sehr knapp gehalten und dienen lediglich dazu, die in der Untersuchung eingesetzten Beurteilungskriterien transparent zu machen. Dies ist auch der deutlichste Unterschied zu den ‚Standards', die nicht – wie die Normen der Algemene Rekenkamer – dazu geschaffen wurden, eine spezifische Gruppe von Evaluationen nachträglich einer Qualitätskontrolle zu unterziehen, sondern einen deutlich weiteren Ansatz verfolgen. Auffällig ist, daß einige Kriterien der AR-Normen weitgehend mit Elementen der ‚Standards' übereinstimmen. Den beiden ‚Standard'-Gruppen „Durchführbarkeit" und „Korrektheit" entsprechende Kriterien fehlen jedoch. Ethische Fragen werden in den AR-Normen nicht aufgegriffen.

2. Leitfaden für die Planung von Projekt- und Programmevaluationen. Bundesamt für Gesundheit, Fachbereich Evaluation, Bern 1997 (BAG-Leitfaden).

Das Bundesamt für Gesundheit (BAG) hat im Jahre 1997 den „Leitfaden für die Planung von Projekt- und Programmevaluationen" herausgegeben. Das BAG ist auf Bundesebene für die schweizerische Gesundheitspolitik zuständig. Es läßt in diesem Zusammenhang regelmäßig Evaluationen durchführen, die sich zumeist mit Programmen oder Projekten des BAG befassen bzw. mit solchen, die durch das BAG (mit)finanziert werden. Der Leitfaden richtet sich primär an die Mitarbeiter des BAG, die Evaluationsprojekte zu begleiten haben, und an die extern mit Evaluationen des BAG betrauten Stellen. Der BAG-Leitfaden ist mit achtzig Seiten recht umfangreich. Abgesehen von einer in die Evaluation einführenden Einleitung und verschiedenen hilfreichen Anlagen (Literatur, Terminologie, Übersicht über Evaluationsparadigmen, Typologie von Evaluationsfragen usw.) ist der BAG-Leitfaden entlang des Evaluationsprozesses strukturiert: ‚Planen einer Evaluation', ‚Erarbeiten, Mandatieren und Begleiten einer Evaluation', ‚Der Evaluationsbericht', ‚Verbreitung und Verwendung von Evaluationsergebnissen'. Diese vier Kapitel enthalten neben erläuternden und erklärenden Ausführungen eine oder mehrere Checklisten, die durch das BAG aber auch durch die externen Stellen eingesetzt werden können. Mit diesen Checklisten soll sichergestellt werden, daß Evaluationen der Evaluationspolitik des BAG entsprechen. Es sind nur in wenigen Aspekten BAG-spezifische Besonderheiten vorhanden, die eine Übertragung auf andere Kontexte erschweren würden. Zumeist beziehen sich die im BAG-Leitfaden enthaltenen Normen auf allgemein in der Evaluation verbreitete Prinzipien.

Im Vergleich zu den ‚Standards' fällt an erster Stelle die Orientierung an den Bedürfnissen des BAG auf. Zweitens ist der BAG-Leitfaden in seinem Aufbau eng an einem idealtypischen Ablauf eines Evaluationsprozesses orientiert. Daher erhalten Aspekte des Projektmanagements im BAG-Leitfaden deutlich größeres Gewicht als bei den ‚Standards'. Eine Übereinstimmung mit den ‚Standards' besteht darin, daß nicht nur Evaluatorinnen, sondern auch die Seite des Auftraggebers und weitere Beteiligte mit dem BAG-Leitfaden angesprochen werden. Der BAG-Leitfaden wählt aber dafür ein etwas anderes Vorgehen. So spricht der BAG-Leifaden die genannten Adressatenkreise jeweils mit spezifischen Checklisten an. Die ‚Standards' hingegen richten sich im allgemeinen an den ganzen Adressatenkreis, ohne Zuständigkeiten oder Verantwortlichkeiten festzulegen.

3. Standards for Program Evaluation. Evaluation Research Society Standards Committee. In: New Directions for Program Evaluation, No. 15 (1982). Deutsche Übersetzung: Standards der Evaluation der Evaluation Research Society. In: Koch, Uwe/Wittmann, Werner W. (Hrsg.): Evaluationsforschung. Berlin: Springer 1990: 311-5. (ERS-Standards)

Die ERS-Standards (siehe dazu auch Widmer 1996a:11) sind durch ein Komitee der ‚Evaluation Research Society' (ERS) erarbeitet worden. Diese Gesellschaft stellte eine berufsständische Organisation vor allem US-amerikanischer Evaluatorinnen dar. Im Jahre 1985 hat sie sich mit dem mitgliedermäßig kleineren ‚Evaluation Network' (ENet) zur ‚American Evaluation Association' (AEA, vgl. unten) zusammengeschlossen (vgl. Berk and Rossi 1990:110-1). Die ERS-Standards sind zwar in der Literatur der frühen achtziger Jahre relativ breit diskutiert worden, das Interesse hat aber seither deutlich abgenommen.

Die ERS-Standards setzen sich aus sechs Gruppen mit insgesamt 55 Einzelstandards zusammen. Dabei werden folgende Themen behandelt: Formulierung und

Aushandlung der Evaluation, Struktur und Planung der Evaluation, Datenerhebung und -aufbereitung, Datenauswertung und -interpretation, Kommunikation und Bekanntgabe der Ergebnisse sowie deren Verwendung. Die ERS-Standards sind somit sequentiell, entlang der Phasen eines traditionellen Evaluationsprozesses gruppiert. Die in den ERS-Standards vertretene Evaluationsauffassung orientiert sich an einem objektivistischen Wissenschaftsverständnis. Naturalistische (Guba and Lincoln 1989), nützlichkeitsfokussierte (Patton 1997) oder responsive (Beywl 1988) Ansätze ebenso wie die neuere ‚empowerment evaluation' (Fetterman 1996) werden dadurch ausgegrenzt (vgl. Guba and Lincoln 1989: 230). Erkenntnistheoretischer Hintergrund ist ein Verständnis von wissenschaftlich absoluter Objektivität/Neutralität. Schon Lee J. Cronbach hatte dazu kritisch vermerkt, daß der Begriff ‚values' in den ERS-Standards kein einziges Mal verwendet wird (Cronbach 1982:53).

Diese relativ enge methodologische Ausrichtung bildet den Hauptunterschied zu den ‚Standards'. Die ‚Standards' werden (im Gegensatz zu den ERS-Standards) von Vertretern alternativer Ansätze grundsätzlich akzeptiert (vgl. Guba and Lincoln 1989: 229-33, Patton 1994 und 1994a sowie 1997: 15-7, Beywl 1988: 113-23 und Fetterman 1995).

Der zweite wesentliche Unterschied, der eine direkte Folge des erstgenannten darstellt, bildet die sequentielle Struktur. Drittens sind die formellen Differenzen zu erwähnen, also einmal die doch deutlich höhere Zahl von Einzelstandards in den ERS-Standards, wie auch die bei den ERS-Standards fehlenden ergänzenden Ausführungen. Eine vierte Differenz liegt in der heutigen institutionellen Abstützung der beiden Standards. Mit den AEA-Principles aus dem Jahre 1994 (siehe unten) hat die Nachfolgeorganisation der ERS neue Qualitätsnormen erlassen. Aufgrund ihrer epistemologischen Ausrichtung wie auch wegen der fehlenden institutionellen Basis haben die ERS-Standards deutlich an Bedeutung eingebüßt. Ansonsten weisen sie aber im Vergleich zu anderen hier behandelten Qualitätsnormen verhältnismäßig viele Parallelen mit den ‚Standards' auf; insbesondere der Adressatenkreis und die behandelte Thematik sind sehr ähnlich gelagert.

4. Quality Assessment of Evaluation Reports: a Framework. MEANS Handbook n° 5. European Union – Regional Policy and Cohesion. Bruxelles: Commission of the European Communities, 1996.(MEANS-Handbook)

Das MEANS-Handbuch (MEANS steht für ‚Methods for Evaluating Actions of a Structural Nature' und bildet ein Förderungsprogramm der Europäischen Kommission) stellt eine 42-seitige Broschüre im Format A5 dar, die zur Qualität von Evaluationen beitragen soll. Das Handbuch führt insgesamt acht Beurteilungskriterien an. Diese werden im Handbuch mit Erläuterungen und explizierenden Fragen ergänzt. Die Kriterien heißen: Orientierung an den Bedürfnissen, relevante Perspektive, robuster Evaluationsplan, zuverlässige Daten, fundierte Auswertung, glaubwürdige Befunde, unparteiische Folgerungen und Klarheit des Berichts. Neben den Kriterien zur Qualitätsbeurteilung enthält das Handbuch auch Aussagen, wie derartige Qualitätsbeurteilungen vorgenommen werden sollen. Weiter stellt das Handbuch auch Checklisten für den Einsatz in Qualitätsbeurteilungen bereit.

Ein Vergleich des MEANS-Handbuchs mit den ‚Standards' ergibt: Erstens führt das MEANS-Handbuch ausnahmslos Kriterien an, die auch durch die ‚Standards' abgedeckt werden. In gewissen Punkten ist sogar eine verblüffende Übereinstimmung festzustellen. Die ‚Standards' werden denn auch explizit im Handbuch aufgeführt. Zweitens ist der Fokus des Handbuchs deutlich schmäler als jener der ‚Standards'. Beispielsweise werden ethische Fragen kaum angesprochen. Ähnliches gilt auch für vertragliche Vereinbarungen oder das Thema Glaubwürdigkeit. Hingegen wird die Meta-Evaluation, wie in den ‚Standards', sehr deutlich angesprochen, da ja das Handbuch explizit zur Durchführung von Qualitätsbewertung dienen soll.

5. Guiding Principles for Program Evaluation in Ontario Health Units, hrsg. vom Ontario Ministry of Health/Ottawa-Carleton Health Department, 1997 (Ontario-Principles)

Dieses Papier ist gemeinsam vom Gesundheitsministerium der kanadischen Provinz Ontario und der Gesundheitsabteilung der Stadt Ottawa-Carleton herausgegeben. Es besticht durch seine Kürze (knapp 4000 Zeichen) und seine sehr klare, praxisnahe Sprache. Ziel ist es, die Evaluation von öffentlichen Gesundheitsprogrammen zu unterstützen.

Anschließend an kurze Definitionen von „Prinzipien", „Programm", „Programmevaluation" sowie „Beteiligte & Betroffene" folgen insgesamt elf Leitprinzipien, welche aus zwei bis max. fünf jeweils kurzen Soll-Aussagen bestehen. (Diese sind in vier Hauptabschnitte: Wann, wie, wer und warum gegliedert, die jedoch wenig Orientierung geben).

Die Ontario-Principles legen großen Wert darauf, daß die Evaluation in die Programmplanung integriert ist, was eine klare Beschreibung des Programms mit seinen Zielen sowie einen explizit identifizierten Entscheidungsbedarf erfordert. Evaluationsfragestellungen sollten zentrale Steuerungsaufgaben der Programme betreffen und unmittelbar mit den Prozeß- oder Outcome-Zielen des Programms in Zusammenhang stehen. Weitere Gesichtspunkte sind der Einsatz systematischer Methoden, die Klarheit und Präzision der Berichte wie deren rechtzeitige Verbreitung. Auch bei den beiden Prinzipien „Einbezug der Beteiligten & Betroffenen" und „Nutzung der Evaluationsbefunde" zeigen sich große Ähnlichkeiten zur Stoßrichtung der ‚Standards'. Ganz ausdrücklich wird für multidisziplinäre Teams von Evaluatorinnen plädiert; ethische Gesichtspunkte werden mit einem Prinzip, das aus einem einzigen relativ undifferenzierten Satz besteht, sehr knapp angesprochen.

Dieses Papier ist ein Beispiel dafür, wie für ein bestimmtes Politikfeld auf Länderebene orientierende und handhabbare Evaluationsnormen formuliert werden können.

6. Best Practice Guidelines for Evaluation. Public Management Service bei der OECD, 1998 (PUMA-Guidelines)

Die PUMA-Guidelines sollen Mitgliedsstaaten der OECD dabei unterstützen, die Nutzung von Evaluation im Rahmen von Performance-Managment-Systemen zu verbessern. Sie wenden sich vorrangig an diejenigen, die für die politische Steuerung von Evaluation verantwortlich sind (Regierungsorganisationen, Politiker und leitende Beamte). Insgesamt werden neun Richtlinien mit jeweils zwei bis fünf thesenartig gefaßten Absätzen formuliert. Sie sind in drei Hauptabschnitte gegliedert: Wie man das meiste von Evaluationen bekommt – Wie man den Rahmen für Evaluation gestaltet – Aufbau effektiver Evaluationen.

Evaluation wird nicht in erster Linie als wissenschaftlich gestützte Datenerhebungsmethode verstanden, sondern darüber hinaus als originärer methodischer Ansatz zur Bewertung von fachpolitischen Programmen und Maßnahmen.

Die summative Funktion von Evaluation steht in diesem Dokument deutlich im Vordergrund (Verbesserung von Entscheidungsprozessen, Ressourcenallokation und Verantwortlichkeit). Die Orientierung auf Entscheidungen und Entscheidende (Auftraggeber, Comissioner) ist stark ausgeprägt: „Erfolgreiche Evaluationen basieren auf der Zusammenarbeit zwischen den zentralen Beteiligten (Evaluatoren, Nutzer und Beteiligte & Betroffene) unter der Leitung eines Auftraggebers. Er plant die Evaluation, ist verantwortlich für die Definition der Zielsetzungen, der Kriterien, der Datengewinnung und der Methoden".

Dem gegenüber werden hohe Anforderungen an den Einbezug von Beteiligten & Betroffenen formuliert: „Evaluationen ohne ‚Eignerschaft' [„ownership"] durch Beteiligte & Betroffene werden wahrscheinlich unwirksam sein". Partizipative Evaluationsmethoden seien daher erforderlich, um Konsens zu schaffen und eine ‚Eignerschaft' für einen Prozeß des Wandels zu unterstützen. „Der Dialog mit Nutzern und Mitarbeitern verbessert das Verständnis und die Responsivität gegenüber deren Anforderungen und Prioritäten".

Die Entwicklung einer Evaluationskultur wird als wichtige Aufgabe auch auf der Ebene supranationaler Organisationen gesehen. Dazu zählt neben dem Bekenntnis zur Stakeholder-Orientierung auch die Befürwortung der Veröffentlichung von Evaluationsergebnissen und die Betonung des Faktors Glaubwürdigkeit von Evaluationen und Evaluatorinnen. Schließlich wird auch der Stellenwert professioneller und ethischer Standards für Qualität von Evaluationen herausgestellt.

Bei zahlreichen inhaltlichen Übereinstimmungen mit den ‚Standards' privilegieren die PUMA-Guidelines die Nutzungsart ‚Enscheidungsvorbereitung' deutlich gegenüber anderen und schaffen eine erhebliche Spannung zwischen Entscheidungsorientierung und partizipativem Anspruch.

7. Prinzipien zur Durchführung von Evaluationen im Bereich der Wissenschaft. Schweizerischer Wissenschaftsrat (SWR), SWR-DOK.96-2. Bern: SWR, 14. Dezember 1995.
und
Codex Ethik Wissenschaftsevaluation, Schweizerischer Wissenschaftsrat (SWR), SWR-DOK.96-3. Bern: SWR, 14. Dezember 1995.

Der Schweizerische Wissenschaftsrat (SWR) ist das beratende Organ des Bundesrates (Regierung) für alle wissenschaftspolitischen Fragen und setzt sich hauptsächlich aus Wissenschaftlern sowie aus Verantwortlichen wissenschaftlicher, wirtschaftlicher und politischer Institutionen zusammen. In seinem Pflichtenheft erscheint als einer von vier Punkten die Evaluation der Wissenschafts- und Technologiepolitik. Der SWR gibt regelmäßig Evaluationen an externe Experten in Auftrag und führt selber Evaluationen durch. In diesem Zusammenhang verabschiedete der SWR am 14. Dezember 1995 eine Grundsätzerklärung mit dem Titel „Prinzipien zur Durchführung von Evaluationen im Bereich der Wissenschaft" (SWR-Prinzipien). Dieses Papier im Umfang von zwei Seiten wird ergänzt durch eine Beilage „Codex Ethik Wissenschaftsevaluation" (SWR-Codex) mit gleichem Umfang. Der Geltungsbereich der in den beiden Papieren enthaltenen Regeln soll vorerst – momentan befinden sich die Unterlagen in Überarbeitung – auf Evaluationen beschränkt bleiben, die vom SWR durchgeführt oder an denen er beteiligt ist. Die SWR-Prinzipien enthalten – verkürzt dargestellt – folgende Punkte: Evaluationen sollen primär im Dienste der Wissenschaft stehen. Die Prinzipien führen, nach Evaluationsgegenstand differenziert, spezifische Evaluationskriterien an. Weiter legen die Prinzipien fest, daß Evaluationen auf wissenschaftlichen Grundlagen zu beruhen haben. Sie regeln zudem, daß Evaluationsbestrebungen koordiniert erfolgen, daß die Evaluationsergebnisse den Betroffen zugänglich gemacht werden und daß SWR-Evaluationen einen direkten Bezug zu Prozessen der Wissenschaftspolitik aufweisen sollen. Für ethische Fragen wird in den Prinzipien auf die Beilage verwiesen, den SWR-Codex. Dieser umfaßt aber nicht nur Festlegungen ethischer Art im engeren Sinne (wie Würde von Personen und Institutionen, Regeln der Kommunikationskultur usw.), sondern trifft über ethische Fragen hinausgehende Festlegungen. So wird fixiert, daß Evaluationspläne erstellt werden, daß Evaluationen Entscheidungsgrundlagen bereitstellen oder daß Wissenschaftsevaluationen nicht unnötigerweise Ressourcen und Kapazitäten der Forschung blockieren sollen. Zum Teil werden auch Normen, die bereits in den SWR-Prinzipien angeführt sind, im SWR-Codex wiederholt (etwa Evaluation auf wissenschaftlicher Grundlage).

Im Vergleich zu anderen hier vorgestellten Normen (inkl. den ‚Standards') läßt sich zum einen feststellen, daß SWR-Prinzipien und -Codex relativ wenig systematisiert erscheinen. Eine zweite Besonderheit im Vergleich mit den ‚Standards' bilden die relativ engen institutionellen Rahmensetzungen, in denen sich die SWR-Regelwerke bewegen. Es handelt sich explizit um Normen, die für selbstdurchgeführte Evaluationen einer Wissenschaftsinstitution Regeln aufstellen. Deshalb eignen sie sich auch weniger für eine Anwendung über den durch die Institution gesetzten Rahmen hinaus, wie dies für andere, hier diskutierte Qualitätsnormen gilt.

V. Evaluationsspezifische Regelwerke, die auf Fachpersonen gerichtet sind

1. Guiding Principles for Evaluators. American Evaluation Association (AEA), Task Force on Guiding Principles for Evaluators. In: Evaluation Practice News, June 1994. Reprint in: New Directions for Program Evaluation, No. 66 (Summer 1995): 19-26. (Deutsche Übersetzung in Beywl 1996) (AEA-Principles)

Im Juni 1994 hat die ‚American Evaluation Association' (AEA) die ‚Guiding Principles for Evaluators' herausgegeben. Im folgenden Jahr erschien eine Sondernummer der Zeitschrift ‚New Directions for Program Evaluation', in der neben den AEA-Principles verschiedene begleitende Texte enthalten sind (Shadish et al. 1995; vgl. auch Widmer 1996a: 50-1). Die AEA-Principles umfassen folgende fünf Leitprinzipien:

1. *Systematische Untersuchung*: Evaluatorinnen führen systematische, auf Daten gestützte Untersuchungen über das jeweilige Evaluationsobjekt durch.
2. *Kompetenz:* Evaluatorinnen stellen den Beteiligten & Betroffenen professionelle Leistungen zur Verfügung.
3. *Integrität/Aufrichtigkeit*: Evaluatorinnen garantieren Aufrichtigkeit und Integrität während des gesamten Evaluationsprozesses.
4. *Achtung gegenüber den Menschen*: Evaluatorinnen respektieren die Sicherheit, die Würde und das Selbstwertgefühl der Antwortenden, Programmteilnehmenden, Auftraggeber und anderer Beteiligter & Betroffener, mit denen sie in Interaktion stehen.
5. *Verantwortung für das allgemeine und öffentliche Wohl*: Evaluatorinnen artikulieren die vielfältigen Interessen und Werte, die möglicherweise in Beziehung zum allgemeinen und öffentlichen Wohl stehen, und berücksichtigen diese in ihren Überlegungen.

Diese fünf Prinzipien werden von einer Reihe weitergehender Überlegungen begleitet, wobei diese Erläuterungen weder alle Anwendungen der AEA-Principles darstellen sollen, noch als verbindliche Regeln zu verstehen sind, die etwa als Grundlage zur Sanktionierung von Verstößen dienen könnten.

Im Vergleich der AEA-Principles mit den ‚Standards' fallen drei Aspekte auf (siehe dazu auch Sanders 1995 und Widmer 1996a: 50-1). Erstens ergeben sich zwischen den beiden Texten deutliche inhaltliche Übereinstimmungen. Alle in den AEA-Principles enthaltenen Ansprüche finden sich in der einen oder anderen Form in den ,Standards' wieder. Zweitens besteht ein deutlicher Unterschied in der Ausführlichkeit: Die AEA-Principles sind viel genereller angelegt, weniger spezifiziert und kürzer gefaßt als die ,Standards' – dies ist beabsichtigt, sollten doch die AEA-Principles die ,Standards' nicht ersetzen sondern ergänzen. Durch ihre Knappheit und durch ihren übergreifenden Charakter stellen die AEA-Principles eine willkommene Orientierungshilfe für die Praxis dar. Bei den ,Standards' besteht allein wegen ihres Umfangs die Gefahr, daß der pragmatisch orientierte Praktiker sie nicht heranzieht (was allerdings durch die Kurzfassung der Standards, die vielfach in Lehrbüchern und Sammelwerken zur Evaluation reproduziert ist, kompensiert wird). Drittens richten sich die AEA-Principles direkt an die Evaluatorin. Sie stellen also Verhaltensrichtlinien für das fachliche Handeln der Evaluationsfachleute dar, im Gegensatz zu den ,Standards', die sich auf Evaluationen als Prozesse der Leistungserstellung beziehen (zum Vergleich siehe etwa Covert 1995, Newman 1995: 108, Sanders 1995, Widmer 1996a: 50-1 sowie Beywl 1996).

2. *Guidelines for the Ethical Conduct of Evaluations. Australasian Evaluation Society. Curtin ACT: AES, January 1998. (AES-Guidelines).*

Die ,Australasian Evaluation Society' (AES) bildet eine professionelle Evaluationsorganisation, deren Mitglieder vor allem aus Australien und Neuseeland stammen. Im Jahre 1996 wurde ein ,Committee on Ethics and Standards in Evaluation' eingesetzt, mit der Aufgabe, Leitlinien für ein ethisch korrektes Verhalten bei Evaluationen zu erarbeiten. Die so entstandenen ,Guidelines for the Ethical Conduct of Evaluations' (AES-Guidelines) wurden im Dezember 1997 vom Vorstand der AES genehmigt und traten Anfang 1998 in Kraft. Die Leitlinien sollen ständig weiterentwickelt werden.

Die AES-Guidelines sollen die Diskussion über ethische Fragen stimulieren und den Mitgliedern dabei helfen, ethische Probleme zu erkennen und sich in konkreten Situationen richtig zu verhalten. Weiter sollen die AES-Guidelines Eingang in Handbücher und Leitfäden zu Evaluationsfragen finden. Hingegen verzichtet die AES darauf, die Einhaltung der Leitlinien zu überwachen oder gar zu sanktionieren. Vielmehr sollen die Mitglieder der AES ihre ethische Verantwortung selbstverantwortlich wahrnehmen.

Die AES-Guidelines richten sich nicht nur an Evaluatorinnen, sondern auch an Auftraggeber von Evaluationen und weitere Kreise, die Evaluationen nutzen. Angesprochen sind auch Personen, die in Evaluationsfragen forschen, unterrichten oder publizieren.

Die AES-Guidelines sind unterteilt in drei Kapitel, nämlich Auftragsvergabe und Vorbereitung von Evaluationen, Durchführung von Evaluationen sowie Berichterstattung über Evaluationsergebnisse. Insgesamt umfassen die AES-Guidelines 22 Leitsätze. Inhaltlich handelt es sich dabei schwergewichtig um Aussagen, die das faire, ethisch verantwortliche, offene und aufrichtige Verhalten der an Evaluationen Beteiligten festlegen.

Im Gegensatz zu den ‚Standards', die in den AES-Guidelines explizit als komplementäre Normierung Erwähnung finden und vom Vorstand der AES im August 1996 gutgeheißen wurden, enthalten die AES-Guidelines keine Hinweise methodischer Art. Sie konzentrieren sich auf ethische Fragen, wobei ein relativ weites Verständnis von Ethik zugrundeliegt[52].

Im Gegensatz zu anderen hier präsentierten Qualitätsnormen zeichnen sich die AES-Guidelines dadurch aus, daß sie mehrere an Evaluationen beteiligte Personenkreise ansprechen. Hier ist auch eine wesentliche Übereinstimmung mit den ‚Standards' festzuhalten, während Unterschiede besonders für die abgedeckte Thematik zu erkennen sind – die ‚Standards' beschränken sich nicht auf ethische Fragen. Auch der Umfang der AES-Guidelines ist deutlich geringer. Begleitende Texte, Erläuterungen, Fallbeispiele oder Hinweise auf häufige Fehler sind in den AES-Guidelines nicht enthalten.

3. CES Guidelines for Ethical Conduct. Canadian Evaluation Society. o.O., o.J. (CES-Leitlinien)

Die CES-Leitlinien gehören zu den kürzesten hier vorgestellten Regelwerken. Sie umfassen nur drei Gruppen, nämlich: Kompetenz, Integrität und Verantwortlichkeit, die jeweils drei bis vier Einzelpunkte enthalten. Unter den Begriff der *Kompetenz* fällt die Verwendung systematischer und angemessener Untersuchungsmethoden, die Verfügbarkeit ausreichenden inhaltlichen Wissens sowie das Bemühen der Evaluatorin, ihr methodisches und praktisches Können kontinuierlich zu verbessern. Zur *Integrität* einer Evaluatorin zählen: Transparenz hinsichtlich des eigenen Wissens und der eigenen Fähigkeiten, die Verpflichtung zur Deklaration auftretender Interessenkonflikte, kulturelle und soziale Sensitivität und die Einhaltung der eingegangenen vertraglichen Verpflichtungen. Zur *Verantwortlichkeit* werden aufgeführt: dem Klienten durch entsprechende Informationen die Entscheidungsfindung zur angemessenen Evaluationsstrategie und -methodik (inkl. deren Grenzen) zu erleichtern; für eine klare, angemessene und faire mündliche und schriftliche Präsentation der Evaluationsergebnisse zu sorgen; Evaluationen mit einem vorteilhaften Kosten-Nutzen-Verhältnis durchzuführen sowie Einhaltung terminlicher Vorgaben, auf die man sich geeinigt hat. Der Gegenstandsbereich der CES-Guidelines betrifft damit unter anderem die Methodik, das Verhältnis zu Auftraggebern und Beteiligten & Betroffenen und die Berichterstattung. Er ist sehr weit und sehr allgemein gefaßt.

Im Vergleich zu den ‚Standards' fällt neben der Kürze auf, daß die CES-Guidelines Normen enthalten, die in mehr oder weniger identischer Form auch in den ‚Standards' enthalten sind. Die ‚Standards' sind aber umfangreicher, detaillierter und spezifischer. Ein weiterer wichtiger Unterschied besteht darin, daß sich die

52 So enthalten die AES-Leitlinien auch eine Richtlinie, die methodische Strenge in Design, Datenerhebung und -auswertung einfordert.

CES-Guidelines explizit und ausschließlich an die Evaluatorinnen als Handelnde wenden.

VI. Resümee

Wie die vorangegangene – bei weitem nicht vollständige – Übersicht deutlich macht, werden Regelwerke zur Gestaltung fachlicher Praxis in Evaluation und angrenzenden Feldern seit Beginn der neunziger Jahre verstärkt durch Fachvereinigungen, teils auch gemeinsame Ausschüsse verschiedener Fachvereinigungen, erarbeitet und veröffentlicht. Dies läßt auf einen hohen Bedarf nach orientierenden Grundlagen schließen, der insbesondere seitens der Fachleute besteht, aber auch – je nach Anwendungsnähe der Profession in unterschiedlichem Maße – seitens der Abnehmer solcher Leistungen und der interessierten Öffentlichkeit. Nicht zuletzt kommt darin auch die hohe Dynamik (und Expansion) zum Ausdruck, die in den letzten Jahren in den untersuchten Professionsfeldern vorliegt.

Der Vergleich zeigt, daß sich die Regelsetzungsprozesse und deren Produkte nach inhaltlichen und formalen Merkmalen deutlich unterscheiden, je nach beabsichtigtem Anwendungsfeld und professionellem Selbstverständnis der regelsetzenden Organisation(en). Wichtige Unterschiede und Übereinstimmungen sollen abschließend mit Bezug zu den ‚Standards' angesprochen werden.

1. Inhaltliche Schwerpunkte

Die verschiedenen Regelwerke setzen hinsichtlich der zu normierenden Tatbestände deutlich unterschiedliche Schwerpunkte:

1. Ethische Haltung der Fachkräfte: AEA-Principles, AES-Principles, APSA-Guide, CES-Guidelines, DGPs/BDP-Richtlinien, DGS/BDS-Kodex (inkl. der darauf basierenden Kodices der DVPW und der SVPW), DGSv-Berufsordnung;
2. Ethische Haltung der Fachkräfte mit starker Parteinahme für Benachteiligte der Gesellschaft: DBSH-Prinzipien, DGVT-Richtlinien;
3. Interaktion mit Beteiligten: AERA-Standards, CMC-Kodex, SMS-Normen/Swiss Interview-Richtlinien;
4. Ausbildung der Fachpersonen: DGSv-Standards;
5. Methodik und Vorgehensweise: AR-Normen, BAG-Leitfaden, CDEP-Standards, DFG-Kriterien, ERS-Standards, MEANS-Handbuch;
6. Nützlichkeit/Wirkung der professionellen Praxis: dv-Empfehlungen, GA-Standards, Ontario-Principles, PUMA-Guidelines, SWR-Prinzipien.

Zwischen der thematischen Schwerpunktsetzung und der Bezeichnung des jeweiligen Regelwerkes scheinen keine systematischen Zusammenhänge zu bestehen. Die Bezeichnungen Prinzipien, Leitlinien, Richtlinien, Kodex, Berufsordnung, Standards, Normen, Leitfaden, Kriterien, Handbuch, Empfehlungen gehen offensichtlich auf die Genese des Regelwerkes in seinem jeweiligen organisatorischen und/ oder fachpolitischen Kontext zurück. Prinzipien oder Leitlinien werden öfter für auf Fachpersonen angewandte Regelwerke genutzt, Standards öfter für Leistungsprozesse (wie auch den Ausbildungsprozeß von Fachpersonen – DGSv-Standards) – aber es gibt auch Gegenbeispiele (PUMA-Guidelines).

Die ‚Standards‘ lassen sich keiner der aufgeführten thematischen Ausrichtungen eindeutig zuordnen. Zwar gibt es auch bei anderen Regelwerken Zuordnungsschwierigkeiten bzw. thematische Überschneidungen, die ‚Standards‘ sind jedoch offensichtlich so plaziert, daß sie gleichzeitig mehrere thematische Schwerpunkte berühren. Die ethischen Aspekte (siehe oben, Punkt 1) werden in den ‚Standards‘ schwergewichtig unter dem Begriff „Korrektheit" angesprochen. In dieser Gruppe der ‚Standards‘ finden sich auch Ausführungen zur Gestaltung der Interaktion zwischen den Beteiligten (Punkt 3). Die Methodik und die Vorgehensweise (Punkt 5) wird unter „Genauigkeit" subsumiert. Der Nutzen und die Wirkungen der professionellen Praxis (Punkt 6) wird hauptsächlich in der Gruppe der Nützlichkeits-‚Standards‘ thematisiert und stellt – unterstrichen durch ihre Stellung zu Beginn der insgesamt 30 Einzelstandards – einen Schwerpunkt dieses Regelwerkes dar. Ähnlich den CDEP-Standards sprechen die ‚Standards‘ die spezifischen Belange benachteiligter Gruppen lediglich kurz und beschränkt auf die Perspektive ethnischer (insbesondere nicht-muttersprachlich englischer) Minoritäten an (Punkt 2).[53] Die ‚Standards‘ plädieren vielmehr für einen ausgewogenen und fairen Ansatz. Fast ganz außer Acht gelassen wird in den ‚Standards‘ das Thema der Ausbildung für die professionelle Praxis (Punkt 4); allerdings empfiehlt das Joint Committee die Nutzung der ‚Standards‘ als eine Art Lehrtext für Ausbildungszwecke (vgl. das Kapitel „Anwendung der Standards, S. 31).

2. Qualitätsträger

Wer oder was trägt die durch die Regelwerke kodifizierten, als wünschenswert ausgewiesenen Qualitätsmerkmale? Sollen es die fachlichen Leistungsprozesse (u.a. die *Evaluationen)* sein oder die handelnden *Personen (u.a. die Evaluatorinnen)?*

Wichtigstes auf Evaluationsfachkräfte bezogenes Regelwerk sind die *Guiding Principles for Evaluators* (AEA-Principles) von 1995, außerdem die *Guidelines for the Ethical Conduct of Evaluations* der Australasian Evaluation Society von 1998 (AES-Guidelines), die sich zusätzlich insbesondere an Auftraggeber von Evaluationen richten. Als deutschsprachiges Regelset formuliert der DGS/BDS-Kodex ähnliche, auch für Evaluatorinnen sinngemäß anwendbare Anforderungen, während die DGPs/BDP-Richtlinien oder die DBSH-Prinzipien deutlich weniger unmittelbar übertragbare inhaltliche Bezüge zu einer guten Praxis von Evaluatorinnen aufweisen, bedingt durch die andere Handlungstypik der Berufsgruppen Psychologen bzw.

53 Vgl. insbesondere die Ausführungen zu den Standards N1, N3, K3 oder K6.

Sozialarbeiter (z.B. klinische Arbeit, Einzelfall- oder Gruppenansatz in der sozialen Arbeit).

Bei den auf Evaluationen als Leistungsprozesse gerichteten Normen erhalten *The Program Evaluation Standards des Joint Committee on Standards for Educational Evaluation aus dem Jahr 1994* (‚Standards') die größte Beachtung. Viele andere Regelwerke dieser Kategorien nehmen explizit (z.B. Ontario-Principles) oder implizit (z.B. MEANS-Handbook) auf die ‚Standards' Bezug. Im deutschsprachigen Raum findet sich kein vergleichbares oder zumindest analoges Regelset. Eine gewisse Ausnahme stellt der BAG-Leitfaden dar, der – wie der Name schon sagt – eher (rezeptartig) handlungsanleitend als (normativ) orientierend ist. Er ergänzt damit die ‚Standards' um pragmatische Hinweise zum Evaluationsmanagement.

3. Regelsetzer

Welche Organisation oder welches Gremium stellt das Regelwerk auf?

Im Falle der AEA-Principles und der AES-Guidelines oder auch der *Guidelines for Ethical Conduct* der Canadian Evaluation Society sind es Berufsverbände, in denen überwiegend Evaluatoren und Evaluatorinnen Mitglieder sind. Typischerweise werden Regelwerke, die sich auf Personen als Qualitätsträger beziehen, eigenständig durch wissenschaftliche Fachorganisationen bzw. Berufsverbände erarbeitet. Im deutschsprachigen Raum tragen sie gelegentlich die Bezeichnung „Berufsordnung", wie z.B. im Falle der *Berufsordnung der Deutschen Gesellschaft für Supervision e.V.* von 1998. Gelegentlich erstellen solche Professionsverbände auch Regelwerke, die sich auf professionelle/wissenschaftliche Leistungsprozesse beziehen, z.B. die *Standards der Schweizerischen Evaluationsgesellschaft* (SEVAL-Standards; Widmer/Landert/Bachmann 1999).

Um einen anderen Typus von regelsetzenden Einrichtungen handelt es sich bei Ministerien oder regierungsnahen Organisationen. Ein Beispiel sind die *Guiding Principles for Program Evaluation in Ontario Health Units*. Ein anderes Beispiel – nun auf internationaler Ebene – sind die *Best Practice Guidelines for Evaluation* aus dem Jahr 1998, erarbeitet vom Public Management Service bei der OECD (PUMA-Guidelines).

Um eine Mischung zwischen Berufsverbänden und Vereinigungen von Vertretern öffentlicher Einrichtungen und Behörden handelt es sich beim Joint Committee on Standards for Educational Evaluation, dem gegenwärtig 16 Organisationen, darunter überwiegend Berufsorganisationen aber auch Zusammenschlüsse von Funktionsträgern aus Behörden gehören (vgl. die Übersicht 3 im Beitrag „Die Übertragbarkeit der Evaluationsstandards ...", S. 250). Es fällt auf, daß Anbieter von Evaluationen und Nachfrager (insbesondere aus dem Schulsektor) hier gemeinsam ein Regelwerk erarbeitet und verabschiedet haben.

Die Frage, wie *interdisziplinär* ein Regelwerk angelegt ist, hängt eng zusammen mit der regelsetzenden Instanz. Während disziplinäre, wissenschaftliche Vereinigungen (wie APSA, DGPs oder DGS) Regelwerke ausgesprochen fachgebunden auslegen (also z.B. politikwissenschaftlich, psychologisch oder soziologisch), trifft dies für andere Regelsetzer weniger zu. Öffentliche Stellen, welche als Auftraggeber fungieren oder die professionelle Praxis intra muros normieren (wie etwa AR, BAG, PUMA, SWR, weniger ausgeprägt das GAO), konzentrieren sich zwar auf die teils auch einzelfachlich basierte Aufgabenwahrnehmung, lassen aber innerhalb dieser Eingrenzung Multidisziplinärität zu. Eine stark multi- oder transdisziplinäre Ausrichtung wiederum weisen jene Regelwerke auf, die sich aus betont interdisziplinären Tätigkeiten heraus entwickelt haben oder die als eher neuere Professionen mit weniger tradiertem Selbstverständnis zu beschreiben sind (wie etwa AEA, AES, CES, DBSH, DGSv).

4. Sanktionsgehalt

Legen die Regelwerke Selbstverpflichtung auf freiwilliger Basis nahe oder sehen sie implizite oder explizite Sanktionsmöglichkeiten bei Verstößen oder Nicht-Beachtung vor?

Die meisten von uns ausgewerteten Regelwerke sehen keine oder zumindest keine formalen Sanktionen vor. Dies gilt z.B. für die ‚Standards', die als Empfehlungen und Leitlinien aufgefaßt werden sollen und in keiner Weise mit Prüfverfahren oder gar Sanktionen verknüpft sind. Es gibt allerdings einen ersten Bericht darüber, daß die ‚Standards' im Rahmen einer Zivilklage herangezogen wurden, in der es um die Weigerung eines Auftraggebers ging, eine aus seiner Sicht schlecht durchgeführte Evaluation vollständig zu bezahlen. Indirekte Sanktionsmechanismen enthalten auch die von öffentlichen Dienststellen herausgegebenen Regelwerke – sie werden sicher einen wichtigen Bezugspunkt bei der Beurteilung angelieferter Evaluationsleistungen darstellen, die wiederum bei der erneuten Vergabe von Evaluationsaufträgen herangezogen werden können. Direkter sanktionieren die Berufsverbände, z.B. indem Sie eine Art Ehrengericht bei Verdacht und Meldung von Verstößen vorsehen (z.B. der 1993 veröffentlichte gemeinsame *Ethik-Kodex der Deutschen Gesellschaft für Soziologie und des Berufsverbandes Deutscher Soziologen* (DGS/BDS-Kodex). Weitgehende Konsequenzen kann der Spruch des Ehrengerichtes auf Basis der *Ethischen Richtlinien der Deutschen Gesellschaft für Psychologie e.V. und des Berufsverbandes Deutscher Psychologinnen und Psychologen e.V.* von 1998 (DGPs/BDP-Richtlinien) haben: Der Ausschluß aus dem Berufsverband kann in diesem Fall stark verbandlich regulierter Berufstätigkeit (ähnlich wie bei den Kassenärzten) zur Beeinträchtigung wenn nicht Gefährdung der wirtschaftlichen Existenz des (dann ausgeschlossenen) Mitglieds führen. Die DGSv- Standards oder die SMS-Normen/Swiss-Interview-Richtlinien regulieren eine Art verbandlichen Zusammenschluß von wirtschaftlich tätigen Ausbildungsinstituten bzw. Befragungsunternehmen und haben damit ebenfalls hohe Verbindlichkeit und recht starken Sanktionsgehalt.

5. Umfang

Wie ausführlich und umfangreich muß ein Regelwerk sein? Wie sollte es aufgebaut sein?

Der Umfang der von uns ausgewerteten Regelwerke schwankt zwischen ca. ein bis drei Druckseiten (z.B. CES-Guidelines oder Ontario-Principles) und ca. 240 Druckseiten (‚Standards'). Die meisten Regelwerke kommen mit ca. vier bis zwölf Druckseiten aus. Die ‚Standards' verfügen über eine ca. dreiseitige Kurzfassung – dies macht sie wiederum übersichtlich und praktikabel. Bei vergleichbarem Gesamtumfang enthalten die CDEP-Standards 180 Einzelstandards, während die ‚Standards' auf die Zahl von dreißig kommen. Je nachdem, ob ein Regelwerk eher Leitprinzipien für (ethisch) korrektes Handeln formuliert oder ob es differenzierte Bezugspunkte z.B. für Leistungsprozesse auf dem Stand der Zeit bieten will (z.B. CDEP-Standards und ‚Standards'), ist ein kürzerer oder längerer Umfang angeraten. Welcher Umfang, welcher Grad von Strukturierung oder auch Präzision in der regulierenden Aussage wünschenswert ist, um eine gute Fachpraxis vorzubereiten und fortlaufend zu orientieren, dies sind Fragen, die vielleicht in Zukunft vergleichende Evaluationen von Regelwerken zu beantworten versuchen können.

Angesichts der Vielfalt der hier präsentierten (von den nicht-vorgestellten gar nicht zu sprechen) Regelwerke könnte die Frage gestellt werden, ob nicht eine Vereinheitlichung der Regelwerke wünschenswert ist. Wir sind der Auffassung, daß eine Vereinheitlichung, etwa in der Form eines global gültigen Regelwerkes zur Qualität von Evaluatorinnen und Evaluationen wenig erstrebenswert ist. Dies aus folgenden Gründen: Erstens spielt die Akzeptanz der Regelwerke eine große Rolle. Regelwerke die auf wenig Akzeptanz, ja wenig Beachtung stoßen, können ihre Ziele nicht erreichen. Akzeptanz kann insbesondere bei der erstmaligen Erarbeitung und dem Beschließen von Regelsets geschaffen werden. Die Ausführungen von James Sanders (vgl. oben, S. 237ff.) zur Weiterentwicklung der ‚Standards' weisen darauf hin, daß Akzeptanz durch periodische Revision immer wieder hergestellt werden sollte. Zweitens dürfen die kulturellen und sprachlichen Differenzen nicht unterschätzt werden, die z.B. zwischen den USA und Westeuropa, aber auch zwischen den europäischen Staaten und Kulturräumen bestehen. Mit der vorliegenden Übersetzung der amerikanischen ‚Standards' wird ein Versuch zu einer *sprachlichen* Übertragung vorgenommen (zur Übertragbarkeit der ‚Standards' vergleiche den Beitrag ‚Die Übertragbarkeit der Evaluationsstandards auf unterschiedliche Anwendungsfelder' in diesem Band). Welche Resonanz diese ‚Standards' finden und welche Wege ihrer Nutzung, Anpassung oder Integration eingeschlagen werden, dies werden wir mit Spannung im Laufe des kommenden Jahrzehnts verfolgen. Drittens weisen die jeweiligen Anwendungsfelder für Regelwerke prägende Besonderheiten auf, die berücksichtigt werden müssen, um eine gute Praxis sicherzustellen. Die Regelwerke müssen darauf ausgerichtet werden, so spezifisch wie möglich und so allgemein wie nötig formuliert zu werden. Damit wird das bestehende Bedürfnis nach Orientierung am besten befriedigt. Ein globales Regelwerk hingegen müßte dem Anspruch einer hohen Allgemeinheit nachkommen, was die darin formulierten Kriterien für die praktische Anwendung schlecht umsetzbar machen würde.

Unseres Erachtens sollte bei der Formulierung künftiger Regelwerke für Evaluationen und Evaluatorinnen nicht auf den großen, in bereits bestehende Regelwerke eingeflossenen Erfahrungsschatz verzichtet werden.

Tabelle 2: Übersicht über evaluationsunspezifische Normen, die auf die Leistungsprozesse ausgerichtet sind

	CDEP-Standards	**DFG-Kriterien**	**DGSv-Standards**	**dv-Empfehlungen**	**GA-Standards**	**SMS-Normen/ Swiss Interview-Richtlinien**
Erstfassung	1954	1999	1990	1992	1972	k.A./1991
Neueste Fassung	1985	1999	1998	1992	1994	k.A./1993
Umfang in Zeichen	250.000	125.000-500.000	4.000	18.000	ca. 150.000	ca. 8.500/ca. 2.600
Hauptabschnitte	Standards für (I.) die Testkonstruktion und -evaluation, (II.) eine fachlich kompetente Testanwendung, (III.) für besondere Anwendungen, (IV.) für Vorgehensweisen	Methoden der Umfrageforschung (Stichproben, Fragebogen ...)/ihre Qualitätsstandards, Archivierung von Daten, Ausbildung, Rezeption der Ergebnisse in Massenmedien, Datenschutz	Eingangsvoraussetzungen/Abschluß-voraussetzungen für eine Supervisionsausbildung, Konzeptionelle Voraussetzungen	Zielsetzung der Empfehlungen, Begriffsbestimmungen und Wirkweise von Supervision, Arbeitsformen, Zur Organisation von Supervision, Finanzierung	Typen von Regierungs-Audits, Generelle Standards, Standards für die Feldarbeit bei Finanz-Audits, Standards für die Berichterstattung bei Finanz-Audits, Standards für die Feldarbeit bei Leistungs-Audits, Standards für die Berichterstattung bei Leistungs-Audits	Pflichten des Forschers gegenüber Auftraggebern/Befragten, Offertstellung, Berichterstattung/Präsentation von Ergebnissen/ Stichprobengrösse, Art d. Umfrage, Obligatorsche Informationen, Selbstbeschränkung, Verpflichtung der Institute
Inhaltlicher Schwerpunkt	Methodische Grundlage für Fachdiskussion zu/ Evaluation von Tests, Testanwendungen, Testeffekten	Technische Anforderungen an Methoden und Erhebungsprozesse	Minimalanforderungen an Teilnehmende, Abschlüsse und Konzepte in Supervisionausbildung	Klärung von Leistungsschwerpunkten verschiedener Supervisionsformen	Sicherstellung von gültigen Informationen zu Finanzen und Leistungen der USA (oder des am. Bundesstaates)	Beziehungsgestaltung Forscher – Befragte – Auftraggeber/Berichtsanforderungen
Qualitätsträger	Tests, Testanwendungen	Umfragestudien, -forscher	Supervisions-Ausbildungen	Supervisionen	Audits/Überprüfungen	Umfragen
Zuständiges Gremium	Committee to Develop Standards for Educational and Psychological Testing	Deutsche Forschungsgemeinschaft	Standardüberprüfungsausschuß	Vorstand des Deutschen Vereins (und Ad-Hoc-Gruppe)	United States General Accounting Office	Vereinigung Schweiz. Markt- und Meinungsforschungsinstitute
Sanktionsgehalt	gering	gering	hoch	gering	hoch	mittel
Interdisziplinarität	mittel	mittel	hoch	mittel	gering	mittel
Internet-Adresse http://www.	./.	./.	dgsv.de/	./.	gao.gov/	./.

Tabelle 3: Übersicht über evaluationsunspezifische Normen, die auf Fachpersonen gerichtet sind

Kurzname	AERA-Standards	APSA-Guide	CMC-Kodex	DBSH-Prinzipien	DGPs/BDP-Richtlinien	DGS/BDS-Kodex	DGSv-Berufsordnung	DGVT-Richtlinien
Erstfassung	1992	1968	1993	1997	1998	1993	1997	1997
Neueste Fassung	1992	1998	1993	1997	1998	1993	1997	1997
Umfang in Zeichen	19.000	60.000	9.000	13.000	40.000	12.000	2.500	14.000
Hauptabschnitte	Verantwortlichkeiten gegenüber dem Feld, Untersuchungspopulation, Institutionen in Erziehung/Bildung, Urheberrecht, Herausgabe, Kritik und Einschätzung von Forschung, Geldgeber, Politik und andere Nutzer, Studierende und Studentische Hilfskräfte	Ethik, Verhalten (Akad. Freiheit, Verantwortung geg. Studierenden, Politische Aktivitäten, bzgl. Publikationen/ Anstellungen/ Beförderungen, Sexuelle Belästigung), Zuwiderhandlungen	Vertraulichkeit, Unrealistische Erwartungen, Finanzielle Interessen, (unverträgliche) Aufträge, Verhandlungen mit Klienten, Rekrutierung, Vorgehen, Andere Berater	Allgemeine Grundsätze, Verhalten gegenüber Klientel/BerufskollegInnen/anderen Berufsgruppen/ Arbeitgebern/ Öffentlichkeit	Präambel (Leitbild); tätigkeitsfeldunabhängige Bestimmungen zu Ausbildungsvoraussetzungen, Psychologie in Wissenschaft und Lehre, (Verstöße)	Präambel, Forschung (Integrität, Objektivität, Rechte der Untersuchten), Publikationen, Begutachtung, Umgang mit Studierenden, Mitarbeitern, Kollegen, Ethik-Kommission (Zusammensetzung, Aufgaben, Sanktionen)	Allgemeine Berufspflichten, Berufsbezeichnung, Kontrakte, Vertrauensschutz, Kollegiales Verhalten, Fortbildung und Kontrolle, Werbung, Konfliktmoderation	Haltung, Beziehung, Klarheit/ Transparenz, Qualitätssicherung, Dialog der Lebenswelten und Kulturen, Gesellschaftspolitische Verantwortung
Inhaltlicher Schwerpunkt	Beziehungsgestaltung zu Personen/ Organisationen	Disziplinäre Ethik (Lehr- und Publikationstätigkeit)	Redliches und professionelles Geschäftsgebaren (Berufsbild Unternehmensberater)	Forderung nach Positionsnahme für die (sozial oft benachteiligte) Klientel	Ethische Verantwortung des berufstätigen Psychologen („in allen Lebenssituationen“)	Disziplinäre sowie Berufsethik	Rahmenregeln für wertebasiertes und professionelles berufliches Handeln	Gegenüber Klienten/Gesellschaft anzustrebende ethische Haltungen/ Handlungen
Qualitätsträger	Bildungsforscher	Politikwissenschaftler	Berater	Sozialarbeiter	Psychologen	Soziologen	Supervisoren	Fachkräfte im psychosozialen Bereich

Kurzname	AERA-Standards	APSA-Guide	CMC-Kodex	DBSH-Prinzipien	DGPs/BDP-Richtlinien	DGS/BDS-Kodex	DGSv-Berufsordnung	DGVT-Richtlinien
Zuständiges Gremium	American Educational Research Association (keine Überprüfung)	Ethikkommission der APSA	Zertifizierungskommission d. Schweiz. Vereinigung der Unternehmensberater (ASCO)	Kommission	Mitgliederversammlung DGPs/ Delegiertenversammlung BDP	Ethik-Kommission aus DGS und BDS	(nicht genannt)	(nicht genannt)
Sanktionsgehalt	gering	mittel	hoch	gering	hoch	mittel	mittel	gering
Inter-disziplinarität	mittel	gering	gering	hoch	gering	gering	hoch	hoch
Internet-Adresse http://www.	aera.net/resource/ethics.html	apsanet.org/PS/ethics.html	asco.ch/	dbsh.de	dgps.de/ gesellschaft/mitteilungen/ethikrichtlinien.html	userpage.fu-berlin.de/~ifs/bds/ethkod.html	dgsv.de	dgvt.de dgvt/ethik.htm

Tabelle 4: Übersicht über evaluationsspezifische Normen, die auf Leistungsprozesse ausgerichtet sind

Kurzname	AR-Normen	BAG-Leitfaden	ERS-Standards	MEANS-Handbuch	Ontario-Principles	PUMA-Guidelines	SWR-Prinzipien
Erstfassung	1996	1997	1982	1996	1997	1998	1995
Neueste Fassung	1996	1997	1982	1996	1997	1998	1995
Umfang in Zeichen	2.700	115.000	25.000	ca. 35.000	4.000	9.000	10.000
Hauptabschnitte	Technische Qualität, Brauchbarkeit	Planen, Erarbeiten, Mandatieren und Begleiten einer Evaluation, Evaluationsbericht, Verbreitung und Verwendung von Untersuchungsergebnissen	Formulieren und Aushandeln, Struktur und Design, Datenerhebung und -aufbereitung, Datenauswertung und Interpretation, Kommmunikation und Verbreitung, Nutzung der Resultate	Bedürfnisorientierung, Relevanz, Untersuchungsanlage, Zuverlässige Daten, Fundierte Auswertung, Glaubwürdige Ergebnisse, Ausgewogene Folgerungen, Klarheit des Berichts	Definitionen, Integration von Programmplanung und Evaluation, Programmbeschreibung, Ethik, Methoden, Berichte, Multidisziplinarität, Beteiligung, Nutzung	(s. Text); Definition, Zielsetzung von Evaluation, Beteiligten-Identifizierung und -Einbezug, Evaluationskultur, Kostenwirksamkeit, strategische Evaluationsplanung, Glaubwürdigkeit, Verknüpfung mit Entscheidungen	Geltungsbereich, Prinzipien (Dienstleistung zuhanden Wissenschaft, Bewertungskriterien, Wissenschaftlichkeit, Koordination, Zugang der Betroffenen, Ethische Grundlagen)
Inhaltlicher Schwerpunkt	methodische Strenge/ Nützlichkeit	Evaluationsmanagement	Wissenschaftlichkeit des Evaluationsprozesses	Methodik und – beschränkt – Nützlichkeit	Integration von Programmplanung und Evaluation	Entscheidungsvorbereitung durch Evaluation	Nützlichkeit für die Wissenschaft, Wissenschaftlichkeit und Ethik
Qualitätsträger	Evaluationen	Evaluationen	Evaluationen	Evaluationen	Evaluationen	Evaluationen	Evalua
Zuständiges Gremium	Algemene Rekenkamer, NL	Fachbereich Evaluation, Bundesamt für Gesundheit, CH	ERS Standards Committee (besteht heute nicht mehr)	Centre for European Evaluation Expertise, Lyon F (im Auftrag DG XVI/B2)	Ad-Hoc-Beratungsgruppe	Public Management Committee der OECD	Schweizerischer Wissenschaftsrat
Sanktionsgehalt	gering	gering	gering	gering	gering	gering	gering
Interdisziplinarität	mittel	mittel	mittel	hoch	hoch	mittel	mittel
Internet-Adresse http://www.	–	Admin.ch/bag/ (nur Organisation)	–	–	uottawa.ca/ academic/ med/epid/ principale.htm	oecd.org/puma/mgmtres/pac/pubs/evaluation.pdf	admin.ch/swr/ (nur Organisation)

Tabelle 5: Übersicht über evaluationsspezifische Normen, die auf Fachpersonen gerichtet sind

Kurzname	AEA-Principles	AES-Guidelines	CES-Guidelines
Erstfassung	1994	1998	k.A.
Neueste Fassung	1994	1998	k.A.
Umfang in Zeichen	16.000	13.000	1.700
Hauptabschnitte	Systematische Untersuchung, Kompetenz, Integrität und Aufrichtigkeit, Achtung gegenüber den Menschen, Verantwortung für das allgemeine und öffentliche Wohl	Auftragsvergabe und Vorbereitung von Evaluationen, Durchführung von Evaluationen, Berichterstattung über Evaluationsergebnisse	Kompetenz, Integrität, Verantwortlichkeit
Inhaltlicher Schwerpunkt	Ethisch wünschbare Evaluationspraxis	Ethisches Verhalten	Ethisches Verhalten
Qualitätsträger	Evaluatorinnen	Evaluatorinnen und Auftraggeber	Evaluatorinnen
Zuständiges Gremium	Task Force on Guiding Principles for Evaluators der AEA	Ethics Task Force der AES	CES
Sanktionsgehalt	gering	gering	gering
Interdisziplinarität	hoch	hoch	hoch
Internet-Adresse http://www.	eval.org/AEADocuments/documents.htm	203.32.109.1/aes/guidelines.htm	unites.uqam.ca/ces/ethicse.html

* Die Hyperlinks werden ständig auf http://www.univation.org aktualisiert.

Evaluationsstandards in Europa[54]

Thomas Widmer

1. Einleitung

Die Evaluationsgemeinde in Europa hat Evaluationsstandards während langer Zeit wenig Bedeutung zugemessen und deren Nutzen als Instrument der Qualitätssicherung kaum anerkannt. Verweise auf die Entwicklungen in den USA waren in der europäischen Evaluationsliteratur der 1970er und 1980er Jahre ausgesprochen selten. Wolfgang Beywl (1988: 113-23) diskutierte als einer der ersten die verschiedenen amerikanischen Standards, unter anderen die Evaluationsstandards einer Kommission der Evaluation Research Society (ERS Standards Committee 1982) und die Standards for Educational Evaluation (Joint Committee 1981). Ein anderes Beispiel für die Thematisierung von Evaluationsstandards in Europa ist eine Übersetzung der Standards der Evaluation Research Society ins Deutsche (siehe Koch und Wittmann 1990: 311-5; vgl. auch Kistler und Becker 1990 im selben Band). Seither hat sich die Diskussion zu Evaluationsstandards in Europa aber deutlich beschleunigt und intensiviert. Aufgrund der kulturellen Diversität in Europa (für den Fall der Evaluation, siehe Toulemonde 2000) haben europäische Länder unterschiedliche Zugänge zum Thema Qualitätssicherung in der Evaluation gewählt. Der vorliegende Beitrag zeigt diese Entwicklungen seit dem Beginn der 1990er Jahre in ausgewählten europäischen Ländern auf und arbeitet die Ähnlichkeiten und Differenzen dieser Entwicklungen heraus.

Die Formulierung von Standards ist in Europa primär auf der nationalen Ebene angesiedelt. Aus diesem Grund sind vier europäische Länder, namentlich die Schweiz, Deutschland, Frankreich und Grossbritannien, für die nachfolgende Diskussion ausgewählt worden. Diese vier Länder sind hinsichtlich Evaluationsstandards als Pioniere in Erscheinung getreten. In Ergänzung werden die in der Europäischen Kommission erarbeiteten Evaluationsstandards hinzugezogen und es wird auf die Position der Europäischen Evaluationsgesellschaft eingetreten. Ein vergleichendes Kapitel thematisiert Gemeinsamkeiten und Unterschiede der europäischen

---

54 Ich danke den Mitgliedern der Working Group on Standards, Guidelines, Codes and Principles der Europäischen Evaluationsgesellschaft (EES), dass sie ihre Erfahrungen mit mir geteilt haben. Für weitere Informationen zu dieser Arbeitsgruppe, siehe unten Kapitel 8. Eine frühere Fassung dieses Beitrages ist in Englisch erschienen (siehe Thomas Widmer: The Development and Status of Evaluation Standards in Western Europe. New Directions for Evaluation (104), Winter 2004: 31-42).

Dokumente und stellt sie in Relation zu den ,Standards'[55]. Der Beitrag schliesst mit einem kurzen Ausblick auf zukünftige Entwicklungen.

Obwohl dieser Beitrag auf Evaluationsstandards ausgerichtet ist, werden auch Dokumente diskutiert, die nominell eine andere Bezeichnung tragen, wie etwa Leitlinien, Prinzipien oder Charta. Trotz der abweichenden Bezeichnung, habe ich mich aus folgenden Gründen für deren Einbezug entschieden. Erstens nehmen sie in den jeweiligen Evaluationsgemeinschaften ähnliche Rollen wahr, wie die als Standards bezeichneten Dokumente; sie sind also zumindest partiell funktional äquivalent zu diesen. Zweitens wird aus meiner Sicht die Existenz dieser Dokumente für die zukünftige Entwicklung der Diskussion um Evaluationsstandards in Europa von grosser Bedeutung sein. Ein Ausschluss dieser Dokumente hätte die Relevanz des vorliegenden Beitrages wesentlich geschmälert.

2. Schweiz

Die Schweiz gilt allgemein nicht als führende Nation in Evaluationsfragen (Horber-Papazian und Thévoz 1990; Bussmann 1995 und 1996; Spinatsch 2002; Derlien und Rist 2002; Leeuw 2004; Widmer und Neuenschwander 2004). Obwohl allgemein eher ein Nachzügler als ein Vorreiter, wurde die Evaluation in der Schweiz in den späten 1980er und frühen 1990er von einem Entwicklungsdynamik erfasst, die massgeblich durch die Aktivitäten der ,Arbeitsgruppe Gesetzesevaluation' (AGEVAL 1991) sowie durch die Lancierung des Nationalen Forschungsprogramms ,Wirksamkeit staatlicher Massnahmen' (NFP27) getragen wurde. Fragen zur Qualität der Evaluation waren einer der zentralen Themenbereiche des genannten Forschungsprogramms. In diesem Rahmen wurden erstmals Evaluationsstandards im Rahmen von zwei meta-evaluativen Studien als Qualitätskriterien zur Bewertung der schweizerischen Evaluationspraxis eingesetzt (Widmer 1996a; Widmer et al. 1996). Diese Meta-Evaluationen verwendeten die ,Evaluation Standards for Educational Evaluation' (Joint Committee 1981) zur Beurteilung von insgesamt 15 Evaluationsstudien aus unterschiedlichen Politikbereichen und konnten aufzeigen, dass diese Standards grundsätzlich sowohl im schweizerischen Kontext wie auch politikfeldübergreifend einsetzbar sind (siehe dazu ausführlicher der Beitrag Widmer und Beywl in diesem Band). Die beiden Studien empfehlen aber trotz dieser allgemein positiven Beurteilung einige kleinere Anpassungen an den US-amerikanischen Standards.

Eine der ersten Aktivitäten der im Jahre 1996 gegründeten Schweizerischen Evaluationsgesellschaft (SEVAL) bestand darin, dass deren Vorstand eine Arbeitsgruppe einsetzte, um Fragen der Evaluationsqualität und Evaluationsstandards zu diskutieren. Die Arbeitsgruppe setzte sich aus Vertretern der Evaluationspraxis, der

55 Mit ,Standards' werden hier, wie auch im folgenden und analog zu den weiteren Beiträgen in diesem Band, die Standards des „Joint Committee on Standards for Educational Evaluation" bezeichnet (vgl. Joint Committee 1994, resp. den Teil A der vorliegenden Publikation).

Verwaltung und der Wissenschaft zusammen und konsultierte in einem ersten Schritt die weltweit bestehenden Dokumente zur Qualität fachlicher Leistungserstellung. Aufgrund dieser Bestandesaufnahme traf die Gruppe zwei Grundsatzentscheide: Erstens soll die SEVAL eigene Evaluationsstandards etablieren und zweitens sollen sich diese an den ‚Standards' orientieren. Nach mehreren Überarbeitungen in einem mehrsprachigen Umfeld durch die Arbeitsgruppe unter Einbezug der Mitglieder der SEVAL und einer ersten Version der Standards im Jahr 1999, genehmigte die Mitgliederversammlung die Evaluationsstandards der SEVAL (SEVAL-Standards; Widmer et al. 2000) im Frühjahr 2001. Damit erwies sich die SEVAL als Pionier, indem sie als erste europäische Evaluationsgesellschaft ihre eigenen Evaluationsstandards verabschiedete.

Die SEVAL-Standards, ein zwanzigseitiges Dokument, das in Deutsch, Französisch und Englisch zur Verfügung steht (siehe www.seval.ch; für eine Kurzfassung vgl. den entsprechenden Beitrag in diesem Band), bestehen aus 27 Einzelstandards, die analog zur Struktur der ‚Standards' in die vier Gruppen Nützlichkeit, Durchführbarkeit, Korrektheit und Genauigkeit eingeteilt sind. Im Vergleich zu den ‚Standards' wurde ein Standard vollständig gestrichen (Unterstützung der Dienstleistungsorientierung) und ein neuer Standard wurde ergänzt (Klärung der Evaluationsziele). Weiter wurden einige Standards zusammengelegt, viele wurden revidiert und umformuliert.

Seit ihrer Verabschiedung wurden die SEVAL-Standards in verschiedenen Zusammenhängen eingesetzt, als Beurteilungskriterien in formativen oder summativen Meta-Evaluationen, als Referenzpunkt für die Evaluationspraxis, als Instrument der Qualitätssicherung und als Orientierungsgrundlage für die Aus- und Weiterbildung in Evaluation (vgl. dazu den Beitrag von Beywl in diesem Band). Generell hat sich die Akzeptanz der SEVAL-Standards in der schweizerischen Evaluationsgemeinde als sehr hoch erwiesen, obwohl – in Abhängigkeit vom Professionalisierungsgrad der Evaluationsfunktion – Unterschiede zwischen den Anwendungsfeldern zu konstatieren sind (Läubli Loud 2004; Widmer 2004a und 2005).

3. Deutschland

Auch Deutschland gilt – wie die Schweiz – nicht als Vorreiter in Evaluationsfragen in Europa (siehe Derlien 2002, Stockmann 2004); aber auch hier lassen sich seit der zweiten Hälfte der 1990er Jahre zunehmende Evaluationsaktivitäten feststellen. Beeinflusst durch die Errungenschaften in der Schweiz und durch die Übersetzung der ‚Standards' in die deutsche Sprache (siehe den ersten Teil der vorliegenden Publikation, die im Jahre 1999 in erster Auflage erschienen ist), leitete die im Jahre 1997 gegründete Deutsche Gesellschaft für Evaluation (DeGEval) einen Prozess zur Formulierung eigener Evaluationsstandards ein. Nach einer Befragung der DeGEval-Mitglieder und gestützt auf einen Entscheid der Mitgliederversammlung wurde eine Kommission für Standards geschaffen. Diese Kommission wählte die 'Standards' und die SEVAL-Standards als Ausgangspunkt für ihre eigene Arbeit. Im

Oktober 2001 hat die Mitgliederversammlung der DeGEval die von der Kommission erarbeitete Fassung als Standards der DeGEval (DeGEval 2002a) verabschiedet.

Wie die SEVAL-Standards beinhalten auch die DeGEval-Standards – publiziert in einem fünfzigseitigen Dokument mit erläuternden Ergänzungen (siehe www.degeval.de) – die vier Standardgruppen Nützlichkeit, Durchführbarkeit, Fairness[56] und Genauigkeit. Teilweise ist die DeGEval den durch die SEVAL vorgenommenen Änderungen gefolgt, teilweise hat sie eigene Anpassungen vorgenommen (wie etwa die Zusammenlegung der Standards Deklaration von Interessenkonflikten und Unparteiische Berichterstattung in einen neuen Standard mit der Bezeichnung Unparteiische Durchführung und Berichterstattung) (Beywl 2000; Beywl und Taut 2000). Kurzfassungen der DeGEval-Standards liegen auch in englischer und russischer Sprache vor.

Nach der Genehmigung der DeGEval-Standards wurden innerhalb der DeGEval zwei Themen kontrovers diskutiert. Zum einen ging es dabei um die Rolle der Gesellschaft bei der Anwendung der Standards und speziell um die Frage, ob die DeGEval selbst Meta-Evaluation anhand der DeGEval-Standards durchführen soll. Die DeGEval hat sich schliesslich dazu entschlossen, zwar die Anwendung der DeGEval-Standards zu fördern, hingegen auf die Durchführung von Meta-Evaluationen zu verzichten (vgl. DeGEval 2002b). Die zweite Frage, die im Rahmen der DeGEval diskutiert wurde, war die Frage, ob es spezieller Standards für Selbstevaluationen bedarf (siehe Müller-Kohlenberg und Beywl 2003). Nach ausführlicher Diskussion hat die DeGEval darauf verzichtet, spezifische Selbstevaluationsstandards zu verabschieden. Statt dessen hat die Mitgliederversammlung der DeGEval im Jahr 2004 Empfehlungen zur Anwendung der Evaluationsstandards der DeGEval im Handlungsfeld der Selbstevaluation verabschiedet (DeGEval 2004). Die generelle Nützlichkeit der DeGEval-Standards ist bisher nicht in Frage gestellt worden, obwohl für spezifische Anwendungsfelder Kritik artikuliert wurde (Schwab 2003). Im Jahre 2004 hat die DeGEval eine Befragung unter Mitgliedern und Nichtmitgliedern durchgeführt, um einen allfälligen Revisionsbedarf auszuloten. Die Ergebnisse deuten darauf hin, dass einerseits im Grundsatz bei einer Mehrheit eine Anpassung erwünscht ist, dass andererseits aber unterschiedliche Auffassungen darüber bestehen, wie umfangreich eine allfällige Überarbeitung sein sollte und welches Endprodukt angestrebt werden soll (wiederum eine Broschüre oder ein umfassendes Handbuch wie das hier vorliegende; vgl. Kotitschke 2004a&b).

4. Frankreich

Die Evaluation in Frankreich hat eine wechselvolle Geschichte hinter sich (Fontaine und Monnier 2002). Dies gilt auch für die Diskussionen im Bereich von Evaluationsstandards. In den frühen 1990er Jahren setzte der damalige Wissenschaftliche Rat für Evaluation (Conseil scientifique de l'évaluation) Standards zur Einschät-

56 Anstelle der Korrektheit hat die DeGEval den Begriff Fairness gewählt.

zung der Qualität von Evaluationspraktiken ein (Conseil scientifique de l'évaluation 1996). Da dieser Rat im Jahre 1998 aufgelöst wurde, weil er aus vielfältigen Gründen seine Aufgaben nicht erfüllt hat, und durch den Nationalen Rat für Evaluation (Conseil national de l'évaluation) mit eingeschränkten Aufgaben und mit anderer Zusammensetzung ersetzt wurde, waren diese Standards jedoch nie generell akzeptiert oder genutzt. Der Nationale Rat für Evaluation wurde meines Wissens bisher im Bereich von Standards nicht aktiv (Barbier 2003). Statt dessen hat die im Jahre 1999 gegründete Französische Evaluationsgesellschaft (Société française d'évaluation; SFE) einen Prozess zur Entwicklung einer sogenannten Charta in Gang gesetzt. Die zu diesem Zeitpunkt eingesetzte Arbeitsgruppe „Standards und Deontologie" (Standards et déontologie) befasste sich vorerst mit den bereits bestehenden Dokumenten aus anderen Ländern. Nach längeren Diskussionen entschloss man sich, den Beispielen aus anderen Ländern nicht zu folgen und statt dessen ein von Grund auf eigenes Dokument zu schaffen (Barbier und Perret 2000). Im Herbst 2003 genehmigte sodann die Generalversammlung der SFE ein Papier mit der Bezeichnung Charta zur Evaluation öffentlicher Politiken und Programme (Charte de l'évaluation des politiques publiques et des programmes publics; SFE-Charta; SFE 2003).

Die SFE-Charta, ein Dokument mit zwei Seiten Umfang, das neben der Originalversion auch in englischer und deutscher Übersetzung vorliegt (siehe www.sfe.asso.fr), enthält eine Präambel und insgesamt sechs Leitprinzipien, namentlich Vielfalt, Distanziertheit, Kompetenz, Respekt gegenüber anderen Personen, Transparenz und Verantwortlichkeit. Jedes dieser sechs Prinzipien ist in der Charta knapp umschrieben.

Weil die Verabschiedung dieses Dokumentes vor nicht allzu langer Zeit erfolgte, wäre es verfrüht, zum jetzigen Zeitpunkt Aussagen zur Nutzung oder Akzeptanz der Charta zu machen. Die Arbeitsgruppe ist zur Zeit im Namen der SFE daran, die Charta in der französischen Evaluationsgemeinde aktiv zu verbreiten.

5. Grossbritannien

Im Gegensatz zur Schweiz, zu Deutschland und Frankreich, hat Grossbritannien eine längere Evaluationstradition und gehört zu jenen europäischen Ländern, die schon recht früh begonnen haben, in diversen Kontexten Evaluationsfunktionen zu etablieren. (Jenkins und Gray 1990; Gray und Jenkins 2002). Obwohl die Evaluation schon früh einen hohen Institutionalisierungsgrad erreichte – unter anderem mit der Gründung der Britischen Evaluationsgesellschaft (UK Evaluation Society; UKES) im Jahre 1994 – und einer langen Tradition des Austauschs britischer Evaluatorinnen mit den Evaluationsgemeinden in Nordamerika und im Commonwealth war das Thema der Standards in Grossbritannien recht lange vergleichsweise selten thematisiert und die UKES verfolgte die Etablierung eigener Standards mit geringerer Priorität als dies die SEVAL, die DeGEval oder die SFE taten. Die Thematik war aber auch in den britischen Fachkreisen immer wieder aufgeworfen worden. Nach längerer Diskussion im Rahmen einer Arbeitsgruppe der UKES und nach eingehender Prüfung der bestehenden Dokumente aus anderen Ländern entschied man sich – ähnlich wie in Frankreich – auf eine Adaption bestehender Standards zu verzichten und statt dessen eine Neuentwicklung, die sich auf die eigenen Erfahrungen abstützen soll, in Angriff zu nehmen. Schliesslich konnte die UKES im Jahre 2003 ihre Leitlinien für eine gute Evaluationspraxis (Guidelines for good practice in Evaluation; UKES-Leitlinien; UKES 2003) präsentieren.

Die UKES-Leitlinien – ein Dokument mit insgesamt sechs Seiten Umfang – umfasst separate Leitlinien für Evaluatorinnen (19 Leitlinien), für Auftraggeber von Evaluationen (18), für an Evaluationen teilnehmende Personen (7) sowie für Selbstevaluation (17). Jede Leitlinie umschreibt gute Praxis für die entsprechende Gruppe in jeweils einem Satz. Eine kurze Einleitung erklärt die Rolle, die Funktion und die Relevanz der UKES-Leitlinien ohne auf deren Grundlagen und deren Entstehung einzugehen. Speziell betont wird dabei, dass das Dokument einer ständigen Weiterentwicklung unterliegt und in diesem Sinne eine lebendige Grundlage darstellen soll.

Da die UKES-Leitlinien noch nicht sehr lange bestehen, kann an dieser Stelle nichts über deren Akzeptanz bei den Adressaten oder über deren Anwendung in der Evaluationspraxis gesagt werden. In der internationalen Diskussion sind die UKES-Leitlinien – besonders aufgrund ihrer Orientierung an Rollenträgern im Evaluationsprozess – auf reges Interesse gestossen.

6. Europäische Union

Innerhalb der Europäischen Kommission (EK) haben sich bei den verschiedenen Einheiten vielfältige Evaluationspraktiken entwickelt (vgl. dazu Summa und Toulemonde 2002, Williams et al. 2002, Leeuw 2004). In einigen Fällen bestehen, Leitlinien, Prinzipien oder vergleichbare Dokumente zur Unterstützung der Evaluationspraxis. Als ein Beispiel möchte ich an dieser Stelle auf die sogenannte MEANS-Sammlung (Means for Evaluating Actions of a Structural Nature; EC Structural Funds 1999) verweisen, die zur Unterstützung der Evaluation sozioökonomischer Programme innerhalb des Europäischen Strukturfonds entwickelt wurde. Mit dem Ziel, dass die verschiedenen Einheiten der EK eine kohärentere Evaluationspolitik verfolgen, wurde ein Evaluationsnetzwerk geschaffen. Das Netzwerk besteht aus Personen aus verschiedensten Einheiten der EK, die mit Evaluationen befasst sind und wird von der Generaldirektion ‚Haushalt' koordiniert. Eines der in diesem Rahmen regelmässig diskutierten Themen ist die Qualität von Evaluationen. Zusammen mit dem sogenannten ‚Planungs- und Programmierungsnetzwerk' wurde eine Arbeitsgruppe zur Formulierung von Standards, die zur Entwicklung eines Evaluationssystems als erforderlich beurteilt wurden, eingesetzt. Ende 2002 wurden als Resultat dieser Arbeiten die Standards und gute Praxis der Evaluierung (EK Standards & Praxis) präsentiert, die im Juli 2003 in Kraft traten.

Dieses Dokument mit einem Umfang von 24 Seiten (in englischer, französischer und deutscher Fassung[57]), umfasst neben Zusatzmaterialien Standards und gute Praxis. Standards und gute Praxis sind organisiert entlang der folgenden vier Gruppen: Profil, Rolle, Aufgaben und Ressourcen der Evaluationsfunktion (8 Standards); Evaluationsmanagement (13); Evaluationsprozess (12 Standards); Berichtsqualität (6 Standards). Der Hauptunterschied zwischen den Standards und der guten Praxis besteht darin, dass die Standards verbindlich einzuhalten sind – im Gegensatz zu der guten Praxis, welcher lediglich empfehlenden Charakter zukommt. Die Standards können aufgrund ihres verbindlichen Charakters, durch die Aufsichtsinstanzen auch als Prüfkriterien eingesetzt werden.

Die EK Standards & Praxis bilden zudem die Grundlage für einen Evaluationsleitfaden, der im November 2003 publiziert wurde (EC DG Budget 2003). Dieses Dokument erklärt die Standards und gute Praxis ausführlicher, um die Personen innerhalb der EK, die in Evaluationsaktivitäten involviert resp. für diese verantwortlich sind, bei ihren Aufgaben zu unterstützen. Weil sowohl die EK Standards & Praxis als auch der Leitfaden noch nicht sehr lange vorliegen, kann erst wenig über die Erfahrungen in der Evaluationspraxis der Dienststellen der EK berichtet werden. Aufgrund einer Umfrage der Generaldirektion Haushalt ist das Dokument bei den angesprochenen Stellen grundsätzlich auf ein positives Echo gestossen, wobei auch Verbesserungsvorschläge angebracht wurden. Eine Revision steht zur Zeit zur Debatte.

7. Standards aus Europa und die ‚Standards' im Vergleich

Die präsentierten europäischen Dokumente werden in nachstehender Tabelle 1 entlang ausgewählter Merkmale den ‚Standards' gegenübergestellt..

57 Siehe europa.eu.int/comm/budget/evaluation/pdf/C_2002_5267_final_de.pdf

Tabelle 1: Ausgestaltung der ‚Standards' und ausgewählter Standards in Europa und

Dimension	SEVAL-Standards	DeGEval-Standards	SFE-Charta	UKES-Leitlinien	EK Standards & Praxis	‚Standards'
Träger	Nationale Evaluationsgesellschaft	Nationale Evaluationsgesellschaft	Nationale Evaluationsgesellschaft	Nationale Evaluationsgesellschaft	Europäische Kommission (EK)	Nordamerikanische Organisationen
Reguliertes Objekt	Evaluation (Prozess und Produkt)	Evaluation (Prozess und Produkt)	Evaluation (Prozess und Produkt)	Beteiligte von Evaluationen	Einheiten der EK mit Evaluationsbezug	Evaluation (Prozess und Produkt)
Adressaten	Beteiligte von Evaluationen	Beteiligte von Evaluationen	Mitglieder der SFE	Beteiligte von Evaluationen (rollendifferenziert)	Einheiten der EK mit Evaluationsbezug	Beteiligte von Evaluationen
Datum (1. Auflage)	2000 (1999)	2001	2003	2003	2002	1994 (1981)
Detaillierungsgrad	hoch	hoch	tief	mittel	mittel	hoch
Geographische Reichweite	Schweiz	Deutschland und Österreich	Frankreich	Grossbritannien	Europa	Nordamerika
Evaluationsfelder	alle Felder	alle Felder	öffentliche Tätigkeiten	alle Felder	in allen von der EK abgedeckten Feldern	Erziehung und Bildung
Evaluationstypen	alle Typen (ohne Personalevaluation)	alle Typen (ohne Personalevaluation und partiell ohne Selbstevaluation)	alle Typen	alle Typen	keine Evaluationen von individuellen Projekten finanziert im Rahmen von Programmen	Evaluationen von Programmen, Projekten und Materialien (ohne Personalevaluation)
Funktion	Sicherung und Förderung der Evaluationsqualität	Sicherung und Förderung der Evaluationsqualität sowie Förderung des öffentlichen und professionellen Dialogs	Ausdruck der durch die Mitglieder der SFE gemeinsam getragenen Werte	Diskussionsgrundlage und Referenz zu Ethik, Absichten und generischer Praxis	Erhöhung der Kohärenz und Qualität der Evaluationstätigkeiten in der EK	Bezugssystem zur Ausgestaltung und Beurteilung von Evaluationen
Charakter	Beschreibung der besten Praxis (maximale Standards)	Beschreibung der besten Praxis (maximale Standards)	Plattform zur Etablierung gemeinsamer Werte	Information über gute (ehrenhafte und effektive) Praxis	Minimale Standards und gute Praxis	Beschreibung der besten Praxis (maximale Standards)
Status	nicht bindend	nicht bindend	nicht bindend	nicht bindend	teilweise verbindlich	nicht bindend

Wie aus Tabelle 1 hervorgeht, bestehen zwischen den sechs Dokumenten klare Differenzen wie auch einige Ähnlichkeiten. Besonders hervorzuheben sind darunter die folgenden:

- Die aus Europa stammenden Dokumente sind – mit Ausnahme der EK Standards & Praxis – von nationalen Evaluationsgesellschaften getragen und haben eine nationale Ausrichtung.
- Nur das Dokument der EK ist teilweise bindend, alle anderen haben einen nicht-bindenden Charakter.
- Die Gemeinsamkeiten der SEVAL- und DeGEval-Standards mit den ‚Standards' sind weitaus stärker als dies bei den übrigen Dokumenten der Fall ist.
- Während sich die anderen Dokumente auf die Evaluation selbst richten (Prozess- und Produktnormen), stellen die UKES-Leitlinien und die EK Standards & Praxis Leitlinien für das Verhalten von Individuen oder Gruppen auf (Verhaltensnormen)
- Während in der Regel alle an einer Evaluation Beteiligten angesprochen sind, ist der Adressatenkreis im Falle der SFE und der EK enger definiert. Die UKES differenziert nach funktionalen Rollen der Beteiligten im Evaluationsprozeß.
- Hinsichtlich der funktionalen Ausrichtung ist die SFE-Charta speziell, da sie sich auf die Wertsetzung der SFE-Mitglieder konzentriert.
- Im Gegensatz zu den ‚Standards' sind die europäischen Standards nicht auf ein spezifisches Evaluationsfeld ausgerichtet.
- Das weiteste Feld an Evaluationstypen decken die SFE Charter und die UKES-Leitlinien ab, die sich auf alle Typen von Evaluationen beziehen. Die ‚Standards', die SEVAL- und die DeGEval-Standards schließen Personalevaluationen aus, die DeGEval-Standards zudem partiell Selbstevaluationen. Die EK Standards & Praxis und die ‚Standards' schließen zudem gewisse Evaluationstypen oder Evaluationsgegenstände explizit ein oder aus.
- Die nationalen Evaluationsgesellschaften haben in den letzten Jahren rege Aktivitäten im Bereich von Evaluationsstandards gezeigt.

Ein zweiter Vergleichsaspekt betrifft den Inhalt der Dokumente. Tabelle 2 gibt einen Überblick zu den in den Dokumenten angesprochenen Qualitätsdimensionen und weiteren Merkmalen.

Tabelle 2: Inhalt ausgewählter Standards in Europa im Vergleich mit den ‚Standards'

	SEVAL-Standards	**DeGEval-Standards**	**SFE-Charta**	**UKES-Leitlinien**	**EK Standards & Praxis***	**JC Standards**
Qualitätsdimensionen	– Nützlichkeit (8) – Durchführbarkeit (3) – Korrektheit (6) – Genauigkeit (10)	– Nützlichkeit (8) – Durchführbarkeit (3) – Fairneß (5) – Genauigkeit (9)	– Vielfalt – Distanziertheit – Kompetenz – Respekt gegenüber anderen Personen – Transparenz – Verantwortlichkeit	– Leitlinien für Evaluatorinnen (19) – Leitlinien für Auftraggeber (18) – Leitlinien für Teilnehmer (7) – Leitlinien für Selbstevaluation (17)	– Profil, Rolle, Aufgaben und Ressourcen der Evaluationsstelle (8) – Durchführung der Evaluationen (13) – Evaluationsprozeß (12) – Qualität der Berichte (6)	– Nützlichkeit (7) – Durchführbarkeit (3) – Korrektheit (8) – Genauigkeit (12)
Anzahl Standards	27	25	6	61	39	30
Strukturierungsprinzip	Querschnitt	Querschnitt	Querschnitt	Rollen	Prozeß	Querschnitt
Orientierung	Forschung	Forschung	Ethik	Beratung	Management	Forschung

* Nur die Standards sind hier angesprochen, die gute Praxis wurde weggelassen.

Auch hinsichtlich der Inhalte und deren Strukturierung – bis hin zu Formulierungen – sind die SEVAL- und die DeGEval-Standards den ‚Standards' am ähnlichsten. Diese drei Standardsets folgen in ihrer Strukturierung dem Querschnittsprinzip, während die UKES-Leitlinien gemäß der in einer Evaluation auftretenden Rollen organisiert sind und sich die EK Standards an den Hauptaufgaben im Evaluationsprozeß orientieren. Hinsichtlich der Strukturierung ähnelt die SFE-Charta der Gruppe der durch die ‚Standards' inspirierten Dokumente. Weil die UKES-Leitlinien und das EK-Dokument ein klares Organisationsprinzip (Rollen respektive Prozeß) einsetzen, sind sie besser zu kommunizieren und in der Praxis einfacher anzuwenden. Hingegen kann die Vorgabe von Aufgabenteilung (Rollen) oder Aufgabensequenz (Prozeß) auch zu einer Einschränkung des (grundsätzlich erwünschten) Gestaltungsspielraums der Evaluationspraxis führen und möglicherweise im konkreten Fall angemessene Lösungen erschweren.

Daniel Stufflebeam schreibt aufgrund seiner Erfahrungen mit dem Joint Committee „that the participatory process leading to standards is essential" (Stufflebeam 2003: 301; siehe auch 2004). Die unterschiedlichen Standards (einschließlich Leitlinien, Charta etc.), die in partizipativen Prozessen in den entsprechenden Evaluationsgemeinschaften erarbeitet wurden, weisen nicht nur auf den höheren Grad der Professionalisierung der Evaluation, sondern auch auf die kulturellen Differenzen zwischen den Evaluationsgemeinschaften hin. Bemerkenswert ist dennoch, daß die verschiedenen Dokumente im Grossen und Ganzen viele Gemeinsamkeiten aufweisen. Ein detaillierter Vergleich hat ergeben, daß kein einziges Thema ausschließlich in einem der Dokumente behandelt wird. Aber die Perspektive, aus der heraus die Dokumente die jeweiligen Fragen beantworten, variiert erheblich. Während die Gruppe der an die ‚Standards' angelehnten Dokumente (also die SEVAL- und die DeGEval-Standards sowie die ‚Standards' selbst) eher forschungsorientiert ist, betonen die anderen eher Ethik (SFE), Deliberation (UKES) oder Management (EK). Diese Differenzen sollten aber nicht zu stark betont werden, sind doch die Gemeinsamkeiten deutlich ausgeprägter. In keinem Fall sind Widersprüche zwischen den Dokumenten zu erkennen.

8. Ausblick

Verschiedene der genannten Träger planen die Weiterentwicklung der Standards – oder haben bereits einen Revisionsprozeß initiiert. Es ist schwierig einzuschätzen, welche Entwicklungen sich in der Zukunft ergeben werden. Das Joint Committee hat eine zweite Revision der ‚Standards' in Angriff genommen und dazu vor kurzem eine Umfrage durchgeführt, um zusätzliche Informationsgrundlagen zu erhalten. Der Revisionsprozeß, der im Falle des Joint Committee recht aufwendig angelegt ist, wird kaum vor 2007 abgeschlossen werden können. Die DeGEval hat ebenfalls eine Befragung zur Unterstützung des weiteren Prozesses durchgeführt. Die Arbeitsgruppe Standards der SEVAL diskutiert Änderungen und Ergänzungen des Begleitmaterials, während man zur Zeit noch keine Änderungen an den Standards selbst vornehmen möchte. Die UKES wiederum betont, daß die vorliegende Fassung der Leitlinien nicht definitiv ist und eine kontinuierliche Weiterentwicklung angestrebt wird. Bei der Europäischen Kommission steht eine Revision zur Debatte. Insgesamt betrachtet entsteht ein von Wandel geprägtes Bild, das Prognosen zur zukünftigen Entwicklung erschwert.

Auf europäischer Ebene hat die Europäische Evaluationsgesellschaft (European Evaluation Society; EES); siehe www.europeanevaluation.org) im Jahre 2003 eine Arbeitsgruppe zu Standards, Leitlinien, Codes und Prinzipien eingesetzt. In diesem Rahmen hat die EES eine Politik zu Standards, Leitlinien, Kodizes und Prinzipien der Evaluation (Widmer 2004[58]) ausgearbeitet. Diese Politik folgt einem pluralistischen Ansatz und betont die kulturelle Vielfalt in Europa. Die EES hat gemäß diesem Papier nicht die Absicht, EES Standards zu schaffen. Vielmehr hat sie es sich zum Ziel gesetzt, die Aktivitäten im Bereich der Standards (im weiten Sinne) zu unterstützen, besonders indem sie den Austausch zwischen den in diesem Bereich aktiven Organisationen fördert und bei Bedarf Unterstützung leistet.

Ob die Zukunft der Standards-Diskussion in Europa eher von Konvergenz oder Divergenz geprägt sein wird, ist schwierig zu beurteilen. In der näheren Zukunft wird eher die Divergenz im Vordergrund stehen. Ob es längerfristig zu einer Konvergenz in der Standards-Frage und damit zu einer Annäherung der unterschiedlichen Positionen kommen wird, ist eine offene Frage.

Trotz des teilweise zu beobachtenden Einsatzes von Standards (für Beispiele siehe etwa Widmer 2004a, 2005) stellt die Förderung der Nutzung dieser Instrumente in der Evaluationspraxis (Neale et al. 2003) eine zentrale Herausforderung der zukünftigen Entwicklung dar. Ausschlaggebend wird dabei sein, ob es gelingt, durch einen klugen Einsatz der entsprechenden Instrumente einen wesentlichen Beitrag zur Förderung der Evaluationsqualität (und der Evaluationskultur) zu leisten. Falls dies nicht gelingen sollte, besteht die Gefahr, daß die Standards in der Evaluationspraxis vernachlässigt oder (respektive und) deren Einsatz zu einer unproduktiven Routine (und Zumutung an die Evaluationspraxis) verkommt.

---

58 Dieses in der Originalfassung englischsprachige Dokument liegt auch in deutscher, französischer und spanischer Sprache vor; siehe http://www.europeanevaluation.org/about_ees/working_groups/).

Evaluationsstandards als Grundlage für die Aus- und Weiterbildung in Evaluation – Anforderungsprofile für Evaluatorinnen[59] im Vergleich –

Wolfgang Beywl

Untersucht wird in diesem Artikel, welchen Beitrag Standards für Evaluation zur inhaltlichen Ausrichtung von Aus- und Weiterbildung in Evaluation leisten können. Zwei neuere Anforderungsprofile, die wünschbare Kompetenzen von Evaluatorinnen formulieren, und die auf den Standards des Joint Committee (in diesem Text als ‚Standards' bezeichnet), bzw. den Standards der Gesellschaft für Evaluation (‚DeGEval-Standards') basieren, werden miteinander verglichen und es werden Konsequenzen für die Weiterentwicklung der Aus- und Weiterbildung in Evaluation gezogen.

1. Evaluationsstandards und die Aus- und Weiterbildung

Evaluationsstandards haben verschiedene mögliche Funktionen und Verwendungszwecke, bezogen auf die Aus- und Weiterbildung in Evaluation:

- Orientierungsrahmen für das, was in Aus- und Weiterbildung in Evaluation geleistet werden soll (Ziele und Inhalte)
- Inhalt von Aus- und Weiterbildungen (Welches Wissen über die Standards wird wie vermittelt?)[60]

---

59 In diesem Beitrag wird dieselbe Regel zum Gebrauch des Genus angewandt wie in den übrigen Teilen des Handbuchs: Evaluatorinnen als Protagonistinnen erscheinen in der weiblichen, die übrigen Handelnden i. d. R. in der männlichen Form.

60 In aller Regel können sich weder Auftraggeber noch Evaluatorinnen die Evaluationsstandards durch bloßes Lesen/Rezipieren differenziert und umfassend erschließen. Sie erscheinen ihnen teils als zu allgemein formuliert, als dass sie handlungsleitenden Charakter hätten, teils wird Widersprüchlichkeit/Unvereinbarkeit zwischen ihnen beklagt, was beides zu Fehlrezeption und/oder Ablehnung der Evaluationsstandards führen kann. Wolfgang Beywl und Thomas Widmer haben mehrfach etwa halb- bis ganztägige Einführungsveranstaltungen in die Standard-Sets durchgeführt. Dabei werden die Teilnehmenden systematisch bei der Einarbeitung in die Standards begleitet. (Vgl. das Modul zur „Qualität in der Evaluation" im Berner Nachdiplomstudium Evaluation; www.evaluationsstudium.ch)

- Didaktisches Hilfsmittel in der Aus- und Weiterbildung in Evaluation

Diese drei Funktionen sind nicht trennscharf unterscheidbar. Sie können sich gegenseitig unterstützen. In diesem Beitrag wird die erste, die Orientierungsfunktion der Evaluationsstandards für die Aus- und Weiterbildung thematisiert.

Folgende drei Standard-Sets erachten es als wichtige Aufgabe, zur Qualität der Aus- und Weiterbildung in Evaluation beizutragen:

- Die ‚Standards' des Joint Committee sollen „...verwendet werden, um ein Programm zur Aus- und Weiterbildung von Evaluatorinnen zu entwerfen" (siehe oben Teil A – Anwendung der Standards, S. 35).
- Die SEVAL-Standards richten sich gezielt an Personen, „... die sich in Aus- und Weiterbildung mit Evaluation befassen." (Widmer et al. 2000, 2)
- Die DeGEval-Standards wollen „Anknüpfungspunkte bieten für die Aus- und Weiterbildung in Evaluation", streben jedoch keine Verbindlichkeit an (DeGEval 2002a, 12).

Die 2004 von der DeGEval durchgeführte Online-Befragung zu den DeGEval-Standards liefert Anhaltspunkte, in welchem Maße Evaluationsstandards für derartige Zwecke tatsächlich genutzt werden.[61] Eine offene Frage („In welcher Hinsicht sind die Standards für Ihre Arbeit nützlich?") generiert fünf Hauptarten der Nutzung: (1) Orientierungsfunktion – (2) Hilfsmittel zur Konzeption von Evaluationen/Auftragsklärung (3) Phasenübergreifendes Hilfsmittel bei Evaluationsprojekten – (4) Argumentationsgrundlage/Mittel zur Legitimation – (5) Lehrgrundlage.

Der fünften Kategorie lassen sich etwa 12 Prozent der Nennungen zuordnen.[62] Die Antworten machen deutlich, dass die Standards mit der Zielgruppe Aus-/Weiterzubildende sowohl „off the job" als auch „on the job" und gegenüber anderen Evaluationsbeteiligten als Instruktionsmaterial eingesetzt werden:

- 42-mal wird über den Einsatz der Evaluationsstandards in Lehrveranstaltungen, Weiterbildungsworkshops u.a. berichtet.
- Zehn Nennungen beziehen sich auf die Einarbeitung neuer Mitarbeiter bzw. auf Hilfe für Evaluationsneulinge.
- Viermal werden sie mit Auftraggebern behandelt, um ihnen Grundlagen der Evaluation zu vermitteln (‚teach the client').
- Fünfmal geschieht Ähnliches gegenüber anderen Beteiligten & Betroffenen.

Die DeGEval-Befragung weist darauf hin, dass die Evaluationsstandards für verschiedenartige Lehr-/Lernsettings genutzt werden und gibt Anregungen zu den vielfältigen Nutzungsmöglichkeiten als inhaltliches und didaktisches Hilfsmittel bei der Vermittlung von Evaluationskompetenz.

---

61 Die meisten Antwortenden nehmen Bezug auf die DeGEval-Standards; mehrere allein oder in Kombination damit auf die ‚Standards' des Joint Committee, einzelne auch auf die SEVAL-Standards.

62 Dabei bezeichnen sich lediglich 11% (27 Personen) der Antwortgesamtheit als „Evaluationsausbilder/-innen", davon sieben in erster, zwanzig in zweiter Priorität.

2. Anforderungsprofile für die Aus- und Weiterbildung in Evaluation

Aus der Einschätzung heraus, dass die bisherigen Nutzungen der Standards für eine gute Qualifizierung in Evaluation nicht ausreichen, dass ihre Wirkung für die Aus- und Weiterbildung verstärkt und systematisiert werden sollte, sind in den USA und im Umfeld der auf Evaluationsstandards aufbauende Kompetenzprofile entwickelt worden:

- Essential Competencies for Program Evaluators – ECPE
- Empfehlungen zur Aus- und Weiterbildung in Evaluation – EAWE

Beide zeichnen sich dadurch aus, dass sie in einem breit angelegten Beteiligungsverfahren entwickelt worden sind. Sie sind in der ersten Hälfte dieses Jahrzehnts unabhängig voneinander erarbeitet worden.[63]

2.1 Essential Competencies for Program Evaluators – ECPE

Die „Essential Competencies for Program Evaluators"– im folgenden ECPE (Stevahn et al. 2005, 57) „...spezifizieren das Wissen, die Fähigkeiten und die Dispositionen, die zentral sind", um die ‚Standards' „effektiv anzuwenden". Wie im Titel angegeben beschränkt sich das Papier – analog zu den ‚Standards' des Joint Committee – auf die Evaluation von *Programmen.*

Basis der ECPE ist die von derselben Autorinnengruppe entwickelte Taxonomie von Evaluationskompetenzen, die auf eine Art Delphi-Prozess zurückgeht („Multi Attribute Consensus Reaching"). Daran hatten 31 Personen mit unterschiedlichen Bezügen zur Evaluation teilgenommen (vgl. zu Details des Verfahrens King et al. 2001, 231-9). Im Rahmen von fachöffentlichen Präsentationen und Erprobungen – meist in der universitären Evaluationsausbildung – wurden über hundert Personen um Stellungnahmen gebeten, die zu einer inhaltlichen und formalen Revision führten. (Stevahn et al. 2005)

Ergebnis der Revision ist eine dreiseitige Übersicht (Übersetzung[64] vgl. Tabelle 8). Sie gliedert die insgesamt 61 ‚Einzelkompetenzen'[65] nach sechs Kompetenzkategorien:

---

63 Ein weiteres ist das 2005 von der „Arbeitsgemeinschaft Externe Schulevaluation" (ARGEV) veröffentlicht „Kompetenzprofil Externe Schulevaluation". Es enthält in tabellarischer Auflistung 42 Einzelkompetenzen in drei Hauptfeldern und soll offenbar ähnliche Funktionen wie die ECPE erfüllen. Dieses unkommentierte Profil soll für ‚Fachevaluatorinnen' im Gegenstandsfeld Schule gelten und weist Überschneidungen ibs. zum ECPE-Profil auf. Auffällig ist, dass Wissen und Können zur Evaluation allgemein (EAWE Kompetenzfeld 1.) kaum gefordert wird". [www.argev.ch]

64 Ich danke Jean A. King und ihren Kolleginnen für die Hilfe bei der Übersetzung und dem Sage-Verlag für die Erlaubnis, die Übersetzung der Taxonomie in diesem Beitrag abzudrukken.

65 Im Original ist die entsprechende Spalte mit „essential competencies" überschrieben; zwecks besserer Identifikation werden sie in diesem Artikel als ‚Einzelkompetenzen' angesprochen.

- Professionelle Praxis (fundamentale Normen und Werte von Evaluation; bezogen auf ‚Standards' und Ethik)
- Systematische Untersuchung (‚Technik'/‚Methodik' der Evaluation wie Untersuchungsdesign, Datenerhebung und –auswertung, Interpretation und Berichterstattung)
- Situationale Analyse (Analyse der jeweiligen Interessen, Spannungsthemen und Kontextbedingungen einer Evaluation bzw. ihres Gegenstandes)
- Projektmanagement (strategische, operative und finanzielle Steuerung der Evaluation)
- Reflektierte Praxis (Bewusstheit und Reflexionsvermögen der eigenen Person und Rolle als Evaluatorin, Weiterbildungs- und Kooperationsverhalten)
- Interpersonelle Kompetenz (persönlichkeitsgeprägte Fähigkeiten wie Kommunizieren, Verhandeln, Konfliktlösung, Kooperieren, Interkulturalität)

Tabelle 1: Ausschnitt aus dem ECPE-Profil

Kompetenzkategorie	**Einzelkompetenz**	**➔‚Standard'**
6. Interpersonelle Kompetenz	6.2 Setzt verbale/zuhörende Kommunikationsfertigkeiten ein	K4
	6.3 Setzt Verhandlungsfertigkeiten ein	K4, K7
	6.4 Setzt Konfliktlösungsfertigkeiten ein	K4

Die Einzelkompetenzen werden durch Verhaltensbeschreibungen konkretisiert („sichtbar oder hörbar"). „So beschreiben die Kompetenzen vorwiegend Aktivitäten, die Evaluatorinnen ausführen, um die Standards zu erreichen, die gute Evaluationen ausmachen." (ebenda, 48)

Das ECPE-Profil konzentriert sich bewusst auf die Auflistung von Kompetenzen im Sinne wünschbaren Verhaltens, die bei der Selbst- und Fremdeinschätzung des Kompetenzstandes einer Evaluatorin (z.B. in Form von Einschätz-Skalen) unmittelbar einsetzbar sind. Hierzu ist Eindimensionalität der in Art von Fragebogen-Items formulierten Kompetenzbeschreibungen erforderlich, was insgesamt gut gelingt. Über den kurzen Satz hinaus, der jeweils mit einem transitiven Verb beginnt („Setzt ein …", „Nutzt….") findet sich keine weiter gehende inhaltliche Ausführung zur jeweiligen Kompetenz. Die Autorinnen legen in der 2. Fassung hohen Wert auf eine klare Struktur sowie eindeutige Anforderungen[66] und versuchen, Überschneidungen zwischen Kompetenzen zu vermeiden. In einige wenigen Fällen gibt es Redundanzen (z.B. 3.5 „Spricht Konflikte an" und 6.4 „Setzt Konfliktlösungsfertigkeiten ein".)

Für die Zukunft planen die Autorinnen ein weiteres Anhörungsverfahren zur umfassenden Validierung der Taxonomie, unter Beteiligung einer repräsentativen Gruppe von Evaluatorinnen. Außerdem wollen sie für jede einzelne Kompetenz mehrere Grade des Leistungsstandes ausweisen. Hiervon versprechen sie sich eine

66 Dies gelingt jedoch nicht immer. So übernimmt die Teilkompetenz 3.6 „Untersucht den organisatorischen Kontext der Evaluation" eine Schwäche vieler US-amerikanischer Texte: Es wird nicht trennscharf zwischen der Evaluationen einerseits, dem Evaluationsgegenstand andererseits als möglichem Objekt der Betrachtung unterschieden. Korrekt sollte es heißen: „Untersucht den organisatorischen Kontext des Programms/Evaluationsgegenstandes".

verbesserte Basis für die Selbsteinschätzung und für formative (Lerneingangs- und Lernfortschrittsmessungen) oder summative Bewertungen (Prüfungen) im Rahmen der Aus- und Weiterbildung in Evaluation (ebenda, 56-7).

2.2 Empfehlungen zur Aus- und Weiterbildung in Evaluation- DeGEval-EAWE

Die „Empfehlungen zur Aus- und Weiterbildung in Evaluation" der DeGEval (2004, 6) – im folgenden EAWE – „... definieren, welche Kenntnisse und Kompetenzen im Sinne eines grundlegenden Anforderungsprofils für die Tätigkeit als Evaluatorin oder Evaluator notwendig sind und entsprechend in ein Programm zur Aus- und Weiterbildung aufgenommen werden sollten ... und sollen dazu beitragen, auf Seiten der Auftraggeber im Bereich der Evaluation, aber auch bei den Evaluatorinnen und Evaluatoren selbst Sicherheit über die zu erwartenden Kompetenzen zu erlangen."

Sie wurden aufbauend auf die Bedarfs- und Angebotsanalyse von Beywl/Spöth (2001) vom DeGEval-Arbeitskreis „Aus- und Weiterbildung in Evaluation" auf seiner Auftakttagung 2001 in Grundzügen entwickelt, der Mitgliederversammlung 2002 in ausgearbeiteter Form präsentiert und – nach Aufnahme von Anregungen aus der Mitgliedschaft – durch die Jahresversammlung 2003 formell beschlossen. Die 2004 veröffentlichte Broschüre enthält neben einer Vorbemerkung, einer Zusammenfassung sowie einem Literatur- und Linkverzeichnis folgende Teile (vgl. Anhang, Tabelle 7):

- Zielsetzung der Empfehlungen (1 S.)
- Überblick über die vier Kompetenzfelder und den Baustein „Praxis der Evaluation" in ihrer Verbindung mit den DeGEval-Standards (5 S.)
- Detailbeschreibung der vier Kompetenzfelder mit 16 „Dimensionen" sowie des Bausteins „Praxis der Evaluation". Diese fünf Teile werden je durch eine anschließende Übersichtsgrafik veranschaulicht (18 S.)
- tabellarische Übersicht über die insgesamt fünf Bausteine (3 S.)

Zentraler Inhalt sind die fünf Bausteine (vier Kompetenzfelder und „Praxis der Evaluation").

- „Theorie und Geschichte der Evaluation" mit (a) begrifflichen und theoretischen Grundlagen, (b) Evaluationsgeschichte, (c) Evaluationsansätzen und (d) Evaluationsstandards
- „Methoden"-Kenntisse zu (a) empirischer Sozialforschung/ Untersuchungsdesign, (b) Datenerhebung, (c) Statistik, (d) Datenverarbeitung, -aufbereitung und -interpretation sowie (e) Projektorganisation
- „Organisations- und Feldkenntnisse" umfassen „allgemein" (a) Organisationswissen sowie (b) Rechts- und Verwaltungswissen; „spezifisch" (c) Feldkenntnisse im jeweiligen Gegenstandbereich

- „Sozial- und Selbst-Kompetenzen“: (a) Soziale Kompetenz, (b) Kommunikative Kompetenz, (c) Kooperationskompetenz, (d) Selbstmanagementkompetenz und (e) Lern- und Problemlösekompetenz
- „Praxis der Evaluation“ verläuft quer zu den Kompetenzfeldern und führt sie zusammen: Wissen und Können sollen im Sinne der Anwendungsfähigkeit erlangten Wissens verbunden werden (Aussagen u.a. zu Umfang und Ausgestaltung der Praktika, zur Qualität der Ausbildenden).

Die Kompetenzfelder sind in drei bis fünf „Dimensionen“ (insgesamt 15) untergliedert. Jede dieser Dimensionen ist durch einen Fließtext beschrieben. Es wird die Relevanz der jeweiligen Lerninhalte begründet und teilweise wird vorgeschlagen, wie dies in Aus- und Weiterbildungsveranstaltungen umgesetzt werden kann. Dabei werden die in der Tabelle stichwortartig benannten Lerninhalte oft konkretisiert und teils erweitert. In der tabellarischen Übersicht (ebenda, 30-2 – siehe Anhang dieses Artikels, Tabelle 7) sind stichwortartig zwei bis vier Lerninhalte pro Dimension angegeben.

Tabelle 2: Ausschnitt aus dem EAWE-Profil

„Kompetenzfeld“	➔ DeGEval-Standard	„Dimension“	‚Lerninhalte‘
4. Sozial- und Selbst-Kompetenzen	D2, D3, F3, F4, F5, G1, N2, N3, N5, N6, N8	c. Kooperationskompetenz	i Präsentieren und Moderieren ii Gesprächs- und Verhandlungsführung iii Kooperation und Arbeit in Gruppen
		d. Selbstmanagementkompetenzen	i Motivation und Arbeitsstil ii Auftrags-, Erwartungs- u. Rollenklärung

Die sprachliche Fassung der Bezeichnungen innerhalb der drei Spalten „Kompetenzfeld“, „Dimension“ und ‚Lerninhalte‘ ebenso wie zwischen der tabellarischen Übersicht und den fünf detaillierten Beschreibungen fällt heterogen aus:

- Bei den Kompetenzfeldern werden sowohl Inhalte (z.B. „Evaluationstheorie und -geschichte“), als auch Klassen von Kenntnissen (z.B. „Organisations- und Feldkenntnisse“) und es werden Kompetenzen selbst genannt („Methodenkompetenzen“ sowie „Sozial- und Selbstkompetenzen“).
- Als „Dimensionen“ werden unter „Methodenkompetenzen“ Inhalte angegeben (z.B. „Datenauswertung“), unter „Sozial- und Selbstkompetenzen“ Teilkompetenzen (z.B. „Soziale Kompetenz“).
- In der hier ‚Lerninhalte‘ genannten feinsten Gliederungsstufe werden meist Inhalte (z.B. „Auswahl- und Messverfahren“), teils Aufgaben angegeben (z.B. „Entwicklung und Operationalisierung von Fragestellungen“.)

Die Gesamtheit der vier Kompetenzfelder stellt das an Evaluatorinnen gerichtete Anforderungsprofil dar. Zusammen mit dem Baustein „Praxis der Evaluation“ werden Ziele, Inhalte und – für den Praxisteil – Vorgehen einer Ausbildung zur Evaluatorin abgesteckt. Die EAWE setzen einerseits auf die Konkretisierung gewünschter Wissensbestandteile, sind insofern stark kognitiv ausgerichtet. Sie selbst sehen für die „Feld- und Organisations*kenntnisse*" (herv. W.B.) Erweiterungs- und Konkretisierungsbedarf, um den Wissensanforderungen verschiedener Evaluationsfelder Rechnung zu tragen.

Andererseits betonen die EAWE mehrfach, dass es der Zusammenführung der unterschiedlichen Kompetenzen, von Theorie und Praxis, von Wissen und Können bedürfe, „... um in einem häufig von der Gleichzeitigkeit unterschiedlicher politischer und wissenschaftlicher Intentionen geprägten Feld bestehen zu können." (DeGEval 2004, 29) Diese evaluationsspezifische und über Wissensanforderungen hinaus gehende Ausrichtung ist im 5. Baustein „Praxis der Evaluation" am deutlichsten.

2.3 Gemeinsamkeiten in Ausgangspunkt und Zielrichtung

Beide Anforderungsprofile gehen von einer ähnlichen Situationsanalyse aus: Evaluation weist demnach inzwischen eine ausgereifte wissenschaftsbasierte Methodologie und eine stark verbreitete Praxis auf. Dagegen seien die Anforderungen an Evaluations-Fachpersonal wenig geklärt. Es herrsche ‚learning-by-doing' vor, teilweise die für den Beginn einer Professionsentwicklung typische ‚can-do-attitude'. Jede könne sich als Evaluatorin bezeichnen, unabhängig vom ihrem Wissen und Können. Das fehlende Verbindungsglied auf dem Weg zu einer Profession seien systematisch aufgebaute Kompetenzprofile für Evaluations-Fachpersonal.

Beide Kompetenzprofile wollen den gemeinsamen Fundus an Kompetenzen identifizieren und spezifizieren, auf den gut ausgebildete Evaluatorinnen zurückgreifen. Sie sind damit Grundlage für:

- Selbsteinschätzungen von Evaluatorinnen oder von Interessenten am Evaluationsberuf, um den eigenen Fortbildungsbedarf bzw. die Eignung für diese Tätigkeit zu bestimmen. Adressaten sind sowohl ‚Neue' in der Profession, gelegentlich Evaluierende (z.B. mit einem Evaluations-Anteil von weniger als 30% an ihrer Arbeitszeit), Professionelle mit anderem Hintergrund (z.B. aus der Marktforschung, aus Lehrberufen, aus dem Qualitätsmanagement oder der Organisationsentwicklung), Personen im Übergang zum Evaluationsprofi als auch fortgeschrittene Evaluationsfachleute.
- Verfahren zur Auswahl von Fachpersonal für interne Evaluationsabteilungen oder von externen Evaluatorinnen durch Auftraggeber oder für die Klärung des Weiterbildungsbedarfs für Evaluatorinnen
- Entwicklung von Hochschul-Curricula für die Aus- und Weiterbildung von Evaluations-Fachpersonal (Bestimmung von Lernzielen und -inhalten, evtl. auch Kriterien für Prüfungen).
- Planung von einzelnen Modulen, Aufbau von Evaluationsvermögen in Organisationen, Selbststudium, arbeitsplatznahes Lernen, kontinuierliche Verbesserung.

Die mancherorts diskutierte Zertifizierung von Evaluationsfachleuten[67] streben beide Papiere kurzfristig nicht an. Besonders das ECPE-Papier hält es für möglich, dass ein weiter entwickeltes Anforderungsprofil in fernerer Zukunft für Zertifizierungen eine Rolle spielen könnte.

Tabelle 3: ECPE und EAWE im Überblick

	ECPE	EAWE
Publiziert durch	Autorinnengruppe	Evaluationsgesellschaft
Beginn der Arbeiten	1999	2001
Bearbeitungsstand	2. Version nach systematischem aktivem Einbezug von weiteren rund hundert Personen	1. Version, Einbezug von Mitgliedern der DeGEval nach Selbstmeldung
Grobgliederung	Sechs Kompetenzkategorien mit 61 „Einzelkompetenzen" (Vereinfachung gegenüber 1. Fassung)	Vier „Kompetenzfelder" mit 15 „Dimensionen" und 47 ‚Lerninhalten'; plus Baustein „Praxis der Evaluation"
Geplante Weiterarbeit	Repräsentatives Validierungsverfahren; auszudifferenzierende Leistungsgrade (performance levels) je Einzelkompetenz	Spezifizierung für das Feld „Organisations- und Feldkenntnisse"
Primäre Funktion	Selbst- und Fremdeinschätzungsinstrument ibs. um Evaluations-Ausbildungen und auch Prüfungen zu steuern	Inhaltliche Grundlage für die Entwicklung von Aus- und Weiterbildungsangeboten in Evaluation
Geltungsbereich	Spezifiziert für Evaluatorinnen in der Programmevaluation	Nicht eingeschränkt; implizit für Evaluatorinnen von Programmen, ibs. die von Organisationen getragen werden
Bezug zu Evaluationsstandards	‚Standards' des Joint-Committee, sind wichtiger Bezugspunkt (daneben zwei weitere Sets); – eher ‚Ergänzung' der ‚Standards'	DeGEval-Standards = Basis und Bezugspunkt – eher ‚Umsetzung' der Standards

Beide Anforderungsprofile sind in Anbindung an Evaluationsstandards entwickelt worden. Bei den EAWE wird diese Orientierung explizit betont (DeGEval 2004, 7) und in der tabellarischen Zuordnung der DeGEval-Einzelstandards zu den vier inhaltlichen Kompetenzfeldern demonstriert (vgl. Tabelle 2). Dabei wird jeder der 29 DeGEval-Standards einem der vier Kompetenzfelder zugeordnet.[68]

Im Unterschied zu den EAWE gehen die ECPE-Anforderungen im eigenen Selbstverständnis über die Forderungen der Evaluationsstandards hinaus: Sie bauen über die Joint Committee ‚Standards' und Fachliteratur zur Evaluationsausbildung hinaus auf: (a) eine weiteres Normen-Set, die „Guiding Principles of the American Evaluation Association" (AEA 1995) sowie (b) die Inhalte der Workshopserie „Es-

67 Die Kanadische Evaluationsgesellschaft führt bereits seit längerem eine Debatte über die Zertifizierung von Evaluatorinnen, wobei der Ausgang offen ist. [www.evaluationcanada.ca]

68 Für einige erfolgt dies mehrfach, z.B. N3 „Glaubwürdigkeit und Kompetenz der Evaluatorin/des Evaluators." Diese Zuordnung ist recht grob und es ist wünschenswert, sie in einem weiteren Schritt zu überprüfen und differenzierter vorzunehmen.

sential Skills Series in Evaluation", die von der Canadian Evaluation Society seit 1999 regelmäßig angeboten wird.[69] Ähnlich wie die EAWE enthält das ECPE-Dokument eine Tabelle, in welcher der Bezug zu den ‚Standards' ausgewiesen wird (vgl. Tabelle 1). Jeder der 30 Joint Committee ‚Standards' wird mindestens einer Teilkompetenz zugeordnet. Bei Mehrfachzuordnungen geschieht dies insgesamt 73-mal.

Für 20 der 61 Teilkompetenzen ordnet die Tabelle hingegen *keinen* Joint Committee ‚Standard' zu und vermerkt dies mit einem „*none*". Eine Reanalyse auf Basis des Gesamttextes der ‚Standards' ergibt hingegen folgendes:

- *Vereinbar mit ‚Standards'*: Von diesen zwanzig Teilkompetenzen sind 19 mit den Joint Committee ‚Standards' vereinbar. Dies gilt nicht für 1.5 „Berücksichtigt in der Evaluationspraxis das allgemeine und öffentliche Wohl." Dieser in den „Guiding Principles..." sowie den kanadischen „Essential Skills..." angesprochene Aspekt fehlt in den ‚Standards' absichtsvoll, da diese nicht nur für öffentlich beauftragte/finanzierte Evaluationen gelten, sondern auch für privat veranlasste.[70]
- *Eingefordert durch ‚Standards'*: Elf der zwanzig Kompetenzanforderungen werden durch die ‚Standards' erwähnt, allerdings nicht in der heraus gehobenen Standard-Formulierung sondern in einem der erläuterten Teile, sei es in der „Übersicht", den „Richtlinien" oder den „Häufigen Fehlern". Darunter gibt es einige Kompetenzen, die heute, gut zehn Jahre nach Erscheinen der neuesten (2.) Auflage der Joint-Committee ‚Standards' – erheblich an Bedeutung gewonnen haben: z.B. Kenntnis und Umgang mit gemischten Methoden; Umgang mit „Programmtheorien" und „Logischen Modellen"; Beherrschung von neuen Informations- und Kommunikationstechnologien insbesondere für Datenerhebung und –auswertung; Nutzung der inzwischen vorhandenen Angebote zur beruflichen Aus- und Weiterbildung; breites Repertoire an Verhandlungs- und Klärungsmethoden z.B. für Gruppensettings in der Steuerung von Evaluationen.
- *Evaluierbarkeitsprüfung fehlt in ‚Standards':* Die Anforderung, die Evaluierbarkeit des Evaluationsgegenstandes systematisch einschätzen zu können, fehlt in den ‚Standards'. Ohne Zweifel ist sie mit ihnen vereinbar. – Hier verweisen die ECPE auf eine Lücke in den Standard-Sets.
- *Bildungsbezogene Kompetenzen implizit durch ‚Standards' gefordert*: Sechs Teilkompetenzen finden keine explizite Entsprechung, da sie sich auf die Prozesse der Aus- und Weiterbildung in Evaluation bzw. das Wissensmanagement

---

69 Die Inhaltsübersicht auf http://www.evaluationcanada.ca/ umfasst vier Hauptthemen: 1) Ein Verständnis von Programmevaluation entwickeln, 2) Aufbau eines Evaluationsrahmens, 3) Verbesserung von Programmleistungen sowie 4) Evaluieren der Resultate wegen mit jeweils acht bis zwölf Unterthemen. Sie sind durchgängig sehr evaluationsspezifsch formuliert und orientieren stark auf vorgesehen Nutzungen der Evaluationsergebnisse bei den Beteiligten und Betroffenen.

70 Ob diese Verpflichtung für Evaluationen, die aus öffentlichen Budgets finanziert sind, in den Evaluationsstandards formuliert werden sollte, ist erwägenswert.

zu Evaluation selbst beziehen. Es werden ein grundlegendes Verständnis der Wissensbasis von Evaluation und die aktive Mitwirkung an ihrer Erweiterung und Verbreitung gefordert, eigene Reflexion und Teilnahme an formalisierter Weiterbildung zu Evaluation und schließlich eine Tätigkeit als Anleiter und Ausbilder von Evaluatorinnen (in Tabelle 8 als „bildungsspezifisch" gekennzeichnet).

Zusammenfassend gilt sowohl für die EAWE wie für die ECPE, dass sie nahezu vollständig mit den Evaluationsstandards vereinbar sind. Das Papier von Stevahn et al. (2005) zielt partiell über die Evaluationsstandards hinaus und gibt punktuell Hinweise für deren Weiterentwicklung.

Die Autorinnen und Autoren beider Papiere versprechen sich von der Umsetzung der Anforderungsprofile in Aus- und Weiterbildung, dass die Standards in der Evaluationspraxis stärker beachtet werden. Damit spielen die Evaluationsstandards sowohl für die Wissensbasis als auch für die Zwecksetzung beider Anforderungsprofile eine herausragende Rolle. Sie wollen im von den Evaluationsstandards gesetzten Rahmen mittel- und längerfristig zur Qualitätsentwicklung und Qualitätssicherung in der Evaluation beitragen.

2.4 Inhaltlicher Vergleich beider Anforderungsprofile

Die Gegenüberstellung der Inhalte beider Anforderungsprofile bietet Chancen für eine konzeptionelle Weiterentwicklung. Der Vergleich thematisiert die hinter den Papieren stehenden Definitionen von Kompetenz, den Aufbau der beiden Profile und die Kompetenzinhalte selbst. Dabei wird geklärt, in welchem Maße beide Anforderungsprofile kompatibel sind, wo sie inhaltlich exklusive Anforderungen formulieren und ob es Widersprüche gibt.

Tabelle 4: Inhaltliche Gemeinsamkeiten und Unterschiede ECPE – EAWE

	ECPE	EAWE
Art der beschriebenen Kompetenzen	Aktivitäten, die Evaluierende ausführen, um die ‚Standards' zu erreichen – outcome-orientiert: ‚Was sollen gut Ausgebildete zeigen?"	Resultate guter Aus- und Weiterbildung, angestrebt durch Bildungs-Aktivitäten mit spezifizierten Inhalten: „Was soll gut Auszubildenden vermittelt werden?"
Gliederungssystematik	Von den evaluationsspezifischen zu den generischen Kompetenzen komplexer Dienstleistungen	Von der Theorie über Methoden und Managementwerkzeuge zur Evaluationspraxis
Gewichtung der Kompetenzfelder	Keine; widersprüchlich durch Betonen sowohl evaluationsspezifischer wie interpersoneller Kompetenzen	Nicht explizit, Organisations-, Rechts- u. (spezifische) Feldkenntnisse stark
Inhaltliche Überschneidungen	Breiter Überschneidungsbereich, besonders bei Methoden- und sozialen Kompetenzen, beim Projektmanagement sowie bei zahlreichen Einzelkompetenzen; dabei ECPE expliziter und evaluationsspezifischer.	
Inhaltliche Besonderheiten	Kompetenzen für die Meta-Evaluation, zur Wahrung des öffentlichen Interesses sowie für die Weiterbildung in Evaluation selbst	Rechts- und verwaltungswissenschaftliche Kenntnisse

Die ECPE fassen „Kompetenz" eng als in der evaluatorischen Berufspraxis zu zeigende gewünschte Verhaltensweisen. (s.o. Abschnitt 2.1). Sie sind strikt outcome-orientiert, d.h. sie legen fest, was ausgebildete Evaluatorinnen an Dispositionen/Haltungen zeigen und in ihrem praktischen Handeln aktualisieren sollen. Es wird *implizit* vorausgesetzt, dass sie, um kompetent handeln zu können, einschlägiges Wissen benötigen. Dieses Wissen wird (bis auf die Klammer bei ‚Einzelkompetenz' 5.1) an keiner Stelle konkretisiert.

Die EAWE bleiben bezüglich des Kompetenzbegriffs unbestimmt. Sie betonen mehrfach die (auf dem Weg zur Kompetenz) zu überbrückende Differenz zwischen „Wissen und Können", und weisen dem Baustein 5. „Praxis der Evaluation" diese Transferaufgabe zu. Weit überwiegend werden zu vermittelnde/zu erwerbende Wissensbestandteile ausgewiesen (besonders in den beiden Kompetenzfeldern 1. „Theorie und Geschichte der Evaluation" und 3. „Organisations- und Feldkenntnisse", ähnlich gilt dies für 2. „Methodenkompetenz", das stark über Inhalte definiert ist. Hingegen ist das Kompetenzfeld 4. „Sozial- und Selbstkompetenzen" ähnlich ausgestaltet wie die Kompetenzkategorie 6.0 „Interpersonelle Kompetenz" der ECPE. In der Einleitung zum EAWE-Kompetenzfeld 4. wird deutlich auf die Relevanz des Erwerbs von „Haltungen" und des Erprobens durch „Handlungen" hingewiesen (DeGEval 2004, 21). Zwischen den vier Kompetzenzfeldern kann und soll aus Sicht des Autorenteams keine Priorisierung vorgenommen werden (ebenda, S. 6).

Die ECPE Gliederung verläuft von der Kompetenzkategorie 1.0 „Professionelle Praxis" über 2.0 „Systematische Untersuchung" bis zu 5.0 „Reflexive Praxis" und 6.0 „Interpersonelle Kompetenz", damit von evaluationsspezifischen (den Kern der Profession ausmachenden) zu den für moderne Dienstleistungen allgemein erforderlichen Kompetenzen (in Deutschland lange Zeit als „Schlüsselqualifikationen" adressiert). Daher platzieren die Autorinnen die „Interpersonelle Kompetenz" an den Schluss (Stevahn et al. 2005, 52). Hieraus könnte einerseits eine Gewichtung der Kompetenzfelder abgeleitet werden, insofern die Evaluationsausbildung besonders auf die evaluationsspezifischen Kompetenzen achten sollte. Anderseits bemängeln die Autorinnen, dass „Interpersonelle Kompetenz" in nur wenigen universitären Programmen angeboten würde (Stevahn et al., 45). Hieraus könnte gefolgert werden, dass Schlüsselqualifikationen in enger Bindung an evaluationsspezifische Kompetenzen angestrebt werden sollen.

Inhaltlich gibt es zahlreiche Überschneidungen zwischen beiden Anforderungsprofilen. Aus Richtung der EAWE betrachtet (vgl. Abbildung 1 und Tabelle 4) zeigt sich folgendes:

Abbildung 1: Stärke inhaltlicher Ähnlichkeiten zwischen EAWE und ECPE

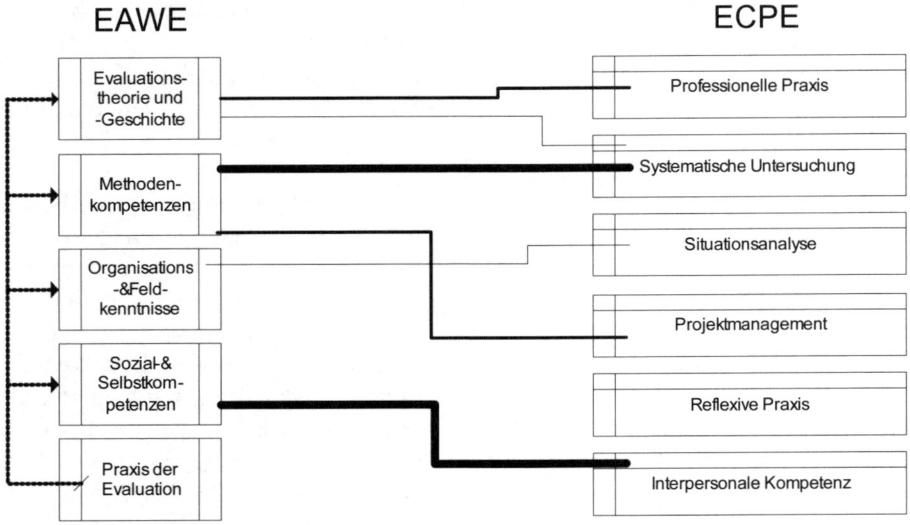

In zwei Fällen (breite Verbindungslinien in Abbildung 1) sind EA-WE-Kompetenzfelder und ECPE-Kompetenzkategorien fast[71] deckungsgleich. In anderen Fällen findet sich ein ganzes Feld oder eine Dimension der EAWE in wenigen oder gar nur einer Einzelkompetenz der ECPE aufgehoben. Dies verweist auf unterschiedliche inhaltliche Schwerpunktbildungen.

Tabelle 5: Inhaltliche Übereinstimmungen EAWE – ECPE

Art der Übereinstimmung	Symbol Abb.1	EAWE	ECPE
EAWE-Kompetenzfeld entspricht≈ ECPE-Kompetenzkategorie	▬▬▬	2 Methodenkompetenz	2.0 Systematische Untersuchung (ohne Meta-Evaluation)
		4 Sozial- & Selbstlern-kompetenzen	6.0 Interpersonelle Kompetenz
EAWE-Kompetenzfeld entspricht mehreren Items einer ECPE-Kompetenzkategorie	———	3. Organisations- und Feldkenntnisse	3.0 Situationsanalyse (besonders. 3.1, 3,6 bis 3.11)
EAWE-Kompetenzfeld entspricht einem Item ECPE-Kompetenzkategorie		1 Evaluationstheorie und –geschichte	2.1 Versteht die Wissensbasis von Evaluation (…)
EAWE-Dimension mehreren Items einer ECPE-Kompetenzkategorie	———	2.e Projektorganisation	4.0 Projektmanagement (besonders 4.6 bis 4.7)
EAWE-Dimension entspricht einem Item ECPE-Kompetenzkategorie		1.a Evaluationsstandards	1.1 Wendet professioelle Evaluationsstandards an

71 Lediglich die unter 2.20 genannte Methodenkompetenz „Führt Meta-Evaluationen durch" fehlt im EAWE-Feld „Methodenkompetenz"; ein Hinweis darauf, dass die Evaluationsprofession in Deutschland und Österreich nicht so entfaltet ist, dass man bereits Ausbildung in Meta-Evaluation anstreben würde.

Betrachtet man ‚in Gegenrichtung' die 61 ‚Einzelkompetenzen' der ECPE und vergleicht sie mit den Anforderungen der EAWE stellt man fest (vgl. Tabelle 8):

- 31 davon sind in den EAWE weitgehend ähnlich formuliert.
- Die ECPE machen wegen ihrer Verhaltensorientierung in elf Fällen expliziter, was von professionellen Evaluatorinnen erwartet wird.
- Die ECPE formulieren elf ‚Einzelkompetenzen' spezifischer für die *Evaluation*. Die EAWE definieren hier das erforderliche Wissen in Bindung an die Herkunftsdisziplin[72] und fordern von Studierenden – wesentlich im Baustein 5 „Praxis der Evaluation – dass sie selbst den Transfer auf die besonderen Anforderungen der Evaluation leisten.
- Neben der angesprochenen Kompetenz zur Meta-Evaluation ist es lediglich die Verpflichtung auf die Betrachtung des öffentlichen und allgemeinen Wohls (1.5), die in EAWE fehlt. Letzteres ist aus ihrer strikteren Orientierung auf die Evaluationsstandards erklärbar.
- Sechs ECPE-‚Einzelkompetenzen' fordern von Evaluatorinnen aktive Weiterbildung in Evaluation und zu spezifischen Feldkenntnissen (5.3 und 5.4; Bezug zu EAWE-Kompetenzfeld 3. „Organisations- und Feldkenntnisse"!), verlangen von ihnen Anleitungs- und Trainingskompetenzen (4.9 und 4.10), ermuntern, sie zur Beteiligung an der Wissensbasis der Evaluation (1.6) und schließlich dazu, professionelle Beziehungen zur Verbesserung der Evaluationspraxis aufzubauen (5.5). Diese finden sich nicht als Inhalt sondern in der Zwecksetzung der EAWE angesprochen.

Fazit: Die Inhalte der beiden Anforderungsprofile sind weitgehend deckungsgleich. Die beiden größten Unterschiede bestehen darin, dass

- die EAWE in den Kompetenzkategorien 1., 2. und 3. überwiegend Wissensfelder aufführen, während die ECPE durchgängig ‚gezeigtes Können' als zu erfüllende Anforderung benennen;
- die EAWE bei 2. „Methodenkompetenzen" überwiegend den Kanon der (quantitativen) empirischen Sozialforschung aufführen, während die ECPE, hier wenig konkretisiert, dafür in zahlreichen ‚Einzelkompetenzen' evaluationsspezifische Anforderungen betonen.[73]

---

72 Das EAWE-Papier speist sich aus vier Quellen, denen je eines der Kompetenzfelder zugeordnet ist: 1. Evaluationstheorie und –geschichte, wie sie sich in den Evaluationsstandards und zentralen Lehrbüchern darstellt, 2. Empirische Sozialforschung (stärker quantitativ als qualitativ), 3. Organisationssoziologie/Verwaltungsrecht, 4. (Selbst-) Managementtechniken. Teilweise werden spezifizierte Anforderungen, die typisch für die Planung und Steuerung von Evaluation sind (wie z.B. Evaluationsplanung statt allgemeiner Untersuchungsplanung), kaum angesprochen. Die Spezifizierung leistet der Baustein „Praxis der Evaluation", wobei die dort erwähnten Kompetenzen in den Abbildungen und in der tabellarischen Übersicht (s. Anhang, Tabelle 7) nicht aufgeführt/nicht identifizierbar sind.

73 Vgl. die in Spalte 3 von Tabelle 8 mit „expliziter" und „evaluationsspezifischer" gekennzeichneten ‚Einzelkompetenzen'.

Diese Unterschiede reflektieren die Verschiedenheit des Professionalisierungsstandes jenseits und diesseits des Atlantiks: Finden in Nordamerika seit Jahrzehnten Aus- und Weiterbildungen in Evaluation statt[74], entsteht das Angebot im deutschsprachigen Raum – wie in Europa insgesamt[75] – erst seit Beginn dieses Jahrzehnts. In den USA und Kanada haben sich viele Evaluationsaus- und –weiterbildungen auf Hochschulniveau etabliert. Die Breite der Lerninhalte findet sich in Lehrbüchern repräsentiert. Aufgrund der Differenzen zwischen den vielfältigen ‚Evaluationsschulen' würde ein Versuch wie jener der DeGEval, einen inhaltlichen Kanon auszuweisen, schwerlich auf Akzeptanz stoßen. In Deutschland und Österreich, wo Evaluationsausbildung vielfach noch in Konzeption und Entwicklung ist, kann ein inhaltlich konkretisiertes Anforderungsprofil hilfreich sein; sei es als Basis für die Curriculumentwicklung oder für eigenständige Schwerpunktsetzungen Studierender.

Resümee und Ausblick

Mit den ECPE und den EAWE liegen von Expertengruppen erarbeitete Anforderungsprofile vor. Beide basieren auf Evaluationsstandards und schaffen zusammen mit diesen einen Rahmen zur Konzeption von Aus- und Weiterbildungsangeboten in Evaluation. Sie formulieren einen breiten Bereich übereinstimmender Kompetenz-Anforderungen an Evaluatorinnen.

Unterschiede gehen zum einen auf die primäre Funktion zurück, die das jeweilige Anforderungsprofil erfüllen will: Rating- und Steuerungsinstrument für die Kompetenzanalyse und –entwicklung bei den ECPE; inhaltlicher Kanon für Aus- und Weiterbildungsangebote bei den EAWE. Zum anderen reflektieren sie den unterschiedlichen Entwicklungsstand der Evaluationsprofessionen in Nordamerika einerseits, Deutschland und Österreich andererseits.

Nachfolgende Überlegungen zur Weiterentwicklung von Kompetenzprofilen für Evaluatorinnen ergeben sich aus dem Vergleich beider Papiere:

- *Klarheit und Stringenz*: Die ECPE-Taxonomie hat mit der Revision an Übersichtlichkeit und Homogenität gewonnen. Dies zeigt sowohl das leicht erfassbare Gliederungsschema als auch die formal einheitliche Formulierung der ‚Einzelkompetenzen' als Verhaltensbeschreibungen. Die EAWE sollten auf diesem Pfad folgen: Klare Gliederung und homogen formulierte Anforderungen bei

74 Vgl. z.B. Davis (1986) sowie das „1994 Directory of Evaluation Training Programs" in Altschuld et al. 1994, 71-93.

75 Hierzu erscheinen 2006 in „Evaluation" (Sage: London) die Ergebnisse der Überblicksstudie zu postgradualen universitären Studienangeboten in Europa (Beywl & Harich 2006).Vgl. auch die Einschätzung in der Stellungnahme der „Professional Development Working Group" der Europäischen Evaluationsgesellschaft: „EES Training, Education and Professional Development: Towards a Strategy" [heruntergeladen am 19. September 2005 von http://www.europeanevaluation.org/]

Integration der Inhalte des Bausteins zur „Praxis der Evaluation" in die Systematik der Kompetenzfelder.

- *Umfang*: Die ECPE erreichen mit 61 ‚Einzelkompetenzen' eine Anzahl, welche die Erfassbarkeit erschwert. Es sollte versucht werden zu reduzieren, z.B. indem redundante oder Kompetenzen mit starken Überlappungen weggelassen werden. Die bildungsbezogenen ‚Einzelkompetenzen' können zusammengefasst bzw. in eine Einführung zum Profil integriert werden. Wie bei den EAWE sollten Wissen und Können zur rechtlichen und organisationalen Seite des Evaluationsgegenstandes und seines Kontextes gefordert werden. Ebenso sollte die Fähigkeit integriert werden, Evaluation von benachbarten und komplementären Ansätzen wie dem Qualitätsmanagement abzugrenzen. Die EAWE fassen den Grundkanon für die Evaluationsausbildung zutreffend, dabei sind Rechts- und Organisationswissen sehr stark, qualitative Methodenkenntnisse schwach repräsentiert.
- *Fokus*: Die ECPE fordern vielfach explizit spezifische für Evaluation relevante Kompetenzen. Die EAWE formulieren solche Kompetenzen teilweise lediglich im Bereich „Praxis der Evaluation", während sie innerhalb der vier Kompetenzfelder oft generisch sind, also auch für Forschung, Beratungsdienstleistungen u.a. zutreffen. Die verstärkte Konzentration auf speziell in der Evaluation relevante Kompetenzen ist wünschenswert.
- *Integration verhaltensbezogener und inhaltbezogener Anforderungen*: Die Integration der Grundmuster von ECPE und EAWE ist angeraten. Es könnte im Rahmen einer Matrix-Darstellung aufgezeigt werden, welche Handlungskompetenzen die Erarbeitung welcher Inhalte voraussetzen und wie Erfahrungswissen expliziert und systematisch in den Weiterbildungsprozess integriert werden soll.
- *Anforderungshöhe*: Beide Kompetenzprofile zeichnen ein Bild, in dem vielfältige Kompetenzen „in einer Person" (DeGEval 2004, 29), bei den „competent evaluators" (Stevahn et al. 2005, 45) zusammengeführt sind. Dies ist oftmals unrealistisch: Die Gesamtheit der Kompetenzen erfordert nicht nur langjähriges Studium verschiedenster Disziplinen sondern umfassende Berufserfahrung, gezielte persönliche Entwicklung und auch Neigung. Eine Person vereint selten so gegensätzliche Kompetenzen wie hohe Genauigkeit in der Datenbehandlung, ausgeprägte Kreativität beim Finden neuer Lösungen, unterstützende und klärende Kommunikation mit den Beteiligten und Betroffenen und entschiedene Führung in Budgetfragen oder von Mitarbeitern. Kompetenzanforderungen sollten abgestuft werden (für die Novizen bis zu den Seniorexperten). Außerdem sollte angeregt werden, dass Teams bestehend aus Evaluatorinnen mit individuell unterschiedlich ausgeprägten Profilen gebildet werden, um die volle Breite der Kompetenzanforderungen zu erfüllen (s. a. ‚Standard' N2 – Glaubwürdigkeit der Evaluatorin).
- *Didaktik* der *Evaluationsausbildung:* Die ECPE verzichten auf didaktische Überlegungen, z.B. zu Lehr- und Lernformen, zu sozialen Settings in der Ausbildung, zur Verschränkung von theoretischen und praktischen Studienteilen. Der EAWE-Baustein 5. gibt ein klares Bild, wie Praktika und begleitete Praxis

den Kompetenzaufbau fördern. Dagegen stellen die vier Kompetenzfelder eng auf Wissenserwerb ab. Bei Erwerb eines breiten und tiefen Kontextwissens ‚auf Vorrat' ist dessen Nachhaltigkeit fraglich. Statt dessen sollten spezifische Lerninhalte exemplarisch genutzt werden, um „Lern- und Problemlösekompetenz" (Tabelle 7, 4e) zu stärken. Diese ermöglicht es Evaluatorinnen, situativ erforderliche Wissensbestände zu erarbeiten. Beide Papiere sollten didaktische Prinzipien und Lehr-/Lernmethoden konkretisieren, die für den gelingenden Aufbau von Kompetenzen essentiell sind um komplexe und spannungsreiche Evaluationssituationen zu meistern.[76] Neben dem von der DeGEval favorisierten Praktikumsmodell bieten sich standardisierte und echte Fall-Bearbeitung, Simulationen, Rollenspiele sowie Durchführung echter Auftragsprojekte durch Studierendenteams an.

Es ist viel versprechend, beide Profile unter gegenseitiger Bezugnahme, orientiert durch Evaluationsstandards weiterzuentwickeln. Die Verschränkung kann verstärkt werden, wenn die Evaluationsstandards durch mehr Anschauungsbeispiele ergänzt und in deren Analyse die Anforderungen an die Handlungskompetenzen von Evaluatorinnen heraus gearbeitet werden. Dadurch kann die Orientierungskraft der Evaluationsstandards für die Aus- und Weiterbildung von Evaluatorinnen erhöht werden, um Studierende auf ihrem Weg zur Meisterschaft in der Evaluation wirkungsvoll zu begleiten.

76 Vgl. den Beitrag von Michael Morris (2005). Die Anschauungsbeispiele im vorliegenden ‚Handbuch der Evaluationsstandards' können genutzt werden, um sich im Rahmen von Gruppenarbeiten vertiefend in theoretische, ethische oder methodische Aspekte der Evaluation einzuarbeiten. (vgl. auch Patton & Patrizi 2005).

Anhang

Tabelle 6: Prüfung von ECPE-Kompetenzanforderungen, die lt. Stevahn et.al. (2005, 49-51) nicht in den Joint-Committee Standards enthalten sind

	ECPE-Komptenz	Erläuterungen
A. Mit JC-‚Standards' bedingt vereinbar	1.5 Berücksichtigt in der Evaluationspraxis das allgemeine und öffentliche Wohl	Fehlt in allen ‚Evaluationsstandards', da sie für öffentliche & privat beauftragte Evaluationen gelten; für öffentliche vereinbar.
B. Nicht in Standard selbst aber in Übersicht/Richtlinien angesprochen, teils mit anderem Vokabular (dabei 2.4, 2.6, 4.8., 5.3 6.5 heute, ca. 10 Jahre nach der letzten Auflage der JC mit erheblichem Bedeutungszuwachs).	2.4 Verfügt über Kenntnisse zu gemischten Methoden	G5 – Valide Information, Ü – drei letzte Absätze (Kombination v. Verfahren) G 8 – Analyse quantitativer Informationen, HF K.
	2.5 Führt Literaturrecherchen und -auswertungen durch	G2 Kontextanalyse – RL A; vielfach in Anschauungsbeispielen angesprochen
	2.6 Spezifiziert Programmtheorien	G1 Programmdokumentation, Ü – letzter Satz
	2.16 Entwickelt Empfehlungen	G4 – Verlässliche Informationen; Ü – letzter Satz; G10 Begründete Schlussfolgerungen Ü – 1. Satz
	3.11 Bleibt offen gegenüber den Vorschlägen anderer	N1 Ermittlung der Beteiligten & Betroffenen – RL E
	3.12 Modifiziert die Studie bei Bedarf	N3 Umfang und Auswahl der Informationen – RL G
	4.1 Antwortet auf Aufforderungen zur Abgabe von Angeboten	N2 – Glaubwürdigkeit der Evaluatorin – RL F
	4.7 Identifiziert erforderliche Ressourcen für die Evaluation wie Informationen, Sachkenntnis, Personal, Instrumente	D3 Kostenwirksamkeit – RLn A und B; N2 Glaubwürdigkeit der Evaluatorin – RL F
	4.8 Verwendet geeignete Technologien	G7 Systematische Informationsüberprüfung – RL B bis F
	5.3 Nimmt an beruflicher Weiterbildung in Evaluation teil	D1 Praktische Verfahren – RL 1
	6.5 Fördert konstruktive interpersonale Interaktion (Teamarbeit, Gruppenmethoden, Moderation)	N6 – Rechtzeitigkeit & Verbreitung d. Berichtes – RL I; D2 Politische Tragfähigkeit – RL C

	ECPE-Komptenz	Erläuterungen
C. In ‚Standards' nicht angesprochen; vereinbar	3.2 Bestimmt die Evaluierbarkeit des Evaluationsgegenstands	In keinem der Evaluationsstandards angesprochen; markiert evtl. Ergänzungsbedarf
D. „Bildungs-spezifische" Anforderungen, die sich aus dem Anwendungskontext der Aus- und Weiterbildung in Evaluation ergeben; in den ‚Standards' nicht explizit angesprochen, dabei vereinbar mit diesen	1.6 Trägt zur Wissensbasis von Evaluation bei	
	2.1 Versteht die Wissensbasis von Evaluation (Begriffe, Konzepte, Theorien, Annahmen)	
	4.9 Leitet Andere an, die in die Durchführung der Evaluation einbezogen sind	
	4.10 Bildet Andere aus, die in die Durchführung der Evaluation einbezogen sind	
	5.2 Reflektiert die eigene Evaluationspraxis (Kompetenzen und Bereiche für Weiterentwicklung)	
	5.4 Nimmt an beruflicher Weiterbildung in relevanten Gegenstandsfeldern teil	
	5.5 Baut professionelle Beziehungen auf, um die Evaluationspraxis zu verbessern	

Legende: Ü = Textteil Übersicht aus Standards – RL = Richtlinie HF= Häufige Fehler

Tabelle 7: Tabellarische Übersicht zu den EAWE

1 Evaluationstheorie und -geschichte		
1ai	Grundlagen	– Definitionen – Evaluation und Evaluationsforschung
1aii		– Kennzeichen einer Evaluation
1aiii		– Funktionen von Evaluationen
1aiv		– Dimensionen von Evaluationen
1bi	Evaluationsgeschichte	– Entwicklungstrends
1bii		– Nationale Evaluationskulturen
1biii		– Einflüsse von Kontextfaktoren auf die Entwicklung von Evaluation
1ci	Evaluationsansätze	– Theoretische und methodologische Ansätze und Modelle
1cii		– Positionierung und Aufgabenstellung, methodische Ausgestaltung
1di	Evaluationsstandards	– Sicherung der Qualität von Evaluation
1dii		– Kommunikationsinstrument
1diii		– Konfliktmanagement, Steuerung von Evaluationen
2 Methodenkompetenzen		
2ai	Grundz. emp. Sozialf./ Untersuchungsdesign	– Wissenschaftstheoretische Grundlagen
2aii		– Entwicklung und Operationalisierung von Fragestellungen
2ac		– Planung empirischer Untersuchungen, Auswahl- und Messverfahren
2bi	Datenerhebung -aufbereitung u. -interpretation	– Grundlagen von Erhebungsformen
2bii		– Entwicklung von Erhebungsinstrumenten
2ci	Statistische Kenntnisse	– Univariate Häufigkeitsverteilungen, Kreuztabellen, Varianzanalyse
2cii		– Verfahren zur Messung von Zusammenhängen, Signifikanztests
2di	Datenauswertung	– Anwendungskenntnisse in Softwarepaketen zur quantitativen und qualitativen Datenanalyse
2dii		– Kodierung und Rekodierung
2diii		– Dateninterpretation und Reporting
2ei	Projektorganisation	– Zeitplanung, Durchführungsplanung und -kontrolle
2eii		– Kostenplanung und –kontrolle
2eiii		– Einführung in Fragen der Kosten-Leistungs-Rechnung
3 Organisations- und Feldkenntnisse		
3ai	Organisationswissen	– Organisationsbegriff, Organisieren
3aii		– Handlung vs. Struktur
3aiii		– Kommunikation und Interaktion
3bi	Rechts- und Verwaltungswissen	– Einf. Rechtswissenschaft
3bii		– Verwaltungslehre
32iii		– Geschäftsprozesse
3ci	Spezifische Feldkenntnisse	– Unterschiedliche Praxisfelder
3cii		– Spezif. Organisations- und Kommunikationswissen
3ciii		– Spezifisches Rechts- und Verwaltungswissen

4 Sozial- und Selbst-Kompetenzen		
4ai	Soziale Kompetenz	– Kontaktaufbau/-gestaltung
4aii		– Perspektivenübernahme und Empathie
4aiii		– Feedback und Konfliktfähigkeit
4bi	Kommunikative Kompetenz	– Kommunikationstheorie
4bii		– Praxis I: Zuhören und Sprechen
4biii		– Praxis II: Lesen & Schreiben
4ci	Kooperationskompetenz	– Präsentieren & Moderieren
4cii		– Gesprächs- und Verhandlungsführung
4ciii		– Kooperation und Arbeit in Gruppen
4di	Selbstmanamentkompetenz	– Motivation und Arbeitsstil
4dii		– Auftrag-, Erwartungs- und Rollenklärung
4ei	Lern- & Problemlösekompetenz	– Reflexion & Fokussierung
4eii		– Problemlösungsstrategien
4eiii		– Lernformen und -stile
5 Praxis der Evaluation		
5ai	Umfang	– In der Regel 12 Wochen
5aii		– Einführung in zwei Evaluationsfelder
5bi	Qualität der Ausbilder	– Langjährige Evaluationserfahrung
5bii		– Praktische Erfahrungen in allen Phasen der Evaluation
5ci	Phasen der Evaluation	– Planung (Verhandlung mit Auftraggebern, Untersuchungsdesign, Projekt- und Kostenplan)
5cii		– Durchführung (Datenerhebung und -auswertung, „Brüche“ zwischen Theorie und Praxis der Evaluation)
5ciii		– Ergebnisdarstellung (Anwendungsorientierung, Orientierung an politischem Feld und „interessierten Fachlaien“, Berichterstellung und Präsentation)
5civ		– Ergebniskontrolle (Zugang zu Ergebnissen bereits abgeschlossener Evaluationen, Anwendungsorientierte Relevanz der Evaluationsempfehlungen)

Quelle: DeGEval 2004

Tabelle 8: Zuordnung der EAWE-Kompetenzen/-Inhalte zur ECPE-Taxonomie

ECPE			EAWE	
Nr.	Teilkompetenz		Nr.	Seite
1.0	Professionelle Praxis			
1.1	Wendet professionelle Evaluationsstandards an	≈	1d	13
1.2	Handelt ethisch und strebt nach Integrität und Aufrichtigkeit bei der Durchführung von Evaluationen	expliziter >	1diii 4ai	13 21
1.3	Macht potenziellen Auftraggebenden eigene Evaluationsansätze und –fertigkeiten deutlich	expliziter >	1ci	13
1.4	Respektiert Auftraggebende, Datengebende, Programmteilnehmende und andere Beteiligte und Betroffene	evaluations-spezifischer >	1cii	13
1.5	Berücksichtigt in der Evaluationspraxis das allgemeine und öffentliche Wohl	exklusiv >		
1.6	Trägt zur Wissensbasis von Evaluation bei	bildungsb.	Zweck	EAWE
2.0	Systematische Untersuchung			
2.1	Versteht die Wissensbasis von Evaluation (Begriffe, Konzepte, Theorien, Annahmen)	≈	1a; 1b; 1c	13
2.2	Verfügt über Kenntnisse zu quantitativen Methoden	≈	2bi; 2ci,ii	15 16
2.3	Verfügt über Kenntnisse zu qualitativen Methoden	≈	2bi 2ci, ii	15 16
2.4	Verfügt über Kenntnisse zu gemischten Methoden	expliziter >	2bi; 2ci, ii	15 16
2.5	Führt Literaturrecherchen und –auswertungen durch	≈	3c 4biii	19 22
2.6	Spezifiziert Programmtheorien	evaluations-spezifischer >	1c 2ai	13
2.7	Entwickelt Evaluationsfragestellungen	≈	**2aii**	**15**
2.8	Entwickelt Evaluationspläne	evaluations-spezifischer >	2aiii	15
2.9	Identifiziert Datenquellen	≈	2aiii 2biii	15
2.10	Erhebt Daten	≈	2aiii 5cii	16
2.11	Beurteilt Gültigkeit von Daten	≈	2ci 2cii	15 16
2.12	Beurteilt Zuverlässigkeit von Daten	≈	2ci 2cii	15 16
2.13	Analysiert Daten	≈	2ci 2cii	15 16
2.14	Interpretiert Daten	≈	2diii	16
2.15	Führt Beurteilungen durch	≈	2diii	16
2.16	Entwickelt Empfehlungen	≈	4e 5civ	23 27
2.17	Begründet für alle Evaluationsschritte die je getroffenen Entscheidungen	evaluations-spezifischer >	1c	13
2.18	Berichtet über Vorgehen und Ergebnisse der Evaluation	≈	2d 5ciii	16 27
2.19	Weist auf Stärken und Beschränkungen der Evaluation hin	expliziter >	1ci 1di	13
2.20	Führt Meta-Evaluationen durch	exklusiv >		

3.0	Situationsanalyse			
3.1	Beschreibt das Programm	evaluations-spezifischer >	4b	22
3.2	Bestimmt die Evaluierbarkeit des Evaluationsgegenstands	evaluations-spezifischer >	2	15
3.3	Identifiziert die Interessen von relevanten Beteiligten und Betroffenen	evaluations-spezifischer >	4b	22
3.4	Dient den Informationsbedarfen der vorgesehenen Nutzerinnen und Nutzer	evaluations-spezifischer >	4b	22
3.5	Spricht Konflikte an	≈	**4aiii**	**18**
3.6	Untersucht den organisatorischen Kontext der Evaluation	≈	3biii 3cii	19
3.7	Analysiert die für die Evaluation relevanten politischen Aspekte	evaluations-spezifischer >	3ci 1biii	19 12
3.8	Beachtet Themen des Evaluationsnutzens	≈	5civ	26
3.9	Beachtet Themen des organisatorischen Wandels	≈	3ai - 3aiii	18
3.10	Respektiert die Einzigartigkeit des Evaluationsortes und –auftraggebers	expliziter >	5ci	26
3.11	Bleibt offen gegenüber den Vorschlägen anderer	≈	4aii	21
3.12	Modifiziert die Studie bei Bedarf	expliziter >	4c	22
4.0	Projektmanagement			
4.1	Antwortet auf Aufforderungen zur Abgabe von Angeboten	expliziter >	4ai 5ci	21 26
4.2	Führt mit Auftraggebenden Verhandlungen, bevor die Evaluation beginnt	expliziter >	4ai 5ci	21 26
4.3	Setzt formelle Vereinbarungen auf	expliziter >	1diii 4ai	12 21
4.4	Kommuniziert mit Auftraggebenden während gesamtem Evaluationsprozess	expliziter >	1dii	13
4.5	Budgetiert eine Evaluation	≈	2eii 5c1	16 26
4.6	Setzt bei gegebenem Informationsbedarf gerechtfertigte Kosten an	≈	2eii	16
4.7	Identifiziert erforderliche Ressourcen für die Evaluation wie Informationen, Sachkenntnis, Personal, Instrumente	≈	2ei	16
4.8	Verwendet geeignete Technik	≈	2eiii	16
4.9	Überwacht Andere, die in die Durchführung der Evaluation einbezogen sind	bildungsb.	Zweck	EAWE
4.10	Bildet Andere aus, die in die Durchführung der Evaluation einbezogen sind	bildungsb.	Zweck	EAWE
4.11	Führt die Evaluation auf nicht-störende Art durch	evaluations-spezifischer >	5ci	26
4.12	Führt die Arbeit wie zeitlich geplant durch	expliziter >	2ei 5cii	16 26
5.0	Reflexive Praxis			
5.1	Nimmt sich bewusst als Evaluatorin/Evaluator wahr (Wissen, Fertigkeiten, Haltungen)	≈	4ei 4di	23
5.2	Reflektiert die eigene Evaluationspraxis (Kompetenzen und Bereiche für Weiterentwicklung)	evaluations-spezifischer >	4ei 4di	23

5.3	Nimmt an beruflicher Weiterbildung in Evaluation teil	bildungsb.	Zweck	EAWE
5.4.	Nimmt an beruflicher Weiterbildung in relevanten Gegenstandsfeldern teil	bildungsb	Zweck	EAWE
5.5	Baut professionelle Beziehungen auf, um die Evaluationspraxis zu verbessern	bildungsb	Zweck	EAWE
6.0	Interpersonelle Kompetenz			
6.1	Setzt schriftliche Kommunikationsfertigkeiten ein	≈	4biii	21
6.2	Setzt verbale/zuhörende Kommunikationsfertigkeiten ein	≈	4ci	22
6.3	Setzt Verhandlungsfertigkeiten ein	≈	4cii	22
6.4	Setzt Konfliktlösungsfertigkeiten ein	≈	4aiii	21
6.5	Fördert konstruktive interpersonale Interaktion (Teamarbeit, Gruppenmethoden, Moderation)	≈	4ciii	22
6.6	**Wendet interkulturelle Kompetenz an.**	≈	4aii 4c	21 22

Legende:

≈	weitgehend ähnliche Anforderungen in ECPE und EAWE
expliziter >	ECPE fordert explizit Verhalten; EAWE legt Wert auf entsprechende Wissensgrundlage
evaluations-spezifischer >	ECPE spezifiziert die Kompetenzen für die Evaluation; EAWE weist erforderliches Wissen für Herkunftsgebiet aus (z.B. empirische Sozialforschung) und fordert von Studierenden Transfer auf Evaluation
bildungsb.	Bildungsbezogen: In ECPE Kompetenz bezogen auf Aus- und Weiterbildung (als Lernender und als Lehrender) – bei EAWE als Zweck des Empfehlungspapiers ausgewiesen

Evaluations-Standards der Schweizerischen Evaluationsgesellschaft (SEVAL-Standards)

Kurzfassung[77]

Thomas Widmer, Charles Landert und Nicole Bachmann,

Nützlichkeit

Die Nützlichkeitsstandards stellen sicher, dass sich eine Evaluation an den Informationsbedürfnissen der vorgesehenen Evaluationsnutzerinnen und -nutzer ausrichtet.

N1 Ermittlung der Beteiligten & Betroffenen
Die an einer Evaluation beteiligten und die von ihr betroffenen Personen werden identifiziert, damit deren Interessen und Bedürfnisse berücksichtigt werden können.

N2 Klärung der Evaluationsziele
Alle an einer Evaluation mitwirkenden Personen sind dafür besorgt, dass die Ziele der Evaluationen für alle Beteiligten & Betroffenen geklärt sind.

N3 Glaubwürdigkeit
Wer Evaluationen durchführt, ist sowohl vertrauenswürdig als auch kompetent, damit bei den Evaluationsergebnissen ein Höchstmass an Glaubwürdigkeit und Akzeptanz erreicht wird.

N4 Umfang und Auswahl der Informationen
Der Umfang und die Auswahl der erhobenen Informationen ermöglichen die Behandlung sachdienlicher Fragen zum Evaluationsgegenstand und berücksichtigen gleichzeitig die Interessen und Bedürfnisse des Auftraggebers und anderer Beteiligter & Betroffener.

N5 Transparenz der Bewertung
Die Perspektiven und Gedankengänge, auf denen die Interpretation der Ergebnisse beruht, werden so beschrieben, dass die Grundlagen der Werturteile klar ersichtlich sind.

---

77 Die vollständige Fassung der SEVAL-Standards, mit Erläuterungen zur Zielsetzung, zur Entstehung und zur Anwendung der Standards und weiteren Informationen steht unter www.seval.ch in deutscher, französischer und englischer Sprache zur Verfügung.

N6 Vollständigkeit und Klarheit des Berichts
Evaluationsberichte beschreiben den Evaluationsgegenstand einschliesslich seines Kontextes ebenso wie die Ziele, die Fragestellungen, die Verfahren und Befunde der Evaluation, damit die wesentlichen Informationen zur Verfügung stehen und leicht verstanden werden können.

N7 Rechtzeitigkeit der Berichterstattung
Wichtige Zwischenergebnisse und Schlussberichte werden den vorgesehenen Nutzerinnen und Nutzern so zur Kenntnis gebracht, dass diese sie rechtzeitig verwenden können.

N8 Wirkung der Evaluation
Planung, Durchführung und Darstellung einer Evaluation ermuntern die Beteiligten & Betroffenen dazu, dem Evaluationsprozess zu folgen und die Evaluation zu nutzen.

Durchführbarkeit

Die Durchführbarkeitsstandards stellen sicher, dass eine Evaluation realistisch, gut durchdacht, diplomatisch und kostenbewusst ausgeführt wird.

D1 Praktikable Verfahren
Evaluationsverfahren sind dazu geeignet, die benötigten Informationen zu beschaffen ohne den Evaluationsgegenstand oder die Evaluation unnötig zu beeinträchtigen.

D2 Politische Tragfähigkeit
Evaluationen werden unter Berücksichtigung der unterschiedlichen Positionen der verschiedenen Interessengruppen geplant und durchgeführt, um deren Kooperation zu erreichen und um mögliche Versuche irgendeiner dieser Gruppen zu vermeiden, die Evaluationsaktivitäten einzuschränken oder die Ergebnisse zu verzerren respektive zu missbrauchen.

D3 Kostenwirksamkeit
Evaluationen bringen Informationen mit einem Wert hervor, der die eingesetzten Mittel rechtfertigt.

Korrektheit

Die Korrektheitsstandards stellen sicher, dass eine Evaluation rechtlich und ethisch korrekt durchgeführt wird und dem Wohlergehen der Beteiligten & Betroffenen gebührende Aufmerksamkeit widmet.

K1 Formale Vereinbarungen
Die Pflichten der Vertragsparteien einer Evaluation (was, wie, von wem, wann getan werden soll) werden schriftlich festgehalten, damit die Parteien verpflichtet sind, alle Bedingungen dieser Vereinbarung zu erfüllen oder diese neu auszuhandeln.

K2 Schutz individueller Rechte
Evaluationen werden so geplant und durchgeführt, dass die Rechte und das Wohlergehen der Menschen respektiert und geschützt sind.

K3 Menschlich gestaltete Interaktion
Evaluationen sind so angelegt, dass die Kontakte zwischen den Beteiligten von gegenseitiger Achtung geprägt sind.

K4 Vollständige und faire Einschätzung
Evaluationen sind in der Überprüfung und in der Darstellung der Stärken und Schwächen des Evaluationsgegenstandes vollständig und fair, so dass die Stärken weiter ausgebaut und die Problemfelder behandelt werden können.

K5 Offenlegung der Ergebnisse
Die Vertragsparteien einer Evaluation stellen sicher, dass die Evaluationsergebnisse den betroffenen Personen zugänglich gemacht werden, ebenso wie all jenen, die einen ausgewiesenen Anspruch darauf haben.

K6 Deklaration von Interessenkonflikten
Interessenkonflikte werden offen und aufrichtig behandelt, damit sie die Evaluationsverfahren und -ergebnisse möglichst wenig beeinträchtigen.

Genauigkeit

Die Genauigkeitsstandards stellen sicher, dass eine Evaluation gültige und verwendbare Informationen hervorbringt und vermittelt.

G1 Dokumentation des Evaluationsgegenstandes
Der Evaluationsgegenstand wird klar und genau beschrieben und dokumentiert, so dass er eindeutig identifiziert werden kann.

G2 Kontextanalyse
Die Einflüsse des Kontextes auf den Evaluationsgegenstand werden identifiziert.

G3 Beschreibung von Zielen und Vorgehen
Ziele, Fragen und Vorgehen der Evaluation werden ausreichend genau dokumentiert und beschrieben, so dass sie identifiziert und beurteilt werden können.

G4 Verlässliche Informationsquellen
Die in einer Evaluation genutzten Informationsquellen sind hinreichend genau beschrieben, damit die Angemessenheit der Informationen eingeschätzt werden kann.

G5 Valide und reliable Informationen
Die Verfahren zur Gewinnung von Informationen werden so gewählt oder entwickelt und dann eingesetzt, dass Gültigkeit und Zuverlässigkeit der gewonnenen Interpretationen für den gegebenen Zweck sichergestellt sind.

G6 Systematische Informationsüberprüfung
Die in einer Evaluation gesammelten, aufbereiteten und präsentierten Informationen werden systematisch auf Fehler überprüft.

G7 Analyse qualitativer und quantitativer Informationen
Qualitative und quantitative Informationen einer Evaluation werden angemessen und systematisch analysiert, damit die gestellten Fragen durch die Evaluation effektiv beantwortet werden.

G8 Begründete Schlussfolgerungen
Die in einer Evaluation gezogenen Folgerungen werden ausdrücklich begründet, damit die Beteiligten & Betroffenen diese nachvollziehen und einschätzen können.

G9 Unparteiische Berichterstattung
Die Berichterstattung wird gegenüber Verzerrungen durch persönliche Gefühle und Vorlieben irgendeiner Evaluationspartei geschützt, so dass Evaluationsberichte die Ergebnisse fair wiedergeben.

G10 Meta-Evaluation
Die Evaluation selbst wird anhand der vorliegenden oder anderer wichtiger Standards evaluiert, so dass die Durchführung entsprechend angeleitet werden kann und damit die Beteiligten & Betroffenen bei Abschluss einer Evaluation deren Stärken und Schwächen einschätzen können.

Standards für Evaluation (DeGEval-Standards)[78]

Verabschiedet von der Mitgliederversammlung 2001 der Deutschen Gesellschaft für Evaluation

Evaluationen sollen vier grundlegende Eigenschaften aufweisen: Nützlichkeit – Durchführbarkeit – Fairness – Genauigkeit.

Nützlichkeit

Die Nützlichkeitsstandards sollen sicherstellen, dass die Evaluation sich an den geklärten Evaluationszwecken sowie am Informationsbedarf der vorgesehenen Nutzer und Nutzerinnen ausrichtet.

N1 Identifizierung der Beteiligten und Betroffenen
Die am Evaluationsgegenstand beteiligten oder von ihm betroffenen Personen bzw. Personengruppen sollen identifiziert werden, damit deren Interessen geklärt und so weit wie möglich bei der Anlage der Evaluation berücksichtigt werden können.

N2 Klärung der Evaluationszwecke
Es soll deutlich bestimmt sein, welche Zwecke mit der Evaluation verfolgt werden, so dass die Beteiligten und Betroffenen Position dazu beziehen können und das Evaluationsteam einen klaren Arbeitsauftrag verfolgen kann.

N3 Glaubwürdigkeit und Kompetenz des Evaluators / der Evaluatorin
Wer Evaluationen durchführt, soll persönlich glaubwürdig sowie methodisch und fachlich kompetent sein, damit bei den Evaluationsergebnissen ein Höchstmaß an Glaubwürdigkeit und Akzeptanz erreicht wird.

N4 Auswahl und Umfang der Informationen
Auswahl und Umfang der erfassten Informationen sollen die Behandlung der zu untersuchenden Fragestellungen zum Evaluationsgegenstand ermöglichen und gleichzeitig den Informationsbedarf des Auftraggebers und anderer Adressaten und Adressatinnen berücksichtigen.

---

78 Eine Übersetzung in englischer und russischer Sprache sowie erläuternde Materialien stehen unter www.degeval.de zur Verfügung.

N5 Transparenz von Werten
Die Perspektiven und Annahmen der Beteiligten und Betroffenen, auf denen die Evaluation und die Interpretation der Ergebnisse beruhen, sollen so beschrieben werden, dass die Grundlagen der Bewertungen klar ersichtlich sind.

N6 Vollständigkeit und Klarheit der Berichterstattung
Evaluationsberichte sollen alle wesentlichen Informationen zur Verfügung stellen, leicht zu verstehen und nachvollziehbar sein.

N7 Rechtzeitigkeit der Evaluation
Evaluationsvorhaben sollen so rechtzeitig begonnen und abgeschlossen werden, dass ihre Ergebnisse in anstehende Entscheidungsprozesse bzw. Verbesserungsprozesse einfließen können.

N8 Nutzung und Nutzen der Evaluation
Planung, Durchführung und Berichterstattung einer Evaluation sollen die Beteiligten und Betroffenen dazu ermuntern, die Evaluation aufmerksam zur Kenntnis zu nehmen und ihre Ergebnisse zu nutzen.

Durchführbarkeit

Die Durchführbarkeitsstandards sollen sicherstellen, dass eine Evaluation realistisch, gut durchdacht, diplomatisch und kostenbewusst geplant und ausgeführt wird.

D1 Angemessene Verfahren
Evaluationsverfahren, einschließlich der Verfahren zur Beschaffung notwendiger Informationen, sollen so gewählt werden, dass Belastungen des Evaluationsgegenstandes bzw. der Beteiligten und Betroffenen in einem angemessenen Verhältnis zum erwarteten Nutzen der Evaluation stehen.

D2 Diplomatisches Vorgehen
Evaluationen sollen so geplant und durchgeführt werden, dass eine möglichst hohe Akzeptanz der verschiedenen Beteiligten und Betroffenen in bezug auf Vorgehen und Ergebnisse der Evaluation erreicht werden kann.

D3 Effizienz von Evaluation
Der Aufwand für Evaluation soll in einem angemessenen Verhältnis zum Nutzen der Evaluation stehen.

Fairness

Die Fairnessstandards sollen sicherstellen, dass in einer Evaluation respektvoll und fair mit den betroffenen Personen und Gruppen umgegangen wird.

F1 Formale Vereinbarungen
Die Pflichten der Vertragsparteien einer Evaluation (was, wie, von wem, wann getan werden soll) sollen schriftlich festgehalten werden, damit die Parteien verpflichtet sind, alle Bedingungen dieser Vereinbarung zu erfüllen oder aber diese neu auszuhandeln.

F2 Schutz individueller Rechte
Evaluationen sollen so geplant und durchgeführt werden, dass Sicherheit, Würde und Rechte der in eine Evaluation einbezogenen Personen geschützt werden.

F3 Vollständige und faire Überprüfung
Evaluationen sollen die Stärken und die Schwächen des Evaluationsgegenstandes möglichst vollständig und fair überprüfen und darstellen, so dass die Stärken weiter ausgebaut und die Schwachpunkte behandelt werden können.

F4 Unparteiische Durchführung und Berichterstattung
Die Evaluation soll unterschiedliche Sichtweisen von Beteiligten und Betroffenen auf Gegenstand und Ergebnisse der Evaluation in Rechnung stellen. Berichte sollen ebenso wie der gesamte Evaluationsprozess die unparteiische Position des Evaluationsteams erkennen lassen. Bewertungen sollen fair und möglichst frei von persönlichen Gefühlen getroffen werden.

F5 Offenlegung der Ergebnisse
Die Evaluationsergebnisse sollen allen Beteiligten und Betroffenen soweit wie möglich zugänglich gemacht werden.

Genauigkeit

Die Genauigkeitsstandards sollen sicherstellen, dass eine Evaluation gültige Informationen und Ergebnisse zu dem jeweiligen Evaluationsgegenstand und den Evaluationsfragestellungen hervorbringt und vermittelt.

G1 Beschreibung des Evaluationsgegenstandes
Der Evaluationsgegenstand soll klar und genau beschrieben und dokumentiert werden, so dass er eindeutig identifiziert werden kann.

G2 Kontextanalyse
Der Kontext des Evaluationsgegenstandes soll ausreichend detailliert untersucht und analysiert werden.

G3 Beschreibung von Zwecken und Vorgehen
Gegenstand, Zwecke, Fragestellungen und Vorgehen der Evaluation, einschließlich der angewandten Methoden, sollen genau dokumentiert und beschrieben werden, so dass sie identifiziert und eingeschätzt werden können.

G4 Angabe von Informationsquellen
Die im Rahmen einer Evaluation genutzten Informationsquellen sollen hinreichend genau dokumentiert werden, damit die Verlässlichkeit und Angemessenheit der Informationen eingeschätzt werden kann.

G5 Valide und reliable Informationen
Die Verfahren zur Gewinnung von Daten sollen so gewählt oder entwickelt und dann eingesetzt werden, dass die Zuverlässigkeit der gewonnenen Daten und ihre Gültigkeit bezogen auf die Beantwortung der Evaluationsfragestellungen nach fachlichen Maßstäben sichergestellt sind. Die fachlichen Maßstäbe sollen sich an den Gütekriterien quantitativer und qualitativer Sozialforschung orientieren.

G6 Systematische Fehlerprüfung
Die in einer Evaluation gesammelten, aufbereiteten, analysierten und präsentierten Informationen sollen systematisch auf Fehler geprüft werden.

G7 Analyse qualitativer und quantitativer Informationen
Qualitative und quantitative Informationen einer Evaluation sollen nach fachlichen Maßstäben angemessen und systematisch analysiert werden, damit die Fragestellungen der Evaluation effektiv beantwortet werden können.

G8 Begründete Schlussfolgerungen
Die in einer Evaluation gezogenen Folgerungen sollen ausdrücklich begründet werden, damit die Adressaten und Adressatinnen diese einschätzen können.

G9 Meta-Evaluation
Um Meta-Evaluationen zu ermöglichen, sollen Evaluationen in geeigneter Form dokumentiert und archiviert werden.

Transformationstabelle Evaluationsstandards: Joint Committee – SEVAL – DeGEval

Joint Committee on Standards (USA)	**Schweizerische Evaluationsgesellschaft**	**Deutsche Gesellschaft für Evaluation**
N1 Ermittlung der Beteiligten und Betroffenen	N1 Ermittlung der Beteiligten und Betroffenen	N1 Identifizierung der Beteiligten und Betroffenen
fehlt	N2 Klärung der Evaluationsziele	N2 Klärung der Evaluationszwecke
N2 Glaubwürdigkeit der Evaluatorin	N3 Glaubwürdigkeit	N3 Glaubwürdigkeit und Kompetenz des Evaluators / der Evaluatorin
N3 Umfang und Auswahl der Informationen	N4 Umfang und Auswahl der Informationen	N4 Auswahl und Umfang der Informationen
N4 Feststellung von Werten	N5 Transparenz der Bewertung	N5 Transparenz von Werten
N5 Klarheit des Berichts	N6 Vollständigkeit und Klarheit des Berichts	N6 Vollständigkeit und Klarheit der Berichterstattung
N6 Rechtzeitigkeit und Verbreitung des Berichts	N7 Rechtzeitigkeit der Berichterstattung	N7 Rechtzeitigkeit der Evaluation
N7 Wirkung der Evaluation	N8 Wirkung der Evaluation	N8 Nutzung und Nutzen der Evaluation
D1 Praktische Verfahren	D1 Praktikable Verfahren	D1 Angemessene Verfahren
D2 Politische Tragfähigkeit	D2 Politische Tragfähigkeit	D2 Diplomatisches Vorgehen
D3 Kostenwirksamkeit	D3 Kostenwirksamkeit	D3 Effizienz von Evaluation
K1 Unterstützung der Dienstleistungsorientierung	entfällt	entfällt
K2 Formale Vereinbarungen	K1 Formale Vereinbarungen	F1 Formale Vereinbarungen
K3 Schutz individueller Menschenrechte	K2 Schutz individueller Rechte	F2 Schutz individueller Rechte
K4 Human gestaltete Interaktion	K3 Menschlich gestaltete Interaktion	
K5 Vollständige und faire Einschätzung	K4 Vollständige und faire Einschätzung	F3 Vollständige und faire Überprüfung
K6 Offenlegung der Ergebnisse	K5 Offenlegung der Ergebnisse	F5 Offenlegung der Ergebnisse
K7 Deklaration von Interessenkonflikten	K6 Deklaration von Interessenkonflikten	in F4 Unparteiische Durchführung u. Berichterstattung
K8 Finanzielle Verantwortlichkeit	in D3 Kostenwirksamkeit	in D3 Effizienz von Evaluation

G1 Programmdokumentation	G1 Dokumentation des Evaluationsgegenstandes	G1 Beschreibung des Evaluationsgegenstandes
G2 Kontextanalyse	G2 Kontextanalyse	G2 Kontextanalyse
G3 Beschreibung von Zielen und Vorgehen	G3 Beschreibung von Zielen und Vorgehen	G3 Beschreibung von Zwecken und Vorgehen
G4 Verlässliche Informationsquellen	G4 Verlässliche Informationsquellen	G4 Angabe von Informationsquellen
G5 Valide Informationen G6 Reliable Informationen	G5 Valide und reliable Informationen	G5 Valide und reliable Informationen
G7 Systematische Informationsüberprüfung	G6 Systematische Informationsüberprüfung	G6 Systematische Fehlerprüfung
G8 Analyse quantitativer Informationen G9 Analyse qualitativer Informationen	G7 Analyse qualitativer und quantitativer Informationen	G7 Analyse qualitativer und quantitativer Informationen
G10 Begründete Schlussfolgerungen	G8 Begründete Schlussfolgerungen	G8 Begründete Schlussfolgerungen
G11 Unparteiische Berichterstattung	G9 Unparteiische Berichterstattung	F4 Unparteiische Durchführung und Berichterstattung
G12 Meta-Evaluation	G10 Meta-Evaluation	G9 Meta-Evaluation

Literaturverzeichnis

Algemene Rekenkamer (Ed.) (1996). *Evaluaties op het gebied van technologiebeleid.* Den Haag: Algemene Rekenkamer.

Alkin, M. C. (1990). *Debates on evaluation.* Newbury Park, CA: Sage.

Alkin, M. C., Daillak, R., & White, P. (1979). *Using evaluation: Does evaluation make a difference?* Newbury Park, CA: Sage.

Alkin, M., & Solomon, L. C. (1983). Conducting benefit cost analysis of program evaluation. In: Alkin, M. & Solomon, L. C. (Eds.), *The costs of evaluation.* Newbury Park, CA: Sage.

Allgäuer, R. (1997). *Evaluation macht uns stark!* Frankfurt am Main: Lang.

Altschuld, James. W. & Engle, Molly. (Ed.). The preparation of professional evaluators: Issues, perspectives, and programs. New Directions for Program Evaluation 62. San Francisco: Jossey Bass.

AEA – American Evaluation Association (1995). Guiding principles for evaluators. In: Shadish, W. R., Newman, D. L., Scheirer, M. A., & Wye, C. (Eds.) (1995), *Guiding principles for evaluators. New Directions for Program Evaluation*, 66. San Francisco: Jossey-Bass, 19-26. (Deutsche Übersetzung in Univation GmbH 2005).

American Counseling Association/Association for Assessment in Counseling (1991). *Responsibilities of users of standard tests.* Washington, DC: Author.

American Psychological Association (1985). *Standards for educational and psychological testing.* Washington, DC: Author.

Argyris, C. (1982). Reasoning, learning and action – Individual and organizational. San Francisco: Jossey-Bass Publishers.

Ball, S. (1975). Audit of evaluation. In Anderson, S. B., et al. (Eds.) *Encyclopedia of educational evaluation.* San Francisco: Jossey-Bass.

Bednarz, D. (1985). Quality and quantity in evaluation research: A divergent view. *Evaluation and Program Planning*, 8(4), 289-306.

Berk, R. A., & Rossi, P. H. (1990). *Thinking about program evaluation.* Newbury Park: Sage.

Barbier, J.-C.(2003). *Devising and Using Evaluation Standards. The French Paradox.* Document de Travail, No 23, Centre d'études de l'emploi, Noisy-le-grand, avril 2003.

Barbier, J.-C., & Perret, B. (2000). Ethical Guidelines and Product Quality Standards, What For? Paper presented at the European Evaluation Society Conference. Lausanne, October, 12th – 14th, 2000.

Beywl, W. (1988). Zur Weiterentwicklung der Evaluationsmethodologie. Grundlegung, Konzeption und Anwendung eines Modells der responsiven Evaluation. Frankfurt am Main: Lang.

Beywl, W. (1996). Anerkannte Standards und Leitprinzipien der amerikanischen Evaluation. In: Heiner, M. (Hrsg.), *Qualitätsentwicklung durch Evaluation.* Freiburg im Breisgau: Lambertus, 85-107.

Beywl, W. (1999). Standards für Evaluation. Auf dem Weg zu Regelwerken in der deutschsprachigen Evaluation. *DeGEval News* 2(1), 1-4.

Beywl, W. (2000). Standards for Evaluation: On the Way to Guiding Principles in German Evaluation. In: Russon, C. (Ed.), *The Program Evaluation Standards in International Set-*

tings. The Evaluation Center Occasional Papers Series. Kalamazoo: Western Michigan University, May 1, 60-65.

Beywl, W., & Taut, S. (2000). Standards: Aktuelle Strategie zur Qualitätsentwicklung in der Evaluation. *Vierteljahreshefte zur Wirtschaftsforschung*, 69(3), 358-370.

Beywl, W. & Spöth, S. (2001). Bildungsbedarfe und –angebote in Evaluation. Ergebnisse einer explorativen Pilotstudie. In: Deutsche Gesellschaft für Evaluation e.V.(Hrsg.): *Evaluation – Reformmotor oder Reformbremse*, Köln, 35-48.

Beywl, W. & Harich, K. (2006). University further education in evaluation – the baseline in Europe. *Evaluation*, 12 (im Erscheinen)

Bock, R. D. (1989). *Multilevel analysis of educational data*. New York: Academic Press.

Bogdan, R. C., & Biklen, S. K. (1992). *Qualitative research for education* (2nd ed.). Boston: Allyn and Bacon, 206-9.

Bortz, J., & Döring, N. (1995). Forschungsmethoden und Evaluation für Sozialwissenschaftler. Berlin: Springer.

Bradburn, N. M., & Sudman, S. (1979). *Improving interview method and questionnaire design*. San Francisco, CA: Jossey-Bass Publishers.

Brannen, J. (Ed.). (1992). *Mixing methods: Qualitative and quantitative research*. Brookfield, VT: Avebury.

Brewer, J., & Hunter, A. (1989). *Multimethod research: A synthesis of styles*. Newbury Park, CA: Sage.

Brinkerhoff, R. O., Brethower, D. M., Hluchyj, T., & Nowakowski, J. R. (1983). *Program evaluation: A practitioner's guide for trainers and educators*. Boston: Kluwer-Nijhoff Publishing.

Bryk, A. S., & Raudenbush, S. W. (1992). *Hierarchical linear models: Applications and data analysis methods*. Newbury Park, CA: Sage.

Bundesamt für Gesundheit (Hrsg.) (1997). *Leitfaden für die Planung von Projekt- und Programmevaluationen*. Bern: Bundesamt für Gesundheit (BAG), Fachbereich Evaluation.

Bussmann, W. (1995). Evaluations and grassroots politics: The case of Switzerland. *Knowledge and Policy* 8(3), 85-98.

Bussmann, W. (1996). Democracy and evaluation's contribution to negotiation, empowerment and information. Some findings from Swiss democratic experience. *Evaluation* 2(3), 307-19.

Bussmann, W. (1997). Evaluationen in der Schweiz. In: Bussmann, W., Klöti, U., & Knoepfel, P. (Hrsg.), *Einführung in die Politikevaluation*. Basel: Helbing & Lichtenhahn, 13-35.

Campbell, D. T. (1988). *Methodology and epistemology for social science: Selected papers*. (E. S. Overman, Ed.). Chicago: University of Chicago Press.

Campbell, D. T., & Erlebacher, A. (1975). How regression artifacts in quasi-experimental evaluations can mistakenly make compensatory education look harmful. In: Guttentag, M., & Struening, E. L. (Eds.), *Handbook of evaluation research*.Vol. 1, Newbury Park, CA: Sage, 597-617.

Caracelli, V. J., & Riggin, L. J. C. (1994). Mixed-method evaluation: Developing quality criteria through concept mapping. Mixed-method collaboration. *Evaluation Practice* 15(2), 139-52.

Chelimsky, E. (1987). What have we learned about the politics of program evaluation? *Evaluation Practice*, 8(1), 5-21.

Chelimsky, E. (1997). The coming transformations in evaluation. In: Chelimsky, E., & Shadish, W. R. (eds.), *Evaluation for the 21st century*. A handbook. Thousand Oaks: Sage, 1-26.

Clark, W. W., Jr., & Beers, C. D. (1976). *Ethical considerations in the anthropological evaluation of educational programs*. Paper presented at the annual meeting of the American Educational Research Association. 34 p.

Cleveland, W. S. (1985). *The elements of graphing data*. Monterey: Wadsworth.

Code of Fair Testing Practices for Education (1988). Washington, DC: Joint Committee on Testing Practices, American Psychological Association.

Conseil scientifique de l'évaluation (1996). *Petite guide de l'évaluation des politiques publiques*. Paris: La documentation Française.

Cook, T. D., & Reichardt, C. S. (Eds). (1979). *Qualitative and quantitative methods in evaluation research*. Newbury Park, CA: Sage.

Cousins, J. B., & Earl, L. M. (1992). The case for participatory evaluation. *Educational Evaluation and Policy Analysis*, 14,(4), 397-418.
Covert, R. W. (1995). A twenty-year veteran's reflections on the guiding principles for evaluators. *New Directions for Program Evaluation* 66, 35-45.
Crabtree, B. F., & Miller, W. L. (1992). *Doing qualitative research*. Newbury Park, CA: Sage.
Cronbach, L. J., Ambron, S. R., Dornbusch, S. M., Hess, R. D., Hornik, R. C., Phillips, D. C., Walker, D. F., & Weiner, S. S. (1980). *Toward reform of program evaluation*. San Francisco: Jossey-Bass.
Cronbach, L. J. (1982). In praise of uncertainty. *New Directions for Program Evaluation* 15, 49-58.
Davis, Barbara G. (Ed.) (1986). The teaching of evaluation across the Disciplines. *New Directions for Program Evaluation*, 29, San Francisco: Jossey Bass.
Davis, D. F. (1990). Do you want a performance audit or a program evaluation? *Public Administration Review* 50 (1), 35-41.
DeGEval – Deutsche Gesellschaft für Evaluation (2002a). *Standards für Evaluation*. Köln: DeGEval.
DeGEval – Deutsche Gesellschaft für Evaluation (2002b). Angefragte Gutachten / Meta-Evaluationen auf Basis der DeGEval-Standards. Vom Vorstand der DeGEval im April 2002 verabschiedetes Papier. Köln: DeGEval-Geschäftsstelle.
DeGEval – Deutsche Gesellschaft für Evaluation (2004). *Empfehlungen zur Anwendung der Evaluationsstandards der DeGEval im Handlungsfeld der Selbstevaluation*. Alfter bei Bonn: DeGEval-Geschäftsstelle.
Delamont, S. (1992). Fieldwork in educational settings: Methods, pitfalls and perspectives. Bristol, PA: Falmer Press.
Derlien, H.-U. (1997). Die Entwicklung von Evaluation im internationalen Kontext. In: Bussmann, W., Klöti, U., & Knoepfel, P. (Hrsg.), *Einführung in die Politikevaluation*. Basel: Helbing & Lichtenhahn, 4-12.
Derlien, H.-U. (2002). Policy Evaluation in Germany: Institutional Continuation and Sectoral Activation. In: Furubo, J.-E., Rist, R. C., & Sandahl, R. (Eds.), *International Atlas of Evaluation*. New Brunswick: Transaction, 77-91.
Derlien, H.-U., & Rist, R. C. (2002). Conclusion: Policy Evaluation in International Comparison. In: Furubo, J.-E., Rist, R., & Sandahl, R. (Eds.), *International Atlas of Evaluation*. New Brunswick: Transaction, 439-455.
Deutsche Gesellschaft für Qualität – DGQ – (Hrsg.) (1995). *Begriffe zum Qualitätsmanagement*. Berlin: Beuth.
EC DG Budget (Ed.) (2003). *Evaluating EU Activities. A Practical Guide for the Commission Services*. Brussels: EC.
EC Structural Funds (Ed.) (1999). *Evaluating socio-economics programmes*. Luxembourg: Office for Official Publications of the European Communities.
ERS Standards Committee (1982). Evaluation Research Society standards for program evaluation. In: Rossi, P. H. (Ed.), *Standards of evaluation practice*. New Directions for Program Evaluation, No. 15. San Francisco: Jossey-Bass.
Ethical Standards of Psychologists. (1989). Washington, DC: American Psychological Association.
Fetterman, D. M. (1984). *Ethnography in educational evaluation*. Newbury Park, CA: Sage.
Fetterman, D. M. (1989). *Ethnography: Step by step*. Newbury Park, CA: Sage.
Fetterman, D. M. (1995). In response to Dr. Daniel Stufflebeam's: Empowerment evaluation, objectivist evaluation, and evaluation standards: Where the future of evaluation should not go and where it needs to go. *Evaluation Practice* 16(2),179-99.
Fetterman, D. M. (1996). Empowerment evaluation. An introduction to theory and practice. In: Fetterman, D. M., Kaftarian, S. J., & Wandersman, A. (Eds.), *Empowerment evaluation. Knowledge and tools for self-assessment & accountability*. Thousand Oaks: Sage, 3-46.
Fielding, N. G., & Lee, R. M. (1991). *Using computers in qualitative research*. Newbury Park, CA: Sage.

Fitz-Gibbon, C. T., & Morris, L. L. (1987). *How to analyze data*. In: Herman, J. L. (Ed.), Program evaluation kit (2nd ed.). Newbury Park, CA: Sage.
Fitz-Gibbon, C. T., & Morris, L. L. (1987). *How to design a program evaluation*. In: Herman, J. L. (Ed.), Program evaluation kit (2nd ed.). Newbury Park, CA: Sage.
Foley, A. L., & Newell, L. T. (1995). A retrospective assessment of qualitative evaluations using the Joint Standards. 1993-1994 American Evaluation Association's Annual Meetings. Paper presented at Evaluation '95, Vancouver, British Columbia, November 2-5, 1995.
Fontaine, C. & Monnier, E. (2002). Evaluation in France. In: Furubo, J.-E., Rist, R. C., & Sandahl, R. (Eds.), *International Atlas of Evaluation*. New Brunswick: Transaction, 63-75.
Forss, K., & Carlsson, J. (1997). The quest for quality — Or can evaluation findings be trusted? *Evaluation* 3(4), 481-501.
Frankel, B. (1982). On participant observation as a component of evaluation: Strategies, constraints, and issues. *Evaluation and Program Planning*, 5(3), 239-246.
Freed, M. N., Ryan, J. M., & Hess, R. K. (1991). Handbook of statistical procedures and computer applications to education and the behavioral sciences. New York: Macmillan.
Fuchs, W. u.a. (Hrsg.) (1975). *Lexikon zur Soziologie*. Hamburg: Rowolth.
Goldstein, H. (1987). Multilevel models in educational and social research. London: Oxford Press.
Gray, A., & Jenkins, B. (2002). Policy and Program Evaluation in the United Kingdom: A Reflective State? In: Furubo, J.-E., Rist, R. C., & Sandahl, R. (Eds.), *International Atlas of Evaluation*. New Brunswick: Transaction, 129-153.
Greene, J. C. (1988). Communication of results and utilization in participatory program evaluation. *Evaluation and Program Planning*, 11, 341-51.
Greene, J. C. (1991, April). *Responding to evaluation's moral challenge*. Paper presented at the Annual Meeting of the American Educational Research Association, Chicago.
Greene, J. G. (1988). Stakeholder participation and utilization in program evaluation. *Evaluation Review*, 12(2), 96-116.
Greene, J. C. (1994). Qualitative program evaluation. Practice and promise. In: Denzin, N. K., & Lincoln, Y. S. (Eds.), *Handbook of qualitative research*. Thousand Oaks: Sage, 530-44.
Grillenberger, T. (1996). Qualitätstandards und Qualitätsgarantien als Bestandteil der Unternehmenskommunikation von Dienstleistungsanbietern. Grundlagen und Fallbeispiele (Arbeitspapiere zur Schriftenreihe Schwerpunkt Marketing, 00072). München: Fördergesellschaft Marketing.
Grohmann, R. (1997). Das Problem der Evaluation in der Sozialpädagogik. Frankfurt: Peter Lang.
Guba, E. G. (Ed.). (1990). *The paradigm dialog*. Newbury Park, CA: Sage.
Guba, E. G., & Lincoln, Y. S. (1989). *Fourth generation evaluation*. Newbury Park: Sage.
Hadden. B. (1992). Das Bildungswesen. In: Adams, W. P., u.a. (Hrsg), *Länderbericht USA. Band II: Außenpolitik, Gesellschaft, Kultur-Religion-Erziehung*. Bonn: Bundeszentrale für politische Bildung, 598-651.
Hambleton, R. K., & Zaal, J. N. (Eds.). (1991). *Advances in educational and psychological testing*. Boston: Kluwer Academic Publishers.
Hansen, J. B. (1994). The Joint Committee on Standards for Educational Evaluation (1994). The program evaluation standards: How to assess evaluations of educational programs. Thousand Oaks: Sage. Book Review. *Educational and Psychological Measurement* 54 (2), 550-61.
Harrison, M. I. (1987). Diagnosing organizations. *Applied Social Research Methods*, 8. Newbury Park, CA: Sage.
Hatry, H. P., Newcomer, K. E., & Wholey, J. S. (1994). Conclusion: Improving evaluation activities and results. In: Wholey, J. S., Hatry, H. P., & Newcomer, K. E. (Eds.), *Handbook of practical program evaluation*. San Francisco: Jossey-Bass, 590-602.
Heidenheimer, A. J. (1997). Disparate ladders. Why school and university policies differ in Germany, Japan, and Switzerland. New Brunswick: Transaction.
Henderson, M. E., Morris, L. L., & Fitz-Gibbon, C. T. (1987). How to measure attitudes. In: Herman, J. L. (Ed.), *Program evaluation kit* (2nd ed.). Newbury Park, CA: Sage.
Hendricks, M., & Papagiannis, M. (1990). Do's and don'ts for offering effective recommendations. *Evaluation Practice*, 11 (2), 121-125.

Hendricks, M. & Conner, R. F. (1995). International perspectives on the guiding principles. *New Directions for Program Evaluation* 66, 77-90.
Herman, J. L., Morris, L. L., & Fitz-Gibbon, C. T. (1987). Evaluator's handbook. In: Herman, J. L. (Ed.), *Program evaluation kit* (2nd ed.). Newbury Park, CA: Sage.
Hopkins, K. D., & Glass, G. V. (1978). *Basic statistics for the behavioral sciences.* Englewood Cliffs, NJ: Prentice-Hall.
Horber-Papazian, K. (éd.) (1990). *Evaluation des politiques publiques en Suisse. Pourquoi? Pour qui? Comment?* Lausanne: Presses polytechniques et universitaires romandes.
Horber-Papazian, K., & Thévoz, L. (1990). Switzerland Moving Towards Evaluation. In Rist, R. C. (Ed.), *Program Evaluation and the Management of Government: Patterns and Prospects across Eight Nations.* New Brunswick: Transaction, 133-143.
Horvath, L. (1995). Structured case study methodology in special education: Metaevaluation using the program evaluation standards. Paper presented at Evaluation '95, Vancouver, British Columbia, November 2-5, 1995.
House, E. R. (Ed.). (1973). *School evaluation: The politics and process.* Berkeley, CA: McCutchan.
House, E. R., Rivers, W., & Stufflebeam, D. L. (1974). An assessment of Michigan's accountability system. *Phi Delta Kappan*, June 1974, 663-669.
House, E. R. (1993). Professional evaluation. Social impact and political consequences. Newbury Park: Sage.
Howe, K., & Eisenhart, M. (1990). Standards for qualitative (and quantitative) research: A prolegomenon. *Educational Researcher*, 19 (4), 2-9.
Jaeger, R. M. (1991). *Statistics: A spectator sport.* Newbury Park, CA: Sage.
Jenkins, B., and Gray, A. (1990). Policy Evaluation in British Government: From idealism to realism? In Rist, R. C. (Ed.), *Program Evaluation and the Management of Government: Patterns and Prospects across Eight Nations.* New Brunswick: Transaction, 53-70.
Joint Committee on Standards for Educational Evaluation (1981). *Standards for evaluations of educational programs, projects, and materials.* New York: McGraw-Hill. [Joint Committee 1981]
Joint Committee on Standards for Educational Evaluation (1988). *The personnel evaluation standards.* Newbury Park, CA: Sage. [Joint Committee 1988]
Joint Committee on Standards for Educational Evaluation (1994). *The program evaluation standards. How to assess evaluations of educational programs, 2nd Edition.* Thousand Oaks: Sage. [Joint Committee 1994]
King, J. A., Morris, L. L., & Fitz-Gibbon, C. T. (1987). *How to assess program implementation.* In: Herman, J. L. (Ed.). Program evaluation kit (2nd ed.). Newbury Park, CA: Sage.
King, J. A., Stevahn, L., Ghere, G., & Minnema, J. (2001). Toward a taxonomy of essential evaluator competencies. *American Journal of Evaluation*, 22 (2), 229-47.
Kirk, J., & Miller, M. L. (1986). Reliability and validity in qualitative research. *Qualitative Research Methods Series*, 1. Newbury Park, CA: Sage.
Kistler, E., & Becker, W. (1990). Die Leiden der Evaluation. In: Koch, U., & Wittmann, W. (Hrsg.) *Evaluationsforschung*. Berlin: Springer, 183-189.
Kleinfeld, J., & McDiarmid, G. W. (1986). Living to tell the tale: Researching politically controversial topics and communicating the findings. *Educational Evaluation and Policy Analysis*, 8 (4), 393-401.
Klöti, U. (1997). Inhaltliche und methodische Anforderungen an wissenschaftliche Politikevaluationen. In: Bussmann, W., Klöti, U., & Knoepfel, P. (Hrsg.), *Einführung in die Politikevaluation.* Basel: Helbing & Lichtenhahn, 39-57.
Klöti, U., & Widmer, T. (1997). Untersuchungsdesigns. In: Bussmann, W., Klöti, U., & Knoepfel, P. (Hrsg.), *Einführung in die Politikevaluation*. Basel: Helbing & Lichtenhahn, 185-213.
Koch, U., & Wittmann, W. (Hrsg.) (1990). *Evaluationsforschung*. Berlin: Springer.
Kotitschke, H. (2004a): Befragung zur Steuerung des Revisionsprozesses der DeGEval-Standards für Evaluation (REVAL). Bericht zur quantitativen Datenauswertung. o.O.: DeGEval.

Kotitschke, H. (2004a). Befragung zur Steuerung des Revisionsprozesses der DeGEval-Standards für Evaluation (REVAL). Bericht zur quantitativen Datenauswertung. o.O.: DeGEval. [Heruntergeladen im September 2005 von www.degeval.de]

Kotitschke, H. (2004b): Befragung zur Steuerung des Revisionsprozesses der DeGEval-Standards für Evaluation (REVAL). Bericht zur quantitativen Datenauswertung. o.O.: DeGEval.

Kotitschke, H. (2004b): Befragung zur Steuerung des Revisionsprozesses der DeGEval-Standards für Evaluation (REVAL). Bericht zur quantitativen Datenauswertung. o.O.: DeGEval. [Heruntergeladen im September 2005 von www.degeval.de]

Läubli Loud, M. M. (2004). Setting Standards and Providing Guidelines: The Means Toward What End? *Evaluation* 10(2), 237-45.

LeCompte, M., & Goetz, J. (1982). Problems of reliability and validity in ethnographic research. *Review of Educational Research*, 52, 31-60.

Leeuw, F. L. (2004). Evaluation in Europe. In: Stockmann, R. (Hrsg.), *Evaluationsforschung*. 2. Auflage. Opladen: Leske + Budrich, 61-81.

Leninger, M. (Ed.) (1985). *Qualitative research methods in nursing*. Orlando, FL: Grune & Stratton.

Levin, H. M. (1983). *Cost-effectiveness: A primer*. Newbury Park, CA: Sage.

Lewy, A. (1984). Evaluation standards: Comments from Israel. *Evaluation and Program Planning* (7), 377-81.

Lincoln, Y. S., & Guba, E. G. (1986). But is it rigorous? Trustworthiness and authenticity in naturalistic evaluation. *New Directions For Program Evaluation: Naturalistic Evaluation*, 30, 73-84.

Linn, R. L. (Ed.). (1989). *Educational measurement*. New York: Macmillan.

Linn, R. L., Baker, E. L., & Dunbar, S. B. (1991). Complex, performance-based assessment: Expectations and validation criteria. *Educational Researcher*, 20 (8), 5-21.

Lipsey, M. W. (1990). *Design sensitivity*. Newbury Park, CA: Sage.

Love, A. J. (1991). *Internal Evaluation*. Newbury Park, CA: Sage.

Love, A. J. (1994). Should evaluators be certified? *New Directions for Program Evaluation* 62, 29-40.

Madaus, G. F., Scriven, M., & Stufflebeam, D. L. (Eds.). (1983). *Evaluation models: Viewpoints on educational and human services evaluation*. Boston: Kluwer-Nijhoff.

Marklund, S. (1984). Applicability of standards for evaluations of educational programs, projects and materials in an international setting. *Evaluation and Program Planning* 7, 355-62.

Mathison, S. (1991). What do we know about internal evaluation? *Evaluation and Program Planning*, 14 (1), 159-165.

Miles, M. B., & Huberman, A. M. (1984). *Qualitative data analysis: A source book of new methods*. Newbury Park, CA: Sage.

Mitchell, J. (1990). Policy evaluation for policy communities: Confronting the utilization problem. *Evaluation Practice*, 11 (2), 109-114.

Monteau, P. (1987). Establishing corporate evaluation policy—Cost versus benefit. In: May, L. S., Moore, C. A., & Zammit, S. J. (Eds.), *Evaluating business and industry training*. Boston: Kluwer Academic Publishers.

Morris, L. L., Fitz-Gibbon, C. T., & Freeman, M. E. (1987). *How to communicate evaluation findings*. In: Herman, J. L. (Ed.), Program evaluation kit (2nd ed.). Newbury Park, CA: Sage.

Morris, L. L., Fitz-Gibbon, C. T., & Lindheim, E. (1987). *How to measure performance and use tests*. In: Herman, J. L. (Ed.), Program evaluation kit (2nd ed.). Newbury Park, CA: Sage.

Morris, M. (1998). Ethical challenges. *American Evaluation Journal* 19 (1), 71-2.

Morris, M. (2005). Teaching evaluation. In: Mathison, S. (Ed.). Encyclopedia of evaluation. Sage: Thousand Oaks, 413-414.

Morris, M., & Jacobs, L. R. (2000). You got a problem with that? Exploring evaluators' disagreements about ethics. *Evaluation Review* 24(4), 384-406.

Mowbray, C. T. (1988). Getting the system to respond to evaluation findings. *New Directions for Program Evaluation: Evaluation Utilization*, 39, 47-57.

Müller-Kohlenberg, H., & Beywl, W. (2003). Standards der Selbstevaluation – Begründung und aktueller Diskussionsstand. *Zeitschrift für Evaluation* 1/2003, 65-75.

Murphy, R. T. (1975). Quality Control. In: Anderson, S. B., et al (Eds.). *Encyclopedia of educational evaluation*. San Francisco: Jossey-Bass.

Nagel, S. S. (1988). Evaluative decisions under conflicting constraints. *Evaluation Practice*, 9 (2), 36-39.

Neale, J., Owen, J. M., & Small, D. (2003). Encouraging the use of codes of behaviour in evaluation practice. *Evaluation and Program Planning* 26, 29-36.

Nevo, D. (1984). Applying the evaluation standards in a different social context. *Evaluation and Program Planning* 7, 383-6.

Newman, D. L. (1995). The future of ethics in evaluation: Developing the dialogue. *New Directions for Program Evaluation,* 66, 99-110.

Newman, D. L., & Brown, R. D. (1986). Violations of evaluation standards. Frequency and seriousness of occurrence. *Evaluation Review*, 16 (3), 219-34.

Newman, D. L., & Brown, R. D. (1996). *Applied ethics for program evaluation*. Thousand Oaks: Sage.

Nowakowski, J. (Ed.). (1987, Winter). The client perspective on evaluation. *New Directions for Program Evaluation*, 36.

Nowakowski, J., Bunda, M. A., Working, R., Bernacki, G., & Harrington, P. (1985). *A handbook of educational variables*. Boston: Kluwer-Nijhoff.

Øvretveit, J. (1997). Assessing evaluations of hospital quality programs. An example of methods and issues in evaluation management technologies. *Evaluation* 3 (4), 451-68.

Owen, J. M., & Rogers, P. J. (1999). *Program evaluation: Forms and approaches*. Thousand Oaks: Sage.

Patton, M. Q. (1986). *Utilization-focused evaluation* (2nd. ed.). Beverly Hills, CA: Sage.

Patton, M. Q. (1987). *How to use qualitative methods in evaluation*. In: Herman, J. L. (Ed.), Program evaluation kit (2nd ed.). Newbury Park, CA: Sage.

Patton, M. Q. (1988). The evaluator's responsibility for utilization. *Evaluation Practice*, 9 (2), 5-24.

Patton, M. Q. (1990). *Qualitative evaluation and research methods* (2nd ed.). Newbury Park, CA: Sage.

Patton, M. Q. (1994a). The Joint Committee on Standards for Educational Evaluation (1994). The program evaluation standards: How to assess evaluations of educational programs. Thousand Oaks: Sage. Book Review. *Educational and Psychological Measurement* 54 (2), 561-7.

Patton, M. Q. (1994b). The program evaluation standards: How to assess evaluations of educational programs, by The Joint Committee on Standards for Educational Evaluations, Newbury Park, CA: Sage. Book Review. *Evaluation Practice*, 15 (2), 193-9.

Patton, M. Q. (1997). *Utilization-focused evaluation*. The New Century Text. 3rd Edition. Thousand Oaks: Sage.

Patton, M.Q. & Patrizi, P. (2005). Teaching evaluation using the case method. *New Directions for Evaluation* 105, San Francisco: Jossey Bass.

Pitz, G. F., & McKillip, J. (1984). *Decision analysis for program evaluators*. Newbury Park, CA: Sage.

Posavac, E. J., & Carey, R. G. (1997). *Program evaluation methods and case studies*. Upper Saddle River: Prentice Hall.

Preskill, H. (1991, Spring). The cultural lens: Bringing utilization into focus. *New Directions in Program Evaluation*, 49, 5-13.

Principles for Fair Student Assessment Practices for Education in Canada (1993). Edmonton, Alberta, Canada: Joint Advisory Committee, Centre for Research in Applied Measurement and Evaluation, University of Alberta.

Punch, M. (1986). The politics and ethics of fieldwork. *Qualitative Research Methods Series*, 3.

Rist, R. C. (Ed.) (1990). Program evaluation and the management of government. Patterns and prospects across eight nations. New Brunswick: Transaction Publishers.

Rodman, H., & Rolodny, R. L. (1964). Organizational strains in the researcher-practitioner relationship. *Human Organization*, 23 (2), 171-182.

Rossi, Peter H., Freeman, Howard E. & Lipsey, Mark W. (1999). Evaluation. A Systematic Approach. 6th Edition. Thousand Oaks: Sage.

Sanders, J. R. (1992). *Evaluating school programs.* Newbury Park, CA: Corwin Press.

Sanders, J. R. (1994). The process of developing national standards that meet ANSI guidelines. *Journal of Experimental Education.* 63 (1), 5–12.

Sanders, J. R. (1995). Standards and principles. In: Shadish, W. R., Newman, D. L., Scheirer, M. A., & Wye, C. (Eds.), Guiding principles for evaluators. *New Directions for Program Evaluation*, 66. San Francisco: Jossey-Bass, 47-52.

Sanders, J. R. (1997). Cluster evaluation. In: Chelimsky, E., & Shadish, W. R. (Eds.), *Evaluation for the 21st century*, 396-404.

Schwab, O. (2003). The Standards of the German Evaluation Society – and why they are of (no?) use for Structural Funds evaluations in Germany. Conference paper, Budapest, June 26/27, 2003.

Schwandt, T. A. (1989). Recapturing moral discourse in evaluation. *Educational Researcher*, 18 (8), 11-16.

Schwandt, T. A., & Halpern, E. S. (1988). Linking auditing and meta-evaluation: Enhancing quality in applied research. Newbury Park, CA: Sage.

Scriven, M. (1967). The methodology of evaluation. In: Stake, R. E. (Ed.), *Perspectives of curriculum evaluation.* American Educational Research Association monograph series on evaluation, No. 1. Chicago: Rand McNally.

Scriven, M. (1976). Evaluation bias and its control. In: Glass, G. V (Ed.), *Evaluation Studies Review Annual, Volume 1.* Newbury Park, CA: Sage.

Scriven, M. (1993). Hard-won lessons in program evaluation. *New Directions for Program Evaluation*, 58, San Francisco: Jossey-Bass.

Scriven, M. (1991). *Evaluation thesaurus. 4th Edition.* Newbury Park: Sage.

Shadish, W. R., Jr., Cook, T. D., & Leviton, L. C. (1991). *Foundations of program evaluation: Theories of practice.* Newbury Park, CA: Sage.

Shadish, W. R., Newman, D. L., Scheirer, M. A., & Wye, C. (Eds.) (1995). Guiding principles for evaluators. *New Directions for Program Evaluation*, 66. San Francisco: Jossey-Bass.

Shavelson, R. J., & Webb, N. M. (1991). *Generalizability theory: A primer.* Newbury Park, CA: Sage.

Sludek, F. E., & Stein, E. L. (1981). Grants budgeting and finance: Getting the most out of your grant dollar. New York: Plenum Pub.

Smith, M. F. (1988). Evaluation utilization revisited. *New Directions for Program Evaluation: Evaluation Utilization*, 39, 7-19.

Smith, M. F. (1989). *Evaluability assessment: A practical approach.* Boston: Kluwer Academic Publishers.

Smith, M. L. (1986). The whole is greater: Combining qualitative and quantitative approaches in evaluation studies. *New Directions For Program Evaluation: Naturalistic Evaluation*, 30, 37-54.

Smith, N. L. (1989). Evaluability assessment. A practical approach. Norwell: Kluwer.

Smith, N. L., Chircop, S., & Mukherjee, P. (1993). Considerations on the development of culturally relevant evaluation standards. *Studies in Educational Evaluation* 19, 3-13.

Société Française de l'Évaluation (2003) : *Charte de l'évaluation des politiques publiques et des programmes publics.* Adoptée par l'assemblée générale de la SFE le 28 octobre 2003. s.l. : SFE.

Spinatsch, M. (2002). Evaluation in Switzerland: Moving toward a Decentralized System In: Furubo, J.-E., Rist, R. C., & Sandahl, R. (Eds.), *International Atlas of Evaluation.* New Brunswick: Transaction, 375-391.

Stake, R. E. (1976). *Evaluating educational programmes: The need and the response.* Paris: Organization for Economic Cooperation and Development. 94 p.

Stake, R. E. (1982). How sharp should the evaluator's teeth be? *Evaluation News*, 3 (3), 79-80.

Stake, R. E. (1986). *Quieting reform.* Urbana: University of Illinois Press.

Stake, R. E. (1981). Setting standards for educational evaluators. *Evaluation News*, Special Feature (May 1981), 148-52.

Stamm, M. (1998). Qualitätsevaluation und Bildungsmanagement im sekundären und tertiären Bildungsbereich. Aarau: Sauerländer.

Stark, J. S., & Thomas, A. (Eds.) (1994). *Assessment & program evaluation*. Needham Heights: Simon & Schuster.

Stecher, B. M., & Davis, W. A. (1987). How to focus an evaluation. In: Herman, J. L. (Ed.), *Program evaluation kit* (2nd ed.). Newbury Park, CA: Sage.

Stevahn, L., King, J. A., Ghere, G., & Minnema, J. (2005). Establishing competencies for program evaluators. *American Journal of Evaluation, 26 (1), 43-59.*

Stockdill, S. H. (1986). *Evaluation standards. A study of their appropriateness in business & education.* Ph.D. University of Minnesota. Dissertation Abstracts International (DAI), 47-08A:2967.

Stockmann, R. (2004). Evaluation in Deutschland. In: Stockmann, R. (Hrsg.), *Evaluationsforschung*. 2. Auflage. Opladen: Leske + Budrich, 13-43.

Strauss, A. L. (1987). *Qualitative analysis for social scientists*. New York: Cambridge University Press.

Stufflebeam, D. L. (1974). *Metaevaluation*. Kalamazoo, MI: The Evaluation Center, Western Michigan University.

Stufflebeam, D. L. (1994). Empowerment evaluation, objectivist evaluation, and evaluation standards: Where the future of evaluation should not go and where it needs to go. *Evaluation Practice*, 15 (3), 321-38.

Stufflebeam, D. L. (2003). Professional Standards and Principles for Evaluations. In: Kellaghan, T. & Stufflebeam, D. L. (Eds.), *International Handbook of Educational Evaluation*. Dordrecht: Kluwer Academics, 279-302.

Stufflebeam, D. L. (2004). A Note on the Purposes, Development, and Applicability of the Joint Committee Evaluation Standards. *American Journal of Evaluation* 25(1), 99-102.

Stufflebeam, D. L., Foley, W. J., Gephart, W. J., Guba, E. G., Hammond, R. L., Merriman, H. O., & Provus, M. M. (1971). *Educational evaluation and decision making*. Itasca, IL: F. E. Peacock.

Sudman, S., & Bradburn, N. M. (1982). *Asking questions*. San Francisco, CA: Jossey-Bass Publishers.

Summa, H., & Toulemonde, J. (2002). Evaluation in the European Union: Addressing Complexity and Ambiguity. In: Furubo, J.-E., Rist, R. C., & Sandahl, R. (Eds.), *International Atlas of Evaluation*. New Brunswick: Transaction, 407-424.

Tesch, R. (1990). Qualitative research: Analysis types and software tools. New York: The Falmer Press.

Thompson, B. (1992). Misuse of ANCOVA and related "statistical control" procedures. *Reading Psychology*, 13 (1), iii-xviii.

Torres, R. T. (1991). Improving the quality of internal evaluation: The evaluator as consultant-mediator. *Evaluation and Program Planning*, 14 (1), 189-198.

Torres, R. T., Preskill, H. S., & Piontek, M. E. (1996). Evaluation strategies for communicating and reporting. Enhancing learning in organizations. Thousand Oaks: Sage.

Toulemonde, J. (2000). Evaluation Culture(s) in Europe: Differences and Convergence between National Practices. *Vierteljahreshefte zur Wirtschaftsforschung* 69(3), 350-357.

Ulschak, F. L., & Weiss, R. G. (1976). The interpersonal aspects of evaluation: A transactional analysis model for viewing evaluator-client relationships. *Educational Technology*, 16 (11), 18-25.

United Kingdom Evaluation Society (2003) Guidelines for Good Practice in Evaluation. London: UKES.

Univation GmbH (Hrsg.) Evaluation-Controlling-Qualitätsmanagement in der betrieblichen Weiterbildung. Kommentierte Auswahlbibliographie. 4. Aufl. Bielefeld: Bertelsmann 2005.

Wagner, P., Weiss, C. H., Wittrock, B., & Wollmann, H. (Eds.) (1991*). Social sciences and modern states. National experiences and theoretical crossroads*. Cambridge: Cambridge University Press.

Weinberger, J., & Michael, J. A. (1977). Federal restrictions on educational research: A status report on the Privacy Act. *Educational Researcher*, 6 (2), 5-8. Also see 5 (11), 3-8.

Weiss, C. H. (1990). The uneasy partnership endures: Social science and government. In: Brooks, S., & Gagnon, A.-G. (Eds.), *Social scientists, policy, and the state*. New York: Praeger, 97-111.

Weiss, C. H. (1998). *Evaluation. 2nd Edition*. Upper Saddle River: Prentice Hall.
Weller, S., & Romney, A. K. (1988). Systematic data collection. *Qualitative Research Methods*, 10. Newbury Park, CA: Sage.
Widmer, T. (1996a). Meta-Evaluation. Kriterien zur Bewertung von Evaluationen. Bern: Haupt.
Widmer, T. (1996b-h). *Fallstudien zur Meta-Evaluation*. 7 Bände. Reihe 'Schlussberichte' des Nationalen Forschungsprogramms 'Wirksamkeit staatlicher Massnahmen' (NFP 27). Bern: Schweizerischer Nationalfonds.
Widmer, T. (2000). Evaluating Evaluations: Does the Swiss Practice Live up to the 'Program Evaluation Standards'? In: Russon, C. (Ed.), *The Program Evaluation Standards in International Settings*. The Evaluation Center Occasional Papers Series. Kalamazoo: Western Michigan University, May 1, 67-80.
Widmer, T. (2004a). Qualität der Evaluation – Wenn Wissenschaft zur praktischen Kunst wird. In: Stockmann, R. (Hrsg.), *Evaluationsforschung*. 2. Auflage. Opladen: Leske + Budrich, 83-109.
Widmer, T. (2004b). *EES Policy on Standards, Guidelines, Codes and Ethics in Evaluation*. Zurich: European Evaluation Society.
Widmer, T. (2005). Instruments and Procedures for Assuring Evaluation Quality: A Swiss Perspective. In: Schwartz, R., & Mayne, J. (eds.) *Quality Matters. Assuring the Quality of Evaluative Information: Prospects and Pitfalls*. New Brunswick: Transaction, 41-68.
Widmer, T., & Binder, H.-M. (1997). Forschungsmethoden. In: Bussmann, W., Klöti, U., & Knoepfel, P. (Hrsg.), *Einführung in die Politikevaluation*. Basel: Helbing & Lichtenhahn, 214-55.
Widmer, T., Landert, C., & Bachmann, N. (1999). Evaluations–Standards empfohlen von der Schweizerischen Evaluationsgesellschaft (SEVAL). März 1999. Genève: SEVAL.
Widmer, T., Landert, C., & Bachmann, N. (2000). *Evaluations-Standards der Schweizerischen Evaluationsgesellschaft (SEVAL-Standards)*. Genève/Bern: SEVAL.
Widmer, T., & Neuenschwander, P. (2004). Embedding Evaluation in the Swiss Federal Administration: Purpose, Institutional Design, and Utilization. *Evaluation* 10(4), 388-409.
Widmer, T., Rothmayr, C., & Serdült, U. (1996). *Kurz und gut? Qualität und Effizienz von Kurzevaluationen*. Chur/Zürich: Rüegger.
Wiersma, W. (1991). *Research methods in education* (5th ed.). Boston: Allyn and Bacon.
Williams, K., de Laat, B., & Stern, E. (2002). *The Use of Evaluation in the Commission Services*. Final Report. 23 October 2002. Paris: Technopolis France.
Winberg, A. (1991). Maximizing the contributions of internal evaluation units. *Evaluation and Program Planning*, 14 (1), 167-172.
Windle, C., & Neigher, W. (1978). Ethical problems in program evaluation: Advice for tripped evaluators. *Evaluation and Program Planning*, 1 (2), 97-107.
Worthen, B. R., & Sanders, J. R. (1987). *Educational evaluation: Alternative approaches and practical guidelines*. White Plains, NY: Longman, Inc.
Worthen, B. R., & White, K. R. (1987). Evaluating educational and social programs: Guidelines for proposal review, on-site evaluation, evaluation contracts, and technical assistance. Boston: Kluwer Academic Publishers.
Worthen, B. R. (1994). Is evaluation a mature profession that warrants the preparation of evaluation professionals? *New Directions for Program Evaluation* 62, 3-15.
Worthen, B. R., Sanders, J. R., & Fitzpatrick, J. L. (1997). Program evaluation. Alternative approaches and practical guidelines. 2nd Edition. New York: Longman.
Wottawa, H., & Thierau, H. (1998). *Lehrbuch Evaluation. 2. Auflage*. Bern: Hans Huber.
Yin, R. K. (1991). *Case study research: Design and methods*. Newbury Park, CA: Sage.

Index

Fachorganisationen, Verbände und Behörden weisen eine kursiv gesetzte Seitenzahl auf. (Nicht übersetzte) englischsprachige Fachbegriffe sind als Schlagworte kursiv gesetzt.